幼儿教育

一体化课程教学指导手册

主　　编　周　丹

副 主 编　王　晶　蒋梅珠　肖丽娟

参　　编　（按姓氏笔画排序）

李佳敏　刘金秀　杨　静　杨美玲

冷　婧　陆爽格　骆怡君　夏丽芳

夏利美　高　澜　曾　乐　蔡俊鹏

编　　辑　林　枫　李　夏

校　　对　甘素文　廖婷婷

封面设计　林　枫　李燕东

西南交通大学出版社

·成　都·

图书在版编目（CIP）数据

幼儿教育一体化课程教学指导手册 / 周丹主编. —
成都：西南交通大学出版社，2022.10
ISBN 978-7-5643-8964-2

Ⅰ. ①幼… Ⅱ. ①周… Ⅲ. ①学前教育－课程－教学
研究 Ⅳ. ①G612

中国版本图书馆 CIP 数据核字（2022）第 195159 号

You'er Jiaoyu Yitihua Kecheng Jiaoxue Zhidao Shouce

幼儿教育一体化课程教学指导手册

主编　周　丹

责任编辑	居碧娟
封面设计	林　枫　李燕东
出版发行	西南交通大学出版社 （四川省成都市金牛区二环路北一段 111 号 西南交通大学创新大厦 21 楼）
发行部电话	028-87600564　028-87600533
邮政编码	610031
网　　址	http://www.xnjdcbs.com
印　　刷	四川玖艺呈现印刷有限公司
成品尺寸	210 mm × 260 mm
印　　张	24.5
字　　数	793 千
版　　次	2022 年 10 月第 1 版
印　　次	2022 年 10 月第 1 次
书　　号	ISBN 978-7-5643-8964-2
定　　价	160.00 元

广州市工贸技师学院

一体化课程教学指导手册

编写委员会

主　任　李红强

副主任　陈海娜

委　员　周志德　陈志佳　吴多万

周红霞　王正旭　高小秋

朱　漫　刘炽平　伍尚勤

黄颂杰　甘　路　张扬吉

陈静君　李文远　宋　雄

陈　冰　符　强　杨　旭

李　江　寿丽君　陈　波

前言

为贯彻落实习近平总书记在学校思想政治理论课教师座谈会上的重要讲话和中共中央办公厅、国务院办公厅印发的《关于深化新时代学校思想政治理论课改革创新的若干意见》文件精神，挖掘其他课程和教学方式中蕴含的思想政治教育资源，发挥所有课程育人功能，构建全面覆盖、类型丰富、层次递进、相互支撑的课程体系，使各类课程与思政课同向同行，形成协同效应，实现全员全程全方位育人，广州市工贸技师学院在不断深入推进以职业活动为导向、以校企合作为基础、以综合职业能力培养为核心，理论教学与实践教学相融通、学习岗位与工作岗位相对接、职业能力与岗位能力相对接的一体化课程教学改革基础上，构建了一专业一特点的一体化课程与思政教育相互融合的课程与教学体系。

为帮助教师全面系统把握思政融合逻辑、课程内部结构，扎实推进思政融合一体化课程的教学实施，学院以专业为单位组织编写了《一体化课程教学指导手册》共 15 册。系列手册中，各专业系统梳理了一体化课程中蕴涵的国家意识、人文素养、技术思想、职业素养和专业文化五个领域的思政教育资源，精心选取思政元素，合理布局融合点，深化教学融合设计，结构化地呈现了专业人才培养目标、课程思政方案、课程标准、教学活动等，从而帮助教师快速把握融合思政元素的一体化课程设计思路、教学目标、教学模式、课堂活动及其评价方式。

同时，《人力资源社会保障部办公厅关于推进技工院校学生创业创新工作的通知》（人社厅发〔2018〕138 号）明确指出，要加强技工教育创业创新课程体系建设，将创业创新课程纳入技工院校教学计划，将创业创新意识教育课程与公共课程相结合，将创业创新实践课程与专业课程相结合。系列手册中，各专业在部分工学结合的一体化学习任务基础上，融合了商机发掘、团队组建、市场调查、产品制造、商业模式设计、财务预测、项目路演等创新创业知识与技能，在日常专业教学过程中渗透培养创新意识和创业精神，从而提高学生创新创业能力。

思政融合、专创融合的一体化课程设计及其教学实施在技工院校尚属探索阶段，加之编者水平有限，手册存在的不足之处，恳请批评指正。

广州市工贸技师学院

2022 年 10 月

人才培养目标

◆ 人才培养定位

培养符合新时代《幼儿园教师专业标准（试行）》，坚持“师德为先，幼儿为本”的基本理念，具备政治素质高和良好的职业道德素养，具有扎实的专业理论基础及突出的专业技能，且有爱心、细心、耐心、责任心和热心的幼儿教育技能人才。

◆ 就业面向的行业企业类型

面向学前教育机构就业。

◆ 适应的岗位或岗位群

适应学前教育职业岗位群，如保育员、育婴师、幼儿教师等岗位工作。

◆ 能胜任的工作任务

胜任保育工作实施、幼儿园日常活动组织、幼儿园环境创设、幼儿园教学活动实施、幼儿园游戏活动实施、家园共育、教师文案写作等工作任务。

◆ 需具备的职业素养

具有一定的科研能力、创新能力及艺术素养，能自主学习、与人合作、独立分析与解决问题。

A
B
C
2
3
ABCD
AB

幼儿教育专业
思政特点

以幼儿为本，关爱幼儿，尊重幼儿人格，用“五心”依法执教，弘扬中华优秀传统文化，积淀人文底蕴，坚持实践创新，突出幼儿教育提供粤港澳大湾区优质生活配套服务的教育理念，实现1+1>2。

幼儿教育专业课程思政融合方案

思政领域	融合的思政元素	课程名称	学习任务	思政内容
国家意识	国情观念（红色故事）	幼儿园教学活动实施	幼儿园语言教育活动实施	开展以红色经典为主题的语言教学活动，搜索语言内容中红色经典主题的优秀课例并绘制网络图，传承红色文化，树立民族自信心
	国情观念（公民意识）	幼儿园教学活动实施	幼儿园社会教育活动实施	以“小小公民”主题为载体，组织国情知识为核心的活动，如策划与实施国庆节、国情知识等主题社会活动，渗透家国情怀，提升幼儿教师的责任心和使命感

思政领域	融合的思政元素	课程名称	学习任务	思政内容
人文素养	审美情趣（岭南文化）	幼儿园教学活动实施	幼儿园艺术教育活动实施	通过开展富有中国传统文化特色的艺术教育活动，如开展“我是小戏迷”主题活动，欣赏、模仿体验粤剧，树立传统文化自信心，增强民族自豪感
	审美情趣（传统文化）	家园共育	亲子活动组织	策划中秋节传统习俗的亲子活动，展示中国传统文化、传统习俗与亲子活动相融，增强对中国传统民族文化的认同
	人文积淀（历史人文）	幼儿园游戏活动实施	规则性游戏活动实施	说出各类广府特色游戏蕴含的广府文化，传承广府幼儿游戏文化，编制富有特色的广府游戏集，强化传统文化意识及提升传承能力

幼儿教育专业课程思政融合方案

思政领域	融合的思政元素	课程名称	学习任务	思政内容
技术思想	实践创新（崇尚实践）	幼儿园环境创设	自制教玩具	展示、讲解教玩具的环保理念、设计思路和艺术创意，以教玩具为主题收集不同类型的环保材料，设计符合幼儿的年龄特点、兴趣和以幼儿为主体的教玩具，体现人文情怀、提倡实践创新、增强个人审美能力
	科学精神（精益求精）	幼儿园环境创设	班级区角的环境创设	紧扣幼儿身心发展规律和学习特点，布置班级区角环境，合理安排各功能区块，符合教育规律，做到精益求精

思政领域	融合的思政元素	课程名称	学习任务	思政内容
职业素养	职业素养（规则意识）	保育工作实施	幼儿安全与突发事件处理	根据幼儿园安全管理规范，制定班级一日生活的安全措施和应急预案，配合开展全园性消防安全演练，提高安全规则意识和风险应变能力，体现幼儿教师安全规则意识和职业素养
	职业素养（爱岗敬业）	幼儿园环境创设	室内主题墙环境创设	观看《爱岗敬业》微课视频，分享观影心得；现场确定、核对主题墙的位置与尺寸，确保数据的精准度，小组合作绘制主题墙整体规划图；体现团队合作、爱岗敬业精神

幼儿教育专业课程思政融合方案

思政领域	融合的思政元素	课程名称	学习任务	思政内容
专业文化	师德文化（“五心”素养）	幼儿园日常活动组织	晨间活动组织	设计具有中国传统文化底蕴的早操活动，热情示范、预防突发状况，在活动操作中突出责任心和耐心，体现幼儿教师的“五心”素养
			中午活动组织	开展幼儿进餐模拟活动，渗透中国传统美德教育，在培养幼儿进餐习惯、对体弱儿进行个别进餐护理中体现爱心、责任心、耐心和细心
	理论素养（论文写作）	文案写作	教育论文的撰写	分析总结写作规律，明确写作规范及具体要求，以科学的态度和专业的职业精神撰写教育论文，注重写作规范、严谨理性，尊重他人研究成果，坚持职业操守

目录

初级工

新手

中级工
生手

高级工
熟手

职业能力成长阶梯

课程 1　保育工作实施

学习任务 1
清洁消毒工作
30 学时

学习任务 2
幼儿护理工作
30 学时

学习任务 3
幼儿安全与突发事件处理
20 学时

课程目标

学习完本课程后，学生应当能够胜任幼儿园保育工作实施，具体包括幼儿园的清洁消毒工作、幼儿护理工作以及幼儿安全与突发事件处理的相关实施工作任务。在工作过程中，严格按照规范操作，具备规则意识和关心、细心、耐心及吃苦耐劳等职业素养。

具体目标：

1. 能清楚描述班级内清洁消毒区域和需清洁消毒物品，制作 PPT 展示班级日常清洁消毒区域及物品；获取切断传播途径的方式，制作切断传播途径思维导图；能正确表述清洁消毒工作的要求和标准，制作清洁消毒评价表。
2. 能清楚知道保育员的责任和护理工作方向，制作幼儿护理思维导图；能正确收集和运用班级幼儿的健康信息资料，对幼儿健康情况作全面分析，特别注意提取特殊幼儿信息，制作幼儿健康情况记录表；能明确幼儿一日生活各环节的卫生要求和标准，制作幼儿一日活动环节护理简明表。
3. 能结合幼儿园工作实际，知道幼儿园安全工作的内容，预测幼儿园容易发生的突发事件，制作幼儿园安全工作思维导图和幼儿园突发事件列表。
4. 能对清洁工具、消毒材料进行分类；能清楚描述日常清洁工作流程，制定幼儿园日常清洁工作流程图；能够针对不同场所及物品确定清洁和消毒的方法，制定清洁消毒方法的思维导图；根据幼儿园常见传染病的类型及传播途径，确定幼儿园常见传染病消毒的方法、时间及消毒流程，绘制幼儿园常见传染病消毒流程图。
5. 能正确分析幼儿生长发育情况，关注特殊幼儿的护理，制作各类营养素的功能及来源一览表；能辨别幼儿常见病和传染病，制作幼儿园常见病护理一览表和幼儿园常见传染病护理一览表。

※ 本书中《幼儿园教育指导纲要（试行）》简称《纲要》，《3—6 岁儿童学习与发展指南》简称《指南》，《广东省幼儿园一日活动指引（试行）》简称《指引》。

课程目标

6. 根据幼儿园各类安全制度的要求，编制幼儿园安全要求一览表；结合幼儿一日生活各环节工作实际，制定生活环节的安全措施；能根据不同年龄班，编制幼儿园安全教育内容；能从危机角度预测预防策略，制定突发事件应急预案。

7. 能按照配比表配置消毒液；能按照幼儿园卫生消毒标准、规范及工作流程，对班级环境及物品实施清洁消毒，拍摄日常清洁消毒操作过程和传染病期间的卫生消毒过程。

8. 具有规则意识和安全防范意识，能讲解实操日常生活环节的护理要领，并拍摄全过程；能按照幼儿膳食搭配原则，制作幼儿园一周膳食表；能配合做好预防接种工作，编制隔离制度，预防传染病；讲解实操幼儿园常用护理技术方法，拍摄操作过程视频。

9. 能开展安全隐患排查，制作安全检查登记表，认真详细记录；能按照幼儿园的学习生活场地、活动材料及方式，结合制定室内外的安全措施；能讲解并模拟实操幼儿园常见意外事故的处理方法，拍摄视频；根据突发事件应急预案，配合开展全园性消防安全演练，熟知消防安全标志，列出演练物品清单、绘制逃生路线。

10. 在整个工作过程中，能实行自我监控，及时调整工作实施，要求操作规范、流程清晰、方法正确，能认真详细填写工作记录表或《工作日志》，确保幼儿在清洁卫生的环境中得到全面的护理，安全、健康、快乐地成长。

11. 能汇总保育员工作实施中的问题，能客观分析在工作中存在的不足，提出改进意见，总结反思。

课时：80

课程内容

根据课程目标逐条梳理以下学习内容：

1. 班级清洁消毒区域及物品；清洁消毒的工作要求和标准；消毒液配置公式。

2. 保育员的工作职责；幼儿护理工作内容；幼儿生长发育评价指标表；特殊儿童评估；幼儿一日生活环节的卫生要求和标准。

3. 幼儿园安全工作的内容；幼儿园突发事件案例分析。

4. 幼儿园常用清洁消毒剂及其作用；幼儿园常用清洁消毒方法及其适用范围；幼儿园日常清洁消毒工作流程；幼儿园常见传染病消毒的时间、方法和工作流程。

5. 营养素基础知识；营养与幼儿生长发育；幼儿常见的营养问题；幼儿常见病及护理方法；传染病的基础知识；幼儿园常见传染病及预防护理。

6. 幼儿园的安全制度；幼儿园一日生活环节的安全措施；幼儿园各年龄班安全教育内容；安全标志及安全教育宣传口号；幼儿园突发事件应急预案。

7. 消毒液配置实操；日常清洁消毒实操作；传染病的卫生消毒过程实操。

8. 幼儿一日生活环节护理；幼儿园膳食；隔离的制度；预防接种的制度；常用疫苗种类；常用护理技术内容。

9. 幼儿园房舍、场地安全；常用用具的卫生安全；幼儿园室内外的安全措施；大型活动安全要求；幼儿园常见意外事故及处理；消防演练实操。

10. 制作表格的方法。

11. 相关文件：《幼儿园工作规程》《托儿所幼儿园卫生保健管理办法》《指引》《中小学幼儿园安全管理办法》《幼儿园安全管理条例》。

学习任务 1　清洁消毒工作

任务描述

学习任务学时：30 课时

任务情境

广州市某幼儿园开展班级卫生清洁消毒工作全面检查及考核，要求各班级保育员按照《托儿所幼儿园卫生保健管理办法》及幼儿园卫生消毒标准，对班级环境及物品进行清洁消毒，讲解并实操幼儿园常见传染病的清洁消毒过程。现安排我系跟岗实践班级学生去完成该任务。

该班学生经过专业的学习，具有良好的幼儿教育理念，具备一定的幼儿卫生保健知识，现准备在该园进行保育跟岗实践 30 课时，在完成任务过程中，增强团队合作能力和吃苦耐劳的工作精神。

具体要求见后页。

托儿所幼儿园卫生保健管理办法
清洁消毒评价表

工作流程和标准

工作环节 1

获取信息

1

1. 获取幼儿园环境分布图，认知班级活动室、盥洗室、睡室设备及物品，制作 PPT 展示班级日常清洁消毒区域及物品。
2. 查阅幼儿园常见传染病的类型及传播途径，获取切断传播途径的方式，制作切断传播途径思维导图。
3. 根据工作任务书，阅读《托儿所幼儿园卫生保健管理办法》，明确清洁消毒的工作要求和标准，提取任务关键词，小组汇报。

主要成果：

1. PPT 展示班级日常清洁消毒区域及物品
2. 切断传播途径思维导图
3. 清洁消毒评价表

工作环节 2

制订计划

2

1. 获取消毒液种类及使用范围、消毒时间和消毒方法，能对清洁工具进行分类及制作标签、制作消毒液配比表。
2. 根据幼儿园环境分布图，能够对不同场所和物品进行正确的清洁和消毒，制定《日常清洁消毒清单》和绘制清洁消毒方法的思维导图。
3. 根据幼儿园常见传染病的类型及传播途径，确定幼儿园常见传染病消毒的方法、时间及消毒流程，绘制幼儿园常见传染病消毒流程图。
4. 根据《托儿所幼儿园卫生保健管理办法》，制定幼儿园日常清洁工作流程图。

主要成果：

1. 标签、消毒液配比表
2. 清洁消毒方法的思维导图
3. 幼儿园常见传染病消毒流程图
4. 幼儿园日常清洁工作流程图

学习任务 1　清洁消毒工作

工作环节 3

清洁消毒工作实施

1. 根据《次氯酸钠类消毒剂卫生质量技术规范》规定及传染病的类型和消毒要求，按照配比表配置消毒液。
2. 按照幼儿园卫生消毒标准及规范，对班级环境及物品进行清洁消毒，拍摄日常清洁消毒操作过程。
3. 按照幼儿园清洁消毒工作流程，讲解实操幼儿园常见传染病的卫生消毒过程，拍摄实操视频。

主要成果：

1. 按照配比表配置消毒液
2. 拍摄日常清洁消毒操作过程
3. 拍摄常见传染病的卫生消毒过程实操视频

工作环节 4

过程控制环节

制作清洁消毒记录表，对幼儿园日常清洁消毒工作及常见传染病的操作过程进行监控，要求操作规范、流程清晰、方法正确，确保幼儿在清洁、卫生、安全的环境下健康成长。

主要成果：

清洁消毒记录表

工作环节 5

评价与反馈

汇总工作情况，向主班教师反馈幼儿园日常清洁消毒工作及常见传染病的操作过程中的意见和建议，听取主班教师的反馈意见和进阶要求，填写评价反思表，配合完成后续的幼儿园日常清洁消毒及常见传染病清洁消毒的工作，提升配班工作能力。

主要成果：

评价反思表

学习内容

	1	2	3	4	5	6
知识点	1.1 班级内清洁消毒区域 1.2 各区域需清洁消毒物品	2.1 幼儿园常见传染病的类型及传播途径 2.2 切断传播途径的方式 2.3 思维导图制作方法	3.1《托儿所幼儿园卫生保健管理办法》 3.2 清洁消毒的工作要求和标准	4.1 消毒液种类、含量、作用 4.2 消毒液配置公式 4.3 标签的作用和制作方法	5.1 幼儿园常用清洁消毒剂及其作用 5.2 幼儿园常用清洁消毒方法及其适用范围	6.1 幼儿园常见传染病消毒的方法 6.2 幼儿园常见传染病消毒时间 6.3 幼儿园常见传染病消毒流程
技能点	1.1 能描述班级内清洁消毒区域 1.2 能清点出各区域需清洁消毒物品 1.3 能制作展示 PPT	2.1 能清楚说出不同传染病切断传播途径的方式 2.2 能制作切断传播途径思维导图	3.1 能正确提取关键词，进行有条理的小组汇报 3.2 能正确表述清洁消毒工作的要求和标准 3.3 能制作清洁消毒评价表	4.1 能准确说出消毒液的种类、含量及作用 4.2 能根据要求计算消毒液浓度 4.3 消毒液配置表制作 4.4 能正确使用绘画工具制作标签 4.5 能合理地张贴标签	5.1 能准确描述清洁消毒的方法 5.2 能制作清洁消毒方法的思维导图	6.1 能说出幼儿园常见传染病消毒的方法 6.2 能说出幼儿园常见传染病消毒时间 6.3 能清楚描述幼儿园常见传染病消毒流程 6.4 能绘制幼儿园常见传染病消毒流程图
工作环节	工作环节 1 获取信息			制订计划 工作环节 2		
成果	1.1 制作 PPT 展示班级日常清洁消毒区域及物品	2.1 制作切断传播途径思维导图	3.1 制作清洁消毒评价表	4.1 制作标签、绘制消毒液配比表	5.1 绘制清洁消毒方法的思维导图	6.1 绘制幼儿园常见传染病消毒流程图
素养	1.1 PPT 制作能力	2.1 思维导图绘制能力	3.1 阅读能力（提取关键词）	4.1 绘图能力（标签绘制的常识）	5.1 语言表达能力	

学习任务 1　清洁消毒工作

7.1 活动室清洁工作流程 7.2 卧室清洁工作流程 7.3 盥洗室清洁工作流程 7.4 通风的要求、时间安排与注意事项	8.1 消毒液配制操作流程	9.1 日常清洁消毒材料清单 9.2 日常清洁消毒工具清单 9.3 日常清洁消毒工作流程 9.4 拍摄器材的使用技巧	10.1 传染病清洁消毒材料清单 10.2 传染病清洁消毒工具清单 10.3 传染病清洁消毒工作流程	11.1 清洁消毒工作评价标准	12.1 反思要点 12.2 评价方法
7.1 能清楚描述日常清洁工作流程 7.2 能制定幼儿园日常清洁工作流程图	8.1 能准备好配置消毒消夜的工具材料 8.2 能按规范流程正确配置消毒液	9.1 能准备日常清洁消毒的工具、材料等 9.2 能按日常清洁消毒工作流程进行操作 9.3 能使用拍摄器材进行拍摄 9.4 能选择合适的角度拍摄操作过程	10.1 能准备传染病期间清洁消毒的工具、材料等 10.2 能讲解并按传染病期间清洁消毒工作流程进行操作 10.3 能选择合适的角度拍摄操作过程	11.1 能合理地制作清洁消毒记录表 11.2 能认真填写清洁消毒记录表	12.1 能汇总清洁消毒工作中的问题 12.2 能清晰地梳理出在清洁消毒中存在的问题 12.3 能客观评价，写好反思
		工作环节 3 工作实施		工作环节 4 过程控制	工作环节 5 评价与反馈
7.1 制定幼儿园日常清洁工作流程图	8.1 按照配比表配置消毒液	9.1 拍摄日常清洁消毒操作过程	10.1 拍摄常见传染病的卫生消毒过程实操视频	11.1 制作清洁消毒记录表	12.1 填写评价反思表
	8.1 动手操作能力	9.1 拍摄技巧	10.1 解说能力	11.1 制表能力	12.1 评价能力

学习任务 1 清洁消毒工作

1 获取信息 → 2 制订计划 → 3 工作实施 → 4 过程监控 → 5 评价与反馈

获取信息

工作子步骤	教师活动	学生活动	评价
1. 获取幼儿园环境分布图，认知班级活动室、盥洗室、睡室设备及物品，制作 PPT 展示班级日常清洁消毒区域及物品。	1. 提供幼儿园的场地分布图，指导学生进行分布图的分析，要求学生能够描述出需要清洁消毒的活动区域。 2. 组织学生观看各区域所陈列的物品图和将活动区域的物品进行需要消毒和无须消毒的分类活动视频，引导学生按照工作页要求将需要消毒的物品罗列出来。 3. 巡回指导学生进行 PPT 的制作，完成消毒清洁区域和物品展示的 PPT。 4. 组织学生上台展示 PPT，描述需要清洁的区域和物品，引导学生进行评价。 5. 教师根据学生的完成质量进行点评，帮助学生梳理、整合、完善消毒清洁区域和物品展示的 PPT。	1. 查看幼儿园的场地分布图，认识幼儿园内各活动区域的种类，描述出需要清洁消毒的活动区域，完成工作页。（20 分钟） 2. 观看各区域所陈列的物品图片，将各区域需要清洁消毒的物品进行罗列，完成工作页。（20 分钟） 3. 小组合作制作消毒清洁区域和物品展示的 PPT。（40 分钟） 4. 小组代表描述需要进行消毒清洁的活动区域，清点出各区域需要清洁消毒的物品。（20 分钟） 5. 小组互评整理完善需要消毒清洁的区域和各活动区域需要清洁消毒的物品。（20 分钟）	1. 过程性评价：参与度、主动性、表达技巧、要点的识别能力。 ①学生能否积极主动查阅资料，共同参与讨论制作 PPT。（师评） ②消毒清洁区域是否全面，清洁消毒物品是否齐全。 ③PPT 制作的效果是否清晰、精美。（互评） ④小组是否能梳理、总结、完善流程图。（师评） 2. 成果验收：消毒清洁区域及物品展示的 PPT。 3. 成果评价标准：要求描述要清晰，消毒清洁的活动区域要全面，清洁消毒的物品要准确，PPT 制作能够将内容充分展示出来。

课时： 4 课时

1. 软资源：幼儿园场地分布图、区域活动的物品陈列图、PPT 等。
2. 教学设施：笔记本电脑、投影、音响、麦克风等。

工作子步骤	教师活动	学生活动	评价
2. 查阅幼儿园常见传染病的类型及传播途径，获取切断传播途径的方式，制作切断传播途径思维导图。	1. 播放传染疾病传播的相关报道视频，引导学生对传染疾病的传播所带来的潜在危险引起重视。 2. 提供《托儿所幼儿园卫生保健管理办法》，指导学生学习疾病防控的方法。 3. 组织学生进行小组讨论，对幼儿园常见传染病的类型及传播途径进行列举。	1. 观看关于传染疾病传播而产生影响的视频报道，认识到传染疾病传播的潜在危险。（5 分钟） 2. 阅读《托儿所幼儿园卫生保健管理办法》，学习疾病防控的方法。（10 分钟） 3. 通过小组讨论，列举幼儿园常见传染病的类型及传播途径。（15 分钟）	1. 过程性评价：参与度、主动性，在小组讨论中的表达能力和要点的概括能力、思维发散能力。 ①学生能否积极主动查阅资料，共同学习疾病防控的方法。（师评） ②组内成员是否积极共同讨论。（师评） ③能否协同合作完成切断传播途径思维导图。（师评） ④思维导图是否能够准确描绘出层级关系。（计分互评）

工作子步骤	教师活动	学生活动	评价
	4. 播放视频，组织学生观看，学习切断传播途径的方法。 5. 讲解思维导图制作方法，组织小组进行合作，巡回指导完成思维导图。 6. 组织小组互评，参与讨论，评选出一份比较完善的思维导图。	4. 观看视频，学习切断传播途径的方法。（10 分钟） 5. 学习思维导图制作方法，小组合作制作切断传播途径的思维导图。（30 分钟） 6. 通过小组展示、小组互评的方式，完善切断传播途径思维导图。（10 分钟）	2. 成果验收：切断传播途径思维导图。 3. 成果评价标准：思维导图突出核心，层级合理，有逻辑，关键词提取精准、合理。
课时： 2 课时 1. 用品（工具）：纸、笔等。 2. 软资源：传染疾病传播的相关报道、《托儿所幼儿园卫生保健管理办法》、切断传播途径的方法的视频等。 3. 教学设施：笔记本电脑、投影、音响、麦克风等。			
3. 根据工作任务书，阅读《托儿所幼儿园卫生保健管理办法》，明确清洁消毒的工作要求和标准，提取任务关键词，小组汇报。	1. 提供《托儿所幼儿园卫生保健管理办法》，要求学生进行阅读，提取关键词。 2. 组织学生汇报清洁消毒工作的要求和标准。 3. 播放 PPT，组织学生有目的地观看视频，指导学生提取消毒评价表的要点。 4. 组织学生分组对评价表进行归总和罗列，指导制定清洁消毒评价表。 5. 安排小组进行成果展示。	1. 阅读《托儿所幼儿园卫生保健管理办法》，提取关键词，认识清洁消毒工作的要求和标准。（10 分钟） 2. 小组进行清洁消毒工作的要求和标准的汇报。（20 分钟） 3. 观看各类评价表 PPT 模板，小组分工合作，提取清洁消毒评价表的要点。（10 分钟） 4. 小组讨论并制定出清洁消毒评价表。（30 分钟） 5. 分组进行展示，分享成果。（10 分钟）	1. 过程性评价：参与度、主动性、阅读能力、表达技巧、要点的识别能力。 ①学生能否积极主动阅读《托儿所幼儿园卫生保健管理办法》。（师评） ②学生能否准确地抓住关键词。（师评） ③小组是否能完整汇报清洁消毒工作的要求和标准。 ④评价表是否简洁、明了、全面、合理。 2. 成果验收：清洁消毒评价表。 3. 成果评价标准：评价表评价的内容全面，分值安排合理。
课时： 2 课时 1. 用品（工具）：纸、笔等。 2. 软资源：《托儿所幼儿园卫生保健管理办法》、评价表模板等。 3. 教学设施：笔记本电脑、投影、音响、麦克风等。			

课程 1　保育工作实施

学习任务 1　清洁消毒工作

1 获取信息　2 制订计划　3 工作实施　4 过程监控　5 评价与反馈

制订计划

工作子步骤	教师活动	学生活动	评价
1. 获取消毒液种类及使用范围、消毒时间和消毒方法，能对清洁工具进行分类及制作标签、绘制消毒液配比表。	1. 布置任务，提供有关消毒液的基础知识及配置公式资料，进行讲解。 2. 播放 PPT，展示标签图片。 3. 巡回指导学生制作标签。 4. 组织学生贴标签和展示。 5. 组织学生制作消毒液配制表。	1. 接受任务，阅读消毒液的基础知识及配置公式。(15 分钟) 2. 观看 PPT 中各种标签的图片，对标签制作进行构思。(10 分钟) 3. 小组合作运用绘图工具制作标签。(30 分钟) 4. 小组合作完成标签的张贴和展示分类。(15 分钟) 5. 小组合作制作消毒液配制表。(10 分钟)	1. 过程性评价：参与程度、效率、组内分工的情况、组内沟通的情况。 ①绘制标签是否合理、明了。（互评） ②标签张贴位置是否正确。（互评） ③能否全面详细制作配制表。（集体评） 2. 成果验收：制作标签、绘制消毒液配比表。 3. 成果验收标准：标签制作合理、张贴正确；配置表全面、翔实。
课时： 2 课时 1. 用品（工具）：纸、笔、绘图工具、胶水或胶纸等。 2. 软资源：消毒液配制公式资料、标签图片等。 3. 教学设施：笔记本电脑、投影、音响、麦克风等。			
2. 根据幼儿园环境分布图，能够对不同场所和物品进行正确的清洁和消毒，制定《日常清洁消毒清单》和绘制清洁消毒方法的思维导图。	1. 展示幼儿园常用的清洁消毒剂实物，要求快速辨别不同的消毒剂。 2. 组织学生进行资料的查阅，分析不同消毒液在清洁消毒过程中的作用。 3. 提供幼儿园常用消毒剂的使用说明书和《幼儿园安全管理条例》，指导学生对消毒剂的使用范围和方法进行分析。 4. 组织学生聆听小组代表对清洁消毒方法的阐述，引导学生进行评价。 5. 组织学生进行思维导图的制作，巡回指导。	1. 辨别幼儿园常用的清洁消毒剂。(15 分钟) 2. 查阅资料，认识幼儿园常用的清洁消毒剂的作用。(10 分钟) 3. 结合消毒剂的使用说明书和安全标准文件《幼儿园安全管理条例》，认识消毒剂的使用范围和方法。(15 分钟) 4. 小组代表对清洁消毒的方法进行阐述。(10 分钟) 5. 小组共同制作清洁消毒方法的思维导图。(30 分钟)	1. 过程性评价：主要观察参与度、倾听与评价、提炼与总结等。 ①是否熟悉幼儿园常用的清洁消毒剂。(师评) ②是否熟悉《幼儿园安全管理条例》文件内容。（师评、抽签问答） ③能否正确判断消毒剂的使用范围和作用。（互评） ④能否采用正确的方法使用消毒剂。（组间互评、教师点评） 2. 成果验收：清洁消毒方法的思维导图。 3. 成果评价标准：小组合作完成思维导图，要求突出主题中心、线条清晰、层级分明。
课时： 2 课时 1. 用品（工具）：纸、笔、消毒剂等。 2. 软资源：《幼儿园安全管理条例》、消毒剂说明书等。 3. 教学设施：笔记本电脑、投影、音响、麦克风等。			

工作子步骤	教师活动	学生活动	评价
3. 根据幼儿园常见传染病的类型及传播途径，确定幼儿园常见传染病消毒的方法、时间及消毒流程，绘制幼儿园常见传染病消毒流程图。	1. 提供《托儿所幼儿园卫生保健管理办法》和工作页，引导学生共同完成工作页的内容。 2. 提出问题，提供资料引导学生通过资料的查阅获取幼儿园传染病消毒的时间。 3. 提供视频，组织学生观看，抽查各组成员对传染病消毒的流程进行阐述。 4. 组织学生绘制流程图，指导学生完善流程图。	1. 阅读《托儿所幼儿园卫生保健管理办法》，获取幼儿园传染病消毒的方法，完成工作页。（20 分钟） 2. 根据问题引导，全班分组查阅资料，获取幼儿园传染病消毒的方法、时间和精准流程。（20 分钟） 3. 观看视频，了解幼儿园常见传染病消毒流程，清楚描述消毒流程。（15 分钟） 4. 小组合作绘制幼儿园常见传染病消毒流程图。（25 分钟）	1. 过程性评价：表现力、表达能力的准确性、组织的协调性、团队的合作性。 ① 能否准确提取信息，在规定时间内完成工作页。（师评） ②组内是否合作查找幼儿园传染病消毒的方法和时间。（师评） ③能否组织语言将消毒的流程完整清楚地描述。（组间互评） 2. 成果验收：绘制幼儿园常见传染病消毒流程图。 3. 成果验收标准：流程图结构清晰，内容全面，操作流程正确。
课时： 2 课时 1. 用品（工具）：纸、笔等。 2. 软资源：《托儿所幼儿园卫生保健管理办法》、传染病消毒流程视频等。 3. 教学设施：笔记本电脑、投影、音响、麦克风等。			
4. 根据《托儿所幼儿园卫生保健管理办法》，制定幼儿园日常清洁工作流程图。	1. 播放视频，引导学生进行要点的记录。 2. 巡回指导学生对清洁的物品进行有秩序的罗列。 3. 提供《托儿所幼儿园卫生保健管理办法》资料，组织填写工作页，完成工作页内容。 4. 组织学生进行小组汇报，组间互评，梳理总结要点。 5. 巡回指导学生制作幼儿园日常清洁工作流程图。 6. 组织小组展示成果，组间互评。	1. 观看视频，提取盥洗室、卧室、活动室在清洁过程中的要点。（15 分钟） 2. 小组讨论并对盥洗室、卧室、活动室清洁物品进行罗列排序。（15 分钟） 3. 阅读《托儿所幼儿园卫生保健管理办法》，获取对需要通风的活动、场所的通风要求、时间安排和注意事项。（10 分钟） 4. 小组代表对日常清洁工作的流程进行阐述。（10 分钟） 5. 小组合作制作幼儿园日常清洁工作流程图。（20 分钟） 6. 分组进行展示，分享成果。（10 分钟）	1. 过程性评价：参与积极性、表达能力、团队的合作性。 ①思考问题是否全面，观点表述是否清晰。（组间互评） ②能否规范、独立填写工作页。（组间互评） ③日常清洁工作流程是否有序、合理、顺畅。（互评） ④能否根据评价意见进行优化。（师评） 2. 成果验收：制定幼儿园日常清洁工作流程图。 3. 成果验收标准：日常清洁工作流程是否有序、合理、严谨、标准。
课时： 2 课时 1. 用品（工具）：纸、笔等。 2. 软资源：《托儿所幼儿园卫生保健管理办法》、视频工作页等。 3. 教学设施：笔记本电脑、投影、音响、麦克风等。			

学习任务 1　清洁消毒工作

1 获取信息　2 制订计划　3 工作实施　4 过程监控　5 评价与反馈

工作实施

工作子步骤	教师活动	学生活动	评价
1. 根据《次氯酸钠类消毒剂卫生质量技术规范》规定及传染病的类型和消毒要求，按照配比表配置消毒液。	1. 播放消毒液配制视频，引导学生熟悉配制流程。 2. 提供《次氯酸钠类消毒剂卫生质量技术规范》和配置消毒液的工具材料，组织学生共同阅读《技术规范》。 3. 组织学生进行小组代表展示，引导学生进行细心观察。 4. 组间进行交流评价，鼓励学生进行正确示范。	1. 查阅资料，获取消毒液配制操作流程。（15 分钟） 2. 阅读《次氯酸钠类消毒剂卫生质量技术规范》，分组准备配置消毒液的工具材料。（20 分钟） 3. 小组代表展示配置消毒液，各组成员记录操作流程存在的问题。（30 分钟） 4. 小组互评，对所存在的问题进行讨论和正确示范。（15 分钟）	1. 过程性评价：团队的合作性、主动性、时间分配的合理性。 ①能否准确读取配比表。（师评） ②操作示范是否规范、准确。（师评） ③能否根据评价意见进行优化。（师评） 2. 成果验收： 按照配比表配置消毒液。 3. 成果验收标准： 正确按照配比表配置消毒液示范操作。
课时： 2 课时 1. 用品（工具）：纸、笔、消毒液、水、量杯、器皿、手套等。 2. 软资源：视频、《次氯酸钠类消毒剂卫生质量技术规范》等。 3. 教学设施：笔记本电脑、投影、音响、麦克风等。			
2. 按照幼儿园卫生消毒标准及规范，对班级环境及物品进行清洁消毒，拍摄日常清洁消毒操作过程。	1. 发布任务书，按小组抽签形式进行发布，落实每组完成的任务。 2. 巡回指导学生合理安排并分工合作。 3. 提供每组任务所需要的清洁消毒工具和材料。 4. 协助学习小组根据任务要求进行场地区域的划分，指导选取更好的拍摄角度。 5. 组织学生进行日常消毒操作流程演示和拍摄。 6. 小组展示拍摄成果，进行点评。	1. 小组代表抽取任务书，小组成员共同读取任务书。（10 分钟） 2. 小组组长按照任务的内容和工作流程等将成员进行分工。（20 分钟） 3. 按照任务书的任务要求，准备需要的工具和材料。（20 分钟） 4. 准备并熟悉拍摄器材，选择拍摄场地，选择合适的角度拍摄。（30 分钟） 5. 各小组按照任务书的要求进行日常清洁消毒操作流程的演示，将整个的操作流程拍摄下来。（60 分钟） 6. 小组展示拍摄成果、组间互评。（20 分钟）	1. 过程性评价：讨论的参与度，观看是否认真细致，是否主动提出问题。 ①对视频能否做出合理的评价。（组间互评） ②日常清洁消毒工具、材料是否合理。（互评） ③组间能否合理分工。（互评） ④小组成员配合度是否默契。（互评） 2. 成果验收：拍摄日常清洁消毒操作过程。 3. 成果评价标准：日常清洁消毒操作过程是否准确，拍摄是否清晰，能否完整展示整个操作流程。
课时： 4 课时 1. 用品（工具）：纸、笔、日常消毒工具和材料、拍摄器材等。 2. 软资源：任务书等。 3. 教学设施：笔记本电脑、投影、音响、麦克风等。			

1 获取信息　2 制订计划　3 工作实施　4 过程监控　5 评价与反馈

	工作子步骤	教师活动	学生活动	评价
工作实施	3. 按照幼儿园清洁消毒工作流程，讲解并实操幼儿园常见传染病的卫生消毒过程，拍摄实操视频。	1. 发布任务书，按小组抽签形式进行发布，落实每组完成的任务，巡回听取各组对传染病清洁消毒工作流程的说明，并进行指导。 2. 巡回指导学生合理安排并分工合作。 3. 提供每组任务所需要的清洁消毒工具和材料。 4. 协助学习小组根据任务要求进行场地区域的划分，指导选取更好的拍摄角度。 5. 组织学生进行传染病卫生消毒操作流程演示和拍摄。 6. 小组展示拍摄成果，进行点评。	1. 小组代表抽取任务书，小组成员共同读取任务书，分析整理传染病卫生消毒工作的流程。（10 分钟） 2. 小组组长按照任务的内容和工作流程等将成员进行分工。（20 分钟） 3. 按照任务书的任务要求，准备需要的工具和材料。（20 分钟） 4. 准备拍摄器材，选择拍摄场地，选择合适的角度拍摄。（30 分钟） 5. 各小组按照任务书的要求进行传染病卫生消毒操作流程的演示，将整个的操作流程拍摄下来。（60 分钟） 6. 小组展示拍摄成果、组间互评。（20 分钟）	1. 过程性评价：讨论的参与度，观看是否认真细致，合作能力。 ①对视频能否做出合理的评价。（组间互评） ②传染病卫生消毒工具、材料是否合理。（互评） ③组间能否合理分工。（互评） ④小组成员配合度是否默契。（互评） 2. 成果验收：拍摄日常清洁消毒操作过程。 3. 成果评价标准：传染病的卫生消毒操作过程是否准确，拍摄是否清晰，能否完整展示整个操作流程。
	课时： 4 课时 1. 用品（工具）：纸、笔、传染病卫生消毒工具和材料、拍摄器材等。 2. 软资源：任务书等。 3. 教学设施：笔记本电脑、投影、音响、麦克风等。			
过程监控	1. 制作清洁消毒记录表，对幼儿园日常清洁消毒工作及常见传染病的操作过程进行监控，要求操作规范、流程清晰、方法正确，确保幼儿在清洁、卫生、安全的环境下健康成长。	1. 提供清洁消毒和常见传染病消毒的视频，引导学生对清洁消毒过程进行评价。 2. 指导学生制作清洁消毒记录表。 3. 再次播放清洁消毒和常见传染病消毒操作过程的视频，讲解评价标准，组织学生分组讨论，指导学生填写清洁消毒记录表。 4. 组织学生小组展示分享记录表，进行点评。	1. 观看清洁消毒和常见传染病消毒操作过程的视频，对操作进行观察和评价。（10 分钟） 2. 小组合作完成制作清洁消毒记录表。（30 分钟） 3. 再次观看清洁消毒和常见传染病消毒操作过程的视频，根据评价标准完成清洁消毒记录表填写。（30 分钟） 4. 小组展示分享记录表，组间相互评价。（10 分钟）	1. 过程性评价：讨论的参与度，观看是否认真细致，是否主动提出问题。 ①对视频能否做出合理的评价。（组间互评） ②组间能否积极分享记录表，并相互评价。（互评） 2. 成果验收：制作清洁消毒记录表。 3. 成果评价标准：清洁消毒记录表是否翔实，是否全面，分工是否合理并及时完成。
	课时： 2 课时 1. 用品（工具）：纸、笔等。 2. 软资源：视频、评价标准等。 3. 教学设施：笔记本电脑、投影、音响、麦克风等。			

学习任务 1　清洁消毒工作

1 获取信息　2 制订计划　3 工作实施　4 过程监控　5 评价与反馈

评价与反馈

工作子步骤	教师活动	学生活动	评价
1. 汇总工作情况，向主班教师反馈幼儿园日常清洁消毒工作及常见传染病的操作过程中的意见和建议，接受主班教师的反馈意见和进阶要求，填写评价反思表，配合完成后续的幼儿园日常清洁消毒及常见传染病清洁消毒的工作，提升配班工作能力。	1. 启发学生对日常清洁消毒工作及常见传染病消毒操作中出现的问题的反思，并帮助学生梳理。 2. 组织学生将结果张贴于展示板，帮助学生进行分析。 3. 指导小组进行日常清洁消毒工作和常见传染病消毒操作的评估，提示评估要点。 4. 发放评价反思表，组织学生填写。	1. 根据日常清洁消毒工作及常见传染病消毒记录表，反思梳理清洁消毒过程中的问题。(15 分钟) 2.通过小组讨论、展示汇总问题，按照层次、程度、可能发生的原因归类，统筹意见或建议。(25 分钟) 3. 对日常清洁消毒工作和常见传染病消毒操作进行评估，以小组汇报的形式表述评估结果和建议。(20 分钟) 4. 填写评价反思表。(20 分钟)	1. 过程性评价：汇报积极性、反思能力、归类整理能力。 ①是否积极主动全面地对早上活动问题进行反思。（师评） ②能否按要求将问题进行归类，提出意见和建议。（师评） ③能否翔实地填写评价反思表。（组间互评） 2. 成果评价：填写评价反思表。 3. 成果评价标准：学生反馈意见是否有针对性，是否有实效性；评价反思表问题捕捉是否准确、针对性强；反思表中内容是否有价值、真实反映问题。

课时： 2 课时
1. 用品（工具）：纸、笔等。
2. 软资源：视频、评价反思表等。
3. 教学设施：笔记本电脑、投影、音响、麦克风等。

基准学时：30 课时

学习任务 2　幼儿护理工作

任务描述

学习任务学时：30 课时

任务情境

广州市某幼儿园最近有几名保育员因身体或家庭原因辞职了，急需能够对幼儿进行日常生活护理、对常见病及常见传染病幼儿进行护理的保育员，使幼儿在园得到合理的照顾，身心健康发展。我系跟岗实践班级学生接受了此项任务。

该班学生经过专业的学习，具有良好的幼儿教育理念，具备一定的幼儿卫生保健知识，现准备在该园进行保育工作实践 30 课时，在完成任务过程中，增强团队合作能力和耐心、细心的工作精神。

具体要求见后页。

保育工作实施

工作流程和标准

工作环节 1

获取信息

1

1. 根据《保育员国家职业资格培训教程》，知道保育员的责任和护理工作方向，制作幼儿护理思维导图。
2. 收集班级幼儿的健康信息资料，特别注意提取特需幼儿信息，对幼儿健康情况作全面分析，制作幼儿健康情况记录表，包括幼儿身高、体重、膳食偏好、睡眠习惯、大小便情况、特殊喜好等 。
3. 阅读《幼儿园工作规程》和《指引》，明确幼儿一日生活各环节的卫生要求和标准，制作幼儿一日活动环节护理简明表。

主要成果：

1. 制作幼儿护理思维导图
2. 制作幼儿健康情况记录表
3. 制作幼儿一日活动各环节护理简明表

工作环节 2

制订计划

2

1. 依据托幼机构的膳食卫生管理和幼儿健康情况记录表，分析幼儿生长发育情况，膳食偏好，关注特殊幼儿的护理，制作各类营养素的功能及来源一览表 。
2. 辨别幼儿营养类、五官类、皮肤类、消化道及呼吸道疾病等常见病，制作幼儿园常见病护理一览表，列出原因、症状、预防与治疗措施。
3. 辨别幼儿常见传染病，制作幼儿园常见传染病护理一览表，列出其病因、症状、护理和措施。

主要成果：

1. 制作各类营养素的功能及来源一览表
2. 制作幼儿园常见病护理一览表
3. 制作幼儿园常见传染病护理一览表

工作环节 3

幼儿护理工作实施

3

1. 根据幼儿一日生活环节的卫生要求和标准，对幼儿进行晨间检查和全日观察，早发现、早护理，讲解实操进餐、睡眠、盥洗、如厕等护理要领，拍摄日常生活环节的护理过程。
2. 根据“幼儿膳食金字塔”，按照各类食物的热量比例和幼儿膳食搭配原则，制作幼儿园一周膳食表。
3. 根据传染病的发生和流行环节，控制传染源，切断传播途径，保护易感人群，预防传染病，编制隔离制度，配合做好预防接种工作。
4. 按照测体温、高热降温、滴眼药水等常用护理技术的操作规范，讲解实操幼儿园常用护理技术方法，拍摄实操视频。

主要成果：

1. 制作幼儿园常见传染病护理一览表
2. 制作幼儿园一周膳食表
3. 编制隔离流程图
4. 拍摄常用护理技术实操视频

工作环节 4

过程控制环节

4

按照《指引》中幼儿一日生活各环节护理的标准，对幼儿园幼儿护理工作的过程进行监控，要求操作规范、流程清晰、方法正确，填写《幼儿护理工作日志》，确保幼儿在园得到全面的护理，健康快乐成长。

主要成果：

填写《幼儿护理工作日志》

工作环节 5

评价与反馈

5

汇总幼儿护理工作情况，向主班教师反馈幼儿园日常生活幼儿护理、常见病及传染病幼儿护理等操作过程中的意见和建议，听取主班教师的反馈意见和进阶要求，完成评价反思表，配合完成后续的幼儿护理工作的操作任务，提升配班工作能力。

主要成果：

幼儿护理评价反思表

学习内容

知识点	1.1 保育员的责任和护理工作方向 1.2 幼儿护理工作内容	2.1 幼儿生长发育评价指标表 2.2 特殊儿童评估	3.1《指引》 3.2《幼儿园工作规程》 3.3 明确幼儿一日生活各环节的卫生要求和标准	4.1 七大营养素基础知识 4.2 营养与幼儿发育 4.3 幼儿对营养的需求 4.4 幼儿常见的营养问题	5.1 幼儿常见病的类型 5.2 各常见病的原因、症状、预防与治疗措施 5.3 幼儿常见病一般检查及预防 5.4 幼儿常见病护理方法	6.1 传染病的基础知识 6.2 各传染病的病因、症状、护理和预防
技能点	1.1 能清楚描述幼儿护理工作内容 1.2 能制作幼儿护理思维导图	2.1 能全面收集班级幼儿的健康信息资料 2.2 能正确运用幼儿生长发育评价指标表评估班级幼儿健康状况 2.3 能正确分析班级幼儿的特殊情况 2.4 能编制幼儿健康情况记录表	3.1 能清楚说出幼儿园一日生活各环节 3.2 能清楚描述幼儿园一日生活各环节主要要求 3.3 能制作幼儿一日活动各环节护理简明表	4.1 能正确描述七大营养素的名称和主要作用 4.2 能表述营养对幼儿的作用 4.3 能制作各类营养素的功能及来源一览表	5.1 能描述幼儿园常见病及类型 5.2 能说出几种常见病的原因、症状、预防与治疗措施 5.3 能说出幼儿常见病的护理方法 5.4 能制作幼儿园常见病护理一览表	6.1 能描述幼儿园常见传染病及类型 6.2 能说出几种常见传染病的病因、症状、护理和预防 6.3 能制作幼儿园常见传染病护理一览表
工作环节	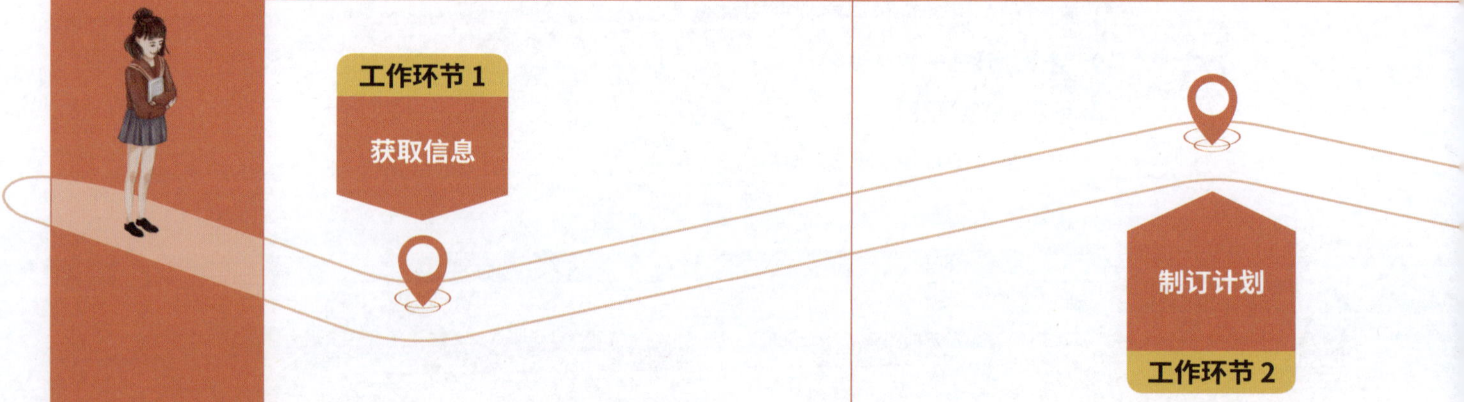					
成果	1.1 制作幼儿护理思维导图	2.1 制作幼儿健康情况记录表	3.1 制作幼儿一日活动各环节护理简明表	4.1 制作各类营养素的功能及来源一览表	5.1 制作幼儿园常见病护理一览表	6.1 制作幼儿园常见传染病护理一览表
素养	1.1 信息处理能力	2.1 分析能力				

学习任务 2　幼儿护理工作

7.1 幼儿一日生活重要环节护理要点	8.1 托幼机构的膳食卫生管理 8.2 合理饮食对幼儿健康的重要性 8.3 幼儿膳食金字塔 8.4 幼儿膳食配置原则 8.5 幼儿园膳食计划	9.1 托幼机构的卫生保健制度 9.2 隔离的制度 9.3 预防接种的制度 9.4 常用疫苗种类	10.1 常用护理技术内容 10.2 各种护理技术的适用范围及要求	11.1 幼儿健康的情绪、行为、身体状况特征	12.1《保育员国家职业资格培训教程》
7.1 能准备日常生活环节护理的材料 7.2 能讲解实操进餐、睡眠、盥洗、如厕护理要求 7.3 能选择合适的角度拍摄操作过程	8.1 能正确描述膳食金字塔的内涵 8.2 能对常用食物进行搭配 8.3 能制作幼儿园一周膳食表 8.4 能创设良好的进餐环境	9.1 能按流程规范晨检 9.2 能熟悉传染病隔离时限 9.3 能编制隔离流程图 9.4 能正确描述常用疫苗的作用	10.1 能正确使用体温计给幼儿测体温 10.2 能正确使用物理降温技术 10.3 能熟练操作护理技术 10.4 能选择合适的角度拍摄操作过程	11.1 能认真记录工作过程 11.2 能理解反馈信息	12.1 能汇总幼儿护理工作中的问题 12.2 能清晰地分析在护理工作中存在的问题 12.3 能客观评价，写好反思

7.1 拍摄日常生活各环节的护理过程	8.1 制作幼儿园一周膳食表	9.1 编制隔离流程图	10.1 拍摄常用护理技术实操视频	11.1 填写《幼儿护理工作日志》	12.1 完成幼儿护理工作评价反思表
	8.1 综合策划能力			11.1 观察能力	12.1 反思能力

学习任务 2　幼儿护理工作

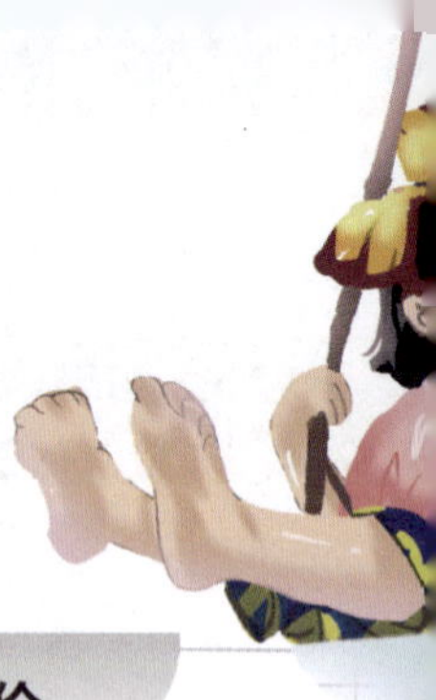

❶ 获取信息　❷ 制订计划　❸ 工作实施　❹ 过程监控　❺ 评价与反馈

获取信息

工作子步骤	教师活动	学生活动	评价
1. 根据《保育员国家职业资格培训教程》，知道保育员的责任和护理工作方向，制作幼儿护理思维导图。	1. 提供《保育员国家职业资格培训教程》，指导学生进行学习。 2. 指导学生查找资料，组织学生按照工作页要求将幼儿护理工作内容梳理一遍。 3. 引导学生从幼儿护理工作的方向进行点评。 4. 巡回指导学生完成幼儿护理思维导图的制作。 5. 组织进行幼儿护理工作思维导图的展示，根据学生的完成质量进行点评，帮助学生梳理、整合、完善幼儿护理工作。	1. 阅读《保育员国家职业资格培训教程》，认识保育员的责任和护理工作方向。(10 分钟) 2. 查阅资料，梳理幼儿护理工作的内容，完成工作页。(15 分钟) 3. 小组代表上台对幼儿护理工作的内容进行阐述，小组互评。(15 分钟) 4. 小组合作制作幼儿护理思维导图。(30 分钟) 5. 通过小组展示、小组互评的方式，完善幼儿护理思维导图。(10 分钟)	1. 过程性评价：参与度、主动性、表达技巧、要点的识别能力。 ①学生能否积极主动查阅资料，共同参与讨论制作幼儿护理思维导图。（师评） ②对保育工作的责任是否有正确的认识。（师评） ③对护理工作的方向把握是否准确。（师评） ④护理工作的内容是否全面。（互评） 2. 成果验收：制作幼儿护理思维导图。 3. 成果评价标准：思路清晰、内容全面，能够完整展示幼儿护理工作的方向。
课时： 2 课时 1. 用品（工具）：纸、笔等。 2. 软资源：《保育员国家职业资格培训教程》、PPT 等。 3. 教学设施：笔记本电脑、投影、音响、麦克风等。			
2. 收集班级幼儿的健康信息资料，特别注意提取特殊幼儿信息，对幼儿健康情况作全面分析，制作幼儿健康情况记录表，包括幼儿身高、体重、膳食偏好、睡眠习惯、大小便情况、特殊喜好等。	1. 提供某幼儿园幼儿信息资料，指导学生提取重要的健康信息。 2. 提供幼儿生长发育评价指标表，指导学生运用生长发育评价指标表对班级幼儿进行全面的、客观的评价。 3. 提供特殊儿童案例，指导学生分析特殊儿童生长发育的指标。 4. 指导学生对数据进行分析，尤其注意对有特殊需求孩子信息的提取。 5. 组织学生制作幼儿健康情况记录表，引导学生进行客观评价。 6. 组织小组互评，参与讨论，评选出一份比较完善的幼儿健康情况记录表。	1. 收集幼儿园某班级幼儿健康信息资料，提取重要信息。(10 分钟) 2. 查阅幼儿生长发育评价指标表，对照指标表对班级幼儿健康情况进行评价。(10 分钟) 3. 阅读特殊儿童评估案例，对特殊儿童生长发育情况进行分析。(15 分钟) 4. 小组共同研究幼儿身高、体重、膳食偏好、睡眠习惯、大小便情况、特殊喜好等，对幼儿的健康情况作全面的分析。(15 分钟) 5. 小组合作制作幼儿健康情况记录表。(20 分钟) 6. 通过小组展示、小组互评的方式，完善幼儿健康情况记录表。(10 分钟)	1. 过程性评价：参与度、主动性、在小组讨论中的观察能力和分析能力。 ①学生能否积极主动查阅资料，共同收集、查阅资料。（师评） ②组内成员是否积极共同讨论。（师评） ③能否协同合作完成幼儿健康情况记录表。（师评） ④幼儿健康情况记录表是否能够全面记录幼儿健康情况。（计分互评） 2. 成果验收：幼儿健康情况记录表。 3. 成果评价标准：幼儿健康情况记录表是否项目齐全，能否全面反馈幼儿健康情况。
课时： 2 课时 1. 用品（工具）：纸、笔等。 2. 软资源：《保育员国家职业资格培训教程》、PPT 等。 3. 教学设施：笔记本电脑、投影、音响、麦克风等。			

基准学时：30 课时

1 获取信息 → 2 制订计划 → 3 工作实施 → 4 过程监控 → 5 评价与反馈

	工作子步骤	教师活动	学生活动	评价
获取信息	3. 阅读《幼儿园工作规程》和《指引》，明确幼儿一日生活各环节的卫生要求和标准，制作幼儿一日活动环节护理简明表。	1. 提供《指引》,要求学生进行阅读，提取关键词，组织完成工作页。 2. 提供《幼儿园工作规程》资料，组织学生对幼儿一日生活各环节中的主要要求进行汇报。 3. 播放 PPT，组织学生有目的地观看视频，指导学生提取消毒评价表的要点。 4. 巡回指导学生制作幼儿一日活动各环节护理简明表。 5. 安排小组进行成果展示，引导学生进行组间互评。	1. 阅读《指引》，能够清楚说出幼儿一日生活的各个环节，完成工作页。(15 分钟) 2. 阅读《幼儿园工作规程》资料，明确一日生活各环节的卫生要求和标准，幼儿小组代表讲述幼儿一日生活各环节中的主要要求。(20 分钟) 3. 小组讨论并制作幼儿一日活动各环节护理简明表。(30 分钟) 4. 分组进行展示，分享成果，组间评价。(10 分钟)	1. 过程性评价：参与度、主动性、阅读能力、表达技巧、要点的识别能力。 ①学生能否积极主动阅读《指引》。(师评) ②学生能否准确地抓住《幼儿园工作规程》卫生要求和标准。(师评) ③卫生要求和标准是否简洁、明了、全面、合理。 2. 成果验收：幼儿一日活动各环节护理简明表。 3. 成果评价标准：简明表的内容是否全面，是否符合要求和标准。
	课时： 2 课时 1. 用品（工具）：纸、笔等。 2. 软资源：《幼儿园工作规程》《指引》等。 3. 教学设施：笔记本电脑、投影、音响、麦克风等。			
制订计划	1. 依据托幼机构的膳食卫生管理和幼儿健康情况记录表，分析幼儿生长发育情况、膳食偏好，关注特殊幼儿的护理，制作各类营养素的功能及来源一览表	1. 提供《幼儿营养与健康》资料，组织学生完成工作页的填写。 2. 组织小组代表表述营养对幼儿的作用。 3. 展示案例，组织学生阐述营养对幼儿发育产生的影响，引导学生查找各类营养素功能和食物的来源。 4. 巡回指导学生制作各类营养素的功能和来源一览表。	1. 阅读《幼儿营养与健康》资料，说出七大营养化素的名称和组要作用，填写工作页。(15 分钟) 2. 查阅资料，根据幼儿对营养的需求和幼儿常见营养问题，总结归纳营养对幼儿的作用。(15 分钟) 3. 分析案例，认识营养对幼儿发育产生的影响，查找各类营养素功能和食物的来源。(20 分钟) 4. 小组合作制作各类营养素的功能和来源一览表。(30 分钟)	1. 过程性评价：参与程度、信息分析能力、组内分工的情况、组内沟通的情况。 ①能否正确并按时完成工作页。(互评) ②营养对幼儿的作用表述是否正确。(互评) ③能否全面、细致、客观地分析案例。(集体评) 2. 成果验收：制作各类营养素的功能及来源一览表。 3. 成果验收标准：制作的一览表营养素是否齐全，功能匹配是否全面，食物来源记载是否详细。
	课时： 2 课时 1. 用品（工具）：纸、笔、绘图工具、胶水或胶纸等。 2. 软资源：《幼儿营养与健康》、幼儿生长发育调查案例等。 3. 教学设施：笔记本电脑、投影、音响、麦克风等。			

学习任务 2　幼儿护理工作

1 获取信息　2 制订计划　3 工作实施　4 过程监控　5 评价与反馈

制订计划

工作子步骤	教师活动	学生活动	评价
2. 辨别幼儿营养类、五官类、皮肤类、消化道及呼吸道疾病等常见病，制作幼儿园常见病护理一览表，列出原因、症状、预防与治疗措施。	1. 提供信息路径，引导学生查找常见病类型，指导完成工作页。 2. 提供常见病病例，引导学生进行常见病类型的归类。 3. 组织学生描述常见病的原因、治疗和预防措施。 4. 巡回指导完善幼儿常见病护理方法，完成工作页。 5. 组织学生进行幼儿园常见病护理一览表的制作和 互评。	1. 查阅资料，对幼儿常见病的类型进行查找，完成工作页。(15 分钟) 2. 观看病例，根据症状所列举的症状进行常见病类型归类。(15 分钟) 3. 小组合作，查阅资料，描述常见病的原因、治疗和预防措施。(15 分钟) 4. 列举幼儿常见病护理方法，完成工作页。(15 分钟) 5. 小组合作完成制作幼儿园常见病护理一览表。(20 分钟)	1. 过程性评价：主要观察参与度、倾听与评价，提炼与总结等。 ①是否熟悉幼儿园常见病的类型。（师评） ②能否进行幼儿常见病的原因、治疗和预防作一个描述。（师评 、抽签问答） ③能否正确判断常见病。（互评） ③能否全面完成常见病护理的方法。（教师点评） 2. 成果验收：制作幼儿园常见病护理一览表。 3. 成果评价标准：常见病类型是否齐全，护理方法是否得当，一览表是否清晰、简明。

课时： 2 课时
1. 用品（工具）：纸、笔、消毒剂等。
2. 软资源：《幼儿园安全管理条例》、常见病病例。
3. 教学设施：笔记本电脑、投影、音响、麦克风。

工作子步骤	教师活动	学生活动	评价
3. 辨别幼儿常见传染病，制作幼儿园常见传染病护理一览表，列出其病因、症状、护理和措施。	1. 提供信息路径，引导学生查找传染病类型，指导完成工作页。 2. 提供常见传染病病例，引导学生进行传染病类型的归类。 3. 组织学生进行传染病的原因、治疗和预防的描述。 4. 巡回指导完善幼儿传染病护理方法，完成工作页。 5. 组织学生进行幼儿园传染病护理一览表的制作和互评。	1. 查阅资料，对幼儿传染病的类型进行查找，完成工作页。(10 分钟) 2. 观看病例，根据症状所列举的症状进行传染病类型归类。(15 分钟) 3. 小组合作，查阅资料，描述传染病的原因、治疗和预防措施。(15 分钟) 4. 列举幼儿传染病护理方法，完成工作页。(10 分钟) 5. 小组合作完成幼儿园传染病护理一览表。(30 分钟)	1. 过程性评价：主要观察参与度、倾听与评价，提炼与总结等。 ①是否熟悉幼儿园传染病的类型。（师评） ②能否描述幼儿传染病的原因、治疗和预防措施。（师评 、抽签问答） ③能否正确判断传染病。（互评） ③能否全面总结传染病护理的方法。（教师点评） 2. 成果验收：制作幼儿园传染病护理一览表。 4. 成果评价标准：传染病类型是否齐全，护理方法是否得当，一览表是否清晰、简明。

课时： 2 课时
1. 用品（工具）：纸、笔等。
2. 软资源：《托儿所幼儿园卫生保健管理办法》、传染病病例等。
3. 教学设施：笔记本电脑、投影、音响、麦克风等。

基准学时：30 课时

1 获取信息 2 制订计划 3 工作实施 4 过程监控 5 评价与反馈

工作实施

工作子步骤	教师活动	学生活动	评价
1. 根据幼儿一日生活环节的卫生要求和标准，对幼儿进行晨间检查和全日观察，早发现、早护理，讲解实操进餐、睡眠、盥洗、如厕等护理要领，拍摄日常生活环节的护理过程。	1. 组织学生观看视频，学习幼儿日常生活的护理内容。 2. 提供幼儿一日生活护理的工具材料，组织学生进行护理环节的操作。 3. 组织学生进行拍摄。 4. 组织学生进行小组代表展示，引导学生进行细心观察。 5. 组间进行交流评价，鼓励学生进行正确示范。	1. 观看微视频《幼儿日常生活护理》。(20 分钟) 2. 辨别各种生活护理工具，根据护理环节进行幼儿护理的操作，能够讲解进餐、睡眠、盥洗、如厕护理要求。(40 分钟) 3. 小组进行日常生活环节的护理操作拍摄。(80 分钟) 4. 小组互评，对所存在问题进行讨论和正确示范。(20 分钟)	1. 过程性评价：团队的合作性、主动性、时间分配的合理性。 ①能否准确辨别各种生活护理工具。（师评） ②操作示范是否规范、准确。(师评) ③能否根据评价意见进行优化。(师评) 2. 成果验收：拍摄日常生活各环节的护理过程。 3. 成果验收标准：完整记录幼儿日常护理，正确进行幼儿日常生活护理操作。
课时： 4 课时 1. 用品（工具）：纸、笔、护理工具、水、量杯等。 2. 软资源：《幼儿日常生活护理》微视频等。 3. 教学设施：笔记本电脑、投影、音响、麦克风等。			
2. 根据“幼儿膳食金字塔”，按照各类食物的热量比例和幼儿膳食搭配原则，制作幼儿园一周膳食表。	1. 提供托幼机构的膳食管理文件，指导学生阅读。 2. 提供“幼儿膳食金字塔”，引导学生学习幼儿膳食金字塔的构成和配置的原则，指导完成工作页。 3. 列出常用的食物，指导学生进行食物的搭配，引导学生客观评价。 4. 布置任务，小组完成一份幼儿膳食计划书。 5. 组织学生制作幼儿园一周膳食表。 6. 组织小组展示成果，进行互评。	1. 阅读托幼机构的膳食管理文件，认识合理饮食对幼儿健康的重要性。(20 分钟) 2. 阅读“幼儿膳食金字塔”，学习幼儿膳食金字塔的构成和配置的原则，完成工作页。(20 分钟) 3. 选择常用的食物，小组合作完成食物的搭配，组间进行评价。(35 分钟) 4. 小组共同讨论，编制幼儿膳食计划。(25 分钟) 5. 按照幼儿膳食计划，小组合作制作幼儿园一周膳食表。(40 分钟) 6. 展示幼儿园一周膳食表，小组互评，相互完善。(20 分钟)	1. 过程性评价：讨论参与度，观看认真细致程度，能否主动提出问题。 ①对幼儿膳食金字塔的构成是否熟悉。（组间互评） ②对幼儿膳食配置的原则是否理解，按时完成工作页。（互评） ③组间能否合理分工。（互评） ④幼儿膳食计划是否合理。（互评） ⑤小组能否进行客观的评价。 2. 成果验收：制作幼儿园一周膳食表。 3. 成果评价标准：膳食表是否符合配置原则，是否符合膳食金字塔的 结构。
课时： 4 课时 1. 用品（工具）：纸、笔等。 2. 软资源：托幼机构的膳食管理文件、幼儿膳食金字塔等。 3. 教学设施：笔记本电脑、投影、音响、麦克风等。			

学习任务 2 幼儿护理工作

1 获取信息 → 2 制订计划 → 3 工作实施 → 4 过程监控 → 5 评价与反馈

工作实施

工作子步骤	教师活动	学生活动	评价
3. 根据传染病的发生和流行环节，控制传染源，切断传播途径，保护易感人群，预防传染病，编制隔离制度，配合做好预防接种工作。	1. 组织学生观看隔离演练，观察记录隔离的要点，组织学生讨论，对学生进行点评。 2. 巡回指导学生合理安排并分工合作。 3. 提供托幼机构的卫生保健制度，指导学生完成工作页。 4. 巡回指导学生编制隔离流程图。 5. 组织学生进行展示和阐述，引导学生组间互评。	1. 情景表演：模拟组织幼儿晨检的环节。学生观察晨检的秩序和要求，以及个别事件处理，如对突发传染病患儿进行及时隔离处理。小组分析讨论情景表演中“教师”存在的问题。(15 分钟) 2. 学习托幼机构的卫生保健制度，能够规范晨检。(10 分钟) 3. 学习隔离的制度，列出传染病的隔离时限，完成工作页。(10 分钟) 4. 学习预防接种制度、常用疫苗种类，小组合作编制隔离流程图。(30 分钟) 5. 小组展示隔离流程图，并对疫苗种类和作用进行阐述。(10 分钟) 6. 小组展示拍摄成果、组间互评。(5 分钟)	1. 过程性评价：讨论的参与度、观看是否认真细致、是否主动提出问题。 ①对情景表演能否做出正确的评价。(组间互评) ②对托幼机构的卫生保健制度、隔离的制度、预防接种制度是否熟悉。(互评) ③组间能否合理分工。(互评) ④小组成员配合度是否默契。(互评) 2. 成果验收：编制隔离流程图。 3. 成果评价标准：流程图是否清晰，是否符合隔离制度和隔离时限。
课时： 2 课时 1. 用品（工具）：纸、笔等。 2. 软资源：托幼机构的卫生保健制度、隔离的制度、预防接种的制度等。 3. 教学设施：笔记本电脑、投影、音响、麦克风等。			
4. 按照测体温、高热降温、滴眼药水等常用护理技术的操作规范，讲解实操幼儿园常用护理技术方法，拍摄实操视频。	1. 提供《保育员国家职业资格培训教程》，指导学生完成工作页。 2. 提供模拟娃娃、体温计，组织学生进行模拟操作，小组点评。 3. 提供视频资料，指导学生操作时需要注意的事项，提醒学生做好笔记。 4. 提供模拟材料，协助学习小组按任务要求进行场地区域的划分，指导选取更好的拍摄角度。 5. 组织常用护理技术操作演示和拍摄。 6. 小组展示拍摄成果，进行点评。	1. 阅读《保育员国家职业资格培训教程》，学习常用的护理技术内容，完成工作页。(30 分钟) 2. 学生代表模拟操作使用体温计给幼儿测量体温，小组讨论，点评。(30 分钟) 3. 观看视频，认识各种护理技术的适用范围和要求，能够正确使用物理降温技术，熟练进行护理操作。(40 分钟) 4. 小组进行分工合作，模拟示范操作常用护理技术。(80 分钟) 5. 准备拍摄器材，选择拍摄场地，选择合适的角度拍摄。(20 分钟) 6. 各小组根据常用护理技术的内容和要求进行操作演示，将整个操作流程拍摄下来。(80 分钟)	1. 过程性评价：讨论的参与度、观看是否认真细致、是否主动提出问题。 ①对模拟操作测量体温是否能够正确点评。 ②对视频能否做出合理的评价。(组间互评) ③常用护理技术的操作是否达到要求，符合标准。(互评) ④组间能否合理分工。(互评) ⑤小组成员配合度是否默契。(互评) 2. 成果验收：拍摄常用护理技术实操视频。 3. 成果评价标准：常用护理操作是否准确、符合要求，拍摄是否清晰，能否完整展示整个操作流程。

	工作子步骤	教师活动	学生活动	评价
工作实施			7. 小组展示拍摄成果，组间互评。（40 分钟）	
	课时： 8 课时 1. 用品（工具）：纸、笔、模拟娃娃、体温计、眼药水等护理材料以及拍摄器材等。 2. 软资源：《保育员国家职业资格培训教程》、任务书、物理降温等护理工作视频等。 3. 教学设施：笔记本电脑、投影、音响、麦克风等。			
过程监控	1. 按照《指引》中幼儿一日生活各环节护理的标准，对幼儿园幼儿护理工作的过程进行监控，要求操作规范、流程清晰、方法正确，填写《幼儿护理工作日志》，确保幼儿在园得到全面的护理，健康快乐成长。	1. 提供日常护理操作过程的视频，引导学生对整个流程进行记录。 2. 组织学生进行互评，做好笔记，及时调整。 3. 播放视频，引导学生认真观察，及时发现问题。 4. 组织学生小组展示、分享填写的《幼儿护理工作日志》，进行点评。	1. 观看日常护理操作过程的视频，记录工作流程。（10 分钟） 2. 小组之间进行评价，及时调整工作实施。（20 分钟） 3. 观看视频，观察幼儿的情绪、行为、身体状况。（10 分钟） 4. 小组合作完成《幼儿护理工作日志》，组间相互评价。（40 分钟）	1. 过程性评价：讨论的参与度、是否观看得认真细致、是否主动提出问题。 ①对视频能否做出合理的评价。（组间互评） ②小组能否积极参与评价和调整工作实施。（互评） ③能否做到仔细、认真观察、及时发现问题。（师评） 2. 成果验收：填写《幼儿护理工作日志》。 3. 成果评价标准：《幼儿护理工作日志》是否翔实，是否全面。
	课时： 2 课时 1. 用品（工具）：纸、笔等。 2. 软资源：视频、《幼儿护理工作日志》等。 3. 教学设施：笔记本电脑、投影、音响、麦克风等。			
评价与反馈	1. 汇总幼儿护理工作情况，向主班教师反馈幼儿园日常生活幼儿护理、常见病及传染病幼儿护理等操作过程中的意见和建议，接受主班教师的反馈意见和进阶要求，完成评价反思表，配合完成后续的幼儿园幼儿护理工作的操作任务，提升配班工作能力。	1. 启发学生回顾在幼儿护理中工作的主要内容、护理的标准。 2. 组织学生汇总学生模拟护理幼儿工作过程中的问题，将结果粘贴于展示板，帮助学生进行分析。 3. 指导小组进行幼儿护理操作评估，提示评估要点。 4. 发放评价反思表，组织学生填写。	1. 查阅《保育员国家职业资格培训教程》，查找关于幼儿护理评价内容和评价标准。（15 分钟） 2. 汇总幼儿护理工作过程中的问题。（15 分钟） 3. 通过小组讨论、展示汇总问题，按照层次、程度、可能发生的原因归类，统筹意见或建议。（30 分钟） 4. 对幼儿护理操作工作进行评估，以小组汇报的形式表述评估结果和建议。（10 分钟） 5. 填写评价反思表。（10 分钟）	1. 过程性评价：汇报积极性、团队合作性、语言表达的全面性。 ①是否积极主动全面地对幼儿护理进行汇总。（师评） ②能否按要求将问题进行展示，提出意见和建议。（师评） ③能否翔实地填写评价反思表。（组间互评） 2. 成果评价： 填写幼儿护理工作评价反思表。 3. 成果评价标准：学生反馈意见是否有针对性，是否有实效性；评价反思表问题捕捉是否准确、针对性强；反思表内容是否有价值、真实反映问题。
	课时： 2 课时 1. 用品（工具）：纸、笔等。 2. 软资源：视频、幼儿护理工作评价反思表等。 3. 教学设施：笔记本电脑、投影、音响、麦克风等。			

学习任务 3　幼儿安全与突发事件处理

任务描述

学习任务学时：20 课时

任务情境

广州市某幼儿园接上级部门通知，为加强幼儿园安全保卫工作，防范重大责任事故的发生，确保幼儿园师生生命安全和财产安全，创建"平安幼儿园"，拟对幼儿园开展安全大检查。幼儿园非常重视这项工作，以此作为切入口，对幼儿园安全隐患进行全面排查，在各年龄班开展安全教育活动，并组织全园性安全演练活动。现安排我系跟岗实践班级学生去完成该任务。

该班学生经过专业的学习，具有良好的幼儿教育理念，具备一定的幼儿卫生保健知识、安全知识和处理问题的能力，现准备在该园进行保育工作实践 20 课时，在完成任务过程中，增强学生安全规则和风险意识、处理突发事件的能力和团队合作的精神。

具体要求见后页。

工作流程和标准

工作环节 1

获取信息

1

1. 查阅《中小学幼儿园安全管理办法》《幼儿园安全管理条例》，结合幼儿园工作实际，知道幼儿园安全工作的内容，制作幼儿园安全工作流程图。
2. 查阅、搜集幼儿园的突发事件案例，知道幼儿园易发生的突发事件，制作幼儿园突发事件列表。

主要成果：

1. 制作幼儿园安全工作流程图
2. 制作幼儿园突发事件列表

工作环节 2

制订计划

2

1. 根据《幼儿园安全管理条例》，提取幼儿园安全保卫、饮食安全、药品安全、活动安全的要求，编制幼儿园安全要求一览表。
2. 根据《指引》，结合幼儿一日生活环节工作实际，制定生活环节的安全措施。
3. 根据《幼儿园安全管理条例》，按不同年龄班，编制幼儿园各年龄班安全教育内容。
4. 根据幼儿园突发事件，从危机角度预测突发事件应急策略，制定突发事件应急预案。

主要成果：

1. 编制幼儿园安全要求一览表
2. 制定生活环节的安全措施
3. 编制幼儿园各年龄班安全教育内容
4. 制定突发事件应急预案

学习任务3　幼儿安全与突发事件处理

工作环节 3

幼儿安全与突发事件处理的工作实施

3

1. 根据幼儿园安全要求，开展幼儿园安全隐患大排查，制作安全检查登记表，认真详细记录，备注整改的时限。
2. 根据幼儿园常见意外事故的类型，合理选择处理方法，如异物入体、鼻出血、惊厥、中毒、骨折等，拍摄意外事故处理实操视频。
3. 根据突发事件应急预案，熟知消防安全标志，列出演练物品清单，绘制逃生路线，配合开展全园性消防安全演练，提高安全规则意识和风险应变能力。

主要成果：

1. 制作安全检查登记表
2. 拍摄意外事故处理实操视频
3. 列出演练物品清单、绘制逃生路线

工作环节 4

过程控制环节

4

按照《中小学幼儿园安全管理办法》和《幼儿园安全管理条例》标准，对幼儿安全与突发事件处理的操作过程进行监控，要求操作规范、流程清晰、方法正确，填写《安全工作日志》，确保幼儿在安全的环境下健康成长。

主要成果：

填写《安全工作日志》

工作环节 5

评价与反馈

5

汇总工作情况，向主班教师反馈幼儿安全与突发事件处理操作过程中的意见和建议，听取主班教师的反馈意见和进阶要求，完成安全工作评价反思表，配合完成后续的幼儿园安全与突发事件的处理工作，提升配班工作能力。

主要成果：

完成安全工作评价反思表

学习内容

知识点	1.1《中小学幼儿园安全管理办法》 1.2 幼儿园安全工作的内容	2.1《幼儿园安全管理条例》 2.2 查阅幼儿园突发事件案例	3.1 安全保卫制度 3.2 饮食安全制度 3.3 药品安全制度 3.4 活动安全制度	4.1 喝水安全知识 4.2 如厕安全知识 4.3 午睡安全知识 4.4 盥洗安全知识 4.5 进餐安全知识 4.6 接送环节安全知识	5.1 活动常规安全教育知识 5.2 交通安全教育知识 5.3 消防安全教育 知识 5.4 身体自我保护、防触电、防溺水安全教育知识 5.5 饮食习惯安全教育知识 5.6 玩具安全教育知识 5.7 安全标志 5.8 安全教育宣传口号
技能点	1.1 能表述幼儿园安全工作的内容 2.1 能制作幼儿园安全工作流程图	2.1 能正确分析案例 2.2 能制作幼儿园突发事件列表	3.1 能说出各类安全制度的要求及要点 3.2 能合理地编制幼儿园安全要求一览表	4.1 能预测幼儿安全隐患 4.2 能制定生活环节的安全措施	5.1 能区分安全教育的类型 5.2 能正确描述安全标志 5.3 能正确理解安全教育口号 5.4 能随时创编安全顺口溜 5.5 能合理编制幼儿园各年龄班安全教育内容
工作环节	工作环节 1 获取信息		实施前准备 工作环节 2		
成果	1.1 制作幼儿园安全工作流程图	2.1 制作幼儿园突发事件列表	3.1 编制幼儿园安全要求一览表	4.1 制定生活环节的安全措施	5.1 编制幼儿园各年龄班安全教育内容
素养	1.1 归纳整理能力	2.1 儿童健康常识	3.1 文件解读能力	4.1 安全知识	5.1 创编能力

学习任务 3　幼儿安全与突发事件处理

6.1 地震、火灾应急预案 6.2 中毒应急预案 6.3 烧伤应急预案 6.4 传染病应急预案 6.5 走失应急预案 6.6 暴力事件应急预案	7.1 幼儿园房舍布局图 7.2 室内活动室、盥洗室、睡室的安全 7.3 室外集体活动区安全、器械设备的安全 7.4 种植区的安全知识 7.5 楼道走廊安全知识 7.6 常用用具的卫生知识	8.1 摔伤、碰伤、虫咬伤处理办法 8.2 异物入体处理办法 8.3 鼻出血处理办法 8.4 惊厥处理办法 8.5 骨折处理办法 8.6 突发事件处理流程	9.1 安全演练方案 9.2 消防器材的使用方法 9.3 逃生路线图绘制方法 9.4 安全管理规范	10.1《安全工作日志》内容	11.1 安全工作评价反思表内容
6.1 能正确分析案例 6.2 能从危机角度预测突发事件应急策略 6.3 能制定暴力事件应急预案	7.1 能认真细致全面排查安全隐患 7.2 能预测安全隐患 7.3 能清楚说出常用用具	8.1 能清晰说出各类意外伤害处理办法 8.2 能按正确流程处理突发事件	9.1 能配合幼儿园准备演练物品 9.2 能正确使用消防器材 9.3 能正确绘制逃生路线 9.4 能组织幼儿安全撤离现场	10.1 能认真记录工作过程 10.2 能理解反馈信息	11.1 能汇总幼儿安全工作中的问题 11.2 能清晰地分析在安全工作中存在的问题 11.3 能客观评价，写好反思

6.1 制定突发事件应急预案	7.1 制作安全检查登记表	8.1 拍摄意外事故处理实操视频	9.1 列出演练物品清单、绘制逃生路线，开展安全演练	10.1 填写《安全工作日志》	11.1 完成安全工作评价反思表
6.1 安全预警意识		8.1 突发事件处理能力、团队合作能力	9.1 思政元素：安全规范意识		

学习任务 3　幼儿安全与突发事件处理

1 获取信息　2 制订计划　3 工作实施　4 过程监控及记录　5 评价与反馈

获取信息

工作子步骤	教师活动	学生活动	评价
1. 查阅《中小学幼儿园安全管理办法》《幼儿园安全管理条例》，结合幼儿园工作实际，知道幼儿园安全工作的内容，制作幼儿园安全工作流程图。	1. 提供《中小学幼儿园安全管理办法》《幼儿园安全管理条例》文件和班级活动安排表，指导学生进行阅读，要求学生熟悉幼儿园安全工作内容和人员分工与职责、标准。 2. 组织学生阅读幼儿园每天的安全工作内容，提出阅读的重点和要求。 3. 巡回指导学生提取重要信息，制作幼儿园安全工作流程图。 4. 组织学生上台展示并讲解流程图，引导学生进行评价。 5. 教师根据学生的完成质量进行点评，帮助学生梳理、完善幼儿园安全工作流程图。	1. 阅读《中小学幼儿园安全管理办法》《幼儿园安全管理条例》学习幼儿园安全工作内容构成、人员分工与职责、标准，完成工作页。(15 分钟) 2. 了解幼儿园每天的主要活动内容，总结幼儿园各个活动环节的安全工作流程。(15 分钟) 3. 小组合作梳理、制作幼儿园安全工作流程图。(20 分钟) 4. 小组代表讲解并归纳人员分工职责和工作标准。(20 分钟) 5. 小组互评进一步梳理、总结及完善工作流程图。(10 分钟)	1. 过程性评价：参与度、主动性、表达技巧、要点的识别能力 ①学生能否积极主动查阅资料，共同参与讨论制作幼儿园安全工作流程图。（师评） ②流程图中安全工作内容、人员分工及工作标准是否明确、细致、全面。（互评） ③小组是否能梳理、总结、完善工作流程图。（师评） 2. 成果验收：制作幼儿园安全工作流程图。 3. 成果评价标准：安全工作流程清晰，要点明确，分工合理。
课时： 2 课时 1. 用品（工具）：纸、笔等。 2. 软资源：《中小学幼儿园安全管理办法》《幼儿园安全管理条例》等。 3. 教学设施：笔记本电脑、投影、音响、麦克风等。			
2. 查阅、搜集幼儿园的突发事件案例，知道幼儿园易发生的突发事件，制作幼儿园突发事件列表。	1. 提供幼儿园的突发事件案例，指导学生进行阅读，要求学生分析幼儿园突然事件发生的原因、地点、造成的后果及预防措施。 2. 提供幼儿园各区域图片，组织学生头脑风暴，列举幼儿园易发生的突发事件，并分析其原因、地点、造成的后果及预防措施。 3. 布置制表任务，组织学生提取列表项目，制作幼儿园突发事件列表，并进行巡回指导。 4. 组织学生展示列表，投票评选优秀作品。 5. 组织小组互评，教师点评，帮助学生完善幼儿园突发事件列表。	1. 阅读幼儿园的突发事件案例，分析幼儿园突然事件发生的原因、地点、造成的后果及预防措施。(20 分钟) 2. 分析幼儿园各区域图片，通过小组头脑风暴，讨论列举幼儿园易发生的突发事件，分析其原因、地点、造成的后果及预防措施。(15 分钟) 3. 接受任务，提取列表项目，制作幼儿园突发事件列表。(25 分钟) 4. 张贴展示列表，投票评选优秀作品。(10 分钟) 5. 听取各小组互评及教师点评，进一步完善幼儿园突发事件列表。(10 分钟)	1. 过程性评价：参与度、主动性、在小组讨论中的表达能力和聆听技巧、要提取能力、制表能力。 ①学生能否积极主动参与小组讨论。（师评） ②是否能认真倾听他人意见并合理表达个人观点。（师评） ③信息是否准确有用。(计分互评) ④列表项目是否清晰、准确、全面，内容是否具体，预防措施是否有效。（互评、师评） 2. 成果验收：幼儿园突发事件列表。 3. 成果评价标准：列表项目清晰、准确、全面，内容具体，符合实际，预防措施是否有效。
课时： 2 课时 1. 用品（工具）：纸、笔、展示板等。 2. 软资源：幼儿园突发事件案例、幼儿园各区域图片等。 3. 教学设施：笔记本电脑、投影、音响、麦克风等。			

制订计划

工作子步骤	教师活动	学生活动	评价
1. 根据《幼儿园安全管理条例》，提取幼儿园安全保卫、饮食安全、药品安全、活动安全的要求，编制幼儿园安全要求一览表。	1. 提供幼儿园安全教育视频，引导学生记录安全要点。 2. 提供《幼儿园安全管理条例》，要求学生深入阅读并提取幼儿园安全保卫、饮食安全、药品安全、活动安全的要求。 3. 引导学生在展示板上列出幼儿园安全保卫、饮食安全、药品安全、活动安全的要点，并组织学生编制幼儿园安全要求一览表。 4. 开展竞答活动，引导学生进一步巩固学习幼儿园安全保卫、饮食安全、药品安全、活动安全的要求。	1. 观看幼儿园安全教育视频，记录安全要点。（10 分钟） 2. 深入学习《幼儿园安全管理条例》，提取幼儿园安全保卫、饮食安全、药品安全、活动安全的要求。（10 分钟） 3. 小组代表在展示板上列出幼儿园安全保卫、饮食安全、药品安全、活动安全的要点，并编制幼儿园安全要求一览表。（10 分钟） 4. 组间开展竞答活动，进一步巩固学习幼儿园安全保卫、饮食安全、药品安全、活动安全的要求。（10 分钟）	1. 过程性评价：活动积极性、信息的提取能力。 ①学生能否积极主动参与活动。（师评） ②能否准确提取知识要点。（师评） ③幼儿园安全要求一览表项目是否全面、内容是否具体。（师评） 2. 成果验收：编制幼儿园安全要求一览表。 3. 成果评价标准：幼儿园安全要求一览表项目全面，内容具体。
课时： 1 课时 1. 用品（工具）：纸、笔、展示板等。 2. 软资源：幼儿园安全教育视频、《幼儿园安全管理条例》等。 3. 教学设施：笔记本电脑、投影、音响、麦克风等。			
2. 根据《指引》，结合幼儿一日生活各环节工作实际，制定生活环节的安全措施。	1. 提供《指引》，指导学生学习一日生活各环节内容。 2. 围绕幼儿园一活动各环节，提取生活环节内容要点，引导学生分析生活环节的安全隐患，讨论预防措施。 3. 引导各小组根据讨论内容，巡回指导学生制定生活环节的安全措施。 4. 引导各小组分别展示已制订的生活环节的安全措施，其他小组针对安全措施的可操作性及全面性进行提问，展示小组代表回答。 5. 引导各小组根据提问及教师点评进一步完善生活环节的安全措施。	1. 学习《指引》中一日生活各环节内容。（10 分钟） 2. 学生分析生活环节的安全隐患，讨论预防措施。（10 分钟） 3. 小组制定生活环节的安全措施。（30 分钟） 4. 各小组抽签，按抽签顺序展示已制订的生活环节的安全措施，其他小组针对安全措施的可操作性及全面性进行提问，展示小组代表回答。（20 分钟） 5. 各小组根据提问及教师点评进一步完善生活环节的安全措施。（10 分钟）	1. 过程性评价：参与度、信息提取、表达能力。 ①能否主动阅读《指引》。（师评） ②能否快速、准确提取一日生活各环节内容。（师评） ③能否流畅表达，表达内容全面、具体。（师评） ④生活环节的安全措施是否全面具体、符合幼儿园实际、具有可操作性。（互评） 2. 成果验收：制定生活环节的安全措施。 3. 成果验收标准：生活环节的安全措施全面具体，符合幼儿园实际，具有可操作性。
课时： 2 课时 1. 用品（工具）：纸、笔、展示板等。 2. 软资源：《指引》、抽签卡等。 3. 教学设施：笔记本电脑、投影、音响、麦克风等。			

学习任务 3　幼儿安全与突发事件处理

1 获取信息 → 2 制订计划 → 3 工作实施 → 4 过程监控及记录 → 5 评价与反馈

制订计划

工作子步骤	教师活动	学生活动	评价
3. 根据《幼儿园安全管理条例》，按不同年龄班，编制幼儿园各年龄班安全教育内容。	1. 提供《幼儿园安全管理条例》，指导学生进行阅读，标注幼儿园安全风险点。 2. 引导学生分析不同年龄班的幼儿特点，再次以不同颜色标注适宜不同年龄班幼儿的安全教育内容。 3. 引导学生进一步分析所标注的内容，整理书写幼儿园各年龄班安全教育内容。 4. 引导各小组张贴展示，共同讨论、整合、制定出相应的安全教育内容。	1. 阅读《幼儿园安全管理条例》，按要求标注幼儿园安全风险点。(10 分钟) 2. 学生分析不同年龄班的幼儿特点，再次以不同颜色标注适宜不同年龄班幼儿的安全教育内容。(10 分钟) 3. 学生进一步分析所标注的内容，整理书写幼儿园各年龄班安全教育内容。(30 分钟) 4. 各小组代表张贴展示，共同讨论、整合、制定出相应的安全教育内容。(30 分钟)	1. 过程性评价：阅读能力、分析能力、信息整合能力。 ①能否主动阅读《幼儿园安全管理条例》。（师评） ②能否准确分析幼儿年龄特点，标注不同年龄班幼儿的安全教育内容。（师评） ③能否找到信息间的关联，整合有价值的信息内容。（集体评） 2. 成果验收：编制幼儿园各年龄班安全教育内容。 3. 成果验收标准：幼儿园各年龄班安全教育内容要符合各年龄班幼儿年龄特点，教育内容具有可操作性，有教育价值。
课时： 2 课时 1. 用品（工具）：纸、笔、展示板 2. 软资源：《幼儿园安全管理条例》等。 3. 教学设施：笔记本电脑、投影、音响、麦克风等。			
4. 根据幼儿园突发事件，从危机角度预测突发事件应急策略，制定突发事件应急预案。	1. 提供幼儿园安全标准文件，引导学生研读。 2. 播放幼儿园突发事件视频，引导学生发言，谈观看感受。 3. 组织学生头脑风暴，罗列幼儿园各类突发事件。 4. 组织学生讨论、分析各类突发事件的应急策略，梳理要点，派代表发言。 5. 引导学生梳理、总结幼儿园各类突发事件的应急策略，形成突发事件应急预案。	1. 研读幼儿园安全标准文件，填写工作页。(10 分钟) 2. 观看幼儿园突发事件视频，小组讨论观看感受，派代表发言。(30 分钟) 3. 学生头脑风暴，罗列幼儿园各类突发事件。(10 分钟) 4. 学生讨论、分析各类突发事件的应急策略，梳理要点，派代表发言。(10 分钟) 5. 引导学生梳理、总结幼儿园各类突发事件的应急策略，形成突发事件应急预案。(20 分钟)	1. 过程性评价：信息处理、语言表达等。 ①能否准确提取幼儿园安全文件相关信息，完成工作页填写。（师评 抽签问答） ②能否认真观看视频，组织语言，感受表达清晰、流畅。（师评） ③能否积极主动参与讨论活动，梳理、总结幼儿园各类突发事件的应急策略。（组间互评、教师点评） 2. 成果验收：制定突发事件应急预案。 3. 成果评价标准：突发事件应急预案处理流程清晰，符合幼儿园实际，具有预见性及可操作性。
课时： 2 课时 1. 用品（工具）：纸、笔等。 2. 软资源：幼儿园安全标准文件、幼儿园突发事件视频、工作页等。 3. 教学设施：笔记本电脑、投影、音响、麦克风等。			

工作子步骤	教师活动	学生活动	评价
1. 根据幼儿园安全要求，开展幼儿园安全隐患大排查，制作安全检查登记表，认真详细记录，备注整改的时限。	1. 课前组织学生入园模拟演练安全隐患大排查，模拟过程中，认真观察、发现并标注安全隐患。 2. 引导各小组梳理模拟演练过程中的标注内容，制作展示卡进行张贴。 3. 提供幼儿园安全检查评分标准，引导学生整合、完善展示内容，根据评分标准文件制作安全检查登记表。	1. 课前在老师带领下入园模拟演练安全隐患大排查，模拟过程中，认真观察、发现并标注安全隐患。 2. 各小组梳理模拟演练过程中的标注内容，制作展示卡进行张贴。(10 分钟) 3. 分析教师提供的幼儿园安全检查评分标准，整合、完善展示内容，根据评分标准文件制作安全检查登记表。(30 分钟)	1. 过程性评价：服从大局、具有观察力、标注重点、信息整合。 ①能否服从大局安排，在教师带领下入园开展活动。（师评） ②能否认真观察安全隐患，标注是否准确、全面。（互评） ③信息整合速度快、准确率高。（组间互评） ④安全检查登记表表格项目是否完整、内容是否清晰、是否具有实操性。（组间互评） 2. 成果验收：制作安全检查登记表。 3. 成果评价标准：安全检查登记表项目完整、内容清晰，具有实操性。
课时： 1 课时 1. 用品（工具）：纸、笔等。 2. 软资源：幼儿园安全检查评分标准等。 3. 教学设施：笔记本电脑、投影、音响、麦克风等。			
2. 根据幼儿园常见意外事故的类型，合理选择处理方法，如异物入体、鼻出血、惊厥、中毒、骨折等，拍摄意外事故处理实操视频。	1. 播放意外伤害事故处理视频，要求学生认真观看，记录操作流程及要点，如海姆立克法、胸外按压、人工呼吸、骨折、中暑、鼻出血等。 2. 引导学生根据幼儿年龄特点，分析各类意外事故中幼儿急救处理注意事项。 3. 模拟演练：抽签抽取幼儿园意外事故急救任务，模拟演练及展示说明处理流程，并形成视频记录。 4. 组织小组回放所记录的演练视频，相互评价、相互完善急救处理技巧。	1. 观看意外伤害事故处理视频，记录操作流程及要点，完成工作页相关内容。(30 分钟) 2. 根据幼儿年龄特点，分析各类意外事故中幼儿急救处理注意事项。(10 分钟) 3. 抽签抽取幼儿园意外事故急救任务，组内进行任务分工，模拟演练及展示说明处理流程，并形成视频记录。(60 分钟) 4. 回放所记录的演练视频，相互评价、相互完善急救处理技巧。(20 分钟)	1. 过程性评价：记录能力、合理分工、团队合作、反应能力。 ①能否认真观看视频，准确记录有用信息，规范填写工作页。（师评） ②组内分工是否合理，模拟中能否体现团队精神。（互评） ③急救措施是否得当，处理过程中应能是否快速。（互评） ④能否根据评价意见进行优化。（师评） 2. 成果验收：拍摄意外事故处理实操视频。 3. 成果验收标准：事故处理反应迅速；操作流程正确、规范；动作轻柔、具有亲和力；视频清晰、完整，具有可借鉴性。
课时： 3 课时 1. 用品（工具）：纸、笔、人体模型、急救箱、木板、相机等。 2. 软资源：意外伤害事故处理视频、任务卡、工作页等。 3. 教学设施：笔记本电脑、投影、音响、麦克风等。			

课程 1　保育工作实施

学习任务 3　幼儿安全与突发事件处理

1 获取信息　2 制订计划　3 工作实施　4 过程监控及记录　5 评价与反馈

	工作子步骤	教师活动	学生活动	评价
幼儿安全与突发事件处理的工作实施	3. 根据突发事件应急预案，熟知消防安全标志，列出演练物品清单、绘制逃生路线，配合开展全园性消防安全演练。	1. 竞猜活动：教师展示各类消防安全标志卡，让学生进行有奖竞猜，引导学生熟悉各类消防安全标志的名称、作用等。 2. 提供逃生路线图例及幼儿园平面图，引导学生绘制逃生路线图。 3. 布置消防安全演练任务，各小组根据已制订的突发事件应急预案，罗列并准备安全演练物品，合理分工、明确职责。 4. 模拟演练：各小组开展安全演练，其他小组拍摄并标注存在的问题。 5. 组织各小组回看视频，交流评价，完善不足。	1. 学生根据教师展示的各类消防安全标志卡，进行有奖竞猜，熟悉各类消防安全标志的名称、作用等。(10 分钟) 2. 分析逃生路线图例及幼儿园平面图，组内绘制逃生路线图。(10 分钟) 3. 接受消防安全演练任务，各小组根据已制订的突发事件应急预案，罗列并准备安全演练物品，合理分工、明确职责。(20 分钟) 4. 各小组开展安全演练，其他小组拍摄并标注存在的问题。(60 分钟) 5. 各小组回看视频，交流评价，完善不足。(20 分钟)	1. 过程性评价：活动积极性、团队合作能力、反应能力。 ①能否准确说出各类消防安全标志的名称及作用。（师评） ②能否正确绘制逃生路线图。（师评） ③能否积极参与组内活动、服务分工安排、职责明确。（互评） ④安全演练物品是否齐全；逃生安全演练是否顺利，是否符合安全要求。（互评） ⑤能否根据评价意见进行优化。（师评） 2. 成果验收：列出演练物品清单、绘制逃生路线，开展安全演练。 3. 成果验收标准：演练物品清单齐全；逃生路线图正确；安全演练流程清晰，符合幼儿园安全要求，具有可操作性。

课时：3 课时
1. 用品（工具）：纸、笔、毛巾、警铃、灭火器、急救箱等。
2. 软资源：各类消防安全标志卡、逃生路线图例、幼儿园平面图、突发事件应急预案等。
3. 教学设施：笔记本电脑、投影、音响、麦克风等。

	工作子步骤	教师活动	学生活动	评价
过程监控及记录	1. 按照《中小学幼儿园安全管理办法》和《幼儿园安全管理条例》标准，对幼儿安全与突发事件处理的操作过程进行监控，要求操作规范、流程清晰、方法正确，填写《安全工作日志》，确保幼儿在安全的环境下健康成长。	1. 提供意外事故处理实操及安全演练视频，引导学生对视频内实操演练活动进行评价。 2. 组织学生分组讨论，指导学生填写幼儿园《安全工作日志》。 3. 组织学生小组展示、分享《安全工作日志》，组间点评及教师点评，进一步完善日志内容。	1. 回看意外事故处理实操及安全演练视频，对视频内实操演练活动进行评价。(10 分钟) 2. 学生分组讨论，填写幼儿园《安全工作日志》。(15 分钟) 3. 学生小组展示、分享《安全工作日志》，听取组间点评及教师点评，进一步完善日志内容。(15 分钟)	1. 过程性评价：讨论的参与度，是否观看得认真细致，是否主动提出问题。 ①能否认真观看视频，并对视频能否做出合理的评价。（组间互评） ②组间能否积极分享《安全工作日志》，并相互评价。（互评） 2. 成果验收：填写《安全工作日志》。 3. 成果评价标准：《安全工作日志》翔实、全面；书写工整、字迹漂亮，具有可借鉴性。

课时：1 课时
1. 用品（工具）：纸、笔等。
2. 软资源：意外事故处理实操视频、安全演练视频、《安全工作日志》等。
3. 教学设施：笔记本电脑、投影、音响、麦克风等。

评价及反馈

工作子步骤	教师活动	学生活动	评价
1. 汇总工作情况，向主班教师反馈幼儿安全与突发事件处理操作过程中的意见和建议，接受主班教师的反馈意见和进阶要求，完成安全工作评价反思表，配合完成后续的幼儿园安全与突发事件的处理工作，提升配班工作能力。	1. 启发学生对整个幼儿突发事件处理工作过程进行反思和梳理。 2. 组织学生将结果布置于展示板，帮助学生进行分析。 3. 指导小组对幼儿突发事件处理工作进行评估，提示评估要点。 4. 发放评价反思表，组织学生填写。	1. 根据《安全工作日志》，反思、梳理幼儿突发事件处理工作的中的问题。（10 分钟） 2. 通过小组讨论、展示汇总问题，按照突发事件类型、处理情况、存在的问题等进行归类，统筹意见或建议。（10 分钟） 3. 对幼儿突发事件处理工作进行评估，以小组汇报的形式表述评估结果和建议。（15 分钟） 4. 填写安全工作评价反思表。（5 分钟）	1. 过程性评价：反思主动性、语言表达的全面性。 ①是否积极主动、全面地对幼儿突发事件处理工作中出现的问题进行反思。（师评） ②能否按要求将问题进行归类，提出意见和建议。（师评） ③能否翔实地填写评价反思表。（组间互评） 2. 成果评价：完成安全工作评价反思表。 3. 成果评价标准：学生反馈意见有针对性、实效性；安全工作评价反思表问题捕捉准确，针对性强；反思表内容有价值，真实反映问题。

课时： 1 课时
1. 用品（工具）：纸、笔等。
2. 软资源：《安全工作日志》安全工作评价反思表等。
3. 教学设施：笔记本电脑、投影、音响、麦克风等。

考核标准

情境描述

中午，广州市某幼儿园大一班的小朋友跟往常一样，饭后散步回来，接下来将进入午睡环节。我院幼儿教育专业学生正在该园进行保育跟岗实习，指导老师让实习生来独立组织小朋友午睡环节。具体要求如下：

1. 讲解组织幼儿午睡环节的工作流程。
2. 要求操作规范、流程清晰、方法正确，体现出清洁、护理、安全等工作实施。
3. 表现出关爱、耐心、细致、敬业等保育员良好的职业素养。

参考资料

完成上述任务时，学生可以使用计算机查找案例、查阅所有常见的教学资料，包括工作页、教材、个人笔记等。

评价方式

由任务教师、专业组长、幼儿园保教主任和指导老师组成考评小组共同实施考核评价，取所有考核人员评分的平均分为学生考核成绩。

任务要求

1. 积极接受工作任务，明确工作要求。
2. 获取幼儿午睡的工作环节内容。
3. 明确午睡环节的工作要求。
4. 清晰罗列幼儿午睡时工作清单。
5. 积极做好睡前的准备工作。
6. 以正确方法进行午检。
7. 正确指导或帮助幼儿上床入睡。
8. 进行睡巡视、护理，纠正睡姿，做观察记录。
9. 在幼儿睡间对特殊儿童进行个别护理。
10. 做好起床管理。
11. 做好睡后的整理工作。
12. 对工作过程自我监控，及时调整。
13. 对工作过程进行客观评价和反思。
14. 任务过程中体现应有的职业素养。

评价标准

评价项目			评分			
一级指标	二级指标	满分	得分			
			第 1 组	第 2 组	第 3 组	第 4 组
专业技能评价	工作准备充分、环境适宜	10				
	工作清单罗列清晰、完整	5				
	工作过程熟练、组织有序、方法正确	10				
	突发事件处理及时、方法得当	10				
	收尾整理工作到位	5				
合作评价	角色分工合理	10				
	角色表演到位	10				
	活动组织有亮点	10				
职业素养	工作积极主动、细致认真	10				
	关爱幼儿，公平对待特殊幼儿	10				
	富有耐心、责任心	10				
总得分		100				

综合评价	优秀（90～100）	良好（80～89）	一般（70～79）	合格（60～69）

课程 2　幼儿园日常活动组织

学习任务 1	学习任务 2	学习任务 3
晨间活动组织	上午活动组织	中午活动组织
20 学时	25 学时	15 学时

课程目标

学习完本课程后，学生应当能够胜任幼儿日常活动组织工作，包括晨间活动组织、上午活动组织、中午活动组织和下午活动组织。工作过程中，学生能做到平等公正对待幼儿，创设民主、自由的活动氛围，具有良好表达能力、沟通能力、组织能力以及合作能力，能够严格遵守、执行幼儿园制定的一日生活活动制度，公平公正对待幼儿，具备爱心、耐心、细心、责任心及热心，促进幼儿德智体美劳全面发展。包括：

1. 能根据工作任务要求和《指南》，查阅班级幼儿情况表，制作班级幼儿动作发展评估表，其内容包括幼儿动作发展的内容、年龄特点和发展任务等信息，要求考虑到特殊儿童的学习能力，做到公平公正对待，具备较强的信息搜集和整理能力和独立思考能力。

2. 能根据《指引》和班级时间安排表，各个环节活动的内容，制作半日活动流程表和工作细则，制定半日活动组织计划，活动内容多样化，促进幼儿全面发展。要求对一日活动进行统筹安排，具备良好的语言组织能力和工作统筹安排能力，做到全面细致。

3. 能根据活动组织内容、活动材料和其他条件，制定设备检查表，内容包括检查项目、检查内容、检查办法、存在问题、责任人、整改意见等，工作细致，富有责任心和反思能力。

4. 能按幼儿园一日生活规程中晨间活动的内容进行幼儿入园的接待工作，组织幼儿有序进行晨检，完成幼儿晨检，填写晨检表，保证幼儿安全、健康地入园，言行举止符合幼儿教师文明礼仪规范。

5. 根据幼儿园早操的价值进行幼儿早操活动的规范和组织，创编特色新颖的早操，按照早操标准进行镜面示范，组织幼儿愉快、主动地进行早操活动，具备体育运动安全常识和突发事件处理方法保证幼儿园早操活动的顺利开展。要求具有组织协调能力和问题解决能力。

6. 能根据幼儿园一日生活规程中的早餐要求，配合保育员组织幼儿进行进餐活动，关注幼儿的进餐情况、管理幼儿进餐秩序，培养幼儿进餐礼仪，保证幼儿一日活动的营养需求，促进幼儿健康发展，引导幼儿园文明用餐、能对体弱儿进行个别护理，富有爱心、责任心、耐心、细心和热心。

7. 检查盥洗室设备安全，根据幼儿园一日生活规程中对幼儿盥洗和喝水的要求，组织幼儿有序盥洗、喝水，能预测判断安全事故的发生，具备较强的观察力、分析整合能力。

8. 根据幼儿园区域活动相关要求配合主班教师组织区域活动，保证幼儿园区域活动的顺利开展，能对幼儿进行适时的指导，对不同能力水平的儿童进行个性化指导，做到公平公正。

9. 能根据幼儿园一日生活规程中的教学活动组织要求，配合主班教师开展教学，配合活动平等公正对待幼儿，创设民主、自由的活动氛围，熟悉教学活动组织流程，准备、选取教学材料，核验教学活动的场景布置，观察该班幼儿教学活动中的表现及需求，协调教学活动中的突发事件，保证主班教师能顺利开展教学活动，促进教学活动整体效果提升，具备合作能力和应急处理能力。

10. 能根据《指引》及幼儿园管理制度中午睡组织的要求、职责、标准，组织幼儿午睡，熟悉午睡活动组织流程，做好环境（开窗通风、空调、风扇）和物品（床上用品、拖鞋、毛巾）准备。

11. 根据幼儿园户外活动相关要求配合主班教师组织幼儿园下午的户外游戏活动，保证幼儿园户外活动的顺利开展，提升该班幼儿体能和身体素质。

12. 能根据幼儿园一日生活规程中的离园活动组织要求，配合主班教师做好离园工作，熟悉离园的流程、准备，根据一日生活中观察到的该班幼儿的表现及需求及突发事件，协助主班教师顺利进行幼儿离园整理工作，做好交接工作及与家长的沟通交流，促进一日活动效果，做到诚信友善，具备良好的沟通表达能力。

13. 按照《指引》进行活动组织过程监控，确保一日活动各个环节组织正确流畅，符合制度要求，能填写活动观察记录表，具备责任心和敬业精神。

14. 汇总下午活动的组织情况，向主班教师反馈下午活动组织中的意见和建议，接收主班教师的反馈意见和进阶要求，完成评价反思表，配合完成后续的幼儿园工作，提升配班工作能力。

课时：80

学习任务 4

下午活动组织

20 学时

课程内容

本课程的主要学习内容：

1.《指引》中幼儿园生活动、体育活动、自主游戏、学习活动包括的活动环节、教师保育员和保健医生的基本要求和保健工作指导的内容。

2.《指南》小、中、大班幼儿在语言、健康、科学、艺术、社会等领域的学习内容与发展目标。

3. 科学合理安排幼儿园一日活动的原则，撰写幼儿园半日或一日活动方案，包括内容分析、活动流程安排，活动内容合理编排，活动编排考虑到幼儿全面发展。

4. 晨检卡的使用、晨间活动设备的类型和功能、早操器械的制作、幼儿园早操活动的创编。

5. 幼儿园三餐安排的原则、幼儿营养需求量、幼儿进餐常规、进餐礼仪知识、幼儿园进餐活动的组织原则和方法。

6. 幼儿园上午教学活动内容和安排原则、教学活动组织的方法注意事项、突发事件预防机制和处理方法、特殊儿童的照顾和教育。

7. 区域活动的类型及其教育功能、区域活动组织流程和原则、不同区域活动不同水平儿童的指导方法。

8. 个案分析的方法和途径、幼儿行为发展评估方法、幼儿园半日活动观察记录和分析。

9. 幼儿午睡组织的流程和方法、午睡出现突发情况类型和处理方法、幼儿生活自理能力的内容和培养方法。

10. 户外活动的类型、组织方法、组织原则以及保育工作注意事项、意外伤害事故的预防机制和处理方法。

11. 家园沟通的基本内容、家长沟通方法和技巧、家园沟通常见问题对策、家园合作的内容和意义。

学习任务 1 晨间活动组织

任务描述

学习任务学时：20 课时

任务情境

广州市某幼儿园进行示范园早操比赛开放活动，计划组织设计一套具有中国传统文化的早操，要求符合幼儿年龄特点，具有锻炼身体意义，体现幼儿律动的原则。该幼儿园年教研主任咨询我校幼儿教育专业是否可以协助完成该早操的设计和配合组织幼儿园晨间活动，为期一个月，商议一个星期内提供方案。

具体要求见后页。

工作流程和标准

工作环节 1

获取信息

1

1. 根据《指引》和班级时间安排表，分析晨间活动的内容，制作晨间活动流程和工作细则表，做到全面细致，以保证上午活动内容完整进行。
2. 根据工作任务要求和《指南》，查阅班级幼儿情况表，制作班级幼儿动作发展评估表，其内容包括幼儿动作发展的内容、年龄特点和发展任务等信息，关注幼儿个体发展差异性，体现以幼儿为本的人文关怀。

主要成果：

1. 晨间活动流程和工作细则表
2. 班级幼儿动作发展评估表

工作环节 2

实施前准备

2

1. 根据活动组织内容、活动材料和其他条件，制定一份详细的设备检查表，内容包括检查项目、检查内容、检查办法、存在问题、责任人、整改意见等，增强工作责任心，提高安全规范意识。
2. 根据班级基本情况（班别、幼儿人数、男女比例、特殊儿童）和幼儿作息时间安排表，选择具有民间或本土特色的音乐，准备或制作民间体育活动器材，编排具有民族特点和民间特色的早操，准备物品清单。
3. 具备安全防范和危机意识，根据幼儿园安全标准对可能发生意外事故的地点、情况进行预案分析，制定突发事故预案，其内容包括幼儿园晨间安全事故的类型、处理方法及预防机制，具备高度责任心，保障上午活动的顺利进行。

主要成果：

1. 设备检查表
2. 物品清单
3. 突发事故预案

工作环节 3

晨间活动实施

3

1. 根据幼儿园一日生活规程中晨间活动内容，热情热心地接待幼儿入园，展现幼儿园的精神风貌和文化，组织幼儿有序进行晨检，细心晨检，提高传染病防范意识，保障幼儿生命健康安全。
2. 进行幼儿早操活动的规范和组织，早操融入民间和本土特色，热情愉快示范，组织幼儿开心、主动地进行早操活动，活动中体现教师“五心”素养，具备体育运动安全常识，掌握突发事件处理方法。
3. 能根据幼儿园一日生活规程中的早餐要求，配合保育员组织幼儿进行进餐活动，耐心指导幼儿进餐，保证幼儿早餐活动的顺利进行，为体弱儿、生病儿、迟到幼儿特别准备早餐，体现人文关怀，促进幼儿健康发展。

主要成果：

1. 入园接待组织
2. 早操活动组织
3. 早餐组织

工作环节 4

过程控制环节

4

按照《指引》中入园接待、晨检、早操活动、早餐环节的标准，进行过程监控，具有发现问题、分析问题、解决问题的能力，确保幼儿安全、健康入园，心情愉悦、主动地参与早操活动，早餐营养达标，工作细心负责，能灵活处理突发事件。

主要成果：

过程反馈表

工作环节 5

评价

5

汇总晨间活动的组织情况，向主班教师反馈晨间活动组织中的意见和建议，以开放的心态听取主班教师的反馈意见和进阶要求，完成评价反思表，乐学善学，不断进步，完成后续的幼儿园上午活动实施工作，提升配班工作能力。

主要成果：

评价反思表

学习内容

知识点	1.1 活动内容构成 1.2 环节安排原则 1.3 晨间活动组织的方法 1.4 人员分工与职责、标准	2.1《指南》 2.2 幼儿身体发展量表 2.3 身体测量评估方法 2.4 特殊儿童发展水平	3.1 晨检设备的用途 3.2 早操设备的用途 3.3 消毒的方法和步骤	4.1 熟记班级基本情况，特殊儿童的发育情况 4.2 晨检卡的准备及用途 4.3 民间体育或本土体育特色器械的种类 4.4 民间音乐或本土特色早操音乐的类型	5.1 晨间活动可能发生意外事故的种类 5.2 意外事故预防机制 5.4 意外事故的处理方法
技能点	1.1 掌握流程表制作 1.2 能区分人员分工职责 1.3 能描述晨间工作标准	2.1 能表述年龄段身体发展目标 2.2 班级幼儿动作发展评估表制定 2.3 能正确测量操作 2.4 能描述特殊儿童动作发展的目标，制定适宜的方案	3.1 能安全使用晨检设备 3.2 能细心检查辨别早操器械的安全隐患 3.3 规范操作消毒程序、具备责任意识	4.1 准确区分不同颜色的晨检卡 4.2 能选择或制作民间体育或本土特色的体育器械 4.3 根据选择的民间或本土特色音乐和器械，编排早操	5.1 能预测幼儿安全事故可能性 5.2 能及时采取适宜方法处理意外伤害事故
工作环节	 工作环节 1 获取信息			实施前准备 工作环节 2	
成果	1.1 晨间活动流程表及细则	2.1 班级幼儿动作发展评估表	3.1 设备检查表	4.1 物品清单	5.1 突发事件处理预案
素养	1.1 职业素养：总结归纳能力	2.1 职业素养：以幼儿为本的人文关怀	3.1 职业素养：学习能力、安全规范意识；“五心”素养：细心、责任心	4.1 思政元素：传统文化，民间民族文化融入	5.1 思政元素：安全规范意识、责任心

学习任务 1　晨间活动组织

6.1 接待工作的沟通礼仪要求 6.2 晨检内容及方法	7.1 早操活动的组织方法和注意事项 7.2 民间元素早操的价值 7.3 民族民间特色早操规范标准	8.1 早餐营养需求量 8.2 早餐安排的原则		10.1 不同年龄儿童动作发展的最近发展区 10.2 幼儿园活动评价原则 10.3 幼儿园活动评价方法
6.1 能热情地接待幼儿及　家长 6.2 能在接待细节渗透企业文化 6.3 能根据晨检结果认真负责填写晨检表	7.1 能完整组织早操活动 7.2 能精神抖擞示范早操 7.3 能对幼儿动作进行针对性指导	8.1 能根据幼儿需要合理安排早餐 8.2 能完整组织早餐活动 8.3 能对幼儿表现进行及时的教育 8.4 能顾及个别幼儿需要，具备爱心 8.5 能引导孩子不掉饭、不倒饭、爱惜粮食	9.1 能理解反馈意见 9.2 梳理反馈信息 9.3 灵活调整活动实施 9.4 观察和适时记录幼儿情绪、行为、身体状况	10.1 能汇总早上活动组织中的问题 10.2 能清晰地梳理出该班晨间活动组织中的问题 10.3 能评估幼儿晨间活动的状况

6.1 入园接待组织	7.1 早操活动组织	8.1 早餐组织	9.1 过程反馈表	10.1 评价反思表
6.1 职业素养：沟通礼仪 “五心”素养：热心、爱心、责任心	7.1 思政元素：健身强国意识、传统文化传承	8.1 思政元素：承传优良传统美德；“五心”素养：爱心		10.1 思政元素：心理健康、乐学善学

幼儿园日常活动组织

学习任务 1　晨间活动组织

1 获取信息　2 实施前的准备　3 晨间活动组织实施　4 过程监控及记录　5 评价及反馈

获取信息

工作子步骤	教师活动	学生活动	评价
1. 根据《指引》和班级时间安排表，分析晨间午活动的内容，制作晨间活动流程图和工作细则，与教师取得共识，以保证上午活动完整进行。	1. 提供《指引》文件和班级活动安排表，指导学生进行阅读，要求学生熟悉幼儿园活动内容和人员分工与职责、标准。 2. 组织学生观看活动视频，提出观看的重点和要求。 3. 巡回指导学生提取流程要点，制作晨间活动流程图。 4. 组织学生上台展示并讲解活动流程表，引导学生进行评价。 5. 教师根据学生的完成质量进行点评帮助学生梳理、完善晨间活动流程图及细则。 教学方法： 引导文法、视频案例分析法、讨论法。	1. 阅读《指引》和班级活动安排表，学习幼儿园活动内容构成、人员分工与职责、标准，完成工作页。（15 分钟） 2. 观看幼儿园晨间活动视频，通过评价的方式总结幼儿园晨间活动环节安排的原则和组织方法。（15 分钟） 3. 小组合作梳理、制作幼儿园早上活动流程图。（20 分钟） 4. 小组代表讲解流程表并归纳人员分工职责和工作标准。（20 分钟） 5. 小组互评进一步总结梳理流程表及细则。（10 分钟）	1. 过程性评价：参与度、主动性、表达技巧、要点的识别能力。 ①学生能否积极主动查阅资料，共同参与讨论制作晨间活动流程图。（师评） ②流程图时间、内容、人员分工、工作标准是否明确、细致、全面。（互评） ③小组是否能完善总结梳理流程图。（师评） 2. 成果验收：活动流程图。 3. 成果评价标准：要求要点清晰、明确，时间节点和要提交细则成果足够具体。

课时：2 课时

1. 用品（工具）：纸、笔等。
2. 软资源：《指引》、班级时间安排表、幼儿园晨间活动视频等。
3. 教学设施：笔记本电脑、投影、音响、麦克风等。

工作子步骤	教师活动	学生活动	评价
2. 根据工作任务要求和《指南》，查阅班级幼儿情况表，制作班级幼儿动作发展评估表，其内容包括幼儿动作发展的内容年龄特点和发展任务等信息。	1. 提供《指南》和特殊儿童发育特点资料，指导学生进行阅读，要求学生了解幼儿各年龄段身体发展目标。 2. 布置任务，组织学生讨论制定班级幼儿,包括特殊幼儿发展目标。 3. 提供幼儿身体发展测量表，巡回指导学生进行模拟测量。 4. 讲解身体测量评估方法布置任务，组织分组制定班级幼儿动作发展评估表。	1. 阅读《指南》和特殊儿童发育特点资料，学习幼儿各年龄段身体各方面的发展阶段和发展目标。（15 分钟） 2. 通过小组讨论，列举班级幼儿和特殊幼儿的发展目标。通过资料收集，对班级特殊儿童进行评估和鉴定，制作适宜的个别化方案。（15 分钟） 3. 提供幼儿身体发展量表，分组进行模拟测量操作。（20 分钟） 4. 掌握测量评估方法，根据幼儿的发展目标，结合班级幼儿情况，分组制定班级幼儿动作发展评估表。（20 分钟）	1. 过程性评价：参与度、主动性、小组讨论中的表达能力和聆听技巧，同时根据其言谈举止判断其职业素养水平。 ①能否积极主动查阅资料，共同学习幼儿身体发展目标以及特殊儿童发展评估。（师评） ②组内成员是否积极共同讨论。（师评） ③模拟操作是否准确、标准、全面。（计分互评） ④能否协同合作，按照幼儿发展目标制定班级幼儿动作发展评估表，是否考虑到特殊儿童的评价标准。（师评）

1 获取信息 2 实施前的准备 3 晨间活动组织实施 4 过程监控及记录 5 评价及反馈

工作子步骤	教师活动	学生活动	评价
获取信息	5. 组织小组互评，参与讨论，整理一份班级幼儿动作发展评估表。 教学方法： 直观展示法、任务驱动法、启发法。	5. 通过小组展示，集体进行查重补漏，综合整理一份班级幼儿动作发展评估表。(10 分钟)	⑤能否合理地进行整合评估表。(师评) 2. 成果验收：幼儿动作发展评估表。 3. 成果评价标准：要求要点清晰、明确，内容要全面、具体、标准。
课时： 2 课时 1. 用品（工具）：纸、笔、身高体重测量仪、软尺、握力器等。 2. 软资源：《指南》、班级幼儿情况表、幼儿身体发展测量、特需儿童动作发育表等。 3. 教学设施：笔记本电脑、投影、音响、麦克风等。			
实施前的准备 1. 根据活动组织内容、活动材料和其他条件，制定一份设备检查表，内容包括检查项目、检查内容、检查办法、存在问题、责任人、整改意见等，提高安全规范意识。	1. 提出问题，要求学生围绕晨检设备的种类、用途、使用方法进行讨论，指导完成工作页。 2. 提供早操设备，提出问题，引导学生对设备可能存在的安全隐患进行竞答，并进行点评。 3. 组织学生有目的地观看视频，指导学生整理消毒过程中的要点。 4. 组织学生思考：你觉得在该任务完成过程中最需要的职业素养是什么？怎么才能做到？ 5. 组织学生分组对晨检、早操、消毒所学设备进行归总和罗列，指导制定设备检查表。 教学方法： 案例教学法、讨论、角色扮演法。	1. 查阅幼儿入园的晨检设备、用途和正确使用方法。(5 分钟) 2. 对展示的早操设备存在的安全隐患进行竞答。(10 分钟) 3. 观看消毒视频，整理书写消毒过程的要点。(15 分钟) 4. 根据教师的提问进行小组讨论，梳理提纲，并派代表汇报。 5. 小组讨论，对晨检、早操、消毒所需设备进行归总罗列，并制定出设备检查表。(10 分钟)	1. 过程性评价：参与度、主动性、表达技巧、对安全隐患的识别能力。 ①学生能否积极主动查阅设备使用说明，具备责任意识。（师评） ②人员分工、工作标准是否明确，工作是否细致、全面。（师评） ③小组是否能完善设备检查表。(师评) 2. 成果验收：设备检查表。 3. 成果评价标准：要求安全隐患要点检查仔细，记录详细。
课时： 1 课时 1. 用品（工具）：纸、笔、体温计、压舌板、手电筒、音响、数据线、电插排、清洁剂、毛巾、水盆、消毒柜、消毒灯等。 2. 软资源：各设备使用说明书、消毒视频等。 3. 教学设施：笔记本电脑、投影、音响、麦克风等。			

学习任务 1　晨间活动组织

1 获取信息　2 实施前的准备　3 晨间活动组织实施　4 过程监控及记录　5 评价及反馈

实施前的准备

工作子步骤	教师活动	学生活动	评价
2. 根据班级基本情况（班别、幼儿人数、男女比例、特殊儿童）和幼儿作息时间安排表，选择具有民间或本土特色的音乐，准备或制作民间体育活动器材，编排具有民族特点和民间特色的早操，准备物品清单。	1. 布置任务，提供班级情况资料及幼儿作息时间安排表，指导学生进行阅读。展示晨检卡，提出问题，要求学生快速辨别不同颜色的晨检卡。 2. 布置任务，提供不同种类早操器械（传统民间体育器械），组织小组进行分类。 3. 提供传统或本土特色歌曲，组织学生按照器材选择合适的音乐，创编相应的动作。 4. 围绕以上任务组织学生罗列所需物品清单。 教学方法： 案例教学法、讨论、角色扮演法。	1. 接受任务，阅读幼儿园班级情况资料和幼儿晨检卡，能辨别不同颜色的晨检卡，对所发早操器械（传统民间体育器械）进行分类。（10 分钟） 2. 小组分组对传统或民间元素音乐进行选择，与体育器械进行融合，编排相应的动作。（15 分钟） 3. 根据组内所完成的任务罗列所需物品清单。（5 分钟）	1. 过程性评价：参与程度、效率、组内分工的情况、组内沟通的情况。 ①是否熟悉班级资料及时间安排表。（互评） ②能否快速、准确辨别晨检卡。（师评、抢答） ③能否全面详细考虑到幼儿的年龄特点和身体发展需要进行分类。（集体评） ④准确地辨别传统或民间元素早操音乐的类型。（师评、竞赛） ⑤能否详尽列出物品清单，特别是民间体育器械。 2. 成果验收：物品清单。 3. 成果验收标准：物品清单内容是否全面、清晰，是否具有本土性或传统元素。
课时： 1 课时 1. 用品（工具）：纸、笔、晨检卡、篮球、哑铃、自制沙锤、拉拉球、呼啦圈、毽子、高跷、舞狮、滚铁环等。 2. 软资源：班级基本情况、早操音乐、工作页等。 3. 教学设施：笔记本电脑、投影、音响、麦克风等。			
3. 根据幼儿园安全标准，对可能发生意外事故的地点、情况进行预案分析，制定突发事故预案，确保突发事故的及时妥善处理，保障晨间活动的顺利进行。	1. 提供幼儿园安全标准文件，归纳幼儿园安全标准。 2. 提供案例、指导学生对事故发生原因、类型、影响进行分析。 3. 组织学生讨论，梳理学生观点，组织学生展示事故处理预案。 4. 每组分配展示任务，组织学生小组展示，记录学生操作过程。 5. 组织学生自我评价和小组评价。 教学方法： 角色扮演法、行动导向法。	1. 阅读幼儿园安全标准文件，明确幼儿园安全标准。（3 分钟） 2. 结合案例进行事故分析，对事故发生的原因、事故的类型、事故的影响进行等级划分。（7 分钟） 3 小组讨论意外事故的预防办法，学习意外事故的预防机制，制定事故处理预案。（10 分钟） 4 小组分任务进行意外安全事故的处理演练和展示，具备责任心。（15 分钟） 5. 进行组间评价和教师评价。（5 分钟）	1. 过程性评价：主要观察参与度、倾听与分析、提炼与总结等。 ①是否熟悉幼儿园安全文件内容。（师评、抽签问答） ②能否对案例的事故的原因、类型、等级进行分析。（师评） ③能否针对事故进行预防机制，进行事故处理的方法采用小组互评的方式。（组间互评、教师点评） ④能否制定突发事故预案。（师评） 2. 成果验收：突发事件处理预案。 3. 成果评价标准：规定时间内完成突发事故预案，要求考虑全面细致，具有可操作性，工作具备责任心。
课时： 1 课时 1. 用品（工具）：纸、笔等。 2. 软资源：幼儿园安全标准文件、幼儿园安全事故案例、PPT 等。 3. 教学设施：笔记本电脑、投影、音响、麦克风等。			

1 获取信息　2 实施前的准备　3 晨间活动组织实施　4 过程监控及记录　5 评价及反馈

晨间活动组织实施

工作子步骤	教师活动	学生活动	评价
1. 根据幼儿园一日生活规程中早上活动的内容进行幼儿入园接待工作，组织幼儿有序进行晨检，完成幼儿晨检，填写晨检表，保证幼儿安全、健康地入园，展现良好的幼儿园文化和个人精神 风貌。	1. 课前组织学生进行入园接待和晨检模拟准备。模拟过程中，引导其他学生发现、观察热情、主动、热心的工作表现，指导学生围绕存在的问题进行记录、标注。 2. 提出问题，提供资料引导学生从环境创设、沟通礼仪、交流细节等方面讨论如何做到热情、热心接待家长和幼儿，体现企业文化。 3. 引导学生展示小组讨论结果，在评价中体现发散性思维，展示企业文化，热情、热心接待家长和幼儿。 4. 提供晨检卡，指导正确晨检的过程及要点，指导学生填写晨检表。 教学方法： 直观演示法、引导文法、项目教学法。	1. 情境表演：小组表演入园接待和晨检，分配角色和职责，演示入园接待组织。其他学生进行观察记录，从是否热情、主动、热心的角度评价演示中存在的问题。（40 分钟） 2. 根据问题引导，全班分组查阅资料： ①如何在接待工作中热情、热心、主动地接待幼儿和家长？ ②特别注意如何通过细节向家长展示幼儿园的企业文化取向。（20 分钟） 3. 分组展示如何通过言行举止展现企业文化和精神风貌，在小组实操中体现如何运用多种方法热情、热心接待幼儿和家长。（40 分钟） 4. 演示正确的晨检过程，根据晨检卡和晨检结果认真负责填写晨检表。（20 分钟）	1. 过程性评价：表现力、提炼问题的准确性、组织的协调性、团队的合作性。 ① 能否贴切地进行情景表演，是否热情主动接待幼儿和家长。（师评） ②组内是否合作查找幼儿园入园接待的礼仪及晨检内容以及操作流程，是否制定热心、热情的工作细则。（师评） ③接待中是否从言行举止体现企业文化和精神风貌，能否体现对幼儿的热情接待。（组间互评） ④能否正确填写晨检表。（组间互评） 2. 成果验收：模拟实施入园接待组织。 3. 成果验收标准：正确、热情进行入园接待环节组织，展现幼儿园的文化和精神风貌。
课时：3 课时 1. 用品（工具）：纸、笔、晨检卡、体温计、压舌板、手电筒等。 2. 软资源：《指引》、教师礼仪手册、幼儿园企业文化建设表、晨检表等 。 3. 教学设施：笔记本电脑、投影、音响、麦克风等。			
2. 进行幼儿园本土特色早操活动的规范和组织，按照早操标准进行镜面示范，组织幼儿愉快、主动地进行早操活动，保证幼儿园早操活动的顺利开展。	1. 提供幼儿园早操编排知识资料，调动学生查阅资料的积极性，组织填写工作页，完成工作页内容。 2. 发任务书给小组，引导学生思考挖掘本土或民间特色的体育游戏、舞蹈、音乐、体育活动器械，引导学生设计早操。	1. 查阅资料完成工作页内容： ①幼儿园早操安排的规范标准。 ②幼儿园早操活动的健身强国价值、组织方法和注意事项。 ③民间体育活动如何融合到幼儿园早操中。（40 分钟） 2. 小组领取本组年龄段任务，收集民间或本土特色早操音乐、体育游戏、活动器械，并设计完整具有本土特色的早操。（80 分钟）	1. 过程性评价：参与积极性、动作协调性、律动感、本土性、民间性、团队合作性。 ①思考问题是否全面，观点表述是否清晰。（组间互评） ②能否规范独立填写工作页。（组间互评） ③早操组织模拟是否有序、具有民间本土特色，民间体育器械运用是否顺畅，是否有针对性地指导。（互评） ④能否根据评价意见进行优化。（师评）

学习任务 1 晨间活动组织

1 获取信息　2 实施前的准备　3 晨间活动组织实施　4 过程监控及记录　5 评价及反馈

晨间活动组织实施

工作子步骤	教师活动	学生活动	评价
	3. 组织学生分组通过角色扮演模拟幼儿园小班、中班、大班早操活动场景，引导学生思考讨论，运用早操活动的组织方法进行模拟。 4. 组织学生组间互评，梳理总结要点。 教学方法： 引导文法、小组合作、角色扮演法。	3. 通过项目教学，小组成员分角色扮演，模拟组织幼儿早操活动场景。要求组织有序，做好示范动作，指导幼儿精神抖擞地开展早操活动。（80 分钟） 4. 组间进行相互评价，并梳理小班、中班和大班早操活动组织的差异，优化早操组织。（40 分钟）	2. 成果验收：本土或民间特色早操组织实施。 3. 成果验收标准：正确演示早操组织，具有本土性和民间性。
课时： 6 课时 1. 用品（工具）：纸、笔、篮球、哑铃、自制沙锤、拉拉球、呼啦圈、花楞棒、口哨、舞龙、高跷、毽子等。 2. 软资源：班级基本情况、本土特色早操音乐、网络资料、早操活动任务书、工作页等。 3. 教学设施：笔记本电脑、投影、音响、麦克风等。			
3. 根据膳食营养的相关知识，指导幼儿科学用餐，制作文明进餐思维导图，保证早餐活动顺利进行。	1. 通过 PPT （视频）讲解营养学相关知识，启发学生思考如何组织幼儿正确早餐，启发学生思考如何引导幼儿爱惜粮食。 2. 巡回指导学生讨论，重点指导启发学生对如何关心特殊儿童进行思考，针对不同幼儿的情况，给予爱心和人文关怀，引导学生讨论对幼儿进行爱惜粮食教育。 3. 指导学生进行小组展示和模拟早餐组织。 4. 组织小组展示成果，交流评价。 教学方法： 引导文法、小组合作、角色扮演法。	1. 观看早餐组织视频，完成工作页： ①幼儿需求量、食物来源。 ②幼儿膳食搭配原则。 ③幼儿进餐常规、进餐礼仪知识。 ④珍惜爱护粮食教育。（20 分钟） 2. 小组讨论： ①早餐组织的程序和注意事项。 ②若小朋友迟到，没有吃早餐应该怎么办？ ③如何为体弱儿、生病儿准备特别的早餐，体现热爱幼儿、人文关怀？ ④如何进行文明进餐教育，并绘制思维导图。（30 分钟） 3. 小组展示思维导图，并模拟早餐组织。（20 分钟） 4. 根据小组互评，完善早餐组织。（10 分钟）	1. 过程性评价：团队合作性、主动性、时间分配的合理性。 ①能否规范填写工作页，通过什么方法教育幼儿爱惜节约粮食。（师评） ②是否全面绘制思维导图。（师评） ③实施过程是否体现对特殊儿童的爱心和人文关怀。（互评） ④能否根据评价意见进行优化。（师评） 2. 成果验收：模拟早餐组织环节。 3. 成果验收标准：正确演示早餐组织环节组织，体现对特殊儿童的关爱。
课时： 2 课时 1. 用品（工具）：纸、笔、餐桌、餐布、餐具等。 2. 软资源：《幼儿园工作规程》《指引》、早餐活动任务书、早餐营养学、早餐活动评价表、工作页等。 3. 教学设施：笔记本电脑、投影、音响、麦克风等。			

基准学时：20 课时

1 获取信息　2 实施前的准备　3 晨间活动组织实施　4 过程监控及记录　5 评价及反馈

<table>
<tr><th></th><th>工作子步骤</th><th>教师活动</th><th>学生活动</th><th>评价</th></tr>
<tr><td rowspan="2">过程监控及记录</td><td>1. 按照《指引》中入园接待、晨检、早操活动、早餐环节的标准，进行过程监控，确保幼儿安全、健康入园，心情愉悦、主动参与早操活动，早餐营养达标，能填写晨间活动观察记录表。</td><td>1. 提供幼儿晨间活动视频，引导学生对晨间活动进行评价。
2. 组织学生教师分组讨论，指导学生填写幼儿早上活动观察记录表。
3. 组织学生小组展示分享记录表，进行点评。
教学方法：
任务导向法、直观演示法。</td><td>1. 通过观看晨间活动视频，对幼儿的晨间活动进行观察评价。（15 分钟）
2. 小组填写幼儿晨间活动观察记录表。（15 分钟）
3. 小组展示分享记录表，组间相互评价。（10 分钟）</td><td>1. 过程性评价：讨论的参与度，观看是否认真细致，是否主动提出问题。
①对视频能否做出合理的评价。（组间互评）
②组间能否积极分享记录表，并相互评价。（互评）
2. 成果验收：晨间活动观察记录表。
3. 成果评价标准：晨间活动观察记录表是否翔实，是否全面，分工是否合理并及时完成。</td></tr>
<tr><td colspan="4">课时：1 课时
1. 用品（工具）：纸、笔等。
2. 软资源：视频、活动记录表等。
3. 教学设施：笔记本电脑、投影、音响、麦克风等。</td></tr>
<tr><td rowspan="2">评价及反馈</td><td>1. 汇总晨间活动的组织情况，向主班教师反思早上活动组织中的意见和建议，虚心接受主班教师的反馈意见和进阶要求，完成评价反思表，乐学善学，积极完成后续的幼儿园上午活动实施工作、提升配班工作能力。</td><td>1. 启发学生对晨间活动中出现问题进行反思和梳理。
2. 组织学生将结果布置于展示板，帮助学生进行分析。
3. 指导小组进行晨间活动评估，提示评估要点。
4. 发放评价反思表，组织学生填写。
教学方法：
直观展示法、讨论法。</td><td>1. 根据晨间活动观察记录表反思梳理晨间活动中的问题。（10 分钟）
2. 通过小组讨论、展示汇总问题，按照层次、程度、可能的原因归类，统筹意见或建议，接受别人的建议和批评。（15 分钟）
3. 对晨间的活动进行评估，以小组汇报的形式表述评估结果和建议。（10 分钟）
4. 填写晨间活动评价反思表。（5 分钟）</td><td>1. 过程性评价：汇报积极性、团队合作性、语言表达的全面性。
①是否积极主动全面地对晨间活动问题进行反思。（师评）
②能否按要求将问题进行归类，提出意见和建议。（师评）
③能否翔实地填写评价反思表。（组间互评）
2. 成果评价：《晨间活动组织》反思表。
3. 成果评价标准：学生反馈意见是否有针对性，是否有实效性，评价反思表问题捕捉是否准确、针对性强，反思表内容是否有价值，是否真实反映问题。</td></tr>
<tr><td colspan="4">课时：1 课时
1. 用品（工具）：纸、笔等。
2. 软资源：视频、评价反思表等。
3. 教学设施：笔记本电脑、投影、音响、麦克风等。</td></tr>
</table>

学习任务 2　上午活动组织

任务描述

学习任务学时：25 课时

任务情境

广州市某幼儿园某班级配班教师因需外出进修学习，现需要临时配班教师配合主班教师组织该班上午活动，要求临时配班老师能合理完成幼儿盥洗、喝水、配合教学、午餐准备等工作任务。该幼儿园年级段长来我院咨询是否可以安排学生协助幼儿园进行一周的上午活动配班。我校专业教师认为我院学生可以完成，准备接受该任务，带领同学们共同完成该任务。

具体要求见后页。

工作流程和标准

工作环节 1

获取信息

1

1. 根据《指引》和班级时间安排表，分析上午活动的内容，制作上午活动流程和工作细则表，与教师取得共识，以保证上午活动内容能完整进行。
2. 通过搜集幼儿园活动室环境信息，获取幼儿园盥洗室、活动室的布局，各设施设备的安全标准，绘制幼儿园活动室的安全事故多发地图，具备较强的责任心，保证上午活动顺利进行。

主要成果：

1. 上午活动流程和工作细则表
2. 安全事故多发地图

工作环节 2

实施前的准备

2

1. 根据班级基本情况（班别、幼儿人数、男女比例、特殊儿童）和幼儿作息时间安排表，结合世界粮食日，搜集珍惜粮食相应图片或故事，罗列物品清单，以满足幼儿园上午活动的需求。
2. 根据幼儿园安全标准对可能发生意外事故的地点、情况进行预案分析，制定突发事故预案，确保突发事故的及时妥善处理，保证上午活动顺利进行。

主要成果：

1. 物品清单
2. 突发事故预案

工作环节 3

上午活动组织实施

3

1. 盥洗、喝水等生活活动组织

根据幼儿园一日生活规程中对幼儿盥洗和喝水的要求，组织幼儿有序盥洗、喝水，完成幼儿盥洗喝水记录表，对体弱儿进行个别护理，要求富有爱心、责任心、耐心和细心。

2. 区域活动的组织

根据幼儿园区域活动相关要求，配合主班教师组织幼儿园上午的区域活动，保证幼儿园区域活动的顺利开展，对不同能力水平的儿童进行个性化指导，做到公平公正。

3. 教学活动的配合组织

能根据幼儿园一日生活规程中的教学活动组织要求，配合主班教师开展教学配合活动，熟悉教学活动组织流程、准备，选取教学材料，核验教学活动的场景布置，观察该班幼儿教学活动中的表现及需求，协调教学活动中的突发事件，具备爱心、耐心和责任心等职业素养。

主要成果：

1. 盥洗喝水记录表
2. 区域活动记录表
3. 教学活动的配合组织

工作环节 4

过程监控及记录

4

按照《指引》中盥洗、喝水、区域活动、教学活动、午餐环节的标准，进行过程监控，确保本班幼儿半日饮水量正常、营养达标、盥洗环节顺利和教学活动的顺畅进行，能填写半日活动观察记录表，具备责任心和敬业精神。

主要成果：

半日活动观察记录表

工作环节 5

评价及反馈

5

汇总上午活动的组织情况，向主班教师反馈上午活动组织中的意见和建议，听取主班教师的反馈意见和进阶要求，完成评价反思表，配合完成后续的幼儿园上午活动实施工作，提升配班工作能力。

主要成果：

评价反思表

学习内容

知识点	1.1 活动内容构成 1.2 环节安排原则 1.3 上午活动组织的方法 1.4 人员分工与职责、标准	2.1 盥洗室活动室规范标准 2.2 盥洗室活动室设施设备安全标准	3.1 熟记班级基本情况 3.2 设施设备名称及用途	4.1 幼儿园室内意外事故的种类 4.2 意外事故预防机制 4.3 意外事故的处理方法
技能点	1.1 掌握流程表制作 1.2 能区分人员分工职责 1.3 能描述上午工作标准	2.1 能预判安全事故的发生	3.1 能正确操作盥洗设备 3.2 能区别区域活动材料类别 3.3 能正确教学活动设备 3.4 能正确操作饮水设备 3.5 准备与世界粮食日主题相关的资料	4.1 能预测幼儿安全事故可能性 4.2 能及时采取适宜方法
工作环节	工作环节 1 获取信息		实施前准备 工作环节 2	
成果	1.1 上午活动流程表及细则	2.1 意外事故多发地点和类型	3.1 物品清单	4.1 突发事故预案
素养				

学习任务 2　上午活动组织

5.1 免疫系统特点 5.2 泌尿系统特点 5.3 幼儿皮肤特点	6.1 区域活动指导方法 6.2 组织原则 6.3 组织流程 6.4 区域活动类别	7.1 幼儿园教学活动内容、形式、方法 7.2 儿园教学原则及指导要点	8.1 个案分析的方法、途径 8.2 幼儿行为发展评估方法 8.3 学习半日活动观察记录内容 8.4 学习《指引》中相关标准	
5.1 能组织幼儿有序盥洗和喝水 5.2 能预见安全事故的发生 5.3 能及时处理幼儿园盥洗、喝水环节的特殊情况	6.1 能组织幼儿有序进入区域 6.2 能指导不同区域的活动 6.3 对不同水平的儿童进行指导	7.1 能清晰描述教学活动环节流程 7.2 能选择合适的教学材料 7.3 能关注全体幼儿并有针对性地指导 7.4 能处理简单的教学活动突发事件	8.1 能对本班全体幼儿进行全面观察 8.2 能做个案分析 8.3 能按要求填写半日活动观察记录表	9.1 能汇总上午活动组织中的问题 9.2 能清晰地梳理出该班上午活动组织中的问题 9.3 能评估幼儿上午活动的状况

5.1 盥洗、喝水记录表	6.1 区域活动记录表	7.1 教学活动的配合组织	8.1 填写半日活动观察记录表	9.1 评价反思表
			8.1 职业素养：归纳总结、分析能力、表达的逻辑性及自我反思能力	

学习任务 2　上午活动组织

1 获取信息 → 2 实施前的准备 → 3 上午活动组织实施 → 4 过程监控及记录 → 5 评价及反馈

获取信息

工作子步骤	教师活动	学生活动	评价
1. 根据《指引》和班级时间安排表，分析上午活动的内容，制作上午活动流程表和工作细则，与教师取得共识，以保证上午活动内容完整进行。	1. 提供《指引》文件和班级活动安排表，指导学生进行阅读，要求学生熟悉幼儿园活动内容和人员分工与职责、标准。 2. 组织学生观看活动视频，提出观看的重点和要求。 3. 巡回指导学生提取流程要点，制作上午活动流程表。 4. 组织学生上台展示并讲解活动流程表，引导学生进行评价。 5. 教师根据学生的完成质量进行点评帮助学生梳理、完善上午活动流程表及细则。 教学方法： 引导文法、视频案例分析法。	1. 阅读《指引》和班级活动安排表，学习幼儿园活动内容构成、人员分工与职责、标准，完成工作页。 2. 观看幼儿园上午活动视频，通过评价的方式总结幼儿园上午活动环节安排的原则和组织方法。 3. 小组合作梳理，制作幼儿园上午活动流程表。 4. 小组代表讲解流程表并归纳人员分工职责和工作标准。 5. 小组互评进一步总结梳理流程表及细则。	1. 过程性评价：参与度、主动性、表达技巧，要点的识别能力。 ①学生能否积极主动查阅资料，共同参与讨论制作早上活动流程图。（师评） ②流程图时间、内容、人员分工、工作标准是否明确、细致、全面。（互评） ③小组是否能完善总结梳理流程图。（师评） 2. 成果验收：活动流程图。 3. 成果评价标准：要点清晰、明确，时间节点和要提交的细则成果足够具体。
课时： 2 课时 1. 用品（工具）：纸、笔等。 2. 软资源：《指引》、班级时间安排表、幼儿园早上活动视频等。 3. 教学设施：笔记本电脑、投影、音响、麦克风等。			
2. 通过搜集幼儿园活动室环境信息，获取幼儿园盥洗室、活动室的布局、各设施设备的安全标准，标注幼儿园活动室的安全事故多发地，保证上午活动顺利进行。	1. 教师组织学生进行图片展示和讲解，重点引导观察幼儿园盥洗室、活动室的设施。 2. 提出罗列意外事故多发地点和类型的工作任务，引导学生进行资料搜集、任务分配的工作。 3. 启发学生通过类比的方法进行安全事故多发地的筛选和标注。 4. 组织学生分享讨论、梳理事故类型，对学生进行总评价。 教学方法： 直观展示法、任务驱动法、启发法。	1. 展示参观幼儿园盥洗室、活动室的照片，讲解其布局图及介绍设施。 2. 通过任务导入方式，查阅资料获取设施安全标准和活动室规范标准。 3. 通过类比方法，小组筛选、标注安全事故多发地。 4. 小组评价分享、列举事故类型。	1. 过程性评价：参与度和主动性、表达能力、聆听技巧。 ①是否熟悉幼儿园安全文件内容。（师评、抽查） ②能否对案例的事故的原因类型、等级进行分析。（师评） ③能否针对事故进行预防和处理。（组间互评） 2. 成果验收：罗列意外事故多发地点，绘制类型图。 3. 成果评价标准：预案和处理方法的灵活性和安全性。
课时： 1 课时 1. 用品（工具）：纸、笔等。 2. 软资源：饮水机、小便器、水箱安全标准、照片等。 3. 教学设施：笔记本电脑、投影、音响、麦克风等。			

基准学时：25 课时

1 获取信息 → 2 实施前的准备 → 3 上午活动组织实施 → 4 过程监控及记录 → 5 评价及反馈

实施前的准备

工作子步骤	教师活动	学生活动	评价
1. 根据班级基本情况（班别、幼儿人数、男女比例、特殊儿童）和幼儿作息时间安排表，检查幼儿园上午活动的相关设备、材料，明确名称及用途，列出物品清单，以满足幼儿园上午活动的需求。	1. 布置任务，提供班级情况资料及幼儿作息时间安排表，指导学生进行阅读。 2. 提出问题，要求学生围绕上午活动设备、材料的种类和用途进行讨论，指导填写工作任务书。 3. 指导学生使用盥洗、饮水、教学活动设备并讲解操作要点，组织竞赛。 4. 评价学生学习成果，查漏补缺物品清单。 教学方法： 任务导向、讨论法、小组工作。	1. 接受任务，阅读幼儿园班级情况资料和幼儿时间安排表，查阅世界粮食日相关的知识。 2. 小组讨论上午活动的设备、材料的种类及用途，填写工作页任务要求。 3. 小组操作盥洗、饮水、教学活动设备，通过小组竞赛的方式进行巩固。 4. 列出物品清单，讲解使用方法及注意事项，根据主题进行世界粮食日相关知识和物质的准备。	1. 过程性评价：参与程度、效率、组内分工的情况、组内沟通的情况。 ①是否熟悉班级资料及时间安排表。（互评） ②能否快速、准确辨别上午活动的设备及材料并说明用途。（师评、抢答） ③能否按照标准要求操作上午活动的设备。（集体评、竞赛） ④能否详尽列出物品清单。 2. 成果验收：物品清单。 3. 成果验收标准：物品清单内容全面、清晰，包含与世界粮食日相关的知识经验。
课时： 1 课时 1. 用品（工具）：纸、笔等。 2. 软资源：物品清单任务书、班级基本情况、饮水机、小便器、水箱安全标准、照片、工作页等。 3. 教学设施：笔记本电脑、投影、音响、麦克风等。			
2. 根据幼儿园安全标准，对可能发生意外事故的地点、情况进行预案分析，制定突发事故预案，确保突发事故的及时妥善处理，保障上午活动的顺利进行。	1. 提供幼儿园安全标准文件，归纳幼儿园安全标准。 2. 提供案例，指导学生对事故发生原因、类型、影响进行分析。 3. 组织学生讨论，梳理学生观点，运用 PPT 讲解意外事故的预防机制。 4. 参与预案的制定，组织学生模拟突发事故处理并评价。 教学方法： 案例教学法、角色扮演法。	1. 阅读幼儿园安全标准文件，明确幼儿园安全标准。 2. 结合案例进行事故分析，对事故发生的原因、事故的类型、事故的影响进行等级划分。 3. 小组讨论意外事故的预防办法，学习意外事故的预防机制，汇总事故处理的方法。 4. 小组制定突发事故预案，小组模拟突发事故处理，并组间相互评价。	1. 过程性评价：主要观察参与度、倾听与分析、提炼与总结等。 ①是否熟悉幼儿园安全文件内容。（师评、抽签问答） ②能否对案例中事故的原因、类型、等级进行分析。（师评） ③能否针对事故进行预防机制和事故处理方法的制定、总结（组间互评、教师点评） ④是否能灵活处理突发事故。（组间互评） 2. 成果验收：突发事故处理预案。 3. 成果评价标准：规定时间内完成突发事故预案，要求考虑全面细致，具有可操作性。
课时： 1 课时 1. 硬用品（工具）：纸、笔等。 2. 软资源：幼儿园安全标准文件、意外事故案例、物品清单任务书、PPT 等。 3. 教学设施：笔记本电脑、投影、音响、麦克风等。			

学习任务 2　上午活动组织

1 获取信息 → 2 实施前的准备 → 3 上午活动组织实施 → 4 过程监控及记录 → 5 评价及反馈

上午活动组织实施

<table>
<tr><th>工作子步骤</th><th>教师活动</th><th>学生活动</th><th>评价</th></tr>
<tr>
<td>1. 根据幼儿园一日生活规程中对幼儿盥洗和喝水的要求，组织幼儿有序盥洗、喝水，完成幼儿盥洗、喝水记录表，保证幼儿上午各环节的顺利进行。</td>
<td>1. 组织学生情景表演，观察记录情景表演的要点，组织学生讨论，进行要点解读。
2. 通过视频和 PPT 讲解幼儿皮肤、泌尿、免疫系统特点，展示组织幼儿正确如厕、洗手、洗脸、漱口、喝水等的基本要求和要点。
3. 指导学生模拟实施，观察记录学生存在的问题并予以纠正或指导。
4. 指导学生完成幼儿盥洗、喝水记录表，对学生学习成果进行评价。
教学方法：
角色扮演法。</td>
<td>1. 情景表演：模拟组织幼儿盥洗活动和喝水的环节。学生观察盥洗、饮水组织的秩序和要求，以及个别事件处理。小组分析讨论情景表演中“教师”存在的问题。
2. 学习幼儿皮肤、泌尿、免疫系统生理特点，知道幼儿饮水需求量以及正确的喝水方式，洗脸、洗手和漱口方法，以及厕所清洁、消毒工作标准。
3. 分组模拟实施组织幼儿盥洗和喝水的生活环节，掌握如何指导幼儿有序、正确盥洗和喝水，体现对个别幼儿的照顾。
4. 填写幼儿盥洗、喝水记录表，小组分享评价。</td>
<td>1. 过程性评价：表现力、提炼问题的准确性、组织的协调性、团队的合作性。
① 能否贴切地进行情景表演，是否根据表演精确提炼问题。（师评）
②是否能认真学习合作幼儿皮肤、泌尿、免疫系统生理特点及相关标准。（师评、抽查）
③组织是否有序，是否符合标准，能否体现对个别幼儿的照顾。（组间互评）
④能否正确填写盥洗、喝水记录表。（组间互评）
2. 成果验收：模拟实施盥洗、喝水组织。
3. 成果验收标准：正确演示盥洗、喝水环节组织。</td>
</tr>
<tr><td colspan="4">课时：2 课时
1. 硬用品（工具）：纸、笔、洗手液、纸巾、水杯、饮水机等。
2. 软资源：PPT、视频、盥洗、喝水记录表等。
3. 教学设施：笔记本电脑、投影、音响、麦克风等。</td></tr>
<tr>
<td>2. 根据幼儿园区域活动相关要求配合主班教师组织幼儿园上午的区域活动，保证幼儿园区域活动的顺利开展，培养该班幼儿动手能力和自主性。</td>
<td>1. 以问题导入，引导学生思考讨论，通过视频以及 PPT 展示区域活动基本知识，指导学生完成工作页。
2. 提供班级资料和幼儿知识经验水平现有发展表，引导学生完成区域活动计划。
3. 组织学生进行分组模拟活动，根据每个区域的目标对学生进行过程监控和指导，完善活动组织。</td>
<td>1. 学生思考问题：学习区域活动组织的内容构成、原则和指导方法的相关知识，完成工作页任务。
2. 学生解读班级空间大小、活动人数、活动内容，幼儿游戏时间、水平等因素，选择游戏材料及器械，确定人员分工和职责，制定区域活动计划。
3. 分组模拟实施语言区、科学区、美工区、建构区、表演区、娃娃家等 6 个区域的组织。制定区域活动规则、鼓励幼儿自主选择区域，指导幼儿区域活动、整理区域材料。</td>
<td>1. 过程性评价：参与积极性、发散性思考、组织协调性、团队的合作性。
①思考问题是否全面、观点表述是否清晰，能否掌握学习内容要点。（师评）能否规范独立填写工作页。（组间互评）
②能否对涉及的情况进行合理解读，人员分配是否合理，计划是否完善全面。
③区域活动组织模拟是否有序、合理、顺畅，能否有针对性地指导。（互评）
④能否根据评价意见进行优化，填写评价表。（师评）</td>
</tr>
</table>

<table>
<tr><th>工作子步骤</th><th>教师活动</th><th>学生活动</th><th>评价</th></tr>
<tr><td></td><td>4. 根据学生自评和互评的情况，对学生进行总结性评价，指导学生填写评价表。
教学方法：
直观演示法、引导文法、问题教学法。</td><td>4. 小组评价区域活动组织的质量，填写评价表。</td><td>2. 成果验收：模拟实施区域活动组织。
3. 成果验收标准：正确演示区域活动组织，环节流畅清晰。</td></tr>
<tr><td colspan="4">课时：6 课时
1. 用品（工具）：纸、笔、废旧物品（报纸、矿泉水瓶、纸盒、易拉罐等）、彩纸、丝带、绒布、包装纸、美工纸、石头、树叶等区域材料等。
2. 软资源：PPT、盥洗、喝水记录表工作页等。
3. 教学设施：笔记本电脑、投影、音响、麦克风多媒体设备（摄像机、笔记本电脑、投影、音响、麦克风）等。</td></tr>
<tr><td>3. 能根据幼儿园一日生活规程中的教学活动组织要求，配合主班教师开展教学活动，熟悉教学活动组织流程，准备选取教学材料，核验教学活动的场景布置，观察该班幼儿教学活动中的表现及需求，协调教学活动中的突发事件，保障主班教师顺利开展教学活动，提升教学活动的整体效果。</td><td>1. 教师出示 PPT 讲解教学活动组织的内容、形式和方法，指导学生填写工作页。
2. 播放视频，提出要求，引导学生重点思考如何配合教学及活动中可能出现的突发事件。
3. 组织学生小组完成思维导图绘制。指导学生根据活动准备、设备操作、突发事件及评价方式进行充分讨论。
4. 指导学生进行导图分享，对学生进行评价，组织学生选评最佳导图。
教学方法：
思维导图法、引导文法。</td><td>1. 学生认真观看 PPT，思考问题包括教学活动组织的内容、形式和方法，填写工作页。
2. 观看活动视频，思考如下问题：
①幼儿园教学原则和指导要点有哪些？
②根据视频中幼儿学习活动的内容和要求，思考如何配合教学。
③思考活动中幼儿可能出现的突发事件及应对方法。
3. 小组根据以上问题进行思维导图绘制：
①活动准备：准备学习环境和材料，桌椅摆放、教具课件活展示板的位置以及呈现方式。
②调试所需要的电脑、录音机、播放器等，确保适用。
③罗列教学活动突发事件及应对措施。
④罗列幼儿活动评价方式(文字、符号、照相、摄像等）。
4. 小组代表分享思维导图，通过竞赛方式选评最佳导图。</td><td>1. 过程性评价：主要观察小组选取主题分工和效率，组员参与积极性。
①思考问题是否全面、观点表述是否清晰，能否掌握学习内容要点。(师评）能否规范独立填写工作页。(组间互评）
②能否对视频涉及的内容进行合理解读和客观评价。（师评）
③能否根据小组讨论将内容图示化，思维导图是否全面具体。（互评）
④能否客观评价，考量全面。（集体评、竞赛）
2. 成果验收方式：采用微课教学视频展示课堂教学活动模拟，小组展示—组间互评—教师点评的方式。
3. 成果验收标准：紧扣教学环节，流程图清晰、准确。</td></tr>
<tr><td colspan="4">课时：8 课时
1. 用品（工具）：纸、笔、展示板等。
2. 软资源：幼儿园一日生活规程、教学活动视频、教学 PPT 等。
3. 教学设施：笔记本电脑、投影、音响、麦克风多媒体设备、手机、投影仪、白板、录像机、电子笔、音响等。</td></tr>
</table>

学习任务 2 上午活动组织

1 获取信息 → 2 实施前的准备 → 3 上午活动组织实施 → 4 过程监控及记录 → 5 评价及反馈

	工作子步骤	教师活动	学生活动	评价
过程监控及记录	1. 按照《指引》中盥洗、喝水、区域活动、教学活动、午餐环节的标准，进行过程监控，确保本班幼儿半日饮水量正常、营养达标、盥洗环节顺利和教学活动的顺畅进行，能填写上午活动观察记录表。	1. 教师提供幼儿行为发展评估学习资料，启发学生思考问题，指导学生完成工作页。 2. 教师播放视频组织学生分组讨论，评价幼儿行为。 3. 发放半日活动观察记录表，指导学生填写。 4. 组织学生小组展示分享记录表，进行点评。 教学方法： 任务导向法、直观演示法。	1. 接受任务，阅读幼儿行为发展评估方法、个案分析方法、途径的相关知识，完成工作页。 2. 通过观看活动视频，对幼儿的活动进行观察评价。 3. 小组填写幼儿半日活动观察记录表。 4. 小组展示分享记录表，组间相互评价。	1. 过程性评价：反思能力、提炼问题的准确性： ① 能否描述中午活动组织实施，是否精确提炼问题。（师评） ②组内是否合作填写反馈表，灵活调整活动。（组间互评） ③小组评价参与度。（师评） 2. 成果验收方式： 过程反馈表。 3. 成果评价标准：内容是否全面，是否记录个别幼儿园情绪、行为、身体状况。
	课时： 2 课时 1. 用品（工具）：纸、笔等。 2. 软资源：视频、活动记录表等。 3. 教学设施：笔记本电脑、投影、音响、麦克风等。			
评价及反馈	1. 汇总上午活动的组织情况，向主班教师反馈上午活动组织中的意见和建议，听取主班教师的反馈意见和进阶要求，完成评价反思表，配合完成后续的幼儿园上午活动实施工作，提升配班工作能力。	1. 教师播放视频，启发学生思考问题。 2. 组织学生分组讨论，巡回指导，将结果布置于展示板，帮助学生进行分析。 3. 指导小组进行上午活动评估，提示评估要点。 4. 发放评价表，组织学生填写。 教学方法： 直观展示法、讨论法。	1. 观看活动视频，反思梳理上午活动中的问题。 2. 通过小组讨论、展示汇总问题，按照层次、程度、可能发生的原因归类，统筹意见或建议。 3. 对上午的活动进行评估，以小组汇报的形式表述评估结果和建议。 4. 填写上午活动记录表。	1. 过程性评价：汇报积极性、团队合作性、语言表达的全面性。 ①是否积极主动全面地对中午活动问题进行反思。（师评） ②能否按要求将问题进行归类，提出意见和建议。（师评） ③能否翔实地填写评价反思表。（组间互评） 2. 成果评价：《中午活动组织》反思表。 3. 成果评价标准：学生反馈意见是否有针对性，是否有实效性，评价反思表问题捕捉是否准确、针对性强，反思表内容是否有价值、真实反映问题。
	课时： 2 课时 1. 用品（工具）：纸、笔等。 2. 软资源：视频、评价反思表等。 3. 教学设施：笔记本电脑、投影、音响、麦克风等。			

基准学时：25 课时

学习任务 3　中午活动组织

任务描述

学习任务学时：15 课时

任务情境

广州市某幼儿园配班教师外出进修学习，现需要临时配班教师配合主班教师组织幼儿园中午活动，要求配班老师能合理安排散步、午睡、起床整理、午点等工作。该幼儿园年级级长来我院咨询是否可以安排学生协助幼儿园，进行一周的组织活动。我校专业教师认为我院学生有条件可以完成，准备接受该任务，带领同学们共同完成该任务。

具体要求见后页。

工作流程和标准

工作环节 1

获取信息

1

1. 根据幼儿园要求，分析列举幼儿中午活动的内容，绘制中午活动流程表，与教师取得共识。
2. 通过搜集幼儿园活动室环境信息，获取幼儿园户外场地、通道、睡室的布局，各设施设备的安全标准，要求具备周全细心的职业素养，制定幼儿园意外事故预案。

主要成果：

1. 中午活动流程表
2. 意外事故预案

工作环节 2

实施前的准备

2

1. 根据所在班级的幼儿人数、比例及注意事项准备幼儿园中午活动的基本用具，清点所需材料数量，明确备用材料收纳处，绘制散步路线图、列出物品清单（午睡基本生活材料：睡床、床上用品、空调、风扇、拖鞋、鞋架、毛巾），确保幼儿园中午活动的顺利开展。

主要成果：

1. 物品清单
2. 突发事故预案

学习任务3　中午活动组织

工作环节3

中午活动的组织实施

3

1. 幼儿进餐活动组织

能根据幼儿园一日生活规程中的午餐要求，配合保育员组织幼儿进行进餐活动，关注幼儿的进餐情况、管理幼儿进餐秩序，促进幼儿养成爱惜粮食、节约粮食的传统美德，要求教师具备爱心、细心、耐心和责任心。

2. 午睡的组织

能根据《指引》及幼儿园管理制度中午睡组织的要求、职责、标准，组织幼儿园中午的午睡环节，熟悉午睡活动组织流程、做好环境（开窗通风、空调、风扇）和物品（床上用品、拖鞋、毛巾）准备，完成午睡记录表。要求教师在午睡组织中坚守岗位，做到爱岗敬业。

3. 生活整理活动组织

根据幼儿园区域活动相关要求，配合保育员组织幼儿园午睡后的生活整理活动组织，保证幼儿园中午活动的顺利开展，提高幼儿动手能力和自主性，指导幼儿进行生活整理，具备耐心素养。

主要成果：

1. 进餐活动组织
2. 完成午睡记录表
3. 生活活动组织

工作环节4

过程控制环节

4

按照《指引》中午睡及生活整理活动标准，进行过程监控，确保幼儿能够选择正确睡姿独立入睡并折叠好被子、整理好床铺等。保证教学活动顺畅进行，填写中午活动观察记录表。

主要成果：

中午活动观察记录表

工作环节5

评价及反馈

5

汇总中午活动的组织情况，向主班教师反馈中午活动组织中的意见和建议，听取主班教师的反馈意见和进阶要求，完成评价反思表，配合完成后续的幼儿园下午活动实施工作，提升配班工作能力。

主要成果：

评价反思表

学习内容

知识点	1.1 中午活动内容 1.2 中午活动组织的原则 1.3 中午活动组织的方法	2.1 睡室规范标准 2.2 睡室活动室设施设备安全标准 2.3 幼儿中午活动常见的意外事故	3.1 班级幼儿睡眠习惯 3.2 儿童常见病的护理 3.3 睡室设施设备名称及用途
技能点	1.1 掌握流程表制作 1.2 能区分人员分工职责 1.3 能描述中午工作标准	2.1 能周全细心预判安全事故发生的可能性 2.2 能细心排查安全隐患，及时采取适宜方法	3.1 能合理布局睡室和进餐区 3.2 能清单和整理所需设备
工作环节	工作环节 1 获取信息		制定计划 工作环节 2
成果	1.1 幼儿园中午活动内容流程图	2.1 午睡意外事故预案	3.1 物品清单
素养		2.1 “五心”素养：细心、责任心	3.1 细心、审美能力

学习任务3　中午活动组织

4.1 营养学基础知识 4.2 幼儿膳食搭配原则 4.3 幼儿进餐常规、进餐礼仪知识 4.4 宣传爱惜粮食、节约粮食	5.1 幼儿午睡的组织流程和方法 5.2 午睡活动工作标准	6.1 幼儿生活自理能力的内容 6.2 幼儿生活自理能力的培养方法	7.1 活动组织评价知识	
4.1 能进行餐前介绍 4.2 能进行幼儿午餐常规管理 4.3 能处理午餐环节的突发事件及安全事故 4.4 能关注个别幼儿的需要 4.5 能做到不剩饭、不剩菜，节约粮食，按量取食	5.1 能组织幼儿有序小便、洗手 5.2 能耐心指导幼儿穿衣服、摆放鞋子 5.3 能用温柔的声音组织睡前导入活动 5.4 能执行午睡活动工作标准，做到爱岗敬业 5.5 能及时处理午睡突发情况	6.1 能耐心指导幼儿穿衣服 6.2 能组织幼儿自己穿鞋子，细心检查 6.3 能组织幼儿叠被	7.1 能概括中午活动组织标准 7.2 能观察幼儿活动情况 7.3 能对幼儿进行个别教育	8.1 能汇总中午活动组织中的问题 8.2 能清晰地梳理出该班中午活动组织中的问题 8.3 能评估幼儿中午活动的状况

4.1 午餐物组织	5.1 午睡记录表	6.1 生活整理组织	7.1 过程反馈表	8.1 中午活动情况记录表
4.1 思政元素：弘扬节约爱护粮食的传统美德	5.1 职业素养：爱岗敬业　“五心”素养：责任心、细心	6.1 “五心”素养：耐心、细心		

学习任务 3　中午活动组织

1 获取信息　2 实施前的准备　3 中午活动实施环节　4 过程监控及记录　5 评价及反馈

获取信息

工作子步骤	教师活动	学生活动	评价
1. 根据《指引》和班级时间安排表，分析中午活动的内容，制作中午活动流程图，以保证中午活动内容完整进行。	1. 组织学生查阅资料，提出查阅的重点和要求，巡回指导学生提取流程要点，制作中午活动流程表。 2. 组织学生上台展示并讲解活动流程表，引导学生进行评价。 3. 教师根据学生的完成质量进行点评，帮助学生梳理，完善中午活动流程表及细则。 教学方法： 查阅法、分组讨论、思维导图。	1. 查阅资料幼儿园中午活动环节安排的原则和组织方法，小组合作梳理，制作幼儿园中午活动流程图。 2. 小组代表讲解流程表并归纳人员分工职责和工作标准。 3. 小组互评流程图时间、内容、人员分工、工作标准是否明确、细致、全面。进一步总结梳理流程图及细则。	1. 过程性评价：参与度、主动性、表达技巧、要点的识别能力。 ①学生能否积极主动查阅资料，共同参与讨论制作中午活动流程图。（师评） ②流程图时间、内容、人员分工、工作标准是否明确、细致、全面。（互评） ③小组是否能完善总结梳理流程图。（师评） 2. 成果验收：幼儿园中午活动内容流程图。 3. 成果评价标准：活动流程图要求要点清晰、明确，时间节点和要提交细则成果足够具体。
课时： 1 课时 1. 用品（工具）：纸、笔、吸磁铁等。 2. 软资源：《指引》、班级时间安排表等。 3. 教学设施：摄像机、笔记本电脑、投影、音响、麦克风等。			
2. 通过搜集幼儿园活动室环境信息，获取幼儿园户外场地、通道、睡室的布局，各设施设备的安全标准，能罗列出幼儿园室外、睡室安全事故多发地及事故类型。	1. 提供幼儿园安全标准文件，表述幼儿园安全标准，指导学生通过头脑风暴思考在工作中如何细心、细致地考虑安全问题。 2. 指导学生对事故发生原因、类型，影响进行分析。 3. 组织学生讨论，梳理观点，运用 PPT 讲解意外事故的预防机制。 4. 参与预案的制定，组织学生互评。 教学方法： 案例分析法、头脑风暴法。	1. 阅读《幼儿园安全标准》文件，明确幼儿园安全标准，思考在工作中如何做到细心检查。 2. 结合案例进行事故分析，对事故发生的原因、事故的类型、事故的影响进行等级划分。 3. 小组讨论意外事故的预防的办法，学习意外事故的预防机制，汇总事故处理的方法。 4. 小组制定突发事故预案，组间相互评价。（5 分钟）	1. 过程性评价：参与度和主动性、细心周全考虑、聆听技巧。 ①是否熟悉幼儿园安全文件内容。（师评） ②能否对案例的事故的原因、类型、等级进行细致分析。（互评） ③能否针对事故进行预防和进行事故处理的方法。（集体评） 2. 成果验收：罗列午睡意外事故的类型表。 3. 成果评价标准：预案和处理方法的灵活性和安全性。
课时： 2 课时 1. 用品（工具）：纸、笔、便利贴等。 2. 软资源：《幼儿园安全标准》文件、PPT、幼儿午睡事故案例等。 3. 教学设施：摄像机、笔记本电脑、投影、音响、麦克风等。			

基准学时：15 课时

1 获取信息 → 2 实施前的准备 → 3 中午活动实施环节 → 4 过程监控及记录 → 5 评价及反馈

	工作子步骤	教师活动	学生活动	评价
实施前的准备	1. 根据班级基本情况（班别、幼儿人数、男女比例、特殊儿童）和幼儿作息时间安排表，检查幼儿园中午活动的相关设备、材料，明确名称及用途列出物品清单，以满足幼儿园中午活动的需求。	1. 布置任务，提供班级情况资料及幼儿作息时间安排表，指导学生进行阅读。 2. 提出问题，要求学生围绕午睡活动设备、材料的种类和用途进行讨论，指导填写工作页（睡前、午睡中、生活整理的物质准备分类）。 3. 指导学生使用睡室设备并讲解操作要点。 4. 评价学生学习成果，查漏补缺物品清单。 教学方法： 任务导向、讨论法。	1. 接受任务，阅读幼儿园班级情况资料和幼儿时间安排表。 2. 小组讨论午睡活动的设备、材料的种类及用途，填写工作页（睡前、午睡中、生活整理的物质准备分类）。 3. 小组合作列出物品清单及所需数量和位置布局，小组代表讲解使用方法及注意事项。 4. 组间互评，完善清单。（5 分钟）	1. 过程性评价：参与程度、效率、组内分工的情况、组内沟通的情况。 ①是否熟悉班级资料及时间安排表。（师评） ②能否按要求填写工作页。（互评） ③能否全面详细并考虑到幼儿的特殊需要列出清单。（互评） 2. 成果验收方式：展示活动设备材料清单及用途说明。 3. 成果验收标准：物品清单内容全面、清晰。
	课时： 1 课时 1. 用品（工具）：纸、笔、吸磁铁等。 2. 软资源：班级资料、时间安排表、设备说明书等。 3. 教学设施：摄像机、笔记本电脑、投影、音响、麦克风等。			
中午活动实施环节	1. 能根据幼儿园一日生活规程中的午餐要求，配合保育员组织幼儿进行进餐活动，关注幼儿的进餐情况，管理幼儿进餐秩序，保证幼儿午餐活动的顺利进行，养成良好的进餐习惯，增强爱惜粮食、节约粮食的意识。保证幼儿一日活动的营养需求，促进幼儿健康发展。	1. 通过 PPT 展示（视频）讲解营养学相关知识以及幼儿消化系统、神经系统的生理特点，启发学生思考如何组织幼儿正确午餐。 2. 提出任务要求：请搜集关于“世界粮食日”宣传的相关资源。 3. 发放工作页，组织学生填写幼儿园午餐组织的常规和要求，思考如何展示。 4. 巡回指导学生讨论，重点指导学生根据午餐组织流程完成导图绘制，启发学生融合世界粮食日对幼儿进行节约、爱惜粮食教育。 5. 指导学生进行小组展示，组织学生进行模拟午餐组织。 6. 组织小组展示成果，交流评价。	1. 午餐组织情景导入，完成工作页： ①三大产热营养素、矿物质、维生素、膳食纤维的生理功能、幼儿需求量、食物来源。 ②幼儿膳食搭配原则。 ③幼儿消化系统特点、神经系统特点。 ④幼儿进餐常规、进餐礼仪知识。 2. 分析“世界粮食日”所蕴含的教育元素，搜集关于节约粮食的故事、古诗、儿歌、图片、视频等各项资源。 3. 完成工作内容：幼儿园午餐组织的常规要求有哪些？教师如何通过小朋友能接受的方式进行教学。 4. 小组讨论：如何在午餐环节融入世界粮食日进行节约、爱惜粮食教育，绘制思维导图。 5. 小组展示思维导图，并模拟午餐组织，做到融入节约粮食、用餐礼仪教育。 6. 小组互评，完善午餐组织。	1. 过程性评价：团队合作性、主动性、时间分配合理性。 ①能否规范填写工作页。（师评） ②是否融合世界粮食日主题，全面绘制思维导图。（师评） ③能否严格按照思维导图进行模拟早餐组织。（互评） ④能否根据评价意见进行优化。（师评） 2. 成果验收：模拟午餐组织环节。 3. 成果验收标准：幼儿是否爱惜粮食，不剩饭、不掉饭。
	课时： 4 课时 1. 用品（工具）：纸、笔、餐桌、餐布、餐具等。 2. 软资源：《幼儿园工作规程》和《指引》、午餐活动任务书、午餐营养学、午餐活动评价表、工作页等。 3. 教学设施：笔记本电脑、投影、音响、麦克风等。			

课程 2 幼儿园日常活动组织

学习任务 3 中午活动组织

1 获取信息 → 2 实施前的准备 → 3 中午活动实施环节 → 4 过程监控及记录 → 5 评价及反馈

中午活动实施环节

工作子步骤	教师活动	学生活动	评价
1. 能根据《指引》及幼儿园管理制度午睡组织的要求、职责、标准组织幼儿园中午的午睡环节，熟悉午睡活动组织流程，做好环境（开窗通风、空调、风扇）和物品（床上用品、拖鞋、毛巾）准备。	1. 播放视频，组织学生观看，记录视频中午睡组织的要点，组织学生从爱岗敬业角度进行讨论,对学生的反馈进行提炼。 2. 组织学生对工作页内容进行讨论，通过 PPT 图片案例讲解午睡基本要求和组织要点，强调工作过程中要具备爱岗敬业意识。 3. 指导学生模拟实施教学，观察记录学生操作存在的问题予以纠正或指导。 4. 指导学生完成幼儿午睡记录表，对学生学习成果进行评价。 教学方法： 案例教学法、模拟教学法。	1. 观看幼儿午睡组织视频。分析午睡的秩序要求，以及对个别事件进行处理。小组分析讨论视频中“教师”是否做到爱岗敬业。 2. 完成工作页案例：幼儿园老师可以跟着小朋友一起午睡，小组总结幼儿午睡的基本流程及注意事项，思考怎么做到爱岗敬业，避免意外发生。 3. 分组模拟实施幼儿午睡环节，掌握如何指导幼儿有序、正确午睡，体现照顾个别幼儿。 4. 填写幼儿午睡记录表，小组分享评价。	1. 过程性评价：观察的专注度、表达的流畅性、团队的合作性。 ①能否细心观看视频。（师评） ②能否团队合作完成幼儿午睡的基本流程及注意事项的总结。（互评） ③是否按标准进行幼儿午睡环节的模拟。（集体评） 2. 成果验收方式：模拟实施午睡环节，各组展示及说明—组间互评—教师点评。 3. 成果验收标准：正确演示午睡环节组织。
课时： 3 课时 1. 用品（工具）：纸、笔、被子、床、毛巾、温度计等。 2. 软资源：《指引》、幼儿园管理制度、幼儿午睡组织视频、PPT、午睡记录表等。 3. 教学设施：摄像机、笔记本电脑、投影、音响、麦克风等。			
2. 根据幼儿园生活整理活动的相关要求配合保育员组织幼儿园午睡后的生活整理，保证幼儿顺利过渡到下午活动，培养该班幼儿动手能力和生活自理能力。	1. 组学生情景表演，观察记录情景表演中的问题，组织学生讨论。 2. 通过 PPT 讲解生活整理基本要求和组织要点以及耐心指导的方法。 3. 指导学生模拟实施，观察记录学生存在的问题并予以纠正或指导。 4. 指导学生完成生活整理记录表，总结如何在工作中做到耐心指导。 教学方法： 角色扮演法、演示汇报。	1. 情景表演：模拟组织幼儿生活整理环节。学生分析生活整理组织的秩序和要求，以及个别事件处理。 2. 小组合作讨论幼儿生活整理基本环节和注意事项。 3. 分组模拟实施幼儿生活整理环节，体现如何耐心指导幼儿正确完成睡后整理环节，体现照顾个别幼儿。 4. 填写幼儿生活整理记录表，小组分享如何做到耐心指导幼儿进行生活整理。	1. 过程性评价：表现力、提炼问题的准确性、组织的协调性。 ① 能否贴切地进行情景表演，是否根据表演精确提炼问题。（集体评） ②组内是否合作讨论如何耐心指导幼儿生活整理环节和注意事项。（师评） ③是否共同协调完成模拟实施。（互评） 2. 成果验收方式：学生能正确组织一次生活整理环节的指导。小组展示—组间互评—教师点评。 3. 成果评价标准：内容是否全面，工作是否具备耐心。
课时： 2 课时 1. 用品（工具）：纸、笔、被子、床、毛巾、梳子、橡皮筋、镜子、幼儿服装等。 2. 软资源：《指引》、PPT、生活整理记录表等。 3. 教学设施：摄像机、笔记本电脑、投影、音响、麦克风等。			

1 获取信息　2 实施前的准备　3 中午活动实施环节　4 过程监控及记录　5 评价及反馈

	工作子步骤	教师活动	学生活动	评价
过程监控及记录	1. 按照《指引》中午睡及生活整理活动标准，进行过程监控，确保幼儿能够选择正确睡姿独立入睡并折叠好被子、整理好床铺等，能填写中午活动观察记录表。	1. 教师提供反馈表，启发学生思考问题，指导学生完成工作页。 2. 教师引导学生回顾活动，启发学生思考活动实施中遇到的问题。 3. 发放中午活动过程反馈表，指导学生进行活动调整。 4. 组织学生小组展示分享记录表，进行点评。 教学方法： 任务导向法、直观演示法。	1. 接受任务，领取反馈表，完成工作页。 2. 通过梳理中午活动流程图，回顾总结中午活动组织实施中存在的问题，小组进行分享。 3. 小组填写幼儿中午活动过程反馈表，并讨论如何灵活调整活动实施。 4. 小组展示分享反馈表，组间互评。	1. 过程性评价：反思能力、提炼问题的准确性： ① 能否描述中午活动组织实施，是否根据精确提炼问题。（师评） ②组内是否合作填写反馈表，灵活调整活动。（组间互评） ③小组评价参与度。（师评） 2. 成果验收方式：过程反馈表。 3. 成果评价标准：内容是否全面，是否记录个别幼儿情绪、行为、身体状况。
	课时： 1 课时 1. 用品（工具）：纸、笔等。 2. 软资源：过程反馈表、学生活动组织视频等。 3. 教学设施：摄像机、笔记本电脑、投影、音响、麦克风等。			
评价及反馈	1. 汇总中午活动的组织情况，向主班教师反馈中午活动组织中的意见和建议，听取主班教师的反馈意见和进阶要求，完成评价反思表，配合完成后续的幼儿园下午活动实施工作，提升配班工作能力。	1. 教师组织学生进行反思，启发学生思考问题。 2. 组织学生分组讨论，巡回指导，将结果布置于展示板，帮助学生进行分析。 3. 指导小组进行中午活动评估，提示评估要点。 4. 发放评价表，组织学生填写。 教学方法： 小组学习法。	1. 小组分组汇报，反思梳理中午活动中的问题。 2. 集中对问题进行分析和筛选，按照层次、程度、可能发生的原因归类，统筹意见或建议。 3. 对中午半日的活动进行评估，填写评价反思表。 4. 组间交流，根据意见提升优化活动。	1. 过程性评价：汇报积极性、团队合作性、语言表达的全面性。 ①是否积极主动全面地对中午活动问题进行反思。（师评） ②能否按要求将问题进行归类，提出意见和建议。（师评） ③能否翔实地填写评价反思表。（组间互评） 2. 成果评价：《中午活动组织》反思表。 3. 成果评价标准：学生反馈意见是否有针对性，是否有实效性，评价反思表问题捕捉是否准确、针对性强。反思表内容是否有价值、真实反映问题。
	课时： 1 课时 1. 用品（工具）：纸、笔等。 2. 软资源：评价反思表、学生活动组织视频、《指引》等。 3. 教学设施：摄像机、笔记本电脑、投影、音响、麦克风等。			

学习任务 4　下午活动组织

任务描述

学习任务学时：20 课时

任务情境

广州市某幼儿园现需要配班教师配合教师组织幼儿园下午活动，要求配班老师合理安排幼儿集中活动、户外活动、离园准备等工作。该幼儿园年级级长来我院咨询是否可以安排学生协助幼儿园，进行一周的下午活动配班。我校专业教师认为我院学生有条件完成，准备接受该任务，带领同学们共同完成该任务。

具体要求见后页。

工作流程和标准

工作环节 1

获取信息

1

1. 根据《指引》和班级时间安排表，分析下午活动的内容，制作下午活动流程和工作细则表，与教师取得共识，以保证下午活动内容完整进行和幼儿顺利离园。
2. 通过搜集幼儿园常见家长问题，梳理家园沟通的主要内容，合理运用方法，制定常见家园问题预案。

主要成果：

1. 下午活动流程和工作细则表
2. 家园问题预案

工作环节 2

实施前的准备

2

1. 根据班级基本情况（班别、幼儿人数、男女比例、特殊儿童）和幼儿作息时间安排表，检查幼儿园下午活动的相关设备、材料，明确名称及用途列出物品清单，以满足幼儿园下午活动的需求。
2. 根据幼儿园家园共育的要求及家园沟通的原则，对家长沟通预案内容进行全面考量，制定家长沟通手册，确保幼儿在园发生的事情能及时与家长沟通并妥善处理，保障家园共育顺利过渡。

主要成果：

1. 物品清单
2. 家长沟通手册

工作环节3

操作实施环节

3

1. 根据幼儿园户外活动相关要求，配合主班教师组织幼儿园下午的户外游戏活动，保证幼儿园户外活动的顺利开展，提升该班幼儿体能和身体素质。
2. 能根据幼儿园一日生活规程中的离园活动组织要求，配合主班教师做好离园工作，熟悉离园的流程、准备，根据一日生活中观察到的该班幼儿的表现、需求及突发事件，协助主班教师顺利进行幼儿离园整理工作，做好交接工作及与家长的沟通交流，促进一日活动效果。

主要成果：

1. 户外活动组织
2. 离园活动组织

工作环节4

过程控制环节

4

按照《指引》户外活动和离园准备中的标准和要求进行过程监控，确保本班幼儿户外活动量正常、体格锻炼达标、离园环节顺畅进行，能填写下午活动观察记录表。

主要成果：

下午活动观察记录表

工作环节5

评价及反馈

5

汇总下午活动的组织情况，向主班教师反馈下午活动组织中的意见和建议，听取主班教师的反馈意见和进阶要求，完成评价反思表，配合完成后续的幼儿园工作，提升配班工作能力。

主要成果：

评价反思表

学习内容

知识点	1.1 幼儿园下午活动内容 1.2 幼儿园下午活动组织的原则 1.3 幼儿园下午活动组织的方法 1.4 人员分工与职责、标准	2.1 家园沟基本内容 2.2 家长沟通常见问题对策	3.1 户外活动材料属性分类知识 3.2 户外材料的收集途径 3.3 了解幼儿的运动能力	4.1 家长工作手册的内容 4.2 家长沟通方法和技巧
技能点	1.1 能掌握流程表制作 1.2 能区分人员分工职责 1.3 能描述下午工作标准	2.1 能预判家园沟通问题的发生 2.2 能及时采取适宜方法进行家园沟通	3.1 能操作户外运动器械 3.2 能根据活动需要准备教具 3.3 能根据幼儿能力准备适宜材料	4.1 能正确填写手册 4.2 能灵活运用技巧做好家园沟通
工作环节 	工作环节 1 获取信息		制定计划 工作环节 2	
成果	1.1 幼儿园下午活动流程图	2.1 常见家园问题预案	3.1 物品清单	4.1 家长沟通手册

学习任务 4　下午活动组织

5.1 户外活动的内容组成 5.2 组织流程、原则 5.3 户外活动指导方法 5.4 幼儿常见户外安全问题意外处理的方法	6.1 离园准备的内容 6.2 离园时与家长沟通的内容、要点 6.3 托管幼儿的活动		8.1 活动组织评价知识
5.1 能有序组织幼儿户外活动 5.2 能指导不同类型的户外活动 5.3 能关注个体，对不同水平的幼儿进行指导 5.4 能预防户外安全事故及进行应急处理	6.1 能组织盥洗、小便、喝水 6.2 能组织整理衣物、收拾书包 6.3 能与家长就幼儿在园情况沟通 6.4 能有序组织托管幼儿 6.5 能做好安全交接工作	7.1 能概括下午活动组织标准 7.2 能观察幼儿户外运动和离园情况 7.3 能对幼儿进行个别教育	8.1 能汇总下午活动组织中的问题 8.2 能清晰地梳理出下午活动的问题 8.3 能评估幼儿一日活动的状况
	工作环节 3 操作实施环节	工作环节 4 过程监控	工作环节 5 评价反馈
5.1 户外活动组织记录表	6.1 离园接送记录表	7.1 下午活动观察记录表	8.1 评价反思表

学习任务 4　下午活动组织

1 获取信息　2 实施前的准备　3 操作实施环节　4 过程监控及记录　5 评价及反馈

获取信息

工作子步骤	教师活动	学生活动	评价
1. 根据《指引》和班级时间安排表，分析下午活动的内容，制作下午活动流程表和工作细则，与教师取得共识，以保证下午活动内容完整进行以及幼儿顺利离园。	1. 提供《指引》文件和班级活动安排表，提出阅读要求：学生熟悉幼儿园下午活动内容和人员分工与职责、标准。 2. 巡回指导学生以思维导图方式制作下午活动流程图。 3. 组织学生上台展示并讲解活动流程表，提供评价标准。 4. 教师根据互评结果进行点评帮助学生梳理，完善下午活动流程表及细则。 教学方法： 引导文法、思维导图法。	1. 阅读《指引》和班级活动安排表，学习幼儿园下午活动内容构成、人员分工与职责标准完成工作页。（10 分钟） 2. 小组合作用思维导图方式，结合梳理出来的知识点制作幼儿园下午活动流程图。（15 分钟） 3. 小组展示工作成果，成员讲解流程图及归纳人员分工职责和工作标准。（10 分钟） 4. 组间互评进一步总结优化流程图，达成一致。（5 分钟）	1. 过程评价内容：参与度、主动性、表达技巧、要点的识别能力。 ①学生能否积极主动查阅资料，共同参与讨论制作下午活动流程图。（师评） ②流程图时间、内容、人员分工、工作标准是否明确，细致、全面。（互评） ③小组是否能完善总结梳理流程图。（师评） 2. 成果验收：活动流程图要求要点清晰、明确，时间节点和要提交细则成果足够具体。
课时： 1 课时 1. 用品（工具）：纸、笔等。 2. 软资源：《指引》、班级时间安排表、幼儿园下午活动流程图任务书、评价标准 A、评价标准 B 等。 3. 教学设施：笔记本电脑、投影、音响、麦克风等。			
2. 通过搜集幼儿园常见家长问题，梳理家园沟通的主要内容，合理运用方法，制定常见家园问题预案。	1. 分配任务，组织学生查阅家园沟通的基本内容，要求学生梳理常见问题及解决策略。 2. 提供家园沟通问题案例，分配小组并领取任务，组织学生进行情境展示，组织学生进行头脑风暴。 3. 启发学生通过归纳的方法进行常见问题、沟通内容的筛选和归类以及方法的选择和运用。 4. 组织学生角色分工表演，引导其他同学做好记录。 5. 组织讨论，重点引导学生多方面多维度进行思考。	1. 领取任务，查阅资料获取幼儿园常见家园沟通的基本内容，梳理常见问题的种类以及解决策略。（10 分钟） 2. 小组各自领取不同的家园问题案例，通过小组模拟方式展示家园沟通的过程。小组组员积极运用头脑风暴方式提出解决策略。（20 分钟） 3. 通过归纳法进行小组筛选，标注常见问题的类型。（5 分钟） 4. 学生代表扮演与家长发生器沟通冲突，其他学生观察思考。（25 分钟） 5. 学生讨论如何有效灵活处理家园沟通冲突，通过文本方式呈现。（15 分钟）	1. 过程性评价：参与度和主动性，表达能力、聆听技巧。 ①是否熟悉幼儿园家园沟通内容。（师评） ②能否对家园冲突的类型进行分析。（师评） ③能否灵活处理不同类型的家园沟通。（互评） 2. 成果验收方式：常见家园问题预案。 3. 成果评价标准：预案、处理方法的灵活性和安全性。

1 获取信息 → 2 实施前的准备 → 3 操作实施环节 → 4 过程监控及记录 → 5 评价及反馈

	工作子步骤	教师活动	学生活动	评价
获取信息		6. 总结，组织学生分享讨论、梳理与家长的沟通内容，常见疑问及适用方法，对学生进行总评价。 教学方法： 情境示范法、任务驱动法、案例分析法。	6. 小组评价分享、列举家园问题的类型。（5 分钟）	
	课时： 2 课时 1. 用品（工具）：纸、笔等。 2. 软资源：常见家园问题任务书、家园沟通手册、网络资料、家园沟通案例等。 3. 教学设施：摄像机、笔记本电脑、投影、音响、麦克风等。			
实施前的准备	1. 根据班级基本情况（班别、幼儿人数、男女比例、特殊儿童）和幼儿作息时间安排表，检查幼儿园下午活动的相关设备、材料，明确名称及用途列出物品清单，以满足幼儿园下午活动的需求。	1. 布置任务，提供班级情况资料及幼儿作息时间安排表，对学生提出阅读要求。 2. 提出问题，要求学生围绕下午活动设备、材料的种类和用途进行讨论，指导填写工作任务书。 3. 讲解使用户外活动设施、设备、材料要点及注意事项。 4. 提供视频示范，提出观看和模仿要求，组织小组操作活动设施设备能力竞赛。 5. 要求学生列出物品清单，评价学生学习成果，查漏补缺物品清单。 6. 评议学生工作态度。 教学方法： 任务导向、讨论法、小组工作。	1. 接受任务，阅读幼儿园班级情况资料和幼儿时间安排表。（5 分钟） 2. 小组讨论下午活动的设备、材料的种类及用途，填写工作页任务： ①幼儿园户外活动常见设备的安全标准； ②幼儿下午活动的内容以及材料准备。（15 分钟） 3. 认真听讲，记录户外活动设施、设备、材料要点，并提出疑问。（5 分钟） 4. 观看视频，模仿操作材料，以小组竞赛的方式进行巩固。（10 分钟） 5. 列出物品清单，讲解使用方法及注意事项。（3 分钟） 6. 从责任心及敬业方面反思工作过程。（2 分钟）	1. 过程性评价：参与程度、效率、组内分工的情况、组内沟通的情况。 ①是否熟悉班级资料及时间安排表。（师评） ②能否按要求填写工作页。（师评） ③能否全面详细，考虑到幼儿的特殊需要并列出清单。（师评） 2. 成果验收方式：展示活动设备材料清单及用途说明。 3. 成果验收标准：物品清单内容全面、清晰。
	课时： 1 课时 1. 用品（工具）：纸、笔、便利贴、户外活动场地、户外活动器械、材料（大型器械类、球类、攀爬类、平衡类、跨越类、击打类、跳跃类及自制户外活动器械等）、毛巾、水杯、杯架、毛巾架、生活用纸等。 2. 软资源：班级资料、物品清单任务书等。 3. 教学设施：摄像机、笔记本电脑、投影、音响、麦克风等。			

学习任务 4　下午活动组织

1 获取信息　2 实施前的准备　3 操作实施环节　4 过程监控及记录　5 评价及反馈

实施前的准备

工作子步骤	教师活动	学生活动	评价
2. 根据幼儿园家园共育的要求及家园沟通的原则，对家长沟通预案内容进行全面考量，制定家长沟通手册，确保幼儿在园发生的事情能及时与家长沟通并妥善处理，保障家园共育顺利过渡。	1. 提供幼儿园家园共育及家园沟通的相关文件，提出阅读要求及填写工作页要求。 2. 提供案例，指导学生对与家长沟通的内容进行分级，明晰沟通方法和技巧。 3. 组织学生就案例讨论家园沟通的艺术。 4. 梳理学生观点，运用 PPT 讲解与家长沟通的艺术。 5. 参与家长沟通手册的制定。 6. 组织学生模拟与家长的沟通，提出互评要求。 7. 评价并总结家园沟通的艺术。 教学方法： 案例教学法、讨论、角色扮演法。	1. 阅读幼儿园家园共育及家园沟通的相关文件，明确离园时与家长沟通的内容，填写工作页：如何针对幼儿情况进行有效的离园沟通。（15 分钟） 2. 根据案例问题，与老师一起进行分析，对与家长沟通的内容进行分级和明晰沟通要点。（10 分钟） 3. 小组讨论家园沟通的技巧和方法。（10 分钟） 4. 听老师总结与家长沟通的艺术。（5 分钟） 5. 小组制定家长沟通手册。（15 分钟） 6. 小组模拟与家长的沟通，并组间相互评价。（20 分钟） 7. 听取总结。（5 分钟）	1. 过程性评价：参与程度、效率、应变能力、组内沟通的情况。 ①是否熟悉家长工作手册内容。（师评） ②能否按要求填写工作页。（师评） ③能否灵活掌握家园沟通。（师评） 2. 成果验收方式：家园沟通手册。 3. 成果验收标准：内容翔实、全面。

课时：2 课时

1. 用品（工具）：纸、笔、展示板、便笺纸等。
2. 软资源：幼儿园家园沟通文件、幼儿园家长沟通案例、PPT 等。
3. 教学设施：摄像机、笔记本电脑、投影、音响、麦克风等。

基准学时：20 课时

1 获取信息　2 实施前的准备　3 操作实施环节　4 过程监控及记录　5 评价及反馈

操作实施环节

工作子步骤	教师活动	学生活动	评价
1. 根据幼儿园户外活动相关要求，配合主班教师组织幼儿园下午的户外游戏活动，保证幼儿园户外活动的顺利开展，提升该班幼儿体能和身体素质。	1. 以问题导入，引导学生思考讨论。 2. 通过视频以及 PPT 展示区域活动基本知识。 3. 指导学生完成工作页填写，要求学生独立完成。 4. 提供户外活动区、班级资料和幼儿体格水平发展评价表，要求学生完成户外活动计划。 5. 组织学生进行分组模拟活动，根据每个区域的目标对学生进行过程监督和指导，完善活动组织。 6. 提出模拟户外安全意外事故要求。 7. 针对模拟现场学生对意外事故的处理进行点评，巩固户外安全事故处理的要点。 8. 根据学生自评和互评的情况对学生进行总结性评价，指导学生填写评价表。 教学方法： 直观演示法、引导文法、问题教学法、模拟教学法。	1. 学生思考问题：户外活动组织的内容、安全要求、原则和指导方法的相关知识。(15 分钟) 2. 观看视频及学习 PPT 内容。(20 分钟) 3. 按要求认真完成工作页任务。(15 分钟) 4. 学生解读班级资料，了解园区空间大小、活动人数、活动内容，幼儿户外游戏时间、水平等因素，选择户外活动材料及器械，确定人员分工和职责，制定户外活动计划。(20 分钟) 5. 分组模拟实施户外活动（大型器械类、球类、攀爬类、平衡类、跨越类、击打类、绳类及自制户外活动器械等）的组织：制定户外活动规则，鼓励幼儿参与户外互动，指导幼儿体能锻炼，照顾个别幼儿，整理区域材料。(80 分钟) 6. 模拟户外安全意外事故的发生并进行处理。　(60 分钟) 7. 听取点评。(15 分钟) 8. 小组评价户外活动组织的质量，填写评价表。(15 分钟)	1. 过程性评价：表现力、提炼问题的准确性、组织的协调性。 ① 能否贴切地进行情景表演，是否根据表演精确提炼问题。(互评) ②组内是否合作讨论户外活动组织环节和注意事项。(师评) ③是否共同协调完成模拟实施。(师评) 2. 成果验收方式：　学生能正确组织一次生活整理环节的指导。小组展示—组间互评—教师点评。 3. 成果评价标准：内容全面，工作分工及进度要求合理。

课时： 6 课时

1. 用品（工具）：纸、笔、展示板、户外活动器械和材料（球类、平衡类、攀爬类、跨越类、跳跃类、击打类及自制户外活动器械）等。
2. 软资源：PPT、视频、幼儿体格水平发展评价表、班级资料、任务书等。
3. 教学设施：摄像机、笔记本电脑 . 投影、音响、麦克风等。

学习任务 4 下午活动组织

① 获取信息 → ② 实施前的准备 → ③ 操作实施环节 → ④ 过程监控及记录 → ⑤ 评价及反馈

操作实施环节

工作子步骤	教师活动	学生活动	评价
2. 能根据幼儿园一日生活规程中的离园活动组织要求，配合主班教师做好离园工作，熟悉离园的流程、准备，根据一日生活中观察到的该班幼儿的表现及需求及突发事件，协助主班教师顺利进行幼儿离园整理工作，做好交接工作及与家长的沟通交流，促进一日活动效果。	1. 教师出示 PPT 讲解离园活动组织的内容、形式和方法。 2. 指导学生按要求独立填写工作页。 3. 播放视频，提出要求，引导学生重点思考如何配合主班教师处理离园及接待家长过程中可能出现的突发事件。 4. 组织学生小组完成思维导图绘制，指导学生根据活动准备、流程操作、突发事件及评价方式等进行充分讨论。 5. 组织学生进行离园活动模拟，做好记录和评价。 6. 指导学生进行导图分享，对学生进行评价，组织学生选评最佳导图。 教学方法： 思维导图法、引导文法。	1. 学生认真观看 PPT，思考问题包括：离园活动组织的内容、形式和方法。（20 分钟） 2. 按照要求独立填写工作页。（10 分钟） 3. 观看活动视频，思考如下问题： ①幼儿园离园组织的环节有哪些？ ②根据视频中幼儿离园整理活动的内容和要求，思考如何配合组织。 ③思考活动中幼儿可能出现的突发事件及应对方法。 4. 小组根据以上问题进行思维导图绘制。（100 分钟） ①活动准备：准备、整理物品、材料，桌椅摆放好。 ②调试所需要的电脑、录音机、播放器等，确保适用。 ③罗列离园准备中可能发生的突发事件及应对措施。 ④陈述接送证的核验标准及交接流程。 ⑤罗列幼儿一日生活评价内容（进餐、午睡、照相、衣物整理、在园表现、学习情况、有趣的事、特殊事件包含磕碰事件等）。（30 分钟） 5. 小组模拟组织离园活动，做好组内分工和人员安排。（40 分钟） 6. 小组代表分享思维导图，通过竞赛方式选评最佳导图。（40 分钟）	1. 过程性评价：沟通的主动性和灵活性。 ① 能否贴切地进行情景表演，是否根据表演精确提炼问题。（互评） ②组内是否合作讨论户外活动组织环节和注意事项。（师评） ③是否共同协调完成模拟实施。（师评） 2. 成果验收方式：学生能正确组织离园活动环节的指导。小组展示—组间互评—教师点评。 3. 成果评价标准：内容全面，工作分工及进度要求合理。

课时： 6 课时

1. 用品（工具）：纸、笔、手机等。
2. 软资源：PPT、视频等。
3. 教学设施：摄像机、笔记本电脑、投影、音响、麦克风等。

	工作子步骤	教师活动	学生活动	评价
过程监控及记录	1. 按照《指引》户外活动和离园准备中的标准和要求，进行过程监控，确保本班幼儿户外活动量正常、体格锻炼达标、离园环节顺畅进行，能填写下午活动观察记录表。	1. 教师提供幼儿行为发展评估学习资料，启发学生思考问题，指导学生完成工作页。 2. 教师播放视频，组织学生分组讨论，评价幼儿行为。 3. 发放半日活动观察记录表，指导学生填写。 4. 组织学生小组展示分享记录表，进行点评。 教学方法： 任务导向法、直观演示法。	1. 提供案例，分析幼儿下午活动组织方法，概括下午活动组织标准，完成工作页。（10 分钟） 2. 通过观看下午活动视频，对幼儿户外的活动及离园情况进行观察及评价。（15 分钟） 3. 小组填写幼儿下午半日活动观察记录表。（10 分钟） 4. 小组展示分享记录表组间相互评价。（5 分钟）	1. 过程性评价：主要考查小组讨论过程中的参与度，组员是否认真观看视频，是否能够根据视频提出问题。 2. 成果验收方式：学生小组进行互评个案分析，教师评价上午活动观察记录表。 3. 成果评价标准：个案分析是否合理、全面、细致。下午活动观察记录表是否翔实，是否全面，分工是否合理，并及时完成。
	课时： 1 课时 1. 硬资源：纸、笔等。 2. 软资源：下午活动组织案例、视频、下午活动观察记录表等。 3. 教学设施：笔记本电脑、投影、音响、麦克风等。			
评价及反馈	1. 汇总下午活动的组织情况，向主班教师反馈下午活动组织中的意见和建议，听取主班教师的反馈意见和进阶要求，完成评价反思表，配合完成后续的幼儿园工作，提升配班工作能力。	1. 教师组织学生进行反思，启发学生思考问题。 2. 组织学生分组讨论，巡回指导，将结果布置于展示板，帮助学生进行分析。 3. 指导小组进行下午活动的评估，提示评估要点。 4. 发放评价表，组织学生填写。 教学方法： 小组学习法。	1. 小组分组汇报，反思梳理下午活动中的问题。（10 分钟） 2. 集中对问题进行分析和筛选，按照层次、程度、可能发生的原因归类，统筹意见或建议。（15 分钟） 3. 对下午半日的活动进行评估，填写评价反思表。（10 分钟） 4. 组间交流，根据意见提升、优化活动。（5 分钟）	1. 过程性评价：观察参与度、团队分工和组织、工作效率及语言表达能力等。 2. 成果验收方式：组内成员对活动组织情况进行相互评价，教师对小组展示进行简单点评。 3. 成果评价标准：学生反馈意见是否有针对性，是否有实效性，评价反思表问题捕捉是否准确、针对性强，反思表内容是否有价值、真实反映问题。
	课时： 1 课时 1. 用品（工具）：纸、笔等。 2. 软资源：评价反思表等。 3. 教学设施：笔记本电脑、投影、音响、麦克风等。			

考核标准

情境描述

××幼儿园是我校校企合作幼儿园，本周将开展区域活动开放活动，要求教师制定和创设区域，指导幼儿进行区域活动。幼儿园希望我校二年级学生可以到幼儿园协助教师组织该项任务。学生根据任务情景中的要求，制定区域活动方案，创设区域，并按照幼儿园区域活动组织规范要求，完成该任务。具体要求如下：

1. 请你根据幼儿园的园本特色和班级特色，策划特色创新的区域活动方案。
2. 准备特色有创意和教育功能的区域活动材料。
3. 小组组织实施，要求展现出区域特色内容。

参考资料

完成上述任务时，学生可以使用计算机查找案例，查阅所有常见的教学资料，包括工作页、教材、个人笔记等。

评价方式

过程性考核和终结性考核相结合。由任务教师、专业组长、幼儿园保教主任和指导老师组成考评小组共同实施考核评价，取所有考核人员评分的平均分为学生考核成绩。

过程考核：第一考核学生的出勤、社会主义核心价值观养成、教师职业道德素养养成、课堂自主管理及“8S”课堂习惯养成。第二考核学生的课后作业、任务完成情况。

终结性考核：让学生根据任务情景中的要求，策划区域活动方案，并实操工作流程。此过程要体现幼儿园保教人员的职业道德素养，活动过程展示要体现社会主义核心价值观，体现以幼儿为本的理念，关爱每一名幼儿，富有爱心、责任心、耐心和细心。

任务要求

1. 积极接受工作任务，明确工作要求。
2. 获取幼儿区域活动的内容。
3. 明确各工作环节的要求。
4. 清晰罗列区域活动的物品清单。
5. 积极做好区域活动组织的准备工作。
6. 组织区域活动教学。
7. 说明区域活动的游戏规则。
8. 个别观察、指导，做观察记录。
9. 对特殊幼儿个别护理。
10. 组织幼儿做好区域评价活动。
11. 对工作过程自我监控，及时调整。
12. 对工作过程进行客观评价和反思。
13. 任务过程中关爱幼儿，富有爱心、责任心、耐心、细心和热心，体现应有的职业素养。

评价标准

评分项目	具体要求	得分
方案设计（20 分）	区域活动方案活动目标明确、内容详细具体、流程完整。（10 分）	
	方案体现幼儿园园本特色或班级特色，具有创意性和操作性。（10 分）	
区域环境（40 分）	游戏环境能体现幼儿的兴趣点，有以娃娃家为主线展开的固定社会场所，能启发幼儿思维。（10 分）	
	空间利用充分科学。游戏材料投放数量充足，种类丰富，能满足每个幼儿的自主选择。（10 分）	
	能利用生活中的自然、废旧、半成品等环保材料，诱发幼儿的多种经验。（10 分）	
	区域设置考虑采光、用水等特殊需要，动静分开，避免干扰，区域之间有适当的间隔或标界、室内通道方便通行。（10 分）	
区域组织（40 分）	师生共同建立规则，执行规则，规则包括：操作材料的规则、与他人相处的规则、良好行为习惯的规则等。（10 分）	
	能巡视、照顾全体幼儿的活动，发现幼儿情绪，倾听幼儿的想法与意见，用眼神、笑容、身体接触、动作等，鼓励幼儿尝试各种玩法。（10 分）	
	引导幼儿围绕明确的主题进行谈话和作品交流，分享经验（幼儿的努力程度、解决问题的方法，引发下次活动兴趣等（介绍各区域幼儿的活动成果和创新）。（10 分）	
	让幼儿明确整理的具体要求，活动后将物品归还原处并保持区域的整洁。（10 分）	
总分		

课程 3　幼儿园环境创设

学习任务 1	学习任务 2	学习任务 3
室内主题墙环境创设	楼梯环境创设	班级区角的环境创设
40 学时	40 学时	40 学时

课程目标

学习完本课程后，学生应当能够胜任幼儿园环境布置相关策划和实施工作，具体包括室内主题墙、楼梯、班级区角的环境创设和自制教玩具的相关策划和实施工作任务。在工作过程中，能表现出较强的幼儿园环境规划与设计能力、较高的装饰技法、发散思维和创造力，具有较强的节约意识和安全意识，此外还具备热爱祖国、热爱学前教育事业、履行教师职业道德规范、关爱幼儿、尊重幼儿人格、精益求精和富有爱心、责任心、耐心和细心的职业素养。具体目标为：

1. 能够叙述幼儿园环境创设的含义与意义；能清楚解释幼儿园环境创设的设计原则；能够阐述当前幼儿园环境创设中存在的问题；能够说出室内环境创设的意义、内容、原则与要求，并通过思维导图进行展示。
2. 能够阐述班级墙面环境的概念、班级墙面环境在幼儿园教育中的价值和作用，能够说出描述班级墙面环境的主要理论观点，树立正确的班级墙面环境创设观念。
3. 熟悉各种班级墙面环境的创设与布置，包括主题墙面、记录墙面、区域墙面、装饰墙面等，能够合理设计、科学规划室内环境布置包括教室内墙饰、主题墙的位置及内容。
4. 能根据班级教学需求和幼儿实际情况规划室内墙面布置内容，并绘制室内墙面规划图。
5. 能够制作具有美观性、教育性、安全性的美工作品进行室内墙面环境创设。
6. 能制定各年龄班主题墙饰和互动墙饰的设计方案，能根据要求设计制作不同班级的主题墙饰，能设计互动墙饰并带领幼儿共同完成制作。
7. 能够清楚描述楼梯环境创设的意义、内容、原则与要求，能够合理设计和科学规划楼梯的布置。
8. 能制作具有美观性、教育性、安全性的美工作品布置楼梯环境，并能合理利用废旧材料进行环境创设。
9. 能根据幼儿发展的特点设计各年龄班不同类型的区角环境，并能对幼儿区角活动进行组织、指导和管理；能够清楚描述区角环境创设的意义、内容、原则与要求，并绘制思维导图予以展示。
10. 能够描述当前班级区角环境创设存在的问题，并对案例进行点评；能够合理规划、科学布置班级区角，包括确定区角内容、规划区角位置、投放区角间隔、设计区角标志等。
11. 能根据幼儿发展的特点设计各年龄班不同类型的区角环境，熟悉班级各类型区角的创设方法，包括区角目标确定、内容选择、位置与布局、材料投放并能对幼儿区角活动进行组织、指导和管理。
12. 能够清晰阐述教玩具的特点及意义；能够用案例分析教玩具制作的原则；能够说出幼儿园常见教玩具种类及其设计构思要点；能够根据自制教玩具设计原则点评案例。
13. 能够熟悉各类实用教玩具的制作技法，并按要求制作教玩具。
14. 在整个工作过程中，能遵守幼儿园教师岗位的职业规范，以幼儿为本，注重提升个人职业道德修养、美工制作能力和创造力。
15. 能对幼儿园环境创设相关内容感兴趣，通过学习深刻认识环境对幼儿发展的重要意义，能进一步加深对幼儿教育的认识，提高从事幼儿教育工作的素质和能力；在设计与布置区域环境时，能尽量利用各种材料（纸材料、泥工材料、乡土材料、环保材料等），初步具备独立创设幼儿园环境的能力；在实践训练中，逐步提升思想性、创新性和审美意识，丰富自身的理论修养，通过精心设计、巧手制作具有美观性、教育性、安全性的美工作品，并能最大限度地发挥美工作品的市场价值。

课时：160

学习任务 4

自制教玩具

40 学时

课程内容

本课程的主要学习内容：

1. 幼儿园环境创设的含义、意义和设计原则，当前幼儿园环境创设中存在的问题。

2. 幼儿园环境创设使用的材料、基本要素与常用技法。

3. 幼儿园室内专用环境创设的意义、内容、原则与要求。

4. 幼儿园班级各种墙面的创设思路、版式设计。

5. 班级墙面装饰元素制作技法。

6. 班级各种墙面设计案例欣赏与评析。

7. 班级墙面的设计与布置，班级墙面环境创设案例与分析。

8. 幼儿园楼梯环境创设的意义、内容、原则与要求。

9. 楼梯环境创设，幼儿园楼梯环境创设案例与分析。

10. 班级区角的概念种类，班级区角在幼儿园教育中的价值与作用。

11. 班级区角的整体规划，班级区角环境创设案例与分析。

12. 班级各个区角创设的方法，包括区角的目标确定、内容选择、位置与布局、材料的投放、活动指导等各个环节。

13. 班级区角的设计与布置。

14. 幼儿园实用教玩具的特点、制作意义与评价标准，教玩具的分类与制作实例。

15. 教玩具的分类与各类实用教玩具的制作技法。

16. 相关文件：《幼儿园教师标准》《幼儿园工作规程》《托儿所幼儿园卫生保健管理办法》《指引》《中小学幼儿园安全管理办法》《幼儿园安全管理条例》。

学习任务 1　室内主题墙环境创设

任务描述

学习任务学时：40 课时

任务情境

广州市某幼儿园大一班因主题课程要求需布置以“春节”为主题的主题墙，要求符合幼儿年龄特征和主题教育内容，具有教育性、经济型、安全性和互动性。该幼儿园年级教研组长咨询我校幼儿教育专业是否可协助完成该任务，时间为 10 周共 40 课时。我院专业教师认为我院学生有能力完成该任务，带领同学们共同完成。

具体要求见后页。

工作流程和标准

工作环节 1

获取信息

1

1. 根据任务要求，明确工作过程需要提交的阶段性成果和提交成果的截止日期，查找相关资料，其中包括室内专用环境创设的概念、室内专用环境对幼儿身心发展的影响、当前幼儿园室内专用环境创设中存在的问题和室内专用环境创设的原则，根据以上资料绘制《室内专用环境创设基本理论》思维导图。
2. 根据幼儿园环创使用的材料、设计的基本要素以及常用的技法，能用实例进行解释说明，并形成幼儿园环境创设技法与材料的 PPT 总结。
3. 根据主题墙布置的原则，参照分析内容对主题墙布置案例进行点评，并填写案例分析表。

主要成果：

1.《室内专用环境创设基本理论》思维导图
2. 幼儿园环境创设使用的技法与材料的 PPT 总结
3. 案例分析表

工作环节 2

实施前准备

2

1. 根据教师提供主题墙环境创设前期调研表，包括该班主题教育情况、幼儿的年龄特点、生活经验、兴趣爱好等情况，查阅资料，阅读参考教材。根据主题墙大小、格局和区域特点合理规划主题墙的位置及占用空间，绘制主题墙整体规划图，包括主题墙整体规划图、规划步骤和流程、各任务完成时间点和材料经费预算。
2. 根据主题墙整体规划图，确定主题墙内容并绘制主题墙内容网络图。
3. 根据主题墙内容网络图，准备物资，填写主题墙布置材料清单。
4. 根据主题墙的尺寸确定不同元素的大小，并制作不同的美工作品，填写作品清单。

主要成果：

1. 主题墙整体规划图
2. 主题墙内容网络图
3. 主题墙布置材料清单
4. 作品清单

工作环节 3

活动实施 3

以传统节日为载体，根据主题墙整体规划图、主题墙内容网络图以及不同形式的传统艺术作品清单布置体现文化自信，展示艺术创意的传统节日主题墙，书写主题墙布置文字总结。设计制作与展示中培养学生团队合作、并能遵守幼儿园教师岗位的职业规范，认真履行职业责任的能力和手段（包括操作能力、业务能力、技术技能），体现爱岗敬业的精神。

主要成果：

主题墙布置的文字总结

工作环节 4

过程控制环节 4

根据主题墙布置原则，对主题墙布置效果进行评估及反思，填写评价反思表。

主要成果：

评价反思表

工作环节 5

评价反馈 5

1. 根据任务要求、学习内容和活动规则，清晰梳理、汇总主题墙布置中出现的问题。
2. 组员之间根据任务过程中的表现展开自评和互评，形成组内会议记录，填写相应的评价表，完成个人总结，将任务资料提交专业教师存档。

主要成果：

1. 主题墙布置常见问题一览表
2. 任务总结资料

学习内容

知识点	1.1 环境创设的基本概念 1.2 幼儿园环创对幼儿身心发展的意义 1.3 当前幼儿园环创中存在的问题 1.4 幼儿园环创的设计原则	2.1 幼儿园环创使用的材料 2.2 幼儿园环创的基本要素 2.3 幼儿园环创常用技法	3.1 主题墙布置的原则 3.2 主题墙布置案例分析	4.1 主题墙版面规划	5.1 主题墙内容规划
技能点	1.1 能说出环境创设的概念及基本原则 1.2 能说出幼儿园环境对幼儿身心发展的影响 1.3 能汇总当前幼儿园环境创设中存在的问题 1.4 能解释说明幼儿园环境创设的设计原则	2.1 能熟悉幼儿园环境创设常用的材料 2.2 能总结幼儿园环境设计的基本要素 2.3 能阐述幼儿园环境创设的常用技法	3.1 能准确理解主题墙布置的原则 3.2 能参照分析内容对主题墙布置案例进行点评	4.1 能根据墙面大小、格局合理规划主题墙的位置及占用空间	5.1 能确定主题墙内容
 工作环节	工作环节 1 获取信息		实施前准备 工作环节 2		
成果	1.1《室内专用环境创设基本理论》思维导图	2.1 幼儿园环境创设使用的技法与材料的 PPT 总结	3.1 案例分析表	4.1 主题墙整体规划图	5.1 主题墙内容网络图
素养	1.1 阅读理解能力、逻辑思维能力	2.1 总结归纳能力	3.1 分析解决问题的能力	4.1 规划能力、逻辑思维能力	5.1 规划能力

6.1 主题墙布置装饰元素及技法 6.2 主题墙布置设计技法	7.1 主题墙布置的各类美工作品制作	8.1《爱岗敬业》主题系列微课 8.2 主题墙布置的要求 8.3 主题墙布置文字总结的写法	9.1 主题墙布置的评价指标 9.2 主题墙布置评估方案的内容与格式	10.1 主题布置经验梳理	
6.1 能按要求准备主题墙所需物品	7.1 能按要求准备和制作主题墙布置所需美工作品	8.1 能认真观看微课，在工作中发扬吃苦耐劳的精神，坚定爱岗敬业的工作观 8.2 能按主题要求布置主题墙，做好本土文化的传承 8.3 能清晰展示并讲解主题墙的艺术创意及布置，形成文字总结	9.1 能够设计主题墙布置效果的评价手段和方案 9.2 能够撰写主题墙布置效果的评估方案	10.1 能够清晰梳理主题墙布置过程中出现的问题	11.1 能够运用相应的评价标准，客观评价组员的任务表现 11.2 能客观、有效地反思，并撰写个人总结

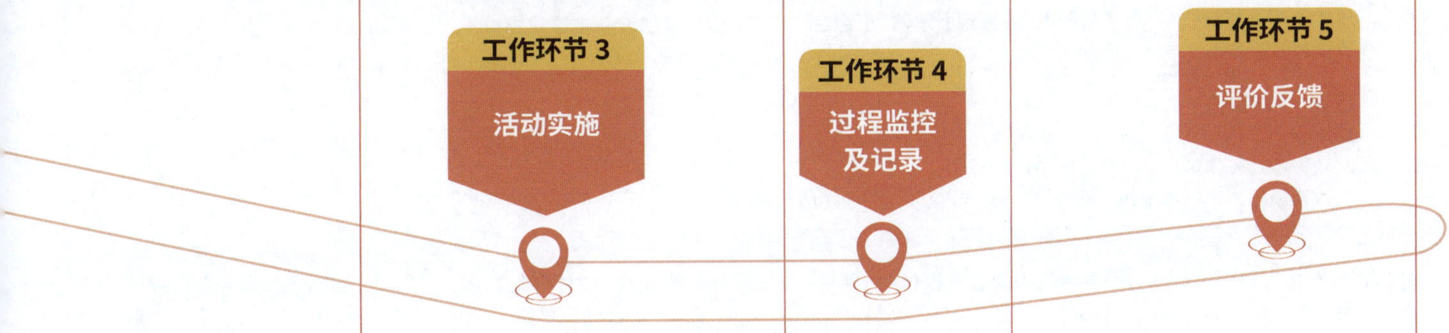

6.1 主题墙布置材料清单	7.1 作品清单	8.1 主题墙布置文字总结	9.1 评价反思表	10.1 主题墙布置常见问题一览表	11.1 任务总结资料
		8.1 文字表达能力、爱岗敬业的职业素养	9.1 反思能力	10.1 归纳能力	11.1 反思及持续改善的职业习惯

课程 3　幼儿园环境创设

学习任务 1　室内主题墙环境创设

❶ 获取信息　❷ 实施前准备　❸ 活动实施　❹ 过程监控及记录　❺ 评价反馈

获取信息

工作子步骤	教师活动	学生活动	评价
1. 根据任务要求，明确工作过程需要提交的阶段性成果和提交成果的截止日期，查找相关资料，其中包括室内专用环境创设的概念、室内专用环境对幼儿身心发展的影响、当前幼儿园室内专用环境创设中存在的问题和室内专用环境创设的原则，根据以上资料绘制《室内专用环境创设基本理论》思维导图。	1. 提供任务书,指导学生进行阅读，要求学生明确学习任务、学习成果和提交成果的时间。 2. 巡回指导并组织学生竞答学生提取任务书要点。 3. 提供的参考资料、教材等资料，指导学生学习幼儿园环境基本理论包括基本概念、当前幼儿园环创存在的问题、幼儿园环创对幼儿身心发展的意义、幼儿园环创的设计原则等。 4. 讲解幼儿园环境创设基本理论，布置任务，组织小组合作绘制幼儿园环境创设基本理论思维导图。 5. 组织小组讨论与展示成果，并口头点评小组学习成果。 教学方法: 思维导图法、直观展示法、小组合作。	1. 仔细阅读任务书，明确学习任务、学习成果和提交成果的时间。(10 分钟) 2. 以竞答方式对学习任务要点进行讲解。(20 分钟) 3. 阅读教师提供的参考资料、教材等资料，学习幼儿园环境基本理论包括基本概念、当前幼儿园环创存在的问题、幼儿园环创对幼儿身心发展的意义、幼儿园环创的设计原则等。(30 分钟) 4. 小组合作绘制幼儿园环境创设基本理论思维导图。(60 分钟) 5. 通过小组展示，集体进行查重补漏，综合整理一份幼儿园环境创设基本理论思维导图。(40 分钟)	1. 过程性评价：参与度、主动性、表达能力、聆听技巧、职业素养水平。 ①学生能否积极主动查阅资料，共同学习幼儿园环境创设的基础理论知识。(师评) ②组内成员是否积极共同讨论。(师评) ③总结是否准确、标准、全面。(小组互评) 2. 成果验收：幼儿园环境创设基本理论思维导图。 3. 成果评价标准：要求要点清晰、明确，内容全面、具体、标准。

课时： 4 课时

1. 用品（工具）：纸、笔、美工工具等。
2. 软资源：工作页、参考教材、授课 PPT 等。
3. 教学设施：笔记本电脑、投影、音响、麦克风、白板、凤尾夹等。

2. 根据幼儿园环创使用的材料、设计的基本要素以及常用的技法，能用实例进行解释说明，并形成幼儿园环境创设技法与材料的 PPT 总结。	1. 引导学生阅读参考教材，总结幼儿园环创所用的技法及材料。 2. 指导学生合作撰写幼儿园环境创设使用的技法与材料总结。 3. 组织小组讨论与展示成果，并口头点评小组学习成果。 教学方法: 直观展示法、讨论、小组合作。	1. 阅读参考教材，总结幼儿园环创所用的技法及材料。(20 分钟) 2. 小组合作撰写幼儿园环境创设使用的技法与材料总结。(40 分钟) 3. 小组展示幼儿园环境创设使用的技法与材料总结，组间相互评价。(20 分钟)	1. 过程性评价: 参与度、主动性、表达能力、聆听技巧、职业素养水平。 ①学生能否积极主动查阅资料，共同学习幼儿园环境创设使用的技法与材料知识。(师评) ②组内成员是否积极共同讨论。(师评) ③总结是否准确、标准、全面。(小组互评) 2. 成果验收：幼儿园环境创设使用的技法与材料的 PPT 总结。 3. 成果评价标准：要求要点清晰、明确，内容全面、具体、标准。

课时： 2 课时

1. 用品（工具）：纸、笔、美工工具等。
2. 软资源：工作页、参考教材、授课 PPT 等。
3. 教学设施：笔记本电脑、投影、音响、麦克风、白板、凤尾夹等。

基准学时：40 课时

① 获取信息 → ② 实施前准备 → ③ 活动实施 → ④ 过程监控及记录 → ⑤ 评价反馈

	工作子步骤	教师活动	学生活动	评价
收集信息	3. 根据主题墙布置的原则，参照分析内容对主题墙布置案例进行点评，并填写案例分析表。	1. 提供相关资料，引导学生理解主题墙布置的原则。 2. 分析幼儿园环创案例，引导学生对主题墙布置案例进行点评。 3. 布置任务，组织学生填写分析案例表。 4. 组织各小组代表进行展示。 5. 口头点评小组学习成果。 教学方法： 案例教学法、讨论。	1. 阅读资料，理解主题墙布置的原则。（5 分钟） 2. 参照分析内容对主题墙布置案例进行点评。（20 分钟） 3. 结合幼儿园环创原则分析所给案例，填写案例分析表。（25 分钟） 4. 各小组派小组代表进行展示。（20 分钟） 5. 认真听取教师点评，并进行修改。（10 分钟）	1. 过程性评价：参与度、主动性、表达能力、聆听技巧、职业素养水平。 ①学生能否积极主动查阅资料，共同学习主题墙布置的原则。（师评） ②组内成员是否积极共同讨论。（师评） ③案例点评是否准确全面。（小组互评） ④分析表是否准确、标准、全面。（师评） 2. 成果验收：案例分析表。 3. 成果评价标准：要求要点清晰、明确，内容全面、具体、标准。
	课时： 2 课时 1. 用品（工具）：纸、笔、美工工具等。 2. 软资源：工作页、参考教材、授课 PPT 等。 3. 教学设施：笔记本电脑、投影、音响、麦克风、白板、凤尾夹等。			
实施前准备	1. 根据教师提供主题墙环境创设前期调研表（包括该班主题教育情况、幼儿的年龄特点、生活经验、兴趣爱好等情况），查阅资料，阅读参考教材。根据主题墙大小、格局和区域特点合理规划主题墙的位置及占用空间，绘制主题墙整体规划图，包括主题墙整体规划图、规划步骤和流程、各任务完成时间点和材料经费预算。	1. 说明本阶段的任务内容和安排，提供主题墙环境创设前期调研表，组织学生着手绘制主题墙整体规划图。 2. 监控课堂，指导学生罗列工作步骤清单或绘制工作流程图。 3. 监控课堂，巡回指导。 4. 指导学生绘制主题墙整体规划图，监控课堂，及时答疑。 5. 组织小组代表展示本组主题墙整体规划图。 6. 口头点评小组的主题墙整体规划图，给予修改建议。 7. 监控课堂，巡回指导，及时答疑。 教学方法： 直观展示法、讨论、小组合作。	1. 阅读教师提供的主题墙环境创设前期调研表，明确任务要求、学习内容和活动规则。（20 分钟） 2. 小组商定布置主题墙布置的步骤或流程，罗列工作步骤清单或绘制工作流程图。（30 分钟） 3. 查阅资料，确定主题墙位置及尺寸。（10 分钟） 4. 科学设计、合理规划主题墙，列明各任务完成时间点和材料经费预算。（40 分钟） 5. 小组代表在全班展示主题墙整体规划图。（30 分钟） 6. 认真审阅同学主题墙整体规划图的展示，积极思考，提出评价。（20 分钟） 7. 根据同学及教师的点评意见修订主题墙整体规划图。（10 分钟）	1. 过程性评价：学生参与度、主动性、手工制作能力、整体规划能力。 ①学生能够积极主动查阅资料完成任务。（师评） ②组内人员任务分工、任务标准是否明确、细致、全面。（师评） ③工作步骤清单或流程图是否明确、清晰，口头点评并提供参考范例。（师评） ④小组能否整体规划主题墙、准备材料、制作各类美工作品。（师评） 2. 成果验收：主题墙整体规划图。 3. 成果验收标准：要求要点清晰、明确，内容全面、具体、标准。
	课时： 4 课时 1. 用品（工具）：纸、笔、美工材料等。 2. 软资源：工作页、参考教材、授课 PPT、主题墙整体规划图等。 3. 教学设施：笔记本电脑、投影、音响、麦克风、白板、凤尾夹、各类美工材料等。			

课程 3　幼儿园环境创设

学习任务 1　室内主题墙环境创设

1 获取信息　2 实施前准备　3 活动实施　4 过程监控及记录　5 评价反馈

实施前准备

工作子步骤	教师活动	学生活动	评价
2. 根据主题墙整体规划图，确定主题墙内容并绘制主题墙内容网络图。	1. 讲解主题墙内容构成范例，巡回指导学生完成主题墙网络图绘制。 2. 监控课堂、认真倾听小组代表解说，及时提问，并口头点评。 3. 监控课堂，引导学生积极思考。 4. 监控课堂，巡回指导，及时答疑。 教学方法： 直观展示法、讨论、小组合作。	1. 认真倾听教师讲解范例，根据范例分析主题墙主题，确定主题墙内容，合作绘制主题墙网络图。（60 分钟） 2. 小组代表展示成果，简洁清晰讲解主题墙内容网络图的内容。（40 分钟） 3. 积极思考，对他组的主题墙内容网络图进行评价。（30 分钟） 4. 根据师生点评，组内及时完善主题墙内容网络图。（30 分钟）	1. 过程性评价：学生参与度、主动性、手工制作能力、整体规划能力。 ①学生能够积极主动查阅资料完成任务。（师评） ②组内人员任务分工、任务标准是否明确、细致、全面。（师评） ③工作步骤清单或流程图是否明确、清晰，口头点评并提供参考范例。（师评） ④小组能否简洁清晰讲解主题墙内容网络图的内容。（小组互评、师评） 2. 成果验收：主题墙内容网络图。 3. 成果验收标准：要求要点清晰、明确，内容全面、具体、标准。
课时： 4 课时 1. 用品（工具）：纸、笔、美工材料等。 2. 软资源：工作页、参考教材、授课 PPT、评价表等。 3. 教学设施：笔记本电脑、投影、音响、麦克风、白板、凤尾夹、各类美工材料等。			
3. 根据主题墙内容网络图，准备物资，填写主题墙布置材料清单。	1. 讲解主题墙布置的技法与材料。 2. 监控课堂，巡回指导学生完成物资准备工作，并及时答疑。 3. 引导学生填写《主题墙布置物资清单》。 教学方法： 直观展示法、讨论、小组合作。	1. 倾听教师讲解主题墙布置的技法与材料。（20 分钟） 2. 小组合作，组内清点和列明主题墙布置所需材料。（40 分钟） 3. 填写《主题墙布置物品清单》。（20 分钟）	1. 过程性评价：参与度、主动性、手工制作能力、整体规划能力。 ①组内人员任务分工、任务标准是否明确、细致、全面。（师评） ②小组能否整体规划主题墙、准备材料。（师评） 2. 成果验收：主题墙布置材料清单。 3. 成果验收标准：要求要点清晰、明确，内容全面、具体、标准。
课时： 2 课时 1. 用品（工具）：纸、笔、美工材料等。 2. 软资源：工作页、参考教材、授课 PPT、主题墙整体规划图、评价表等。 3. 教学设施：笔记本电脑、投影、音响、麦克风、白板、凤尾夹、各类美工材料等。			

基准学时：40 课时

1 获取信息 → 2 实施前准备 → 3 活动实施 → 4 过程监控及记录 → 5 评价反馈

<table>
<tr><th></th><th>工作子步骤</th><th>教师活动</th><th>学生活动</th><th>评价</th></tr>
<tr><td rowspan="2">实施前准备</td><td>4. 根据主题墙的尺寸确定不同元素的大小，并制作不同的美工作品，填写《作品清单》。</td><td>1. 讲解各类装饰元素和技法的应用，及时解答学生疑惑。
2. 巡回指导学生完成各类美工作品。
3. 引导学生填写作品清单。
教学方法：
操作法、小组合作。</td><td>1. 倾听教师讲解各类装饰元素及技法的应用。（25 分钟）
2. 根据范例确定美工作品的装饰元素与技法，小组合作制作各类美工作品。（280 分钟）
3. 填写《作品清单》，如有疑问及时向教师提问。（15 分钟）</td><td>1. 过程性评价：参与度、主动性、手工制作能力、整体规划能力。
①学生能够积极主动查阅资料完成任务。（师评）
②组内人员任务分工、任务标准是否明确、细致、全面。（师评）
③工作步骤清单或流程图是否明确、清晰，口头点评并提供参考范例。（师评）
④小组能否分工合作制作各类美工作品。（师评）
2. 成果验收：作品清单。
3. 成果验收标准：要求要点清晰、明确，内容全面、具体、标准。</td></tr>
<tr><td colspan="4">课时：8 课时
1. 用品（工具）：纸、笔、美工材料等。
2. 软资源：工作页、参考教材、授课 PPT、装饰元素及技法案例、评价表等。
3. 教学设施：笔记本电脑、投影、音响、麦克风、白板、凤尾夹、各类美工材料等。</td></tr>
<tr><td>活动实施</td><td>1. 以传统节日为载体，根据主题墙整体规划图、主题墙内容网络图以及不同形式的传统艺术作品清单布置体现文化自信、展示艺术创意的传统节日主题墙，书写主题墙布置文字总结。</td><td>1. 播放《爱岗敬业》微课视频，组织学生分小组分享观影心得。
2. 明确本次任务要求、学习活动的内容和活动规则。营造爱岗敬业的工作氛围。
3. 监控课堂，巡回指导、答疑。
4. 注重提升学生个人职业道德修养和艺术设计、美工制作、基础技法等专业能力。
5. 监控课堂，巡回指导，及时答疑。</td><td>1. 观看《爱岗敬业》微课视频，小组代表上台分享观影心得。（30 分钟）
2. 明确本次任务要求，学习内容和活动规则，树立较强的责任意识。（10 分钟）
3. 现场确定主题墙的位置与尺寸，反复核对，确保数据的精准度。（15 分钟）
4. 遵守幼儿园教师岗位的职业规范，认真履行职业责任的能力和手段(包括操作能力、业务能力、技术技能)，并以幼儿为本，根据主题墙整体规划图、主题墙内容网络图以及作品清单，以恭敬严谨的态度，布置体现文化自信、展示艺术创意的传统节日主题墙。实践中专心致志，体现爱岗敬业精神。（80 分钟）
5. 根据整体布置效果，调整个别地方，做好本土文化的传承体现文化自信，如有疑问及时提出。（55 分钟）</td><td>1. 过程性评价：汇报的积极性、团队合作性、语言表达全面性。
①能否按主题要求合理布置主题墙。（师评）
②能否用文字全面完整记录主题墙布置的经验。（师评）
③是否能遵守幼儿园教师岗位的职业规范，认真履行职业责任的能力和手段，体现爱岗敬业的精神。
④整个实施过程中是否能保持恭敬严谨的工作态度。
⑤能否清晰明了分享经验总结。（小组互评、教师点评）
2. 成果验收：主题墙布置文字总结。
3. 成果验收标准：要求要点清晰、明确，内容全面、具体、标准。</td></tr>
</table>

学习任务 1 室内主题墙环境创设

1 获取信息 → 2 实施前准备 → 3 活动实施 → 4 过程监控及记录 → 5 评价反馈

	工作子步骤	教师活动	学生活动	评价
活动实施		6. 监控课堂，口头点评，及时答疑。 7. 组织头脑风暴，说明规则，监控活动过程。 8. 组织分享，口头讲评学生的总结内容。 9. 监控课堂，巡回指导，必要的时候答疑。 教学方法： 直观展示法、讨论、小组合作。	6. 小组代表展示并讲解主题墙的艺术创意布置的思路，其他小组成员质疑并提问。(40 分钟) 7. 以小组为单位头脑风暴，组长注意随时捕捉创新亮点激发组员高度的责任感，培养团队的亲和力、向心力、凝聚力。小组共同总结主题墙布置的经验与可改进处。(35 分钟) 8. 小组代表分享主题墙布置总结，组员认真倾听，其他小组成员根据团队合作情况给予评分，并记录补充。(25 分钟) 9. 完善主题墙布置总结,并归档。(30 分钟)	
	课时： 8 课时 1. 用品（工具）：一体化课室等。 2. 软资源：工作页、参考教材、授课 PPT、《爱岗敬业》微课视频等。 3. 教学设施：笔记本电脑、投影、音响、麦克风、白板、凤尾夹、各类美工材料等。			
过程监控及记录	1. 根据主题墙布置原则，对主题墙布置效果进行评估及反思，填写评价反思表。	1. 明确任务要求、学习活动的内容和活动规则。 2. 讲解主题墙评估要素，及时答疑。 3. 说明规则，引导小组积极讨论与思考，巡回指导，及时答疑。 4. 组织小组展示，口头点评。 5. 监控课堂，巡回指导。 6. 组织学生开展主题墙效果评价。 教学方法： 直观展示法、讨论、小组合作。	1. 明确任务要求、学习内容和活动规则。(10 分钟) 2. 认真倾听教师对主题墙评估要素的讲解，如有疑问及时提出。(30 分钟) 3. 根据主题墙布置原则，组内讨论主题墙效果评估的要点，并用思维导图进行展示。(40 分钟) 4. 小组展示，教师点评各小组分别展示结果，教师最后做简单的小结。根据实际情况，教师可以请其他小组进行点评。每组展示 3~5 分钟，本步骤控制在 40 分钟左右。 5. 根据师生点评，小组完善主题墙布置效果评估方案。(20 分钟) 6. 根据主题墙评估方案评价主题墙布置效果，并填写评价反思表。(20 分钟)	1. 过程性评价：参与度、主动性、在小组讨论中的表达能力和聆听技巧。同时根据其言谈举止判断其职业素养水平。 ①学生能否认真倾听教师讲解，查阅资料撰写评估方案。（师评） ②组间能否积极分享并作出合理评价。（互评） 2. 成果验收：主题墙布置评估方案。 3. 成果验收标准：要求要点清晰、明确，内容要全面、具体、标准。
	课时： 4 课时 1. 用品（工具）：纸、笔等。 2. 软资源：工作页、参考教材、授课 PPT、评标方案范例等。 3. 教学设施：投影、白板、展示板、图钉、磁铁等。			

基准学时：40 课时

1 获取信息 → 2 实施前准备 → 3 活动实施 → 4 过程监控及记录 → 5 评价反馈

评价反馈

工作子步骤	教师活动	学生活动	评价
1. 根据任务要求、学习内容和活动规则清晰梳理和汇总主题墙布置中出现的问题。	1. 引导学生明确任务要求、学习活动的内容和活动规则。 2. 巡回管控课堂，确保各组会议有序进行。 3. 组织学生填写问题一览表。 教学方法： 直观展示法、讨论。	1. 明确任务要求、学习内容和活动规则。（5 分钟） 2. 组内分析梳理并汇总主题墙布置过程中常见的问题。（20 分钟） 3. 填写问题一览表。（15 分钟）	1. 过程性评价：汇报积极性、团队合作性、语言表达的全面性。 ①是否积极主动全面地对主题墙布置中的问题进行反思。（师评） ②能否按要求将问题进行归类，提出意见和建议。（师评） ③能否翔实地填写评价反思表。（组间互评） 2. 成果验收：主题墙布置常见问题一览表。 3. 成果验收标准：要求要点清晰、明确，内容要全面、具体、标准。
课时： 1 课时 1. 用品（工具）：纸、笔等。 2. 软资源：评价反思表等。 3. 教学设施：笔记本电脑、投影音响、麦克风等。			
2. 组员之间根据任务过程中的表现展开自评和互评，形成组内会议记录，填写相应的评价表，完成个人总结，将任务资料提交专业教师存档。	1. 运用相机、摄影机等工具，对各组会议过程进行记录。 2. 口头点评各组任务完成情况。 3. 布置学生利用课余时间完成评价表的填写、个人总结的撰写等。 教学方法： 直观展示法、小组合作。	1. 小组内部召开会议，结合组长和教师对本组任务过程评价，对小组的整体表现进行总结，分析优点，发现缺点，提出改进方法。（20 分钟） 2. 组长组织对各组员进行组内评价。先由各组员进行自评，再由其他组员进行互评。被评价者认真记录评价意见。各小组形成会议记录一份。（20 分钟左右） 3. 利用课余时间，完成评价表的填写和个人总结的撰写。	1. 过程性评价：汇报积极性、团队合作性、语言表达的全面性。 ①是否积极主动全面地对主题墙布置中的问题进行反思。（师评） ②能否按要求将问题进行归类，提出意见和建议。（师评） ③能否翔实地填写评价反思表。（组间互评） 2. 成果验收：任务总结资料。 3. 成果验收标准：要求要点清晰、明确，内容全面、具体、标准。
课时： 1 课时 1. 用品（工具）：纸、笔等。 2. 软资源：评价反思表等。 3. 教学设施：笔记本电脑、投影音响、麦克风等。			

学习任务 2　楼梯环境创设

任务描述

学习任务学时：40 课时

任务情境

广州市某幼儿园计划重新布置楼梯环境，要求凸显幼儿园的办园宗旨，充分调动幼儿的多种感官，激发幼儿的探索欲望和好奇心，富有教育性、趣味性和艺术性。该幼儿园教研主任咨询我校幼儿教育专业是否可协助完成该任务，时间为 10 周共 40 课时。我院专业教师认为我院学生有能力完成该任务，带领同学们共同完成。

具体要求见后页。

工作流程和标准

工作环节 1

获取信息

1. 根据任务要求，明确工作过程需要提交的阶段性成果和提交成果的截止日期，查找相关资料，其中包括室内公共环境的界定范围；室内公共环境创设的基本布局、要求、原则与方法，根据以上资料绘制《室内公共环境创设理论基础》思维导图，并对相应概念进行标记和解释。
2. 根据楼梯环境创设的基本要求和楼梯环境创设的原则，结合范例能力分析幼儿园楼梯创设案例，并能指出优点与可改进之处，填写案例分析表。

主要成果：

1.《室内公共环境创设理论基础》思维导图一份

2. 案例分析表一份

工作环节 2

实施前准备

1. 根据教师提供楼梯环境创设前期调研表分析范例，确定楼梯布置内容，根据内容要求、楼梯的实际情况，合理布局、科学规划楼梯，并绘制《楼梯环境创设步骤单》，其中包括规划步骤和流程、各任务完成时间点和材料经费预算。
2. 根据《楼梯环境创设步骤单》，确定楼梯内容并绘制楼梯布置的内容网络图。
3. 根据楼梯环境布置要求，确定布置的内容与版式，准备各种材料，制作美工作品，并在全班进行展示并讲解。

主要成果：

1.《楼梯环境创设步骤单》

2. 楼梯布置的内容网络图

3.《楼梯布置作品清单》

学习任务 2　楼梯环境创设

工作环节 3

活动实施

3

根据规划要求布置楼梯，展示、讲解楼梯环境创设的设计思路并形成文字总结。

主要成果：

楼梯布置文字总结

工作环节 4

过程控制环节

4

根据楼梯环境创设的原则，制定本次楼梯布置效果评估方案。

主要成果：

楼梯布置效果评估方案

工作环节 5

评价反馈

5

1. 根据任务要求及楼梯环境创设中出现的问题，组员之间就任务过程中的表现展开总结反思，形成楼梯布置评价与反思表。
2. 根据任务要求、学习内容清晰梳理和汇总楼梯环境创设中常见的问题，并形成楼梯环境创设常见问题一览表。
3. 根据任务过程中的表现展开自评和互评，形成组内会议记录，填写相应的评价表，完成个人总结，将任务资料提交专业教师存档。

主要成果：

1. 楼梯布置评价反思表
2. 楼梯环境创设常见问题一览表
3. 任务总结资料一套

学习内容

知识点	1.1 室内公共环境的界定范围 1.2 室内公共环境创设的基本布局 1.3 室内公共环境创设的要求 1.4 室内公共环境创设的原则与方法	2.1 室内公共环境创设的一般流程与方法 2.2 楼梯环境创设的优秀案例分析与解读	3.1 楼梯环境创设的原则 3.2 楼梯布置的步骤或流程	4.1 楼梯布置内容的规划	5.1 楼梯布置的各类手工作品、美术作品的制作要点
技能点	1.1 能说出室内公共环境的概念及范围 1.2 能说出室内公共环境创设的基本布局 1.3 熟悉室内公共环境创设的要求	2.1 能准确理解楼梯环境创设的原则 2.2 能结合示范案例点评楼梯布置的案例，并指出优点与可改进之处	3.1 能以工作步骤单的形式列明楼梯环境创设的步骤和流程	4.1 能确定楼梯布置内容 4.2 能根据墙面大小、格局合理规划楼梯各项内容的占用空间	5.1 能按要求准备和制作楼梯布置所需美工作品
工作环节	工作环节 1 获取信息		实施前准备 工作环节 2		
成果	1.1《室内公共环境创设基础理论》思维导图	2.1 案例分析表	3.1《楼梯环境创设步骤单》一份	4.1 楼梯布置内容网络图	5.1 楼梯布置作品清单
素养	1.1 逻辑思维能力	2.1 分析解决问题的能力	3.1 逻辑思维能力	4.1 规划能力	5.1 逻辑思维和概括能力

学习任务 2　楼梯环境创设

6.1 根据规划要求布置楼梯，展示、讲解楼梯环境创设的设计思路并形成文字总结	7.1 楼梯布置的评价指标 7.2 楼梯布置评估方案的内容与格式	8.1 楼梯布置的评价 8.2 楼梯布置经验梳理	9.1 楼梯常见问题的汇总	10.1 组内自评和互评
6.1 能按主题要求布置楼梯 6.2 能清晰展示并讲解楼梯的布置	7.1 能够设计楼梯布置效果的评价手段和方案 7.2 能够撰写楼梯布置效果的评估方案	8.1 能客观、有效地反思，并撰写个人总结	9.2 能够清晰梳理楼梯布置过程中出现的问题	10.1 能够运用相应的评价标准，客观评价组员的任务表现 10.2 客观、有效地反思，并撰写个人总结
工作环节 3 活动实施	工作环节 4 过程监控及记录		工作环节 5 评价反馈	
6.1 楼梯设计文字总结	7.1 楼梯布置评估方案	8.1 评价反思表	9.1 楼梯布置常见问题一览表	10.1 任务总结资料一套
6.1 文字表达能力	7.1 写作能力	8.1 反思能力	9.1 归纳能力	10.1 总结能力

学习任务 2　楼梯环境创设

1 获取信息　2 实施前准备　3 活动实施　4 过程监控及记录　5 评价反馈

获取信息

工作子步骤	教师活动	学生活动	评价
1. 根据任务要求，明确工作过程需要提交的阶段性成果和提交成果的截止日期，查找相关资料，其中包括室内公共环境的界定范围；室内公共环境创设的基本布局、要求、原则与方法，根据以上资料绘制《室内公共环境创设理论基础》思维导图，并对相应概念进行标记和解释。	1. 教师下发任务书，或直接口头布置任务。 2. 监控课堂，指导学生自学基础知识并完成知识监测题。 3. 结合案例展示讲解楼梯环境创设的原则与要求 PPT。 4. 组织小组讨论与展示成果，并口头点评小组学习成果。 教学方法： 直观展示法、任务驱动法、启发法。	1. 仔细阅读任务书，明确学习任务、学习成果和提交成果的时间。（10 分钟） 2. 阅读教师提供的参考资料、教材等学习室内公共环境的界定范围、室内公共环境创设的基本布局、室内公共环境创设的基本要求、室内公共环境创设的原则与方法，并完成《室内公共环境创设基础理论》思维导图。（40 分钟） 3. 倾听教师讲解楼梯环境创设的原则与要求。（20 分钟） 4. 倾听他人讲解，适时补充、质疑并提问。（10 分钟）	1. 过程性评价：参与度、主动性、表达能力、聆听技巧、职业素养水平。 ①学生能否积极主动查阅资料，共同学习幼儿园环境创设的基础理论知识。（师评） ②组内成员是否积极共同讨论。（师评） ③总结是否准确、标准、全面。（小组互评） 2. 成果验收：《室内公共环境创设基础理论》思维导图。 3. 成果验收标准：掌握室内公共环境基础理论知识。
课时： 2 课时 1. 用品（工具）：纸、笔、美工工具等。 2. 软资源：工作页、参考教材、授课 PPT 等。 3. 教学设施：笔记本电脑、投影、音响、麦克风、白板、凤尾夹等。			
2. 根据楼梯环境创设的基本要求和楼梯环境创设的原则，结合范例能力分析幼儿园楼梯创设案例，并能指出优点与可改进之处，填写案例分析表。	1. 结合 PPT 讲解楼梯环境创设案例分析。 2. 结合视频案例讲解楼梯环境创设评价维度与评价标准。 3. 组织小组讨论与点评楼梯环境创设案例，阐述楼梯环境创设的要求和原则，指出该案例的优、缺点。 4. 梳理与总结知识点并组织学生填写案例分析表。 教学方法： 直观展示法、任务驱动法、启发法。	1. 倾听教师示范讲解楼梯环境创设案例分析。（10 分钟） 2. 小组合作结合范例分析幼儿园楼梯布置的案例，填写案例分析表，指出优点与可改进之处，并在全班进行展示。（35 分钟） 3.小组代表进行案例分析展示。（25 分钟） 4. 倾听他组分享，给予评价，敢于质疑并提问。（10 分钟）	1. 过程性评价：参与度、主动性、表达能力、聆听技巧、职业素养水平。 ①学生能否积极主动分析楼梯环创原则。（师评） ②组内成员是否积极共同讨论。（师评） ③知识点是否准确、标准、全面。（小组互评） ④案例点评是否准确全面。（小组互评） 2. 成果验收：案例分析表。 3. 成果验收标准：能用实例正确解释说明楼梯环境创设的原则。
课时： 2 课时 1. 用品（工具）：纸、笔、美工工具等。 2. 软资源：工作页、参考教材、授课 PPT 等。 3. 教学设施：笔记本电脑、投影、音响、麦克风、白板、凤尾夹等。			

基准学时：40 课时

1 获取信息 → 2 实施前准备 → 3 活动实施 → 4 过程监控及记录 → 5 评价反馈

实施前准备

<table>
<tr><th>工作子步骤</th><th>教师活动</th><th>学生活动</th><th>评价</th></tr>
<tr>
<td>1. 根据教师提供的楼梯环境创设前期调研表分析范例，确定楼梯布置内容，根据内容要求、楼梯的实际情况，合理布局、科学规划楼梯，并绘制《楼梯环境创设步骤单》，其中包括规划步骤和流程、各任务完成时间点和材料经费预算。</td>
<td>1. 说明本阶段的任务内容和安排。
2. 监控课堂，指导学生罗列工作步骤清单。
3. 引导小组代表展示本任务工作步骤清单，其他同学认真审阅，积极思考，敢于质疑，口头点评并提供参考范例。
4. 监控课堂，巡回指导。
教学方法：
引导法、小组合作。</td>
<td>1. 明确任务要求，学习内容和活动规则。（10 分钟）
2. 小组商定楼梯环境创设的步骤或流程，罗列工作步骤清单。（35 分钟）
3. 小组代表在全班展示本任务工作步骤清单，根据教师提供的参考范例，其他同学认真审阅，积极思考，敢于质疑。（20 分钟）
4. 根据同学及教师的点评意见修订本任务工作步骤清单。（15 分钟）</td>
<td>1. 过程性评价：学生参与度、主动性、手工制作能力、整体规划能力。
①学生能够积极主动查阅资料完成任务。（师评）
②组内人员任务分工、任务标准是否明确、细致、全面。（师评）
③工作步骤清单是否明确、清晰，口头点评并提供参考范例。（师评）
2. 成果验收：本任务工作步骤清单。
3. 成果验收标准：工作步骤清单是否明确、清晰。</td>
</tr>
<tr><td colspan="4">课时：2 课时
1. 用品（工具）：纸、笔、美工工具等。
2. 软资源：工作页、参考教材、工作步骤清单或工作规划图范例、授课 PPT 等。
3. 教学设施：笔记本电脑、投影、音响、麦克风、白板、凤尾夹、各类美工材料等。</td></tr>
<tr>
<td>2. 根据《楼梯环境创设步骤单》，确定楼梯布置内容并绘制楼梯内容网络图。</td>
<td>1. 讲解楼梯布置内容构成范例，巡回指导学生完成楼梯内容网络图绘制。
2. 监控课堂、认真倾听小组代表解说，及时提问，并口头点评。
3. 监控课堂,引导学生积极思考。
4. 监控课堂，巡回指导，及时答疑。
教学方法：
直观展示法、任务驱动法、启发法。</td>
<td>1. 查阅资料，确定楼梯环境创设的内容。（10 分钟）
2. 认真倾听教师讲解范例，根据范例分析楼梯布置主题，确定楼梯布置内容。（10 分钟）
3. 科学设计、合理规划楼梯，小组代表在全班展示楼梯整体规划图。（30 分钟）
4. 认真审阅同学楼梯整体规划图的展示，积极思考，敢于质疑。（20 分钟）
5. 根据同学及教师的点评意见修订楼梯整体规划图。（10 分钟）</td>
<td>1. 过程性评价：学生参与度、主动性、手工制作能力、整体规划能力。
①学生能够积极主动查阅资料完成任务。（师评）
②组内人员任务分工、任务标准是否明确、细致、全面。（师评）
③工作步骤清单或流程图是否明确、清晰，口头点评并提供参考范例。（师评）
④小组能否完整绘制楼梯内容网络图。（师评、小组互评）
2. 成果验收：楼梯内容网络图。
3. 成果验收标准：能根据《楼梯环境创设步骤单》确定楼梯布置内容，完整绘制楼梯内容网络图。</td>
</tr>
<tr><td colspan="4">课时：2 课时
1. 用品（工具）：纸、笔、美工材料等。
2. 软资源：工作页、参考教材、楼梯整体规划图等。
3. 教学设施：笔记本电脑、投影、音响、麦克风、白板、凤尾夹、各类美工材料等。</td></tr>
</table>

教学活动

课程 3　幼儿园环境创设

学习任务 2　楼梯环境创设

1 获取信息 → 2 实施前准备 → 3 活动实施 → 4 过程监控及记录 → 5 评价反馈

实施前准备

工作子步骤	教师活动	学生活动	评价
3. 根据楼梯环境创设内容及墙面装饰等确定不同元素的尺寸，并制作不同的美工作品，填写《楼梯布置作品清单》。	1. 监控课堂，巡回指导学生完成物资准备工作，并及时答疑。 2. 讲解各类装饰元素和技法的应用，巡回指导学生完成各类美工作品，及时解答学生疑惑。 教学方法： 直观展示法、小组合作、启发法。	1. 组内清点和列明楼梯布置所需物资。（25 分钟） 2. 根据范例确定美工作品的装饰元素与技法，设计制作楼梯墙面装饰元素制作各类美工作品，填写《楼梯布置作品清单》，如有疑问及时向教师提问。（480 分钟） 3. 倾听教师讲解各类装饰元素及技法的应用以及楼梯标志设计、壁画、墙面装 饰的制作技法等内容。（135 分钟）	1. 过程性评价：学生参与度、主动性、手工制作能力、整体规划能力。 ①学生能够积极主动查阅资料完成任务。（师评） ②组内人员任务分工、任务标准是否明确、细致、全面。（师评） ③小组能否整体规划楼梯、准备物资、制作具有不同元素的美工环创作品。（师评） 2. 成果验收：楼梯布置作品清单。 3. 成果验收标准：文字总结完整，清晰明了，各类美工作品均能符合幼儿的审美及年龄特点。

课时： 16 课时

1. 用品（工具）：纸、笔、美工工具等。
2. 软资源：工作页、参考教材、楼梯布置优秀案例等。
3. 教学设施：笔记本电脑、投影、音响、麦克风、白板、凤尾夹、各类美工材料等。

活动实施

工作子步骤	教师活动	学生活动	评价
1. 根据规划要求布置楼梯，展示、讲解楼梯环境创设的设计思路并形成文字总结。	1. 明确任务要求、学习活动的内容和活动规则。 2. 监控课堂,巡回指导、答疑。 3. 监控课堂,巡回指导，及时答疑。 4. 组织展示,口头点评，及时答疑。 5. 组织头脑风暴，说明规则，监控活动过程。 6. 组织分享，口头讲评学生的总结内容。 7. 监控课堂,巡回指导，必要的时候答疑。 教学方法： 直观展示法、 小组合作、启发法。	1. 聆听本阶段的任务内容和安排：明确任务要求、学习内容和活动规则。（5 分钟） 2. 现场确定楼梯各项主题布置的位置与尺寸，按主题内容分类将美工作品上墙。（40 分钟） 3. 根据整体布置效果，调整个别地方，如有疑问及时提出。（160 分钟） 4. 小组代表展示并讲解楼梯布置的思路，其他小组成员质疑并提问。（40 分钟） 5. 以小组为单位头脑风暴，共同总结楼梯布置的经验与可改进处。（30 分钟） 6. 小组代表分享楼梯布置总结，其他小组成员记录补充。（15 分钟） 7. 完善楼梯布置总结，并归档。（30 分钟）	1. 过程性评价：参与度、主动性、表达能力、聆听技巧、职业素养水平。 ①学生能否积极主动分析楼梯环创原则。（师评） ②组内成员是否积极共同讨论。（师评） ③知识点是否准确、标准、全面。（小组互评） ④案例点评是否准确全面。（小组互评） 2. 成果验收：楼梯布置文字总结。 3. 成果验收标准：能用实例正确解释说明楼梯环境创设的原则。

课时： 8 课时

1. 用品（工具）：纸、笔、美工工具等。
2. 软资源：工作页、参考教材、授课 PPT 等。
3. 教学设施：笔记本电脑、投影、音响、麦克风、白板、凤尾夹、各类美工材料等。

	工作子步骤	教师活动	学生活动	评价
过程监控及记录	1. 根据楼梯环境创设原则，组内讨论楼梯整体效果评估的要点，设计楼梯环境创设调整和布置效果评估方案。	1. 明确任务要求、学习活动的内容和活动规则。 2. 讲解楼梯评估要素，及时答疑。 3. 说明规则，引导小组积极讨论与思考，巡回指导，及时答疑。 4. 组织小组展示，口头点评。 5. 监控课堂，巡回指导。 教学方法： 思维导图法、小组合作、启发法。	1. 明确任务要求、学习内容和活动规则。（10 分钟） 2. 认真倾听教师对楼梯布置评估要素的讲解，如有疑问及时提出。（25 分钟） 3. 根据楼梯布置原则，组内讨论楼梯效果评估的要点，并用思维导图进行展示。（60 分钟） 4. 小组展示，教师点评各小组分别展示结果，教师最后做简单的点评。根据实际情况，教师可以请其他小组进行点评。（每组展示 3~5 分钟，本步骤控制在 45 分钟左右） 5. 根据师生点评，小组完善楼梯整体效果评估方案。（20 分钟）	1. 过程性评价：参与度、主动性、表达能力、聆听技巧、职业素养水平。 ①学生能否认真倾听教师讲解，查阅资料撰写评估方案。（师评） ②组间能否积极分享并作出合理评价。（互评） 2. 成果验收：楼梯布置评估方案。 3. 成果验收标准：要求要点清晰、明确，内容全面、具体、标准。
	课时： 4 课时 1. 用品（工具）：纸、笔、美工材料等。 2. 软资源：工作页、参考教材、授课 PPT、评价方案范例等。 3. 教学设施：投影、白板、展示板、图钉、磁铁等。			
评价反馈	1. 根据任务要求及梯环境创设中出现的问题，组员之间就任务过程中的表现展开总结反思，形成楼梯布置评价与反思表。	1. 组织小组展示，口头点评。 2. 监控课堂，巡回指导。 3. 组织学生开展楼梯布置反思评价。	1. 根据楼梯布置原则，组内讨论楼梯布置效果评估的要点，并用思维导图进行展示。（30 分钟） 2. 小组展示，教师点评各小组分别展示结果，教师最后做简单的点评。根据实际情况，教师可以请其他小组进行点评。每组展示 3~5 分钟，（本步骤控制在 30 分钟左右）。 3. 根据师生点评，小组完善楼梯布置效果评估方案。（20 分钟） 4. 根据楼梯布置评估方案评价楼梯布置效果，并填写评价反思表。（20 分钟）	1. 过程性评价：汇报积极性、团队合作性、语言表达的全面性。 是否积极主动全面地对楼梯布置中的问题进行反思。（师评） 2. 成果验收：楼梯布置评价反思表。 3. 成果验收标准：要求要点清晰、明确，内容全面、具体、标准。
	课时： 2 课时 1. 用品（工具）：纸、笔等。 2. 软资源：评价反思表等。 3. 教学设施：笔记本电脑、投影音响、麦克风等。			

学习任务 2 楼梯环境创设

1 获取信息 → 2 实施前准备 → 3 活动实施 → 4 过程监控及记录 → 5 评价反馈

评价反馈

工作子步骤	教师活动	学生活动	评价
2. 根据任务要求、学习内容清晰梳理和汇总楼梯环境创设中常见的问题，并形成楼梯环境创设常见问题一览表。	1. 明确任务要求、学习活动的内容和活动规则。 2. 巡回管控课堂，确保各组会议有序进行。 3. 指导学生填写楼梯布置常见问题一览表。 教学方法：直观展示法、启发法。	1. 明确任务要求、学习内容和活动规则。（10 分钟） 2. 组内分析梳理并汇总楼梯布置过程中常见的问题，并填写问题一览表。（30 分钟）	1. 过程性评价：汇报积极性、团队合作性、语言表达的全面性。 是否积极主动全面地对区角调整和布置中的问题进行反思。（师评） 2. 成果验收：楼梯调整和布置常见问题一览表。 3. 成果验收标准：要求要点清晰、明确，内容全面、具体、标准。
课时： 1 课时 1. 用品（工具）：纸、笔等。 2. 软资源：评价反思表等。 3. 教学设施：笔记本电脑、投影音响、麦克风等。			
3. 根据任务过程中的表现展开自评和互评，形成组内会议记录，填写相应的评价表，完成个人总结，将任务资料提交专业教师以存档。	1. 运用相机、摄影机等工具，对各组会议过程进行记录。 2. 口头点评各组任务完成情况。 3. 布置学生利用课余时间完成评价表的填写、个人总结的撰写等。	1. 小组内部召开会议，结合组长和教师对本组任务过程评价，对小组的整体表现进行总结，分析优点、发现缺点，提出改进方法。 （20 分钟） 2. 组长组织对各组员进行组内评价。先由各组员进行自评，再由其他组员进行互评。被评价者认真记录评价意见。各小组形成会议记录一份。（20 分钟左右）	1. 过程性评价：汇报积极性、团队合作性、语言表达的全面性。 ①是否积极主动全面地对楼梯布置中的问题进行反思。（师评） ②能否按要求将问题进行归类，提出意见和建议。（师评） ③能否翔实地填写评价反思表。（组间互评） 2. 成果验收：任务总结资料。 3. 成果验收标准：要求要点清晰、明确，内容全面、具体、标准。
课时： 1 课时 1. 用品（工具）：纸、笔等。 2. 软资源：评价反思表等。 3. 教学设施：笔记本电脑、投影音响、麦克风等。			

基准学时：40 课时

学习任务 3　班级区角的环境创设

任务描述

学习任务学时：40 课时

任务情境

广州市某幼儿园大一班需重新规划班级角色扮演区“医院”，要求区角符合教育规律，符合幼儿身心发展特点和兴趣爱好，具有教育性、安全性、互动性和经济性，体现工匠精神，做到精益求精。该幼儿园年级教研组长咨询我校幼儿教育专业是否可协助完成该任务，时间为 10 周共 40 课时。我院专业教师认为我院学生有能力完成该任务，带领同学们共同完成。

具体要求见后页。

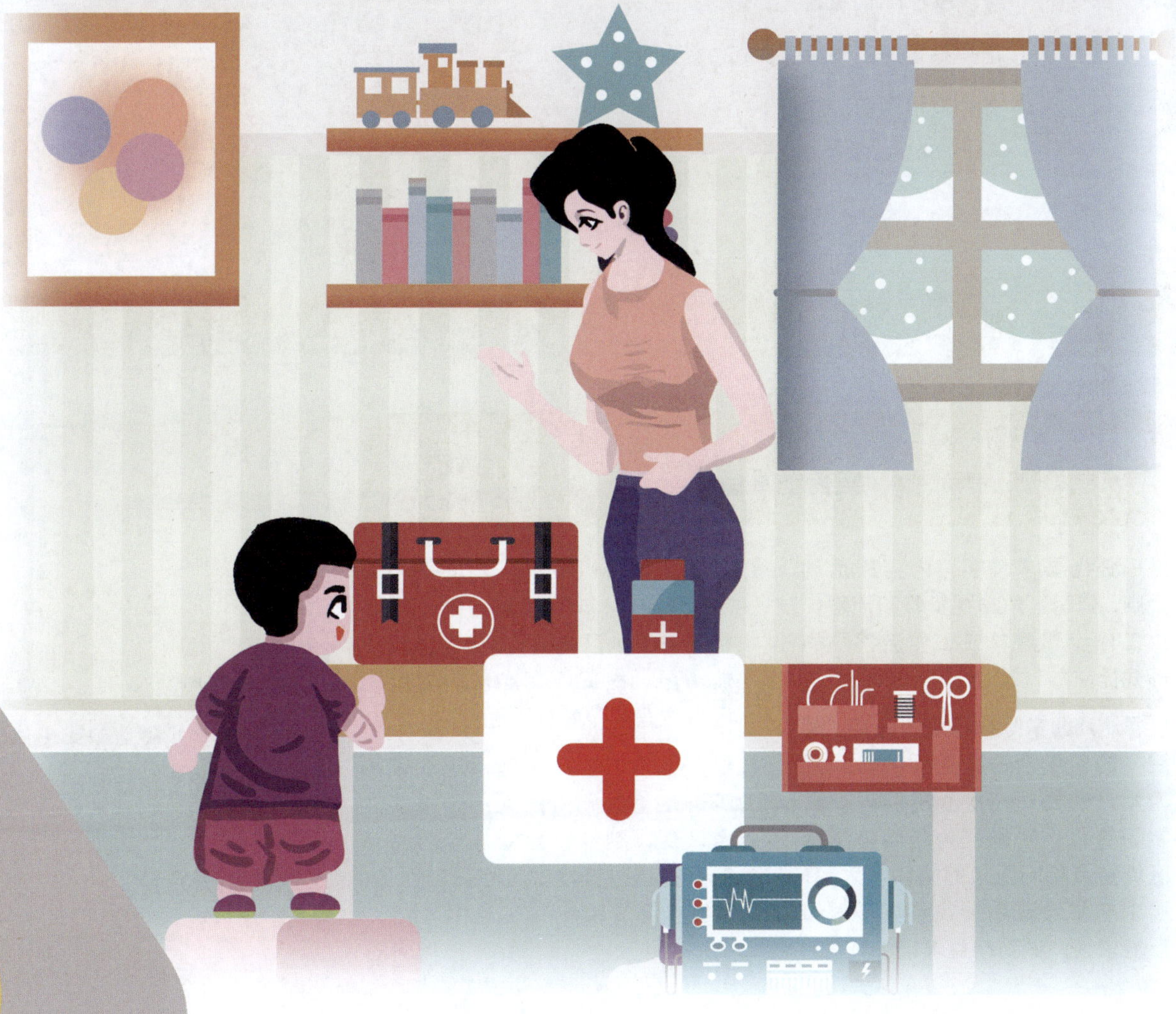

工作流程和标准

工作环节 1

获取信息

1

1. 根据任务书，明确学习任务、学习成果和提交成果的时间，查找资料，阅读参考材料，知道区角对幼儿身心发展的意义，能用实例解释区角环境创设的原则，清晰阐述区角创设的目的和方法，小组合作制作 PPT 展示上述知识点。
2. 根据区角布置的原则点评分析区角布置案例，填写案例分析表。

主要成果：

1. 区角布置的基础知识 PPT
2. 案例分析表

工作环节 2

实施前准备

2

1. 根据任务要求、学习内容和活动规则，列明区角布置步骤和流程，以工作步骤清单或工作流程图的形式提交。
2. 根据幼儿园实际格局规划区角“医院”的位置及占用空间，以幼儿为本，紧扣幼儿身心发展规律和学习特点，明确区角内容，结合区域特点绘制区角的整体规划图，要求学生合理布局，认真核对，反复求证，做到精益求精。
3. 根据区角特点设置区角间隔，确定区隔的材料和方式，设计区隔标志，罗列区角 “医院” 材料投放清单，根据前期准备内容绘制区角 “医院” 设计草图。
4. 根据区角内容、区角标志、区隔等确定不同元素的大小，并能注重环保，制作符合幼儿年龄特点的玩教具和游戏材料等美工作品，填写作品清单。

主要成果：

1. 工作步骤清单或工作流程图
2. 区角整体规划图
3. 区角设计草图
4. 作品清单

学习任务3　班级区角的环境创设

工作环节3　活动实施

3

根据任务要求、学习内容和活动规则，按主题内容分类将美工作品上墙，投放区角材料。根据整体布置效果调整和布置区角，小组代表展示并讲解区角调整和布置的思路，以小组为单位展开头脑风暴，共同总结区角调整与布置的经验与可改进之处，以文字总结区角布置的经验。

主要成果：

区角布置文字总结

工作环节4　过程控制环节

4

1. 根据区角布置原则，组内讨论区角效果评估的要点，设计区角调整和布置效果评估方案。
2. 根据区角评估方案评价区角布置效果，填写区角布置评价反思。

主要成果：

1. 区角布置评估方案
2. 区角布置评价反思表

工作环节5　评价反馈

5

1. 根据区角调整和布置中出现的问题，清晰梳理和汇总，组员之间就任务过程中的表现展开自评和互评，形成组内会议记录一份上交。
2. 根据相应的评价标准，填写相应的评价表，完成个人总结，将任务资料提交专业教师存档。

主要成果：

1. 区角布置常见问题一览表
2. 任务总结资料

学习内容

知识点	1.1 区角对幼儿身心发展的意义 1.2 区角环境创设的原则 1.3 区角创设的目的和方法	2.1 区角布置的原则 2.2 区角布置案例分析	3.1 区角布置的步骤和流程	4.1 位置规划 4.2 区角内容	5.1 区隔的材料与方式 5.2 区隔标志设计 5.3 区角材料投放
技能点	1.1 能说出区角环境创设对幼儿身心发展的意义 1.2 能阐述区角环境创设的基本原则 1.3 能解释说明区角创设的目的和方法	2.1 能准确理解区角布置的原则 2.2 能参照分析内容对区角布置案例进行点评	3.1 能列明区角布置的整体规划步骤和流程	4.1 能根据实际场所合理规划区角的位置及占用空间 4.2 能紧扣幼儿身心发展规律和学习特点，明确区角内容 4.3 能根据科学的流程，根据点评意见，认真核对修订，反复求证，做到精益求精，绘制完整的区角整体规划图	5.1 能确定区隔的材料与方式 5.2 能设计区隔标志 5.3 合理投放区角材料
 工作环节	工作环节 1 获取信息		实施前准备 工作环节 2		
成果	1.1 区角布置的基础知识 PPT	2.1 案例分析表	3.1 工作步骤清单或工作流程图	4.1 区角整体规划图	5.1 区角设计草图
素养	1.1 语言表达能力	2.1 分析解决问题的能力	3.1 逻辑思维能力	4.1 逻辑思维和规划能力	

学习任务3　班级区角的环境创设

6.1 区角布置的材料与作品	7.1 区角布置	8.1 区角布置的评价指标 8.2 区角布置评估方案的内容与格式	9.1 区角布置评价	10.1 区角布置经验梳理	11.1 组员任务表现评价
6.1 能按要求准备和制作区角布置所需材料和美工作品	7.1 能按主题要求布置区角 7.2 能清晰展示并讲解区角的布置	8.1 能够设计区角布置效果的评价手段和方案	9.1 能够合理评价区角布置	10.1 能够清晰梳理区角布置过程中出现的问题	11.1 能够运用相应的评价标准，客观评价组员的任务表现。客观、有效地反思，并撰写个人总结

6.1 作品清单	7.1 区角布置文字总结	8.1 区角布置评估方案	9.1 区角布置评价反思表	10.1 区角布置常见问题一览表	11.1 任务总结资料
	7.1 文字表达能力	8.1 反思能力		10.1 归纳能力	11.1 持续改善的职业习惯

学习任务 3 班级区角的环境创设

1 获取信息　2 实施前准备　3 活动实施　4 过程监控环节　5 评价反馈

获取信息

工作子步骤	教师活动	学生活动	评价
1. 根据任务书，明确学习任务、学习成果和提交成果的时间，查找资料，阅读参考材料，知道区角对幼儿身心发展的意义，能用实例解释区角环境创设的原则，清晰阐述区角创设的目的和方法。小组合作制作 PPT 展示上述知识点。	1. 教师下发任务书，或直接口头布置任务。 2. 监控课堂，巡回指导，适时答疑。 3. 组织展示讲解 PPT。 4. 口头点评学习成果，补充相应内容。 教学方法： 直观展示法、任务驱动法、启发法。	1. 仔细阅读任务书，明确学习任务、学习成果和提交成果的时间。(10 分钟) 2. 阅读教师提供的参考资料、教材等学习区角对幼儿身心发展的意义，区角环境创设的原则，区角创设的目的和方法等基础知识，小组合作制作 PPT。(40 分钟) 3. 用 PPT 展示讲解区角布置的基础知识。(20 分钟) 4. 倾听他人讲解，适时补充、质疑并提问。(10 分钟)	1. 过程性评价：参与度、主动性、表达能力、聆听技巧、职业素养水平。 ①学生能否积极主动查阅资料，共同学习区角环境创设的基础理论知识。(师评) ②组内成员是否积极共同讨论。(师评) ③知识点是否准确、标准、全面。(小组互评) 2. 成果验收：区角布置的基础知识 PPT 3. 成果验收标准：正确展示区角布置的基础知识。
课时： 2 课时 1. 用品（工具）：纸、笔、美工工具等。 2. 软资源：工作页、参考教材、授课 PPT 等。 3. 教学设施：笔记本电脑、投影、音响、麦克风、白板、凤尾夹等。			
2. 根据区角布置的原则点评分析区角布置案例，填写案例分析表	1. 讲解区角布置案例分析 2. 布置任务组织学生分析案例，及时指导，适时答疑。 3. 组织小组代表进行展示。 4. 口头点评小组学习成果。 教学方法： 直观展示法、任务驱动法、启发法。	1. 倾听教师示范讲解区角布置案例分析。(10 分钟) 2. 小组合作结合区角环创原则分析所给案例，填写案例分析表。(35 分钟) 3. 小组代表进行案例分析展示。(25 分钟) 4. 倾听他组分享，给予评价，敢于质疑并提问。(10 分钟)	1. 过程性评价：参与度、主动性、表达能力、聆听技巧、职业素养水平。 ①学生能否积极主动分析区角环创原则。(师评) ②组内成员是否积极共同讨论。(师评) ③知识点是否准确、标准、全面。(小组互评) ④案例点评是否准确全面。(小组互评) 2. 成果验收：案例分析表。 3. 成果验收标准：能用实例正确解释说明区角布置的原则。
课时： 2 课时 1. 用品（工具）：纸、笔、美工工具等。 2. 软资源：工作页、参考教材、授课 PPT 等。 3. 教学设施：笔记本电脑、投影、音响、麦克风、白板、凤尾夹等。			

基准学时：40 课时

1 获取信息 2 实施前准备 3 活动实施 4 过程监控及记录 5 评价反馈

实施前准备

工作子步骤	教师活动	学生活动	评价
1. 根据任务要求、学习内容和活动规则，列明区角布置步骤和流程，以工作步骤清单或工作流程图的形式提交。	1. 说明本阶段的任务内容和安排。 2. 监控课堂，指导学生罗列工作步骤清单或绘制工作流程图。 3. 引导小组代表展示本任务工作步骤清单或工作流程图，其他同学认真审阅，积极思考，敢于质疑。口头点评并提供参考范例。 4. 监控课堂，巡回指导。 教学方法： 引导文法、小组合作、评价。	1. 明确任务要求、学习内容和活动规则。（10 分钟） 2. 小组商定布置区角布置的步骤或流程。罗列工作步骤清单，或者绘制工作流程图。（35 分钟） 3. 小组代表在全班展示本任务工作步骤清单或工作流程图，根据教师提供的参考范例，其他同学认真审阅，积极思考，敢于质疑。（20 分钟） 4. 根据同学及教师的点评意见修订本任务工作步骤清单或工作流程图。（15 分钟）	1. 过程性评价：学生参与度、主动性、手工制作能力、整体规划能力 ①学生能够积极主动查阅资料完成任务。（师评） ②组内人员任务分工、任务标准是否明确、细致、全面。（师评） ③工作步骤清单或流程图是否明确、清晰，口头点评并提供参考范例。（师评） 2. 成果验收：工作步骤清单或工作流程图。 3. 成果验收标准：工作步骤清单或流程图是否明确、清晰。
课时： 2 课时 1. 用品（工具）：纸、笔、美工工具等。 2. 软资源：工作页、参考教材、工作步骤清单或工作流程图范例、授课 PPT 等。 3. 教学设施：笔记本电脑、投影、音响、麦克风、白板、凤尾夹、各类美工材料等。			
2. 根据幼儿园实际格局规划区角“医院”的位置及占用空间，以幼儿为本，紧扣幼儿身心发展规律和学习特点，明确区角内容，结合区域特点绘制区角的整体规划图，要求学生合理布局，认真核对，反复求证，做到精益求精。	1. 提供资料，引导学生确定区角的位置及占用空间。 2. 引导学生根据幼儿身心发展规律和学习特点，明确区角内容。 3. 指导学生绘制区角整体规划图。监控课堂，及时答疑。 4. 组织展示区角整体规划图，口头点评小组的整体规划图，给予修改建议。 5. 监控课堂，巡回指导，及时答疑。 教学方法： 直观展示法、任务驱动法、启发法。	1. 查阅资料，根据幼儿园实际场地及区角特点确定“医院”的位置及占用空间。（10 分钟） 2. 根据幼儿身心发展规律和学习特点，明确区角布置所需要的物资。（10 分钟） 3. 以幼儿为本，科学设计、合理规划能激发幼儿探究兴趣、自主游戏的区角环境，绘制区角整体规划图。（20 分钟） 4. 小组代表在全班展示区角整体规划图，其他同学认真审阅同学区角整体规划图的展示，积极思考，敢于质疑。（20 分钟） 5. 根据同学及教师的点评意见修订区角整体规划图，精益求精，体现工匠精神。（20 分钟）	1. 过程性评价：学生参与度、主动性、手工制作能力、整体规划能力。 ①学生能够积极主动查阅资料完成任务。（师评） ②组内人员任务分工、任务标准是否明确、细致、全面。（师评） ③工作步骤清单或流程图是否明确、清晰，口头点评并提供参考范例。（师评） ④小组能否精益求精，根据点评意见修订区角整体规划图。（师评、小组互评） 2. 成果验收：区角整体规划图。 3. 成果验收标准：能合理规划区角“医院”的位置及占用空间，绘制区角的整体规划图。
课时： 2 课时 1. 用品（工具）：纸、笔、美工材料等。 2. 软资源：工作页、参考教材、区角整体规划图等。 3. 教学设施：笔记本电脑、投影、音响、麦克风、白板、凤尾夹、各类美工材料等。			

学习任务 3　班级区角的环境创设

1 获取信息　2 实施前准备　3 活动实施　4 过程监控及记录　5 评价反馈

获取信息

工作子步骤	教师活动	学生活动	评价
3. 根据区角特点设置区角间隔，确定区隔的材料和方式，设计区隔标志，罗列区角“医院”材料投放清单，根据前期准备内容绘制区角“医院”设计草图。	1. 讲解区角布置范例，巡回指导学生完成区角设计草图绘制。 2. 监控课堂、认真倾听小组代表解说，及时提问，并口头点评。 3. 监控课堂，引导学生积极思考。 4. 监控课堂，巡回指导，及时答疑。 教学方法： 直观展示法、小组合作法。	1. 认真倾听教师讲解范例，根据范例分析区角主题，确定区隔的方式、区角标记、投放材料等内容，合作绘制区角“医院”设计草图。（80 分钟） 2. 小组代表简洁清晰讲解区角“医院”设计草图内容。（30 分钟） 3. 积极思考，对区角“医院”设计草图质疑并提问。（20 分钟） 4. 根据师生点评，组内及时完善设计图。（30 分钟）	1. 过程性评价：学生参与度、主动性、手工制作能力、整体规划能力。 ①学生能够积极主动查阅资料完成任务。（师评） ②组内人员任务分工、任务标准是否明确、细致、全面。（师评） ③工作步骤清单或流程图是否明确、清晰，口头点评并提供参考范例。（师评） ④小组能否整体规划区角。（师评、小组互评） 2. 成果验收：区角设计草图。 3. 成果验收标准：能合理绘制区角“医院”设计草图。
课时： 4 课时 1. 用品（工具）：纸、笔、美工工具等。 2. 软资源：工作页、参考教材、区角“医院”设计草图等。 3. 教学设施：笔记本电脑、投影、音响、麦克风、白板、凤尾夹、各类美工材料等。			
4. 根据区角内容、区角标志、区隔等确定不同元素的大小，并能注重环保，制作符合幼儿年龄特点的玩教具和游戏材料等美工作品，填写作品清单。	1. 监控课堂，巡回指导学生完成物资准备工作，并及时答疑。 2. 讲解各类装饰元素和技法的应用，区角标志设计及区隔方式，及时解答学生疑惑。 3. 巡回指导学生完成各类美工作品。 教学方法： 直观展示法、小组合作、启发法。	1. 组内清点和列明区角布置所需物资，填写区角布置物资清单。（25 分钟） 2. 倾听教师讲解各类装饰元素及技法的应用以及区角标志设计、区隔方式的应用等内容。（135 分钟） 3. 根据范例确定美工作品的装饰元素与技法，设计制作区角标志，确定区隔方式，制作各类美工作品，填写《作品清单》，如有疑问及时向教师提问。（320 分钟）	1. 过程性评价：学生参与度、主动性、手工制作能力、整体规划能力。 ①学生能够积极主动查阅资料完成任务。（师评） ②组内人员任务分工、任务标准是否明确、细致、全面。（师评） ③小组能否整体规划区角、准备物资、制作区角标志、设置区隔等。（师评） 2. 成果验收：作品清单。 3. 成果验收标准：文字总结完整、清晰明了。
课时： 12 课时 1. 用品（工具）：纸、笔、美工工具等。 2. 软资源：工作页、装饰元素及技法案例、评价表等。 3. 教学设施：笔记本电脑、投影、音响、麦克风、白板、凤尾夹、各类美工材料等。			

基准学时：40 课时

1 获取信息 → 2 实施前准备 → 3 活动实施 → 4 过程监控环节 → 5 评价反馈

	工作子步骤	教师活动	学生活动	评价
活动实施	1. 根据任务要求、学习内容和活动规则，按主题内容分类将美工作品上墙，投放区角材料。根据整体布置效果调整和布置区角，小组代表展示并讲解区角调整和布置的思路，以小组为单位开展头脑风暴，共同总结区角调整与布置的经验与可改进之处，以文字总结区角布置的经验。	1. 明确任务要求、学习活动的内容和活动规则。 2. 监控课堂，巡回指导、答疑。 3. 监控课堂，巡回指导，及时答疑。 4. 组织展示，口头点评，及时答疑。 5. 组织头脑风暴，说明规则，监控活动过程。 6. 组织分享，口头讲评学生的总结内容。 7. 监控课堂，巡回指导，必要的时候答疑。 教学方法： 直观展示法、小组合作、启发法。	1. 明确任务要求、学习内容和活动规则。（5 分钟） 2. 现场确定和调整区角位置。（40 分钟） 3. 根据整体布置效果，调整个别地方，如有疑问及时提出。（160 分钟） 4. 小组代表展示并讲解区角调整和布置的思路，其他小组成员质疑并提问。（40 分钟） 5. 以小组为单位头脑风暴，共同总结区角调整与布置的经验与可改进之处。（30 分钟） 6. 小组代表分享总结，其他小组成员记录补充。（15 分钟） 7. 完善总结，并归档。（30 分钟）	1. 过程性评价：汇报的积极性、团队合作性、语言表达全面性。 ①能否按主题要求合理布置和调整区角。 ②能否用文字全面完整记录区角调整和布置的经验。 ③能否清晰明了分享经验总结。 2. 成果验收：区角布置文字总结。 3. 成果验收标准：文字总结区角布置的经验完整、清晰明了。
	课时： 8 课时 1. 用品（工具）：纸、笔、美工材料等。 2. 软资源：工作页、参考教材、授课 PPT 等。 3. 教学设施：笔记本电脑、投影、音响、麦克风、白板、凤尾夹、各类美工材料等。			
过程监控环节	1. 根据区角布置原则，组内讨论区角效果评估的要点，设计区角调整和布置效果评估方案。	1. 明确任务要求、学习活动的内容和活动规则。 2. 讲解区角评估要素，及时答疑。 3. 说明规则，引导小组积极讨论与思考，巡回指导，及时答疑 4. 组织小组展示，口头点评。 5. 监控课堂，巡回指导。 教学方法： 思维导图法、小组合作、启发法。	1. 明确任务要求、学习内容和活动规则。（10 分钟） 2. 认真倾听教师对区角评估要素的讲解，如有疑问及时提出。（20 分钟） 3. 根据区角布置原则，组内讨论区角效果评估的要点，并用思维导图进行展示。（30 分钟） 4. 小组展示，教师点评各小组分别展示结果，教师最后做简单的点评。根据实际情况，教师可以请其他小组进行点评。（每组展示 3~5 分钟，本步骤控制在 40 分钟左右） 5. 根据师生点评，小组完善区角效果评估方案。（20 分钟）	1. 过程性评价：参与度、主动性、表达能力、聆听技巧、职业素养水平。 ①学生能否认真倾听教师讲解，查阅资料撰写评估方案。（师评） ②组间能否积极分享并作出合理评价。（互评） 2. 成果验收：区角调整和布置评估方案。 3. 成果验收标准：要求要点清晰、明确，内容全面、具体、标准。
	课时： 3 课时 1. 用品（工具）：纸、笔、美工材料等。 2. 软资源：工作页、参考教材、授课 PPT、评价方案范例等。 3. 教学设施：投影、白板、展示板、图钉、磁铁等。			

课程 3　幼儿园环境创设

学习任务 3　班级区角的环境创设

1 获取信息　2 实施前准备　3 活动实施　4 过程监控环节　5 评价反馈

	工作子步骤	教师活动	学生活动	评价
过程监控环节	2. 根据区角评估方案评价区角布置效果，填写区角布置评价反思。	1. 组织学生开展区角效果评价。 教学方法： 小组合作。	1. 根据区角评估方案评价区角布置效果。（20 分钟） 2. 填写评价反思表。（20 分钟）	1. 过程性评价参与度、主动性、表达能力、聆听技巧、职业素养水平。 ①组间能否积极分享并作出合理评价。（互评） 2. 成果验收：区角布置评价反思表。 3. 成果验收标准：要求要点清晰、明确，内容全面、具体、标准。
过程监控环节	**课时：** 1 课时 1. 用品（工具）：纸、笔、美工工具等。 2. 软资源：工作页、参考教材、授课 PPT、评价方案范例等。 3. 教学设施：投影、白板、展示板、图钉、磁铁等。			
评价反馈	1. 根据区角调整和布置中出现的问题，清晰梳理和汇总，组员之间就任务过程中的表现展开自评和互评，形成组内会议记录一份上交。	1. 明确任务要求、学习活动的内容和活动规则。 2. 巡回管控课堂，确保各组会议有序进行。 3. 指导学生填写区角调整和布置常见问题一览表。 教学方法： 直观展示法、启发法。	1. 明确任务要求、学习内容和活动规则。（20 分钟） 2. 组内分析梳理并汇总区角调整和布置过程中常见的问题。（40 分钟） 3. 填写区角调整和布置常见问题一览表。（20 分钟）	1. 过程性评价汇报积极性、团队合作性、语言表达的全面性。 ①是否积极主动全面地对区角调整和布置中的问题进行反思。（师评） 2. 成果验收：区角布置常见问题一览表。 3. 成果验收标准：要求要点清晰、明确，内容全面、具体、标准。
评价反馈	**课时：** 2 课时 1. 用品（工具）：纸、笔等。 2. 软资源：评价反思表等。 3. 教学设施：笔记本电脑、投影音响、麦克风等。			

评价反馈

工作子步骤	教师活动	学生活动	评价
2. 根据相应的评价标准，填写相应的评价表，完成个人总结，将任务资料提交专业教师以存档。	1. 运用相机、摄影机等工具，对各组会议过程进行记录。 2. 口头点评各组任务完成情况。 3. 布置学生利用课余时间完成评价表的填写、个人总结的撰写等。 教学方法： 小组合作法、讨论法。	1. 小组内部召开会议，结合组长和教师对本组任务过程评价，对小组的整体表现进行总结，分析优点，发现缺点，提出改进方法。（40 分钟） 2. 组长组织对各组员进行组内评价。先由各组员进行自评，再由其他组员进行互评。被评价者认真记录评价意见。各小组形成会议记录一份。（40 分钟） 3. 利用课余时间，完成评价表的填写和个人总结的撰写。	1. 过程性评价汇报积极性、团队合作性、语言表达的全面性。 ①是否积极主动全面地对区角调整和布置中的问题进行反思。（师评） ②能否按要求将问题进行归类，提出意见和建议。（师评） ③能否翔实地填写评价反思表。（组间互评） 2. 成果验收：任务总结资料。 3. 成果验收标准：能用实例正确解释说明区角布置的原则。

课时：2 课时

1. 用品（工具）：纸、笔等。
2. 软资源：评价反思表等。
3. 教学设施：笔记本电脑、投影音响、麦克风等。

学习任务 4　自制教玩具

任务描述

学习任务学时：40 课时

任务情境

广州市某幼儿园大一班因教学需要自制五大领域教玩具，要求符合幼儿身心发展需求，具有针对性、科学性、趣味性、创新性、简易性和安全性，对教玩具的自制大胆创新与改造，突出以幼儿为本的设计理念，该幼儿园年级教研主任咨询我校幼儿教育专业是否可协助完成该任务，时间为 10 周共 40 课时。我院专业教师认为我院学生有能力完成该任务，带领同学们共同完成。

具体要求见后页。

工作流程和标准

工作环节 1

获取信息

1

1. 根据任务要求，明确工作过程需要提交的阶段性成果和提交成果的截止日期，查找相关资料，其中包括自制教玩具的概念及意义，了解常见的自制教玩具的分类，完成《自制教玩具知识检测题》。
2. 根据自制教玩具的原则，参照分析内容对自制教玩具案例进行点评，填写案例分析表。
3. 根据教师提供的自制教玩具前期调研表（包括幼儿的年龄特点、生活经验、兴趣爱好等情况），阅读参考资料，列明教玩具制作的步骤和流程，以工作步骤清单或工作流程图的形式提交。

主要成果：

1.《自制教玩具知识检测题》一份
2. 案例分析表一份
3. 本任务工作步骤清单或工作流程图一份

工作环节 2

实施前准备

2

1. 根据自制玩具的分类、特点，根据主题要求准备自制教玩具的材料，确定和收集自制教玩具所需材料，并填写《自制教玩具材料清单》。
2. 根据主题要求设计玩具草图，并在全班讲解制作思路。

主要成果：

1. 自制教玩具材料清单
2. 教玩具设计草图

学习任务 4　自制教玩具

工作环节 3

活动实施

收集废旧材料，体现环保意识，树立“绿色玩具观”的理念。小组分工合作、大胆尝试，确保玩教具能结合幼儿的年龄特点和兴趣，体现以幼儿为主体的人文情怀，制作过程中灵活运用各种创新技法，制作具有针对性、科学性、趣味性、创新性、简易性和安全性和具有地方特色的五大领域的玩教具。

主要成果：

自制教玩具设计思路总结

工作环节 4

过程控制环节

1. 根据教玩具设计的原则，组内讨论自制教玩具效果评估的要点，设计自制教玩具效果评估方案。
2. 根据教玩具设计、制作过程中出现的问题，清晰梳理和汇总常见的问题，组员之间就任务过程中的表现展开总结反思，形成自制教玩具评价与反思表。

主要成果：

1. 自制教玩具评估方案
2. 评价反思表

工作环节 5

评价反馈

1. 根据自制教玩具过程中常见的问题，形成自制教玩具常见问题一览表。
2. 根据自制教玩具常见问题和设计、制作、评价、改进经验，完成个人总结，形成任务总结资料一套，将任务资料提交专业教师存档。

主要成果：

1. 自制教玩具常见问题一览表
2. 任务总结资料一套

学习内容

知识点	1.1 自制教玩具的基本概念及意义 1.2 常见的自制教玩具的分类	2.1 教玩具制作的基本要求 2.2 教玩具制作的原则	3.1 教玩具制作的步骤和流程	4.1 自制教玩具的材料	5.1 设计教玩具
技能点	1.1 能说出自制教玩具的概念和意义 1.2 能说出自制教玩具的意义 1.3 能解释自制教玩具的原则	2.1 能结合示范案例点评自制教玩具的案例，并指出优点与可改进之处 2.2 能参照分析内容分析案例	3.1 能清晰罗列自制教玩具的步骤和流程	4.1 能按主题要求准备自制教玩具的材料，收集废旧材料，体现环保意识	5.1 能讲解自制教玩具的构思思路 5.2 能根据主题要去设计和绘制自制教玩具的草图 5.3 能确定自制教玩具的使用技法
 工作环节	工作环节 1 获取信息		实施前准备 工作环节 2		
成果	1.1 自制教玩具知识检测题	2.1 案例分析表	3.1 自制教玩具工作步骤清单或工作流程图	4.1 材料清单	5.1 自制教玩具设计草图
素养	1.1 归纳能力	2.1 分析解决问题的能力	3.1 逻辑思维能力	4.1 创新能力	5.1 创新能力、审美能力

学习任务 4　自制教玩具

6.1 五大领域教玩具制作	7.1 自制教玩具的评价指标 7.2 自制教玩具评估方案的内容与格式	8.1 自制教玩具评价	9.1 自制教玩具经验梳理	10.1 自制玩具设计制作过程中的各项要点
6.1 能按主题要求制作突显环保意识的五大领域教玩具，实践过程中重视知识、概念与原理的正确性，大胆尝试，设计出符合幼儿的年龄特点和兴趣的教玩具，并体现以幼儿为主体的人文情怀 6.2 能展示自制教玩具，介绍教玩具的环保理念、艺术创意，讲解教玩具的功能和玩法 6.3 能以文字总结的形式记录设计思路	7.1 能够设计自制教玩具效果的评价手段和方案	8.1 能够合理评价自制教玩具	9.1 能够清晰梳理教玩具制作过程中出现的问题	10.1 能就任务过程中的表现展开自评和互评
工作环节 3 活动实施	工作环节 4 过程监控环节		工作环节 5 评价反馈	
6.1 自制教玩具设计与制作文字总结	7.1 自制教玩具评估方案	8.1 自制教玩具评价反思表	9.1 自制教玩具常见问题一览表	10.1 任务总结资料一套
6.1 动手操作能力、创新能力、文字表达能力	7.1 观察能力、反思能力			

课程 3　幼儿园环境创设

学习任务 4　自制教玩具

1 获取信息　2 实施前准备　3 活动实施　4 过程监控环节　5 评价反馈

获取信息

工作子步骤	教师活动	学生活动	评价
1. 根据任务要求，明确工作过程需要提交的阶段性成果和提交成果的截止日期，查找相关资料，其中包括自制教玩具的概念及意义，了解常见的自制教玩具的分类，完成《自制教玩具知识检测题》。	1. 教师下发任务书，或直接口头布置任务。 2. 组织展示讲解 PPT。 3. 监控课堂，巡回指导。 4. 指导学生收集教玩具图片，组织展示并口头点评。 教学方法： 直观展示法、任务驱动法、启发法。	1. 仔细阅读任务书，并做适当标记，明确学习任务、学习成果和提交成果的时间。（10 分钟） 2. 用 PPT 展示讲解自制教玩具的基础知识。（20 分钟） 3. 阅读教师提供的参考资料、教材等学习自制教玩具的基本理论包括概念及意义、分类等，并完成知识检测题。（20 分钟） 4. 阅读参考教材，收集幼儿园五大领域自制教玩具图集，并在班级进行展示。（30 分钟）	1. 过程性评价：参与度、主动性、表达能力、聆听技巧、职业素养水平。 ①学生能否积极主动查阅资料，共同学习自制教玩具的基础理论。（师评） ②组内成员是否积极共同讨论。（师评） ③知识点是否准确、标准、全面。（小组互评） 2. 成果验收：自制教玩具知识检测题。 3. 成果验收标准：基本掌握自制教玩具的基础知识。
课时： 2 课时 1. 用品（工具）：纸、笔、美工工具等。 2. 软资源：工作页、参考教材、授课 PPT 等。 3. 教学设施：笔记本电脑、投影、音响、麦克风、白板、凤尾夹等。			
2. 根据自制教玩具的原则，参照分析内容对自制教玩具案例进行点评，填写案例分析表。	1. 讲解自制教玩具的案例分析 2. 布置任务组织学生分析案例，及时指导，适时答疑。 3. 组织小组代表进行展示 4. 口头点评小组学习成果。 教学方法： 直观展示法、任务驱动法、启发法。	1. 倾听教师示范讲解，自制教玩具案例分析。（10 分钟） 2. 小组合作结合自制教玩具的原则分析所给案例，填写案例分析表。（35 分钟） 3. 小组代表进行案例分析展示。（25 分钟） 4. 倾听他组分享，给予评价，敢于质疑并提问。（10 分钟）	1. 过程性评价：参与度、主动性、在小组讨论中的表达能力和聆听技巧，同时根据其言谈举止判断其职业素养水平。 ①学生能否积极主动分析自制教玩具的原则。（师评） ②组内成员是否积极共同讨论。（师评） ③知识点是否准确、标准、全面。（小组互评） ④案例点评是否准确全面。（小组互评） 2. 成果验收：自制教玩具案例分析表。
课时： 2 课时 1. 用品（工具）：纸、笔、美工工具等。 2. 软资源：工作页、自制教玩具游戏案例、参考教材、授课 PPT 等。 3. 教学设施：笔记本电脑、投影、音响、麦克风、白板、凤尾夹等。			

	工作子步骤	教师活动	学生活动	评价
获取信息	3. 根据教师提自制教玩具前期调研表，包括幼儿的年龄特点、生活经验、兴趣爱好等情况，阅读参考资料，列明教玩具制作的步骤和流程，以工作步骤清单或工作流程图的形式提交。	1. 说明本阶段的任务内容和安排。 2. 监控课堂，指导学生罗列工作步骤清单或绘制工作流程图。 3、引导小组代表展示本任务工作步骤清单或工作流程图，其他同学认真审阅，积极思考，敢于质疑。口头点评并提供参考范例。 4. 监控课堂，巡回指导。 教学方法： 引导文法、小组合作、评价。	1. 明确任务要求、学习内容和活动规则。（10 分钟） 2. 小组商定自制教玩具布置的步骤或流程。罗列工作步骤清单，或者绘制工作流程图。（35 分钟） 3. 小组代表在全班展示本任务工作步骤清单或工作流程图，根据教师提供的参考范例，其他同学认真审阅，积极思考，敢于质疑。（20 分钟） 4. 根据同学及教师的点评意见修订本任务工作步骤清单或工作流程图。（15 分钟）	1. 过程性评价：学生参与度、主动性、手工制作能力、整体规划能力。 ①学生能够积极主动查阅资料完成任务。（师评） ②组内人员任务分工、任务标准是否明确、细致、全面。（师评） ③工作步骤清单或流程图是否明确、清晰，口头点评并提供参考范例。（师评） 2. 成果验收：本任务工作步骤清单或工作流程图。 3. 成果验收标准：工作步骤清单或流程图是否明确、清晰。
	课时： 2 课时 1. 用品（工具）：纸、笔、美工材料等。 2. 软资源：工作页、参考教材、工作步骤清单或工作流程图范例、授课 PPT 等。 3. 教学设施：笔记本电脑、投影、音响、麦克风、白板、凤尾夹、各类美工材料等。			
实施前准备	1. 根据自制玩具的分类、特点，根据主题要求准备自制教玩具的材料，确定和收集自制教玩具所需材料，并填写《材料清单》。	1. 说明本阶段的任务内容和安排。 2. 指导学生填写材料清单。监控课堂，及时答疑。 3. 指导学生查阅资料，准备自制教玩具的材料。	1. 明确任务要求、学习内容和活动规则。（5 分钟） 2. 小组商定布置自制教玩具的材料，罗列材料清单。（25 分钟） 3. 查阅资料，熟悉自制教玩具各种材料的使用方法，并按主题要求准备材料。（10 分钟） 4. 小组代表在全班展示本任务材料清单，其他同学认真倾听，积极思考，敢于质疑。（20 分钟） 5. 根据同学及教师的意见修订本任务的材料清单。（20 分钟）	1. 过程性评价：学生参与度、主动性、手工制作能力、整体规划能力。 ①学生能够积极主动查阅资料完成任务。（师评） ②组内人员任务分工、任务标准是否明确、细致、全面。（师评） ③材料清单内的明细是否明确、清晰，口头点评并提供参考范例。（师评） 2. 成果验收：材料清单。 3. 成果验收标准：文字总结完整、清晰明了。
	课时： 2 课时 1. 用品（工具）：纸、笔、美工材料等。 2. 软资源：工作页、参考教材、自制教玩具图例等。 3. 教学设施：笔记本电脑、投影、音响、麦克风、白板、凤尾夹、各类美工材料等。			

课程 3　幼儿园环境创设

学习任务 4　自制教玩具

①获取信息　②实施前准备　③活动实施　④过程监控环节　⑤评价反馈

<table>
<tr><th></th><th>工作子步骤</th><th>教师活动</th><th>学生活动</th><th>评价</th></tr>
<tr><td>实施前准备</td><td>2. 根据主题要求设计和绘制教玩具草图。</td><td>1. 讲解自制教玩具范例，巡回指导学生完成教玩具设计草图绘制。
2. 监控课堂，认真倾听小组代表解说，及时提问，并口头点评。
3. 监控课堂，引导学生积极思考。
4. 监控课堂，巡回指导，及时答疑。
教学方法：
直观展示法、小组合作法。</td><td>1. 认真倾听教师讲解范例，根据范例分析自制教玩具主题，设计草图。(90 分钟)
2. 小组代表简洁清晰讲解自制教玩具设计草图内容。(25 分钟)
3. 积极思考，设计草图质疑并提问。(20 分钟)
4. 根据师生点评，组内及时完善设计图。(25 分钟)</td><td>1. 过程性评价：学生参与度、主动性、手工制作能力、整体规划能力。
①学生能够积极主动查阅资料完成任务。(师评)
②组内人员任务分工、任务标准是否明确、细致、全面。(师评)
③工作步骤清单或流程图是否明确、清晰，口头点评并提供参考范例。(师评)
④小组能否设计完整的平面图。(师评、小组互评)
2. 成果验收：自制教玩具设计草图。</td></tr>
<tr><td></td><td colspan="4">**课时：**4 课时
1. 用品（工具）：纸、笔、美工材料等。
2. 软资源：工作页、参考教材、自制玩教具设计草图等。
3. 教学设施：笔记本电脑、投影、音响、麦克风、白板、凤尾夹、各类美工材料等。</td></tr>
<tr><td>活动实施</td><td>1. 收集废旧材料，根据幼儿年龄特点，能灵活运用各种技法，大胆尝试，制作教玩具，展示、讲解教玩具的环保理念、设计思路、艺术创意，形成文字总结。</td><td>1. 明确任务要求、学习活动的内容和活动规则。
2. 监控课堂，巡回指导、答疑。
3. 组织教玩具展示，口头点评作品。
4. 监控课堂，口头点评，及时答疑。
5. 组织头脑风暴，说明规则，监控活动过程。
6. 组织分享，口头讲评学生的总结内容。
7. 监控课堂，巡回指导，必要的时候答疑。</td><td>1. 明确任务要求、学习内容和活动规则。(10 分钟)
2. 根据主题要求，收集不同类型的废旧材料，响应环保号召，了解材料的特性。(40 分钟)
3. 灵活运用各种技法，实践过程中重视知识、概念与原理的正确性，大胆尝试，制作出能符合幼儿年龄特点、兴趣和以幼儿为主体的五大领域教玩具。如有疑问及时寻求教师帮忙。(320 分钟)
4. 小组代表展示教玩具，讲解教玩具的环保理念、设计思路、艺术创意，其他同学认真倾听，适时质疑并提问。(40 分钟)
5. 根据师生点评，调整个别地方，如有疑问及时提出。(175 分钟)
6. 以小组为单位开展头脑风暴，共同总结自制教玩具的经验，形成文字总结。(30 分钟)</td><td>1. 过程性评价：汇报的积极性、团队合作性、语言表达全面性。
①能否按主题要求设计玩教具。
②是否能突出环保理念、艺术创意、审美情趣。
③能否用文字全面完整记录自制教玩具设计、制作的经验。
④能否清晰明了分享经验总结。
2. 成果验收：自制教玩具设计与制作文字总结。
3. 成果验收标准：文字总结自制教玩具的经验完整、清晰明了。</td></tr>
</table>

活动实施

工作子步骤	教师活动	学生活动	评价
		7. 小组代表分享自制教玩具经验总结，其他小组成员记录补充。（15 分钟） 8. 完善自制教玩具总结，并归档。（10 分钟）	

课时： 16 课时
1. 用品（工具）：纸、笔、美工材料等。
2. 软资源：工作页、参考教材、授课 PPT 等。
3. 教学设施：笔记本电脑、投影、音响、麦克风、白板、凤尾夹、各类美工材料等。

过程监控及记录

工作子步骤	教师活动	学生活动	评价
1. 根据教玩具设计的原则，组内讨论自制教玩具效果评估的要点，设计自制教玩具效果评估方案。	1. 明确任务要求、学习活动的内容和活动规则。 2. 讲解自制教玩具评估要素，及时答疑。 3. 说明规则，引导小组积极讨论与思考，巡回指导，及时答疑。 4. 组织小组展示，口头点评。 5. 监控课堂，巡回指导。 教学方法： 思维导图法、小组合作、启发法。	1. 明确任务要求、学习内容和活动规则。（10 分钟） 2. 认真倾听教师对自制教玩具评估要素的讲解，如有疑问及时提出。（35 分钟） 3. 根据教玩具设计的原则，组内讨论自制教玩具效果评估的要点，并用思维导图进行展示。（55 分钟） 4. 小组展示，教师点评各小组分别展示结果，教师最后做简单的小结。根据实际情况，教师可以请其他小组进行点评。（每组展示 3~5 分钟，本步骤控制在 30 分钟左右） 5. 根据师生点评，小组完善自制教玩具评估方案。（每组展示 3~5 分钟，本步骤控制在 30 分钟左右）	1. 过程性评价：参与度、主动性、表达能力、聆听技巧、职业素养水平。 ①学生能否认真倾听教师讲解，查阅资料撰写评估方案。（师评） ②组间能否积极分享并作出合理评价。（互评） 2. 成果验收：自制玩教具评估方案。 3. 成果验收标准：要求要点清晰、明确，内容要全面、具体、标准。

课时： 4 课时
1. 用品（工具）：纸、笔、美工材料等。
2. 软资源：工作页、参考教材、授课 PPT、评价方案范例等。
3. 教学设施：投影、白板、展示板、图钉、磁铁等。

学习任务 4 自制教玩具

1 获取信息 → 2 实施前准备 → 3 活动实施 → 4 过程监控环节 → 5 评价反馈

	工作子步骤	教师活动	学生活动	评价
过程监控及记录	2. 根据教玩具设计、制作过程中出现的问题，清晰梳理和汇总常见的问题，组员之间就任务过程中的表现展开总结反思，形成自制教玩具评价与反思表。	1. 组织小组展示，口头点评。 2. 监控课堂，巡回指导。 3. 组织学生开展自制教玩具反思评价。	1. 根据教玩具设计的原则，组内讨论自制教玩具效果评估的要点，并用思维导图进行展示。(70 分钟) 2. 小组展示，教师点评各小组分别展示结果，教师最后做简单的点评。根据实际情况，教师可以请其他小组进行点评。(每组展示 3~5 分钟，本步骤控制在 30 分钟左右) 3. 根据师生点评，小组完善自制教玩具整体效果评估方案。(20 分钟) 4. 根据自制教玩具整体效果，并填写评价反思表。(40 分钟)	1. 过程性评价汇报积极性、团队合作性、语言表达的全面性。 是否积极主动全面地对教玩具设计与制作过程中的常见问题进行反思。(师评) 2. 成果验收：自制教玩具评价反思表。 3. 成果验收标准：要求要点清晰、明确，内容全面、具体、标准。
	课时： 4 课时 1. 用品（工具）：纸、笔、美工材料等。 2. 软资源：工作页、参考教材、授课 PPT、评价方案范例等。 3. 教学设施：投影、白板、展示板、图钉、磁铁等。			
评价反馈	1. 根据自制教玩具过程中常见的问题，并形成自制教玩具常见问题一览表。	1. 明确任务要求、学习活动的内容和活动规则。 2. 巡回管控课堂，确保各组会议有序进行。 3. 指导学生填写自制教玩具常见问题一览表。 教学方法： 直观展示法、启发法。	1. 明确任务要求、学习内容和活动规则。(5 分钟) 2. 组内分析梳理并汇总自制教玩具过程中常见的问题，并填写自制教玩具常见问题一览表。(40 分钟) 3. 小组内部召开会议，结合组长和教师对本组任务过程评价，对小组的整体表现进行总结，分析优点，发现缺点，提出改进方法。(35 分钟)	1. 过程性评价汇报积极性、团队合作性、语言表达的全面性。 ①是否积极主动全面地对自制教玩具进行修改对自制过程中的问题进行反思。(师评) 2. 成果验收：自制教玩具常见问题一览表。 3. 成果验收标准：要求要点清晰、明确，内容全面、具体、标准。
	课时： 2 课时 1. 用品（工具）：纸、笔等。 2. 软资源：评价反思表等。 3. 教学设施：笔记本电脑、投影音响、麦克风等。			

基准学时：40 课时

1 获取信息 → 2 实施前准备 → 3 活动实施 → 4 过程监控环节 → 5 评价反馈

评价反馈

工作子步骤	教师活动	学生活动	评价
2. 根据自制教玩具常见问题和设计、制作、评价、改进经验，完成个人总结，将任务资料提交专业教师以存档。	1. 运用相机、摄影机等工具，对各组会议过程进行记录。 2. 口头点评各组任务完成情况。 3. 布置学生利用课余时间完成评价表的填写、个人总结的撰写等。 教学方法： 小组合作法、讨论法。	1. 小组内部召开会议，结合组长和教师对本组任务过程评价，对小组的整体表现进行总结，分析优点，发现缺点，提出改进方法。（40 分钟） 2. 组长组织对各组员进行组内评价。先由各组员进行自评，再由其他组员进行互评。被评价者认真记录评价意见。各小组形成会议记录一份。（40 分钟） 3. 利用课余时间，完成评价表的填写和个人总结的撰写。	1. 过程性评价汇报积极性、团队合作性、语言表达的全面性。 ①是否积极主动全面地对自制教玩具设计与制作中的常见问题进行反思。（师评） ②能否按要求将问题进行归类，提出意见和建议。（师评） ③能否翔实地填写评价反思表。（组间互评） 2. 成果验收：任务总结资料一套。 3. 成果验收标准：能用实例正确解释说明教玩具设计与制作的原则。

课时： 2 课时
1. 用品（工具）：纸、笔等。
2. 软资源：自制教玩具常见问题一览表等。
3. 教学设施：笔记本电脑、投影音响、麦克风等。

考核标准

情境描述

××幼儿园大一班的带班教师在教育随笔中这样写道："现在班级区角游戏时间增多了，我很喜欢到区角跟幼儿一起玩耍。建构区里的幼儿现在想要搭建一个'永旺商场'，可是空间不太够；美工区里的幼儿把手弄脏了，想要去卫生间洗手，可是路过图书角时却把地板弄脏了；音乐表演区里的幼儿大声歌唱让相邻的科学角的幼儿愁眉苦脸。"时值我校学前教育专业学生在该园进行教育实习，该园年级教研主任委托我校学生，以小组为单位，利用 7 周左右的时间，重新规划和设计大一班的区角，具体要求如下：

1. 符合班级幼儿身心发展特点。
2. 具有教育性、安全性、经济性和互动性，表现出良好的职业道德修养，关爱幼儿，富有爱心、责任心、耐心和细心。
3. 有创意，能突出主题要求。

任务要求

1. 积极接受工作任务，明确工作要求。
2. 合理规划、科学布置班级区角，包括确定区角内容、规划区角位置、投放区角间隔、设计区角标志等，绘制区角规划设计图。
3. 能够熟悉班级各类型区角的创设方法，包括区角目标确定、内容选择、位置与布局、材料投放、活动指导等各个环节。
4. 确定区角布置的技法（包括色彩、材料、构图）。
5. 清晰罗列区角设计与布置所需物资。
6. 积极展示并讲解区角规划和设计的思路。
7. 积极收集区角布置过程中遇到的常见问题。
8. 根据区角布置原则对区角进行评价和优化。
9. 任务过程中关爱幼儿，富有爱心、责任心、耐心和细心，体现应有的职业素养。

参考资料

完成上述任务时，学生可以使用计算机查找案例，查阅所有常见的教学资料，包括工作页、教材、个人笔记等。

评价方式

由任务教师、专业组长、幼儿园教研组长组成考评小组共同实施考核评价，取所有考核人员评分的平均分为学生考核成绩。

评价标准

评价项目			评分			
一级指标	二级指标	满分	组别			
			第一组	第二组	第三组	第四组
方案评价（见附表）	方案内容	40				
	实施过程	20				
	方案展示	10				
创新评价	材料的选用富有创新（环保、自然、绿色）	10				
	制作方式富有创新（是否体现传统手工技法，如刺绣、雕刻、印染、剪纸等；是否能弘扬传统文化）	10				
	活动的组织富有创新	10				
总得分		100				
综合评价	优秀（90～100）	良好（80～89）	一般（70～79）			合格（60～69）

考核标准

附表

方案评价	评价要素	分值
区角设置	能充分利用现有的空间设置区角，合理规划表演区、阅读区、益智区、美工区、建构区等基本的活动区域（至少 5 个区域）	10
	活动内容符合本年龄段幼儿发展需要，与每周教育重点或阶段目标相吻合。应将此阶段的区域计划贴在相应的区域位置上	10
	教师与幼儿共同制定区角活动相关规则、入区标志、入区卡，各区角并能体现爱国主题、体现社会主义核心价值体系的美工环创作品	5
材 料 投 放	活动材料能物化教育目标，有益于激发幼儿活动兴趣，启发幼儿思维	10
	活动材料丰富多样，体现层次性、操作性、有效性和趣味性。所提供的新材料应一式 4—5 份（可根据幼儿入区人数调整份额），针对幼儿实际及时调整更换	5
	充分利用废旧物品及乡土资源制作活动材料，能灵活运用传统手工技法，制作出体现传统文化精粹的教玩具（如京剧脸谱、京剧头饰等），从而弘扬传统文化，材料牢固、安全与卫生	5
	材料摆放有序，便于幼儿取放（有较明显的取放标志，便于幼儿根据标志取放）	5
区域计划制定情况	根据《指南》精神制定符合幼儿年龄特点的目标	10
	依据本阶段的活动目标制定可行的活动内容	5
	活动指导要有针对性、可行性，根据幼儿活动情况，做到及时记录、反思、调整	5

课程 4　幼儿园教学活动实施

学习任务 1
幼儿园健康教育活动实施
40 学时

学习任务 2
幼儿园语言教育活动实施
40 学时

学习任务 3
幼儿园科学教育活动实施
40 学时

课程目标

学习完本课程后，学生应当能够秉承友爱友善的专业特性和尊重幼儿爱护儿童的职业准则，热爱学前教育事业，践行社会主义核心价值体系，履行教师职业道德规范，依照幼儿园教学工作计划和幼儿各年龄阶段发展规律、学习特点，结合《纲要》和《指南》的要求，运用专业知识和技能完成幼儿园五大领域（健康、语言、科学、社会、艺术）活动的组织开展及实施评价的工作，有效提升幼儿园教学实践能力。结合社会主义核心价值观，以及当今社会发展的需要，促进幼儿体、智、德、美诸方面全面和谐、健康发展。能够运用正确、合理的教育理念和方法组织进行幼儿五大领域的教学任务，编写幼儿五大领域教学活动方案，按照幼儿园五大领域的教学目标和教学活动流程进行组织实施与教学评价，实施过程中体现关爱幼儿，尊重幼儿人格，富有爱心、责任心、耐心和细心的职业素养，圆满完成幼儿园五大领域教学活动任务。包括：

1. 能认真听取幼儿园各学科组组长或专业教师安排的工作任务，阅读任务书明确相关内容主题并做标记，结合任务要求对幼儿园进行调研形成幼儿园五大领域活动情况分析表。

2. 能根据《指南》的指引，结合幼儿园教师职业道德准则和标准，以3—6岁儿童健康、语言、科学、社会、艺术学习与发展的规律和特点为依据，在《纲要》和《指南》各领域教育建议的指引下确定五大领域教育对幼儿发展的价值、意义、内容、方法、途径主要类型，绘制五大领域活动思维导图，为各活动开展做支架，保障幼儿园教学活动顺利开展。

3. 能结合社会主义核心价值观根据幼儿园五大领域年龄阶段目标以及幼儿园五大领域横向结构目标，整合出各年龄阶段各领域能力目标层次表，从而优化五大领域活动目标体系，把控教育活动实施的方向。

4. 能根据五大领域教学活动主题内容熟练运用网络资源，搜集、整理、汇总幼儿五大领域教育活动组织形式、导入方法、教育方法、运用原则以及符合主题内容的优秀课例资源（视频、图片、案例等），结合幼儿各年龄阶段的要求，形成幼儿园五大领域教育活动资源包，为制定各领域教学计划做好基础。

5. 能根据《指南》和已优化的各领域教学活动目标体系，明确五大领域符合主题的活动具体内容，规划教学活动场地，合理进行人员分工，制定活动实施计划，为教学活动实施提供可行性方案，重在提升学生设计、组织和实施各领域教育活动的整体规划能力，具有实践性和创新性。

6. 能根据幼儿园活动设计撰写标准，结合各年龄阶段幼儿各领域发展的现有水平和需要，从幼儿整体健康和谐发展的角度出发，准确对幼儿各领域教学活动目标进行定位，选择合适的教学方法，编写各领域教学活动设计，能够有序组织幼儿园各领域教学活动，有效提升教学实施组织能力。

7. 能在《纲要》指导下，紧密结合幼儿园教育教学的

课时：240

学习任务 4

幼儿园社会教育活动实施

40 学时

学习任务 5

幼儿园艺术教育活动实施

80 学时

课程目标

政策、法规要求和幼儿园各领域实际开展的活动情况，按照目标设定的发展性、整体性、可操作性原则，对五大领域活动计划与具体活动设计进行审定和优化，形成教学活动设计最终实施方案，提高学生分析和解决实际问题的能力、爱岗敬业的初步意识和“五心”专业素养，保证幼儿园教学活动的有序开展。

8. 能根据幼儿园五大领域活动实施方案进行场地布置、多媒体设备检查、教学具准备，并填写教学准备清单确认表，耐心细致地营造教学活动氛围并进行场地的“8S”建设和规范化管理。

9. 能根据幼儿教育职业特点，通过“模拟教学”（或模拟训练）的方式，按照已优化过的教学活动设计、组织、实施五大领域教育活动，有效地提升幼儿体、智、德、美诸方面的和谐、全面、健康发展，以及综合能力的全面提升。实现理论与实践的双向互通，提升对幼儿五大领域教育活动的组织、实施能力。

10. 能通过教学活动视频记录，在《纲要》和《指南》教学指导部分的指引下，结合各领域教育活动的不同类型的指导要点，监控实施过程中的常见问题并予以解决，形成“微课”集。完善关注教育对象、分析、解决实际教学问题的教育机制，渗透传统文化、爱国情操、本土文化等内容，促进幼儿园五大领域教学活动的有效开展。

11. 能依据社会主义核心价值观及幼儿园教师职业道德标准《指南》《纲要》和《幼儿园工作规程》，结合幼儿园五大领域教育目标和内容，对五大领域教学活动进行评价，并填写幼儿园各领域活动评价表。

12. 能汇总五大领域教学活动的组织情况，向主班教师反馈各领域教学活动组织中的意见和建议，听取主班教师的反馈意见和进阶要求，完成评价反思表，体现尊重互助、团结友爱的精神，并配合完成后续的幼儿园教学活动实施工作，提升配班工作能力和科研思辨能力。

13. 能在具体教学中渗透社会主义核心价值观，加入中国传统文化元素和本土民俗文化，对学生进行爱国主义教育，树立其民族自信、文化自信，培养民族自豪感、自信心和文化推广的责任担当。

14. 能在小组活动或团队协作过程中充分提升学生的社会交往能力和团队合作能力，体现友爱互助、团结进取的新时代精神。

15. 能在整个学习过程中，提升对幼儿教师职责的理解以及教师用语的文明使用程度，遵守幼儿园教师岗位的职业规范，以幼儿为本，体现耐心、细心、爱心的职业素养。

课程内容

本课程的主要学习内容：

学习 8S 管理，体现对学习、工作环境的专业要求

幼儿教师职业道德修养和守则《纲要》《指南》。

幼儿园健康教育活动实施：

一、学前儿童健康活动概述

1. 健康的概念、内容、评价学前儿童健康的标准。

2. 影响学前儿童健康的四大因素。

3. 学前儿童的卫生保健要求：

运动系统、呼吸系统、循环系统、消化系统、泌尿、生殖系统、内分泌系统、皮肤、神经系统、感官器官特点及卫生保健要求。

4. 学前儿童的生长发育规律和评价体系。

5. 幼儿园健康教育的目标、内容、途径和组织方法。

二、幼儿园健康活动的设计组织与实施指导。

1. 幼儿日常生活行为教育活动的设计与组织。

2. 幼儿营养教育活动的设计与组织。

3. 幼儿体育教育活动的设计与组织。

4. 幼儿安全生活教育活动的设计与组织。

5. 幼儿心理健康教育活动的设计与组织。

三、幼儿园健康活动评价

幼儿园语言教育活动实施：

一、 学前儿童语言教育概述

1. 学前儿童语言教育评价内容及方法。

2. 学前儿童语言与学前儿童发展。

3. 学前儿童语言教育的目标、内容和实施原则。

4. 学前儿童语言发展规律和特点。

二、幼儿园语言活动的设计组织与实施指导

1. 幼儿文学作品的设计与组织实施：

儿童故事、诗歌、绕口令。

2. 幼儿谈话活动设计与组织实施。

3. 幼儿讲述活动的设计与组织实施：

看图讲述、情境讲述、生活经验讲述、实物讲述。

4. 幼儿早期阅读活动设计与组织实施。

5. 幼儿语言教学游戏设计与组织实施。

6. 幼儿日常生活的语言教育。

三、幼儿语言活动教育评价

1. 学前儿童语言教育的基本观点。

2. 学前儿童语言发展评价。

幼儿园科学教育活动实施：

一、学前儿童科学教育概述

1. 学前儿童科学教育活动的内涵与特点。

2. 学前儿童科学教育活动的目标体系。

3. 学前儿童科学教育内容的选择与编排。

4. 学前儿童科学教育方法和原则。

5. 学前儿童科学教育的环境和材料创设与利用。

二、幼儿园科学教育活动设计与指导

1. 观察认识活动的设计与组织。

2. 实验探究活动的设计与组织。

课时：240

课程内容

3. 技术操作活动的设计与组织。
4. 科学讨论活动的设计与组织。

三、幼儿园科学教育活动的评价

1. 幼儿园科学教育活动的评价标准。
2. 学前儿童科学教育活动实例分析。

幼儿园社会教育活动实施：

一、幼儿社会教育的概念及开展

1. 幼儿社会教育的目标。
2. 幼儿社会教育的内容。
3. 幼儿社会教育的途径。
4. 幼儿社会教育的方法。
5. 幼儿社会教育的原则。
6. 幼儿社会教育活动设计的基本程序。

二、幼儿园科学教育活动设计与实施指导

1. 幼儿自我教育活动设计与实施。
2. 幼儿社会认知教育活动设计与实施。
3. 幼儿社会适应教育活动设计与实施。
4. 幼儿社会性情绪情感教育活动设计与实施。
5. 幼儿社会交往教育活动设计与实施。

6 幼儿个性发展教育活动设计与实施。

7. 幼儿多元文化教育活动设计与实施。

三、幼儿园社会教育活动的评价

1. 幼儿园社会教育活动评价的依据和标准。
2. 社会主义核心价值下的幼儿社会教育趋势。

幼儿园艺术教育活动实施：

一、幼儿园艺术教育活动概述

1. 幼儿艺术教育的概念与意义。
2. 幼儿艺术的发展与特点。
3. 幼儿艺术教育的目标体系。
4. 幼儿艺术教育的内容、方法、途径及原则。

二、幼儿园艺术教育活动组织设计与实施指导

1. 艺术感受与欣赏活动的设计与实施：

视觉艺术、听觉艺术、综合艺术欣赏活动的组织与实施。

2. 表现与创造类艺术活动的设计与实施：

美术活动的组织与实施：绘画、手工、综合材料制作。

音乐活动的组织与实施：唱歌、节奏、奥尔夫音乐活动。

舞蹈活动的组织与实施：模仿与想象活动、律动活动。

综合艺术活动的组织与实施: 戏剧艺术活动。

三、幼儿园艺术教育活动评价

1. 幼儿美术活动评价。
2. 幼儿音乐活动评价。
3. 其他艺术活动评价。

学习任务 1　幼儿园健康教育活动实施

任务描述

学习任务学时：40 课时

任务情境

广州市某幼儿园本学期设定大班体育教学活动以操节、律动游戏创编为主题。根据《指南》的指引，以 3—6 岁动作规律和年龄特点为依据，发展幼儿良好的身体、愉快的情绪、强健的体质、协调的动作、良好的生活习惯和自理能力，培养基本的安全和健康知识。按照幼儿园健康学科组组长的要求，我院幼儿教育专业的学生协助来完成该任务，为期 10 周共 40 课时。我院专业教师认为我院学生具备完成该任务的条件和能力，准备接受任务，带领同学们共同完成。

具体要求见后页。

工作流程和标准

工作环节 1

获取信息

1

1. 认真听取幼儿园健康学科组组长或专业教师安排的工作任务，阅读任务书并做标记，结合任务要求对幼儿园进行调研形成幼儿园健康活动情况分析表。
2. 参照《指南》，以 3—6 岁儿童健康学习与发展的规律和特点为依据，在《纲要》和《指南》健康领域教育建议的指引下确定健康教育对幼儿发展的价值、内容、方法、途径、主要类型，绘制健康活动思维导图，为健康活动开展做支架，保障健康活动顺利开展。
3. 根据幼儿园健康教育年龄阶段目标以及幼儿园健康教育横向结构目标，整合出各年龄健康能力目标层次表，从而优化健康活动目标体系。

主要成果：

1. 幼儿园健康活动情况调研记录表（包括幼儿健康发展水平 、幼儿园健康活动开展情况）
2. 健康活动思维导图
3. 各年龄健康能力目标层次表

工作环节 2

制定计划与决策

2

1. 根据《指南》和已优化的健康活动目标体系，明确健康活动具体内容，规划教学活动场地，合理进行人员分工，为健康活动实施提供可行性方案。
2. 根据健康活动实施方案搜集健康活动的《现场教学视频》《案例呈现》《阅读知识点》《教学图片》等多种栏目帮助学生掌握知识点，重在提升学生设计、组织和实施健康教育活动的能力，具有实践性。
3. 根据幼儿园活动设计撰写标准，结合各年龄阶段幼儿健康发展的现有水平和需要，准确对幼儿健康教学活动目标进行定位，选择合适的教学方法，编写健康教学活动设计，能够有序组织幼儿园健康教学活动，能有效提升教学实施组织能力。

主要成果：

1. 幼儿园健康活动实施方案
2. 幼儿园健康活动资源包
3. 健康教学活动设计（详案）

工作环节 3

活动实施

3

1. 根据幼儿园健康活动实施方案进行场地布置、多媒体设备检查、教学用具准备及填写教学准备清单确认表。
2. 根据幼儿教育职业特点，通过“模拟教学”（或模拟训练）的方式，按照已优化过的教学活动设计组织实施健康教育活动，有效促进幼儿倾听、表达能力的发展，提升幼儿健康发展水平。让学生更直观地从理论与实践的双向层面对幼儿健康教育组织实施有深入的了解，达到提高教育设计能力的教学目标。

主要成果：

1. 教学准备清单确认表
2. 健康教学活动模拟教学视频记录

工作环节 4

过程控制环节

4

利用健康教学活动视频记录，按照《指南》健康领域的指导原则，结合幼儿教师体育活动基本动作的标准要求，针对教师示范动作的标准性进行点评分析，形成“微课”集。

主要成果：

幼儿体育基本动作标准微课示范集

工作环节 5

评价与反馈

5

依据《指南》《纲要》《幼儿园工作规程》，结合幼儿园健康教育目标和内容，对学生健康教学活动进行评价，并填写幼儿园健康领域活动评价表，向健康教研组反馈意见，调整和完善幼儿园健康活动月工作的开展。

主要成果：

幼儿园健康教学活动评价表

学习内容

知识点	1.1《纲要》健康领域内容 1.2 解读《指南》健康发展领域 1.3 解读健康活动实施任务书	2.1 幼儿健康的内涵与意义 2.2 健康教育对幼儿发展的价值 2.3 幼儿园健康教育的内容 2.4 幼儿园健康教育的方法 2.5 幼儿园健康教育的途径	3.1 幼儿园健康教育目标制定的依据 3.2 幼儿园健康教育目标的结构 3.3 幼儿园健康教育活动目标的设计	4.1 健康活动内容类型 4.2 教学活动场地布置要点 4.3 人员分工要求 4.4 制定健康活动方案的要素	5.1 现场教学视频录制要求 5.2 案例呈现方式 5.3 图片及知识点汇总方法
技能点	1.1 能分析幼儿健康发展水平 1.2 能分析幼儿园健康活动开展情况	2.1 能说出幼儿健康学习的特点 2.2 能说出影响幼儿健康学习和发展的因素	3.1 能说出幼儿园健康教育目标制订的依据 3.2 能够区分幼儿园健康教育纵向层次目标 3.3 能够说出幼儿园健康教育横向结构目标 3.4 能正确描述幼儿园健康教育活动目标	4.1 能明确健康活动具体内容 4.2 能规划教学活动场地 4.3 能够合理进行人员分工 4.4 能制定健康活动方案	5.1 能收集幼儿园健康活动资源包资料
工作环节	工作环节 1 获取信息			制定计划与决策 工作环节 2	
成果	1.1 幼儿园健康活动情况调研记录表	2.1 健康活动思维导图	3.1 各年龄健康能力目标层次表	4.1 幼儿园健康活动实施方案	5.1 幼儿园健康活动资源包
素养	1.1 信息检索与比较、实事求是	2.1 观察力、图示化能力	3.1 分析整合能力	4.1 搜集筛选信息、分类整合能力	5.1 统筹协调、全局观念

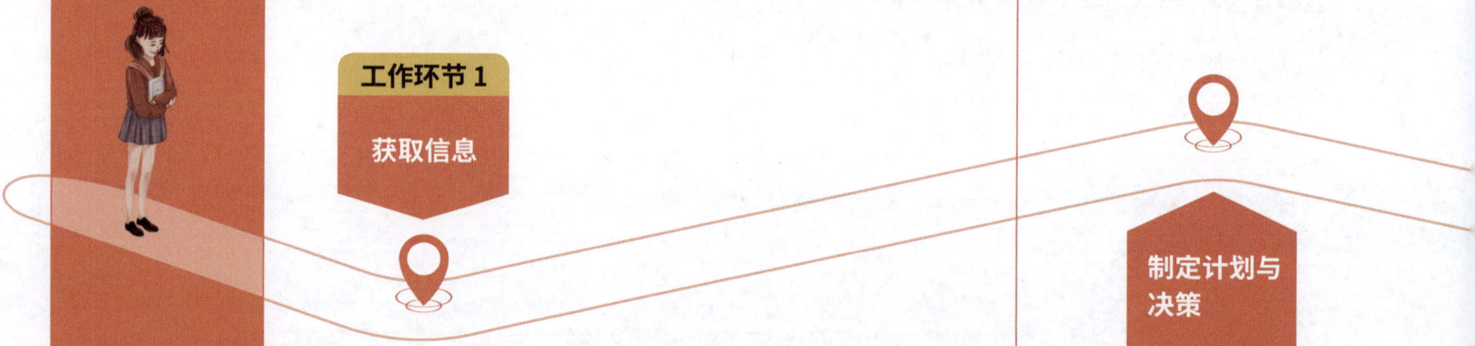

学习任务 1　幼儿园健康教育活动实施

6.1 活动目标 6.2 教学准备 6.3 教学过程 6.4 教学延伸	7.1 场地布置 7.2 多媒体设备检查 7.3 教学具准备	8.1 健康活动实施要素	9.1 健康活动基本动作	10.1 幼儿园健康教学活动评价要素 10.2 幼儿园健康教学活动评价标准
6.1 能够正确编写活动目标 6.2 能够正确编写教学准备 6.3 能够正确编写教学过程 6.4 能够正确编写教学延伸	7.1 能根据活动进行场地布置 7.2 能正确使用多媒体设备检查 7.3 能根据具体活动选择制作教学具 7.4 能够填写教学准备清单确认表	8.1 能清晰展示健康教育活动	9.1 能够准确体育活动基本动作	10.1 能够准确填写幼儿园健康领域活动评价表 10.2 运用相应的评价标准，评价组员的任务表现 10.3 能复盘活动实施过程阐述反馈建议

6.1 健康教学活动设计（详案）	7.1 教学准备清单确认表	8.1 健康教学活动模拟教学视频记录	9.1 幼儿体育基本动作标准微课示范集	10.1 幼儿园健康教育活动评价表
6.1 文案设计与撰写能力	7.1 科学严谨，细心、周全	8.1 组织实施能力、团结合作	9.1 解决问题能力、应急反应能力	10.1 归纳总结、反思能力

学习任务 1　幼儿园健康教育活动实施

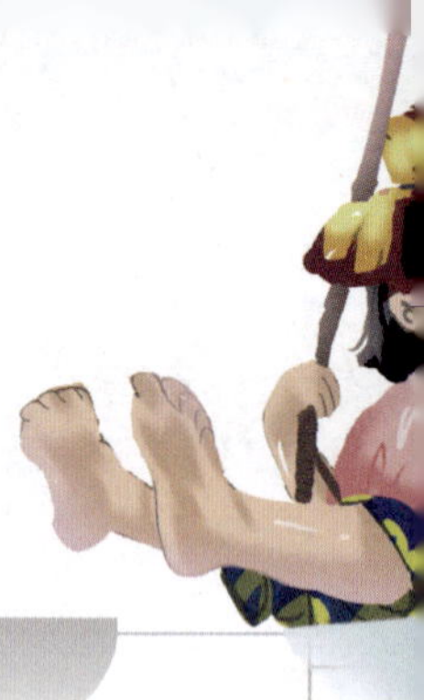

1 获取信息 → 2 制定计划与决策 → 3 活动实施 → 4 过程监控及记录 → 5 评价反馈

	工作子步骤	教师活动	学生活动	评价
获取信息	1. 认真听取幼儿园健康学科组组长或专业教师安排的工作任务，阅读任务书并做标记，结合任务要求对幼儿园进行调研形成幼儿园健康活动情况分析表。	1. 提供《纲要》《指南》及《任务书》，指导学生进行阅读，要求学生了解幼儿健康活动基本概念和范畴，并标注关键词明确工作要求。 2. 回顾前置学习任务，引导学生分享、讨论实地考察（见习、参观）幼儿园健康活动的情况，要求筛选出有代表性的信息，包括图片、视频、文字记录等。 3. 讲解《纲要》和《指南》中健康活动组织的要求，引导学生进行比较梳理，包括幼儿园开展健康活动频次、类型、场地、材料、幼儿健康能力发展水平等内容，并同步做好记录。 4. 组织小组互评，参与讨论，汇总整理一份幼儿园健康活动情况调研记录表。 教学方法： 任务驱动法、分析比较法、展示法、启发法。	1. 阅读《纲要》和《指南》健康领域内容及《任务书》学习健康活动概念和基本范畴并标注关键词，明确工作任务要点和完成时间。（15 分钟） 2. 小组分享讨论实地考察（见习、参观）幼儿园调研健康活动开展的相关资料（图片、视频、文字记录）等，筛选出幼儿园开展健康活动的相关信息。（20 分钟） 3. 参照《纲要》和《指南》中健康活动组织的要求如开展健康活动频次、类型、场地、材料、幼儿各年龄班健康发展水平等，进行比较、梳理、记录。（25 分钟） 4. 通过各小组展示，集体进行汇总、概况，综合整理一份幼儿园健康活动情况调研记录表。（20 分钟）	1. 过程性评价：参与度、主动性、表达能力、聆听技巧、职业素养水平。 ①学生能否积极主动查阅资料，共同学习幼儿身体发展目标（师评） ②组内成员是否积极共同讨论（师评） ③筛选分析信息是否真实、准确、有代表性、全面。（计分互评） ④能否协同合作按照实际开展健康活动情况制定幼儿园健康活动情况调研记录表。（师评） ⑤能否合理地进行整合评估。（师评） 2. 成果验收：幼儿园健康活动情况调研记录表。 3. 成果评价标准：要求要点清晰、明确，内容真实、具体、有代表性、全面。
	课时： 2 课时 1. 用品（工具）：纸、笔、手机等。 2. 软资源：《纲要》《指南》《任务书》、搜集记录的图片、文字、视频信息等。 3. 教学设施：笔记本电脑、投影、音响、麦克风等。			
	2. 参照《指南》，以 3—6 岁儿童健康学习与发展的规律和特点为依据，在《纲要》和《指南》健康领域教育建议的指引下确定健康教育对幼儿发展的价值、内容、方法、途径、主要类型，绘制健康活动思维导图，为健康活动开展做支架，保障健康活动顺利开展。	1. 教师组织学生阅读《纲要》和《指南》的健康领域内容，指导学生在阅读过程中标记关于健康教育对幼儿发展的价值、幼儿健康的学习特点、健康教育的内容和途径的关键词。 2. 组织学生观看活动视频，提出观看的重点和要求。	1. 阅读《纲要》和《指南》的健康领域内容，学习健康教育对幼儿发展的价值、幼儿健康的学习特点、健康教育的内容和途径。（15 分钟） 2. 观看《幼儿园健康教育活动概述》视频，通过评价的方式总结幼儿园健康活动的价值和特点。（10 分钟）	1. 过程性评价：获取、筛选和整合信息能力、参与度和主动性，表达能力、聆听技巧。 ①学生能否积极主动查阅资料，共同学习幼儿园健康教育活动概述的相关内容。（师评、抽查） ②各小组成员是否认真观看《幼儿园健康教育活动概述》视频，是否能积极共同讨论。（师评）

1 获取信息 2 制定计划与决策 3 活动实施 4 过程监控及记录 5 评价反馈

工作子步骤	教师活动	学生活动	评价
	3. 组织学生开展抢答活动，引导学生围绕关键词结合实际案例回答。 4. 巡回指导学生提取幼儿园健康活动思维导图中的关键词，制作健康活动思维导图。 5. 组织学生上台展示并讲解幼儿园健康活动思维导图，引导学生进行评价；教师根据学生的完成质量进行点评帮助学生梳理、完善健康活动思维导图。 教学方法： 引导文法、视频案例分析法、讨论法、展示法、任务驱动法。	3. 各小组以抢答方式，结合案例讲解幼儿园健康教育的内容和方法的使用范畴。(10 分钟) 4. 各小组讨论、汇总和罗列幼儿园健康教育对幼儿的发展价值、幼儿健康的学习特点、健康教育的内容、方法和途径，并绘制出幼儿园健康活动思维导图。(25 分钟) 5. 分组进行展示学习成果，各小组根据互评、师评进一步优化本组的幼儿园健康活动思维导图。(20 分钟)	③筛选分析信息是否真实、准确、有代表性、全面。（计分互评） ④能否协同合作绘制完整的幼儿园健康活动思维导图，绘制的思维导图是否包含幼儿园健康教育活动概述的各个要素和关键信息，思维导图的构图和色彩搭配是否和谐。（互评） ⑤能否合理地进行整合评估。（师评） 2. 成果验收：幼儿园健康活动思维导图。成果评价标准：要求绘制的思维导图图文并茂、构图比例协调、色彩搭配和谐；一级标题有条理，二级标题的内容要有代表性、全面。
课时： 2 课时 1. 用品（工具）：大白纸、马克笔、磁铁、白板等。 2. 软资源：《纲要》《指南》和《幼儿园健康教育活动概述》视频等。 3. 教学设施：笔记本电脑、投影、音响、麦克风等。			
3. 根据幼儿园健康教育年龄阶段目标以及幼儿园健康教育横向结构目标，整合出各年龄健康能力目标层次表，从而优化健康活动目标体系。	1. 布置任务，提供《纲要》和《指南》，说明阅读学习范围及标注核心词的要求。 2. 提出问题请学生围绕制定健康领域目标的依据、幼儿园目标纵向层级和横向关系进行讨论，巡回指导学生绘制目标结构层次图。 3. 听取小组代表展示健康活动目标结构层次图并进行简评，结合疑难详细讲解、梳理健康活动目标的层级关系及具体内容。 4. 组织小组进行竞赛抢答，强化对健康横向结构（各年龄阶段的目标及各具体目标的维度）的区分和理解。	1. 接受任务，阅读《纲要》和《指南》健康领域目标内容，并标注关键句，圈出核心词。(20 分钟) 2. 小组围绕教师提出的制定健康领域目标的依据、幼儿园目标纵向层级和横向关系进行讨论，按照个人理解绘制目标结构层次图。(20 分钟) 3. 小组代表展示健康活动目标结构层次图并进行说明，提出疑难认真听取教师讲解健康活动目标的层级关系及具体内容。(30 分钟) 4. 小组进行竞赛抢答，深化对健康横向目标结构（各年龄阶段的目标及各具体目标的维度）的区分和理解。(50 分钟)	1. 过程性评价：参与度和主动性，竞争力、表达能力、聆听技巧、反应速度。 ①是否熟悉幼儿园教育教学指导文件内容。（师评、抽查） ②能否对目标层级、目标类型、目标维度有所区分。（师评） ③能否区分或说出各年龄阶段健康能力发展的具体目标。（组间互评） 2. 成果验收：各年龄健康能力目标层次表。 3. 成果评价标准：要求体现目标层级关系，内容要清晰，逻辑要顺畅，方便查阅。

学习任务 1 幼儿园健康教育活动实施

1 获取信息 → 2 制定计划与决策 → 3 活动实施 → 4 过程监控及记录 → 5 评价反馈

	工作子步骤	教师活动	学生活动	评价
获取信息		5. 指导学生整合各年龄健康能力目标层次表并查漏补缺，予以评价。 教学方法： 任务导向、讨论法、小组工作、竞赛法。	5. 小组整合、填写各年龄健康能力目标层次表，并进行互评查漏补缺完善内容。（40 分钟）	
获取信息	**课时：** 4 课时 1. 用品（工具）：纸、笔、彩色笔、尺子、计时器、抢答板、计分板、手机等。 2. 软资源：《纲要》、《指南》目标部分、教学课件、小竞赛题目等。 3. 教学设施：笔记本电脑、投影、音响、麦克风等。			
制定计划与决策	1. 根据《指南》和已优化的健康活动目标体系，明确健康活动具体内容，规划教学活动场地，合理进行人员分工，制定健康活动方案，为健康活动实施提供可行性方案。	1. 布置任务，提供《幼儿园健康教育活动》工作页，指导学生进行阅读并梳理任务要求。 2. 巡回指导学生通过网络查找幼儿园健康教育活动的相关网址，并根据幼儿园健康教育活动内容的分类汇总各种健康活动的教案、视频和课例资源。 3. 指导各小组讨论并总结幼儿园健康活动的组织形式和导入方法，组织学生角色扮演，以更好地理解不同的导入方法。 4. 组织学生竞赛抢答幼儿园健康教育活动常见的教学方法。 5. 评价学生学习成果，查漏补缺幼儿园健康活动资源包。 教学方法： 任务导向、讨论法、角色扮演法、小组工作。	1. 接受任务，阅读工作页，总结幼儿园健康活动资源包的内容和制作要求。（10 分钟） 2. 小组收集幼儿园健康教育活动的相关网址，并根据幼儿园健康教育活动的内容分类整理好幼儿园健康活动的教案、视频和课例资源。（60 分钟） 3. 小组讨论幼儿园健康活动的组织形式和常见的导入方法，通过角色扮演的方式巩固健康活动常见的导入方法。（60 分钟） 4. 学生竞赛抢答幼儿园健康教育常见的教学方法并结合例子说明。（15 分钟） 5. 集体讨论和汇总幼儿园健康活动资源包的内容。（15 分钟）	1. 过程性评价：参与程度、效率、组内分工的情况、组内沟通的情况。 ①是否能提取任务和对应的要求。（互评） ②能否快速、准确找到常见的幼儿园健康教育活动网址；能否按照幼儿园健康活动的内容查找并汇总对应的教案、视频和课例资源。（师评、抢答） ③能否完整地总结出幼儿园健康活动的组织形式和常见的导入方法；能否生动地模仿幼儿园健康活动常见的导入方式。（集体评、竞赛） ④能否快速、准确说出幼儿园健康教育活动的常见教学方法；能否有条理、完整地整理所涉及的信息制作幼儿园健康活动资源包。 2. 成果验收：幼儿园健康活动资源包。 3. 成果验收标准：幼儿园健康活动资源包内容全面、清晰。
制定计划与决策	**课时：** 4 课时 1. 用品（工具）：大白纸、马克笔、磁铁、大白板等。 2. 软资源：幼儿园健康活动资源包任务书、工作页等。 3. 教学设施：笔记本电脑、投影、音响、麦克风等。			

工作子步骤	教师活动	学生活动	评价
2. 根据健康活动实施方案搜集健康活动的“现场教学视频”“案例呈现”“阅读知识点”“教学图片”等多种栏目帮助学生掌握知识点，重在提升学生设计、组织和实施健康教育活动的能力，具有实践性。	1. 提供任务书，确定主题内容，结合案例、课件，讲解一份完善的幼儿园健康实施计划的制定依据、主要内容、规划过程及注意事项。 2. 组织学生讨论利用健康活动资源包，帮助筛选，巡回指导，优化所选内容。 3. 梳理学生选择的内容，举例说明相应的教学环境要求、场地规划和材料准备，引发思考请学生通过绘制健康活动主题网络图完成健康活动实施计划的主体部分。 4. 巡回指导、参与学生小组讨论、提醒学生注意时间、人员分配及撰写幼儿园健康活动实施计划的注意事项。 5. 查阅小组计划，组织互评，提出建议、优化调整健康活动实施计划。 教学方法： 案例教学法、讨论法、讲解法。	1. 阅读任务书，明确任务要求和主题内容，通过案例学习获取计划撰写的要素、依据及过程并填写工作页。（30 分钟） 2. 小组讨论利用健康活动资源包筛选符合主题的健康活动的类型和具体活动内容并综合衡量其趣味性、生活化、健康性、可操作性的价值，用标签纸标注。（30 分钟） 3. 小组依据已优选的健康活动类型、具体健康活动内容对相应的场地、环境、材料做出合理配置和整体布局，绘制健康活动月主题网络图。（50 分钟） 4. 小组讨论、明确工作时间、预估任务难度与用时、合理分工，按照健康活动计划制定的依据和要求撰写幼儿园健康活动实施计划。（30 分钟） 5. 分享小组计划，听取教师、同学建议，优化调整健康活动实施计划。（20 分钟）	1. 过程性评价：参与程度、效率、提取筛选能力、全局观、组内沟通、协调的情况。 ①是否善于利用健康活动资源包内的资源。（师评） ②能否按要求填写工作页。（师评） ③能否统筹安排健康活动的实施。（师评） 2. 成果验收方式：幼儿园健康活动实施计划。 3. 成果验收标准：计划内容贴切主题，目标清晰，全面规划，从实际出发，可行性强。

课时： 4 课时

1. 用品（工具）：纸、笔、彩色笔、展示板、便笺纸等。
2. 软资源：任务书、幼儿园健康活动资源包、工作页、教学课件等。
3. 教学设施：摄像机、笔记本电脑、投影、音响、麦克风等。

学习任务 1　幼儿园健康教育活动实施

① 获取信息　② 制定计划与决策　③ 活动实施　④ 过程监控及记录　⑤ 评价反馈

制定计划与决策

工作子步骤	教师活动	学生活动	评价
3. 根据幼儿园活动设计撰写标准，结合各年龄阶段幼儿健康发展的现有水平和需要，准确对幼儿健康教学活动目标进行定位，选择合适的教学方法，编写健康教学活动设计，能够有序组织幼儿园健康教学活动，能有效提升教学实施组织能力。	1. 教师提供《幼儿园健康教育活动》工作页，巡回指导学生边阅读边画出健康活动设计的步骤、幼儿园教学活动设计的标准、健康活动目标的撰写要求等内容的关键词。 2. 教师巡回指导学生查找并罗列健康活动设计的一般步骤和标准，并组织学生竞答。 3. 组织各小组讨论幼儿园健康活动的三维目标及撰写要求，指导学生找出给出的健康活动目标中存在的问题和提出修改建议。 4. 巡回指导各小组编写完整的幼儿园健康活动设计，及时总结学生在编写活动设计过程中的共性问题。 5. 组织学生代表上台展示并讲解本组的活动设计，结合学生的共性问题作出评价，引导各小组进一步优化本组活动设计。	1. 学生阅读《幼儿园健康教育活动》工作页，画出健康活动设计的步骤、幼儿园教学活动设计的标准、健康活动目标的撰写要求等内容的关键词。(20 分钟) 2. 各小组罗列健康活动设计的一般步骤和标准，并以竞答方式巩固。(20 分钟) 3. 各小组讨论幼儿园健康活动的三维目标以及撰写要求，能找出教师给出的健康活动目标存在的问题并提出改进建议。(40 分钟) 4. 各小组结合幼儿园健康活动资源包编写完整的幼儿园健康活动设计。(60 分钟) 5. 各小组派代表上台展示并讲解本组的活动设计，根据互评和师评进一步完善本组的健康活动设计。(20 分钟)	1. 过程性评价：主要观察参与度、倾听与分析、提炼与总结、团队合作能力等。 ①是否熟悉《幼儿园健康教育活动》工作页中关于编写幼儿园健康活动设计的内容。（师评 、抽签问答） ②能否罗列健康活动设计的一般步骤和标准。（互评） ③能否学以致用写出具体健康活动的活动目标和撰写要求，能否准确分析教师给出的健康活动目标并提出修改建议。（组间互评、教师点评） ④是否能编写完整的幼儿园健康活动设计；能否根据师评和互评优化本组活动设计。（师评、互评） 2. 成果验收：具体健康教育活动设计。 3. 成果评价标准：规定时间内完成具体健康教育活动设计，要求符合活动对象的年龄特点、活动设计完整且可操作性强。

课时： 4 课时

1. 用品（工具）：大白纸、马克笔、磁铁、大白板等。
2. 软资源：幼儿园健康活动资源包任务书、《幼儿园健康活动》工作页、幼儿园健康活动设计案例等。
3. 教学设施：笔记本电脑、投影、音响、麦克风等。

基准学时：40 课时

1 获取信息　2 制定计划与决策　3 活动实施　4 过程监控及记录　5 评价反馈

活动实施

工作子步骤	教师活动	学生活动	评价
1. 根据幼儿园健康活动实施方案进行场地布置、多媒体设备检查、教学具准备，填写教学准备清单确认表。	1. 布置任务，请学生在幼儿园健康活动计划和具体健康活动实施设计中标注需要确认准备的场地、设施设备、材料等。 2. 组织学生以小组为单位布置教学实施中所需场地，投放材料，衡量其适宜性并予以指导。 3. 观察各小组操作、测试、实验过程，记录各组准备情况并适当予以帮助，和学生共同发现问题，解决问题，形成预案。 4. 提出营造健康活动氛围的思路，引发学生讨论并对各组头脑风暴的结果进行梳理总结。 5. 组织参与评价环节，予以建议。 教学方法： 任务导向、实验法、展示法、头脑风暴、小组工作。	1. 接受任务，阅读幼儿园健康活动计划和具体健康活动实施设计，标注需要确认准备的场地、设施设备、材料等。（20 分钟） 2. 小组布置教学实施场地、投放材料。例如：活动区、操作区的桌椅摆放；健康区、自然角的材料投放等确认其可操作性和便捷性。（30 分钟） 3. 小组操作多媒体测试课件、音频、视频等资源正常使用实验核查记录健康活动工具、材料，发现问题及时调整解决，保障健康活动材料安全、充足、实验原理清晰、可观察、可操作。（60 分钟） 4. 小组讨论头脑风暴营造健康活动的探究氛围的方法，用展板呈现并能予以说明。（30 分钟） 5. 小组互评，通过贴标签的方式核验教学准备清单中有误、遗漏之处，调整后准确填写教学准备清单确认表。（20 分钟）	1. 过程性评价：参与程度、效率、分工合作、操作实践、解决问题的情况。 ①是否合理布置的场地、材料。（组内互评） ②能否快速、准确测试具体健康活动的设备、资源及材料并能解决突发状况。（师评） ③能否按照标准要求操作健康实验的工具、材料。（集体评） ④能否详尽列出教学准备清单并认真确认。 2. 成果验收：教学准备清单确认表。 3. 成果验收标准：清单内容全面、清晰、确认无误有应对预案。

课时： 4 课时

1. 用品（工具）：纸、笔、桌、椅、具体健康活动教学具、材料、工具、不同颜色便笺纸等。
2. 软资源：教学准备清单任务书、幼儿园健康活动计划、具体教学活动设计、健康实验工具、材料说明书、工作页等。
3. 教学设施：笔记本电脑、投影、音响、麦克风等。

课程 4　幼儿园教学活动实施

学习任务 1　幼儿园健康教育活动实施

1 获取信息　2 制定计划与决策　3 活动实施　4 过程监控及记录　5 评价反馈

活动实施

工作子步骤	教师活动	学生活动	评价
2. 根据幼儿教育职业特点，通过“模拟教学”（或模拟训练）的方式，按照已优化过的教学活动设计组织实施健康教育活动，有效促进幼儿倾听、表达能力发展，提升幼儿健康发展水平。让学生更直观地从理论与实践的双向层面对幼儿健康教育组织实施有深入的了解，达到提高教育设计能力的教学目标。	1. 教师引导学生认真阅读《幼儿园健康教育活动》工作页，指导学生思考问题并做好记录。 2. 教师组织学生开展抢答关于健康活动实施的相关问题，并作出总结。 3. 教师引导各小组合理分工并明确自身职责；引导老师根据教学准备清单表准备好对应的教学具和环境布置并完整开展健康教育活动。 4. 提醒学生把控健康活动各环节的时间并观察幼儿的参与情况。指导其他学生做好录像和记录工作，方便对各小组的活动实施过程进行评价。 5. 提醒各小组的老师正确引导幼儿正确操作健康活动实验以及运用多种形式记录探究结果。 教学方法： 任务驱动法。	1. 学生认真阅读《幼儿园健康教育活动》工作页，观看PPT，思考问题包括：健康活动实施原则、激发幼儿健康活动探究的技巧、健康活动操作原理和健康探究结果记录方法并做好记录。(80分钟) 2. 小组抢答健康活动实施原则、激发幼儿健康活动探究的技巧、健康活动操作原理和健康探究结果记录方法。(80 分钟) 3. 各小组能明确分工：选出三位组织本次活动的老师、录像者和观看评价者等；老师们能根据教学准备清单表准备好对应的教学具和环境布置并清晰完整地开展健康教育活动。(80 分钟) 4. 各小组的老师们能把控健康活动各环节的时间，能观察各个幼儿的情况并发现没有探究兴趣幼儿的原因，及时引导幼儿积极参与探究活动。(60 分钟) 5. 在实践过程中能引导幼儿正确操作健康活动实验，并使用多种形式如图片、表格、数据或其他符号记录探究结果。(20 分钟)	1. 过程性评价：主要观察小组合理分工、组员的组织能力、应急能力、组员参与积极性。 ①思考问题是否全面，观点表述是否清晰，能否掌握幼儿园健康教育活动相关的内容要点。（师评、组间互评） ②能否正确理解并积极抢答健康活动实施原则等相关内容。（师评） ③能否合理分工，能否根据教学准备清单表准备好对应的教学具和环境布置并完整地开展健康教育活动。（互评） ④能否严格把控健康活动各环节的时间并观察幼儿的参与情况；能否及时引导没有探究兴趣的幼儿参与活动。（集体评、竞赛） ⑤能否启发幼儿使用多种方法记录探究结果。(师评) 2. 成果验收方式：各小组健康教育活动现场模拟教学实施。 3. 成果验收标准：各小组分工合理，模拟实施环节完整，各环节衔接自然，教师能关注每位幼儿，及时调整教学策略,充分激发幼儿参与探究的兴趣。

课时： 8 课时

1. 用品（工具）：白纸、圆珠笔、展示板等。
2. 软资源：《幼儿园健康教育活动》工作页、教学准备清单表、各小组开展模拟教学的 PPT 等。
3. 教学设施：笔记本电脑、投影、音响、麦克风、电子笔、手机、投影仪、录像机等。

工作子步骤	教师活动	学生活动	评价
1. 利用健康教学活动视频记录，按照《指南》健康领域的指导原则，结合幼儿教师体育活动基本动作的标准要求，针对教师示范动作的标准性进行点评分析，形成微课集。	1. 提供健康活动实施微课视频，简要记录体育运动的相关知识与技能、身体机能练习的有关知识和技能、队列队形练习等内容。 2. 引导学生分析课例、组织学生学习健康教育活动内容、标准以及活动原则；对在实施与指导幼儿体育教育活动中发生“安全事故”的主要问题、影响、可能原因进行分析。 3. 梳理学生观点运用PPT讲解体育运动的相关知识与技能、身体机能练习的有关知识和技能、队列队形练习等内容，指导要点并要求学生填写工作页。 4. 参与幼儿健康活动教学体育基本动作标准微课集的制作，组织学生分组设计幼儿体育基本动作包括：走、跑、跳、投掷、平衡、钻爬、攀登等基本动作,平衡、协调、灵敏、柔韧、力量、速度等身体机能练习动作，模仿操、徒手体操、轻器械体操，口令、信号与动作，列队，变化队形等。并进行视频记录予以评价。 教学方法： 视频案例教学法、角色扮演法。	1. 观看健康活动实施微课视频，简要记录体育运动的相关知识与技能、身体机能练习的有关知识和技能、队列队形练习等内容。(30 分钟) 2. 分组讨论活动课例梳理记录，分析、概括健康教育活动内容、标准以及活动原则；分析在实施与指导幼儿体育教育活动中发生“安全事故”的主要问题、影响及可能导致的原因及应对策略。(30 分钟) 3. 认真听取教师讲解学习体育运动的相关知识与技能、身体机能练习的有关知识和技能、队列队形练习等内容。指导要点结合 PPT 内容填写工作页。(40 分钟) 4. 制作幼儿健康活动教学体育基本动作标准微课集，分组设计幼儿体育基本动作包括：走、跑、跳、投掷、平衡、钻爬、攀登等基本动作，平衡、协调、灵敏、柔韧、力量、速度等身体机能练习动作，模仿操、徒手体操、轻器械体操，口令、信号与动作，列队，变化队形等。将视频记录剪辑，进行组间分享互评。(60 分钟)	1. 过程性评价：主要观察参与度、倾听与分析，提炼与总结等。 ①是否能认真记录微课视频内容。(师评、抽签问答) ②能否对课例的“安全事故”的类型、影响、原因进行分析。(师评) ③能否针对教学问题提炼教学机智，积极思考处理、应对的策略。采用小组互评的方式 。(组间互评、教师点评) ④是否能灵活处理“安全事故”关注教学经验的积累。(组间互评) 2. 成果验收：幼儿体育基本动作标准微课示范集。 3. 成果评价标准：规定时间内完成幼儿体育基本动作标准微课集，要求考虑全面细致具有学习借鉴的意义和可操作性。

课时： 4 课时

1. 用品（工具）：纸、笔、健康活动材料、手机、摄像机等。
2. 软资源：视频（健康活动实施）、活动记录表、工作页、视频剪辑软件等。
3. 教学设施：运动器械、笔记本电脑、投影、音响、麦克风等。

学习任务 1 幼儿园健康教育活动实施

1 获取信息 2 制定计划与决策 3 活动实施 4 过程监控及记录 5 评价反馈

评价反馈

工作子步骤	教师活动	学生活动	评价
1. 依据《指南》《纲要》《幼儿园工作规程》，结合幼儿园健康教育目标和内容，对学生健康教学活动进行评价，并填写幼儿园健康领域活动评价表。	1. 教师组织学生认真阅读《幼儿园健康教育活动》工作页和幼儿园健康活动评价表，引导学生汇总评价要素。 2. 组织学生分组讨论，巡回指导，将结果布置于展示板，帮助学生进行分析。 3. 指导学生结合各小组的活动设计和模拟教学实施过程情况，客观填写幼儿园健康教育活动评价表，评价各小组组员的任务表现。 4. 组织学生对各小组健康教育活动模拟教学实施以来的不足之处提出改进建议。 5. 指导各小组代表向健康教研组反馈意见，根据教研组的建议进一步完善幼儿园健康活动月的教学计划。 教学方法： 直观展示法、讨论法。	1. 认真阅读《幼儿园健康教育活动》工作页和幼儿园健康活动评价表，明确评价要素。（20 分钟） 2. 各小组讨论、汇总幼儿园健康教育活动设计和模拟教学实施过程的评价要素以及评价过程中需要注意的问题。（20 分钟） 3. 能客观填写幼儿园健康教育活动评价表，能依据主客观评价标准，评价各小组的教学设计和评价组员的任务表现。（60 分钟） 4. 能结合各小组组织幼儿园健康活动模拟教学实施以来的不足之处，提出改进建议。（40 分钟） 5. 各小组代表向健康教研组反馈意见，根据教研组的建议进一步调整完善幼儿园健康活动月的教学计划。（20 分钟）	1. 结果性评价：各小组的教学计划是否完整、教学设计是否完整且符合对应年龄段幼儿的实际情况、健康活动模拟教学实施是否完整流畅等。 2. 过程性评价：汇报积极性、团队合作性、语言表达的全面性。 ①是否积极主动全面地对幼儿园健康教学活动模拟实施以来的内容（包括实施计划、活动设计和模拟实施过程）进行反思。（师评） ②能否按要求将问题进行归类，提出意见和建议。（师评） ③能否翔实地填写评价反思表。（组间互评） ④能否根据健康教研组的建议进一步完善幼儿园健康活动月的教学计划。（集体评、竞赛） 3. 成果评价：幼儿园健康教育活动评价表。 4. 成果评价标准：学生反馈意见是否有针对性，是否有实效性，评价反思表问题捕捉是否准确，针对性强。学生提出的建议是否可行，是否具有代表性和针对性。

课时： 4 课时
1. 用品（工具）：纸、笔等。
2. 软资源：幼儿园健康教育活动评价表等。
3. 教学设施：笔记本电脑、投影、音响、麦克风等。

基准学时：40 课时

学习任务 2　幼儿园语言教育活动实施

任务描述

学习任务学时：**40** 课时

任务情境

广州市某幼儿园本学期中班语言教学活动以“学习红色经典系列活动”主题进行，要求活动以《指南》语言领域的学习目标为标准，以及依据幼儿语言发展的规律和要求，培养幼儿表述的方法和技能技巧，发展幼儿的倾听和表达能力，促进幼儿情感、个性和社会性和谐发展；在学习红色经典系列活动过程中能引导幼儿树立对民族文化的自信心，从而升华为爱国之情。该幼儿园语言学科组组长咨询我校幼儿教育专业是否可协助完成该任务，时间为 10 周共 40 课时。我院专业教师认为我院学生具备完成该任务的条件和能力，准备接受任务，带领同学们共同完成。

具体要求见后页。

guó
国

工作流程和标准

工作环节 1

获取信息

1

1. 认真听取幼儿园语言学科组组长或专业教师安排的工作任务，阅读任务书并做标记，结合任务要求能细心地对幼儿园语言活动开展情况和红色经典系列学习情况进行调研，形成幼儿园语言活动情况分析表。
2. 参照《指南》，以 3—6 岁儿童语言学习与发展的规律和特点为依据，在《纲要》和《指南》语言领域教育建议的指引下，耐心总结语言教育对幼儿发展的价值、内容、方法、途径、设计原则，绘制语言活动思维导图，为语言活动开展做支架，保障语言活动顺利开展。
3. 根据幼儿园语言教育总目标、各年龄阶段目标以及幼儿园语言教育横向结构目标，整合出各年龄科学能力目标层次表，从而优化语言活动目标体系，把控语言活动实施的方向。

主要成果：

1. 幼儿园语言活动情况调研记录表（幼儿园语言活动开展情况报告和幼儿园红色经典系列学习情况报告）
2. 幼儿语言活动思维导图
3. 各年龄语言能力目标层次表

工作环节 2

制定计划与决策

2

1. 以《纲要》《指南》语言领域教育指导的部分为指引，熟练运用网络资源，搜集、整理、汇总幼儿语言活动组织形式、导入方法、语言教法运用原理以及符合主题内容的优秀课例资源，包括红色经典儿童故事、红色经典革命儿歌、红色经典芭蕾剧或电影、红色经典人物传记等活动资源，形成幼儿园语言活动资源包，为制定计划打好基础。
2. 在已明确的语言活动目标体系指引下，结合幼儿园语言活动资源包的支持，能根据中班幼儿实际水平绘制红色经典主题的主题网络图，能标记并探讨主题网络图中的红色经典资料的教育价值和意义，能根据中班幼儿红色经典主题的主题网络图编写本学期的学习计划，全面规划教学活动场地和布局，合理进行人员分工，为语言活动实施提供可行性保障。
3. 根据幼儿园活动设计撰写标准，按照主题语言活动计划，结合各年龄阶段幼儿语言发展的现有水平和需要，准确对幼儿语言教学活动目标进行定位，选择合适的教学方法，编写语言教学活动设计，保障幼儿园语言教学活动的顺利开展，有效提升教学策划组织能力。

主要成果：

1. 幼儿园语言活动资源包（包括红色经典儿童故事、红色经典革命儿歌、红色经典芭蕾剧或电影、红色经典人物传记等活动资源）
2. 幼儿园语言活动实施计划
3. 具体语言教育活动设计（详案）

工作环节 3

活动实施

3

1. 根据幼儿园语言活动实施计划和具体教学活动设计进行场地布置、多媒体设备检查、教学用具、课件、相关音频、视频的实测，填写教学准备清单确认表，营造语言活动轻松、愉快、充满好奇和探究的氛围，为活动实施做好全面准备。
2. 根据幼儿教育职业特点和专业要求，通过“模拟教学”（或模拟训练）的方式，按照已优化的教学活动设计、组织、实施科学活动，有效提高幼儿的倾听能力和表达能力，保障语言活动目标的顺利达成。在模拟实施过程中，教师能在与幼儿互动过程中保持耐心、爱心和责任心；能将红色经典儿童故事红色经典其他内容渗透到其他领域，引导幼儿树立对民族文化的自信心，从而升华为爱国之情。实现从理论学习到工作实践的双向互通，提升对幼儿语言活动的组织、实施能力。

主要成果：

1. 教学准备清单确认表
2. 语言教育活动模拟教学实施

工作环节 4

过程监控及记录

4

在《纲要》和《指南》教学指导部分的指引下，结合语言教育活动不同类型（讲述活动、听说游戏活动、早期阅读活动等）的指导要点，监控实施过程中的突发状况（如能解决语言活动中幼儿无法顺畅表达自己对红色经典儿童故事或红色经典其他内容的看法和树立对民族文化的自信心等问题）并予以解决策略，形成微课集。完善关注教育对象、分析、解决实际教学问题的教育机制，促进幼儿园语言活动的有效开展。

主要成果：

幼儿语言活动教学机智微课集

工作环节 5

评价反馈

5

依据幼儿园语言活动评价标准及《幼儿园工作规程》相关教学组织要求，结合教学计划设计和具体教学活动模拟情况，对整个过程进行结果性和过程性等多种形式的评价，填写幼儿园语言活动评价表，包括评价教师能否引导幼儿讲述自己对红色经典儿童故事或红色经典其他内容的看法和树立幼儿对传统文化的自信心，向语言教研组反馈意见，促进幼儿园语言活动月工作的顺利开展。

主要成果：

幼儿园语言教育活动评价表

学习内容

知识点	1.1《纲要》语言领域内容 1.2《指南》语言领域 1.3 语言活动实施任务书	2.1 语言教育对幼儿发展的价值 2.2 幼儿语言的学习特点 2.3 幼儿园语言教育的内容 2.4 幼儿园语言教育的方法 2.5 幼儿园语言教育的途径	3.1 幼儿园语言教育目标制定的依据 3.2 幼儿园语言教育总目标 3.3 幼儿园语言教育活动年龄阶段目标 3.4 幼儿园语言活动具体活动目标维度	4.1 幼儿常见语言活动组织形式 4.2 幼儿常见语言活动导入方法 4.3 语言教学法的运用原则	5.1 计划撰写要素 5.2 语言活动主题网络图的架构 5.3 筛选符合中班幼儿实际水平的红色经典内容的原则 5.4 制定语言活动计划依据
技能点	1.1 能实地考察、搜集、整理幼儿语言活动图片 1.2 能细心对照《纲要》《指南》中语言领域内容进行比较分析 1.3 能概况幼儿园语言活动开展情况和幼儿园红色经典系列学习情况	2.1 能阐述幼儿语言活动的价值、特点 2.2 能分类幼儿语言活动内容 2.3 能甄别幼儿语言教育方法的使用范畴 2.4 能耐心梳理并图式化幼儿语言活动理论知识	3.1 能说出幼儿园语言教育目标制订的依据 3.2 能正确描述幼儿园语言教育活动总目标 3.3 能绘制幼儿园语言教育纵向层次目标 3.4 能区分幼儿园语言教育横向结构（各年龄阶段、各维度）目标	4.1 能熟练运用幼儿语言活动网络资源 4.2 能搜索汇总语言内容中红色经典主题的优秀课例资源（包括红色经典儿童故事、红色经典革命儿歌、红色经典芭蕾剧或电影、红色经典人物传记等活动资源） 4.3 能汇总常见语言活动形式与导入方法 4.4 能举例阐述语言教学法的具体运用	5.1 能根据中班幼儿实际水平绘制红色经典主题的主题网络图，标记并探讨主题网络图中的红色经典资料的教育价值和意义 5.2 能根据中班幼儿红色经典主题的主题网络图编写本学期的学习计划 5.3 能够合理进行人员分工、时间安排 5.4 能制定、撰写合理可操作的语言活动计划
工作环节	工作环节 1 获取信息			制定计划与决策 工作环节 2	
成果	1.1 幼儿园语言活动情况调研记录表	2.1 绘制语言活动思维导图	3.1 各年龄语言能力目标层次表	4.1 幼儿园语言活动资源包	5.1 幼儿园语言活动实施计划
素养	1.1 信息检索与比较、实事求是、细心	2.1 观察力、图示化能力、耐心	3.1 分析整合能力	4.1 搜集筛选信息、分类整合能力	5.1 统筹协调、全局观念、民族文化自信心

学习任务 2　幼儿园语言教育活动实施

6.1 语言活动设计的步骤 6.2 幼儿园教学活动设计的标准 6.3 语言活动目标的撰写要求	7.1 语言活动教学场地布置要求 7.2 设施、设备安全检查要求 7.3 幼儿语言材料选择、投放、制作标准	8.1 语言活动实施原则 8.2 引导幼儿认真倾听并积极表达的技巧 8.3 语言活动的基本流程 8.4 讲述活动与其他领域内容的渗透	9.1 讲述活动的指导要点 9.2 听说游戏活动的指导要点 9.3 早期阅读活动的指导要点	10.1 幼儿园语言教育活动评价要素 10.2 幼儿园语言教育活动评价标准
6.1 能够正确编写具体活动目标 6.2 能撰写完整的语言活动设计	7.1 能布置语言活动场地 7.2 能准备并测试对应的音频、视频、多媒体课件等教学资源 7.3 能根据具体活动选择、制作、摆放语言材料 7.4 能准确填写教学准备清单确认表	8.1 能清晰展示语言教育活动流程 8.2 能有效引导幼儿认真倾听并积极表达，整个师幼互动过程中能保持耐心、有爱心和责任心 8.3 能把控语言活动各环节时间分配 8.4 能结合实际内容阐述语言教育活动常用的方法 8.5 能将语言教育活动渗透到其他领域，能引导幼儿说出对红色经典儿童故事或其他内容的看法并树立对民族文化的自信心，从而升华为爱国之情	9.1 能解决讲述活动中幼儿讲述内容不完整的策略 9.2 能应对听说游戏活动中幼儿词汇不足的策略 9.3 能激发早期阅读活动中幼儿认真参与的策略 9.4 能解决语言教育活动中幼儿无法流畅表达自己对红色经典故事或红色经典其他内容的看法和树立对民族文化的自信心的策略	10.1 能够准确填写幼儿园语言教育活动评价表 10.2 能依据主客观评价标准，评价组员的任务表现；能评价教师能否引导幼儿讲述自己对红色经典儿童故事或红色经典其他内容的看法和引导幼儿树立对民族文化的自信心 10.3 能复盘活动实施过程阐述反馈建议
		工作环节 3 活动实施	工作环节 4 过程监控及记录	工作环节 5 评价反馈
6.1 具体语言教育活动设计（详案）	7.1 教学准备清单确认表	8.1 语言教育活动模拟教学实施	9.1 幼儿语言活动教学机智微课集	10.1 幼儿园语言教育活动评价表
6.1 文案设计与撰写能力	7.1 科学严谨，细心、周全	8.1 组织实施能力、团结合作、耐心、有爱心和责任心	9.1 解决问题能力、应急反应能力、共情能力	10.1 归纳总结、反思能力

学习任务 2　幼儿园语言教育活动实施

1 获取信息　2 制定计划与决策　3 活动实施　4 过程监控及记录　5 评价反馈

获取信息

工作子步骤	教师活动	学生活动	评价
1. 认真听取幼儿园语言学科组组长或专业教师安排的工作任务，阅读任务书并做标记，结合任务要求对幼儿园语言活动开展情况和红色经典系列学习情况进行调研，形成幼儿园语言活动情况分析表。	1. 提供《纲要》和《指南》及《任务书》，指导学生进行阅读，要求学生了解幼儿语言活动基本概念和范畴并标注关键词明确工作要求。 2. 回顾前置学习任务，引导学生分享、讨论实地考察（见习、参观）幼儿园语言活动和红色经典系列学习情况的情况，要求筛选出有代表性的信息包括：图片、视频、文字记录等。 3. 讲解《纲要》和《指南》中语言活动组织的要求，引导学生进行比较、梳理，包括：幼儿园开展语言活动频次、类型、场地、材料、幼儿语言能力发展水平等内容，并同步做好记录。 4. 组织小组互评，参与讨论，汇总整理一份幼儿园语言活动情况和红色经典系列学习情况调研记录表。 教学方法： 任务驱动法、分析比较法、展示法、启发法。	1. 细心阅读《纲要》和《指南》语言领域内容及《任务书》学习语言活动概念和基本范畴并标注关键词。明确工作任务要点和完成时间。（15 分钟） 2. 小组分享讨论实地考察（见习、参观）幼儿园调研语言活动开展和红色经典系列学习情况的相关资料（图片、视频、文字记录）等，筛选出幼儿园开展语言活动和红色经典系列学习情况的相关信息。（20 分钟） 3. 参照《纲要》和《指南》中科学活动组织的要求如：开展语言活动频次、类型、场地、材料、幼儿各年龄班语言发展水平等，进行比较、梳理、记录。（25 分钟） 4. 通过各小组展示，集体进行汇总、概况，综合整理一份幼儿园语言活动情况和红色经典系列学习情况调研记录表。（20 分钟）	1. 过程性评价：参与度、主动性、表达能力、聆听技巧、职业素养水平。 ①学生能否积极主动查阅资料，共同学习幼儿语言教育发展目标。（师评） ②组内成员是否积极共同讨论。（师评） ③筛选分析信息是否真实、准确、有代表性、全面。（计分互评） ④能否协同合作按照实际开展语言活动情况和红色经典系列学习情况制定幼儿园语言活动情况调研记录表。（师评） ⑤能否合理地进行整合评估。（师评） 2. 成果验收：幼儿园语言活动情况和红色经典系列学习情况调研记录表。 3. 成果评价标准：要求要点清晰、明确，内容真实、具体、有代表性、全面。

课时： 2 课时
1. 用品（工具）：纸、笔、手机等。
2. 软资源：《纲要》《指南》《任务书》，搜集记录的图片、文字、视频信息等。
3. 教学设施：笔记本电脑、投影、音响、麦克风等。

基准学时：40 课时

1 获取信息　2 制定计划与决策　3 活动实施　4 过程监控及记录　5 评价反馈

工作子步骤	教师活动	学生活动	评价
2. 根据《指南》为标准，以 3—6 岁儿童语言学习与发展的规律和特点为依据，在《纲要》和《指南》语言领域教育建议的指引下明确语言教育对幼儿发展的价值、内容、方法、途径、设计原则，绘制语言活动思维导图，为语言活动开展做支架，保障语言活动顺利开展。	1. 教师组织学生阅读《纲要》和《指南》的语言领域内容，指导学生在阅读过程中标记关于语言教育对幼儿发展的价值、幼儿语言的学习特点、语言教育的内容和途径的关键词。 2. 组织学生观看活动视频，提出观看的重点和要求。 3. 组织学生开展抢答活动，引导学生围绕关键词结合实际案例回答。 4. 巡回指导学生提取幼儿园语言活动思维导图中的关键词，制作幼儿园语言教育活动思维导图。 5. 组织学生上台展示并讲解幼儿园语言活动思维导图，引导学生进行评价；教师根据学生的完成质量进行点评帮助学生梳理、完善语言活动思维导图。 教学方法： 引导文法、视频案例分析法、讨论法、展示法、任务驱动法。	1. 阅读《纲要》和《指南》的语言领域内容，学习语言教育对幼儿发展的价值、幼儿语言的学习特点、语言教育的内容和途径。（15 分钟） 2. 观看《幼儿园语言教育活动概述》视频，通过评价的方式总结幼儿园语言教育活动的价值和特点。（10 分钟） 3. 各小组以抢答方式，结合案例讲解幼儿园语言教育的内容和方法的使用范畴。（10 分钟） 4. 各小组讨论、耐心汇总和罗列幼儿园语言教育对幼儿的发展价值、幼儿语言的学习特点、语言教育的内容、方法和途径，并绘制出幼儿园语言活动思维导图。（25 分钟） 5. 分组进行展示学习成果，各小组根据互评、师评进一步优化本组的幼儿园语言活动思维导图。（20 分钟）	1. 过程性评价：获取、筛选和整合信息能力、参与度和主动性、表达能力、聆听技巧。 ①学生能否积极主动查阅资料，共同学习幼儿园语言教育活动概述的相关内容。（师评、抽查） ②各小组成员是否认真观看《幼儿园语言教育活动概述》视频，是否能积极共同讨论。（师评） ③筛选分析信息是否真实、准确、有代表性、全面。（计分、互评） ④能否协同合作绘制完整的幼儿园语言活动思维导图，绘制的思维导图是否包含幼儿园语言教育活动概述的各个要素和关键信息、思维导图的构图和色彩搭配是否和谐。（互评） ⑤能否合理地进行整合评估。（师评） 2. 成果验收：幼儿园语言活动思维导图。 3. 成果评价标准：要求绘制的思维导图图文并茂、构图比例协调、色彩搭配和谐；一级标题有条理，二级标题的内容要有代表性、全面。

课时： 2 课时
1. 用品（工具）：大白纸、马克笔、磁铁、白板等。
2. 软资源：《纲要》《指南》和《幼儿园语言教育活动概述》视频等。
3. 教学设施：笔记本电脑、投影、音响、麦克风等。

学习任务 2 幼儿园语言教育活动实施

1 获取信息 → 2 制定计划与决策 → 3 活动实施 → 4 过程监控及记录 → 5 评价反馈

获取信息

工作子步骤	教师活动	学生活动	评价
3. 根据幼儿园语言教育总目标、各年龄阶段目标以及幼儿园语言教育横向结构目标，整合出各年龄语言能力目标层次表，从而优化语言活动目标体系，把控语言活动实施的方向。	1. 布置任务，提供《纲要》和《指南》，说明阅读学习范围及标注核心词的要求。 2. 提出问题，请学生围绕制定语言领域目标的依据、幼儿园目标纵向层级和横向关系进行讨论，巡回指导学生绘制目标结构层次图。 3. 听取小组代表展示语言活动目标结构层次图并进行简评，结合疑难详细讲解、梳理语言活动目标的层级关系及具体内容。 4. 组织小组进行竞赛抢答，强化对语言横向结构（各年龄阶段的目标及各具体目标的维度）的区分和理解。 5. 指导学生整合各年龄语言能力目标层次表并查漏补缺，予以评价。 教学方法： 任务导向、讨论法、小组工作、竞赛法。	1. 接受任务，阅读《纲要》和《指南》语言领域目标内容，并标注关键句，圈出核心词。（20 分钟） 2. 小组围绕教师提出的制定语言领域目标的依据、幼儿园目标纵向层级和横向关系进行讨论，按照个人理解绘制目标结构层次图。（20 分钟） 3. 小组代表展示语言活动目标结构层次图并进行说明，提出疑难认真听取教师讲解语言活动目标的层级关系及具体内容。（30 分钟） 4. 小组进行竞赛抢答，深化对语言横向目标结构（各年龄阶段的目标及各具体目标的维度）的区分和理解。（50 分钟） 5. 小组整合、填写各年龄语言能力目标层次表，并进行互评查漏补缺，完善内容。（40 分钟）	1. 过程性评价：参与度和主动性，竞争力、表达能力、聆听技巧、反应速度。 ①是否熟悉幼儿园教育教学指导文件内容。（师评、抽查） ②能否对目标层级、目标类型、目标维度有所区分。（师评） ③能否区分或说出各年龄阶段语言能力发展的具体目标。（组间互评） 2. 成果验收：各年龄语言能力目标层次表。 3. 成果评价标准：要求体现目标层级关系，内容清晰、逻辑顺畅、方便查阅。

课时： 4 课时

1. 用品（工具）：纸、笔、彩色笔、尺子、计时器、抢答板、计分板、手机等。
2. 软资源：《纲要》《指南》目标部分、教学课件、小竞赛题目等。
3. 教学设施：笔记本电脑、投影、音响、麦克风等。

制定计划与决策

工作子步骤	教师活动	学生活动	评价
1. 以《纲要》《指南》语言领域教育指导的部分为指引，熟练运用网络资源，搜集、整理、汇总幼儿语言活动组织形式、导入方法、语言教法运用原理以及符合主题内容的优秀课例资源，包括红色经典儿童故事、红色经典革命儿歌、红色经典芭蕾剧或电影、红色经典人物传记等活动资源，以形成幼儿园语言活动资源包，为制定计划打好基础。	1. 布置任务，提供《幼儿园语言教育活动》工作页，指导学生进行阅读并梳理任务要求。 2. 巡回指导学生通过网络查找幼儿园语言教育活动的相关网址，引导学生筛选汇总语言内容中红色经典主题的优秀课例资源（包括红色经典儿童故事、红色经典革命儿歌、红色经典芭蕾剧或电影、红色经典人物传记等活动资源），并整理成一个独立的红色经典资源包。 3. 指导各小组讨论并总结幼儿园语言活动的组织形式和导入方法，组织学生角色扮演，以更好地理解不同的导入方法。 4. 组织学生竞赛抢答幼儿园语言教育活动常见的教学方法。 5. 评价学生学习成果，查漏补缺幼儿园语言活动资源包。 教学方法： 任务导向、讨论法、角色扮演法、小组工作。	1. 接受任务，阅读工作页，总结幼儿园语言活动资源包的内容和制作要求。（10 分钟） 2. 小组收集幼儿园语言教育活动的相关网址，并能搜索汇总语言内容中红色经典主题的优秀课例资源(包括红色经典儿童故事、红色经典革命儿歌、红色经典芭蕾剧或电影、红色经典人物传记等活动资源)。（60 分钟） 3. 小组讨论幼儿园语言活动的组织形式和常见的导入方法，通过角色扮演的方式巩固语言活动常见的导入方法。（60 分钟） 4. 学生竞赛抢答幼儿园语言教育常见的教学方法并结合例子说明。（15 分钟） 5. 集体讨论和汇总幼儿园语言活动资源包的内容。（15 分钟）	1. 过程性评价：参与程度、效率、组内分工的情况、组内沟通的情况。 ①是否能提取任务和对应的要求。（互评） ②能否快速、准确找到常见的幼儿园语言教育活动网址；能否按照红色经典主题筛选并汇总红色经典儿童故事、红色经典革命儿歌、红色经典芭蕾剧或电影、红色经典人物传记等活动资源并形成独立的资源包。（师评、抢答） ③能否完整地总结出幼儿园语言活动的组织形式和常见的导入方法；能否生动地模仿幼儿园语言活动常见的导入方式。（集体评、竞赛） ④能否快速、准确说出幼儿园语言教育活动的常见教学方法；能否有条理、完整地整理所涉及的信息制作幼儿园语言活动资源包。 2. 成果验收：幼儿园语言活动资源包(包括红色经典儿童故事、红色经典革命儿歌、红色经典芭蕾剧或电影、红色经典人物传记等活动资源）。 3. 成果验收标准：幼儿园语言活动资源包内容全面、清晰。

课时： 4 课时
1. 用品（工具）：大白纸、马克笔、磁铁、大白板等。
2. 软资源：幼儿园语言活动资源包任务书、工作页等。
3. 教学设施：笔记本电脑、投影、音响、麦克风等。

学习任务 2　幼儿园语言教育活动实施

1 获取信息　2 制定计划与决策　3 活动实施　4 过程监控及记录　5 评价反馈

制定计划与决策

工作子步骤	教师活动	学生活动	评价
2. 在已明确的语言活动目标体系指引下，结合幼儿园语言活动资源包的支持，能根据中班幼儿实际水平绘制红色经典主题的主题网络图，能标记并探讨主题网络图中的红色经典资料的教育价值和意义。能根据中班幼儿红色经典主题的主题网络图编写本学期的学习计划，全面规划教学活动场地、布局，合理进行人员分工，为语言活动实施提供可行性保障。	1. 提供任务书，确定主题内容，结合案例、课件，讲解一份完善的幼儿园语言实施计划的制定依据、主要内容、规划过程及注意事项。 2. 组织学生讨论利用语言活动资源包，帮助筛选适合中班幼儿的红色经典革命内容，巡回指导，优化所选内容。 3. 梳理学生选择的内容，举例说明相应的教学环境要求、场地规划和材料准备，引发思考。请学生通过绘制语言活动主题网络图完成语言活动实施计划的主体部分。引导学生用不同颜色的马克笔标记出主题网络图中的红色经典内容，并阐述红色经典内容在本主题活动中的教育价值和意义。 4. 巡回指导、参与学生小组讨论、提醒学生注意时间、人员分配及撰写幼儿园语言活动实施计划的注意事项。 5. 查阅小组计划，组织互评，提出建议、优化调整语言活动实施计划。 教学方法： 案例教学法、讨论法、讲解法。	1. 阅读任务书，明确任务要求和主题内容，通过案例学习获取计划撰写的要素、依据及过程并填写工作页。(30分钟) 2. 小组讨论利用语言活动资源包筛选适宜、符合中班红色经典主题的语言活动，根据语言活动类型进行分类并综合衡量其教育性、生活化、可操作性的价值用标签纸标注，并根据中班幼儿的年龄特点和兴趣选择符合该班幼儿实际水平的红色经典内容。(30 分钟) 3. 小组依据已筛选的符合主题和中班幼儿的内容，绘制红色经典主题的主题网络图。学生能用不同颜色的马克笔标记出主题网络图中的红色经典儿童内容，并阐述红色经典内容在本主题活动中的教育价值和意义。(50 分钟) 4. 小组讨论、明确工作时间、预估任务难度与用时、合理分工，确定本月语言活动类型，结合主题网络图中的对应内容，根据语言活动计划制定的依据和要求撰写本学期幼儿园语言活动实施计划。(30 分钟) 5. 分享小组计划，听取教师、同学建议、优化调整语言活动实施计划。(20 分钟)	1. 过程性评价：参与程度、效率、提取筛选能力、全局观、组内沟通、协调的情况。 ①是否善于利用语言活动资源包内的资源绘制红色经典主题网络图。（师评） ②能否按要求填写工作页。（师评） ③能否统筹安排语言活动的实施。(师评) 2. 成果验收方式：幼儿园语言活动实施计划。 3. 成果验收标准：计划内容贴切主题、目标清晰、全面规划、从实际出发、可行性强。

课时： 4 课时
1. 用品（工具）：纸、笔、彩色笔、展示板、便笺纸等。
2. 软资源：任务书、幼儿园语言活动资源包、工作页、教学课件等。
3. 教学设施：摄像机、笔记本电脑、投影、音响、麦克风等。

工作子步骤	教师活动	学生活动	评价
3. 根据幼儿园活动设计撰写标准，按照主题语言活动计划，结合各年龄阶段幼儿语言发展的现有水平和需要，准确对幼儿语言教学活动目标定位，选择合适的教学方法，编写语言教学活动设计，保障有序组织幼儿园语言教学活动的开展，有效提升教学策划组织能力。	1. 教师提供《幼儿园语言教育活动》工作页，巡回指导学生边阅读边划出语言活动设计的步骤、幼儿园教学活动设计的标准、语言活动目标的撰写要求等内容的关键词。 2. 教师巡回指导学生查找并罗列语言活动设计的一般步骤和标准，并组织学生竞答。 3. 组织各小组讨论幼儿园语言活动的三维目标及撰写要求，指导学生找出所给的语言活动目标中存在的问题和提出修改建议。 4. 巡回指导各小组编写完整的幼儿园语言活动设计，及时总结学生在编写活动设计过程中的共性问题。 组织学生代表上台展示并讲解本组的活动设计，结合学生的共性问题作出评价，引导各小组进一步优化本组活动设计。	1. 学生阅读《幼儿园语言教育活动》工作页，画出语言活动设计的步骤、幼儿园教学活动设计的标准、语言活动目标的撰写要求等内容的关键词。(20 分钟) 2. 各小组罗列语言活动设计的一般步骤和标准并以竞答方式巩固。(20 分钟) 3. 各小组讨论幼儿园语言活动的三维目标以及撰写要求，能找出教师给出的语言活动目标存在的问题并提出改进建议。(40 分钟) 4. 各小组结合幼儿园语言活动资源包编写完整的幼儿园语言活动设计。(60 分钟) 5. 各小组派代表上台展示并讲解本组的活动设计，根据互评和师评进一步完善本组的语言活动设计。(20 分钟)	1. 过程性评价：主要观察参与度、倾听与分析、提炼与总结、团队合作能力等。 ①是否熟悉《幼儿园语言教育活动》工作页中关于编写幼儿园语言活动设计的内容。(师评、抽签问答) ②能否罗列语言活动设计的一般步骤和标准。(互评) ③能否学以致用写出具体语言活动的活动目标和撰写要求，能否准确分析教师给出的语言活动目标并提出修改建议。(组间互评、教师点评) ④是否能编写完整的幼儿园语言活动设计；能否根据师评和互评优化本组活动设计。(师评、互评) 2. 成果验收：具体语言教育活动设计。 3. 成果评价标准：规定时间内完成具体语言教育活动设计，要求符合活动对象的年龄特点，活动设计完整且可操作强。

课时： 4 课时

1. 用品（工具）：大白纸、马克笔、磁铁、大白板等。
2. 软资源：幼儿园语言活动资源包任务书、《幼儿园语言活动》工作页、幼儿园语言活动设计案例等。
3. 教学设施：笔记本电脑、投影、音响、麦克风等。

学习任务 2　幼儿园语言教育活动实施

1 获取信息　2 制定计划与决策　3 活动实施　4 过程监控及记录　5 评价反馈

活动实施

工作子步骤	教师活动	学生活动	评价
1. 根据幼儿园语言活动实施计划和具体教学活动设计进行场地布置、多媒体设备检查、教学用具、课件、相关音频、视频的实测，填写教学准备清单确认表，营造语言活动轻松、愉快、探究的氛围，为活动实施做好全面准备。	1. 布置任务，请学生在幼儿园语言活动计划和具体语言活动实施设计中标注需要确认准备的场地、设施设备、材料等。 2. 组织学生以小组为单位布置教学实施中所需场地、投放材料并衡量其适宜性予以指导。 3. 观察各小组操作、测试，记录各组准备情况并适当予以帮助，和学生共同发现问题，解决问题，形成预案。 4. 提出营造语言活动氛围的思路，引发学生讨论并对各组头脑风暴的结果进行梳理总结。 5. 组织参与评价环节，予以建议。 教学方法： 任务导向、实验法、展示法、头脑风暴、小组工作。	1. 接受任务，阅读幼儿园语言活动计划和具体语言活动实施设计，标注需要确认准备的场地、设施设备、材料等。（20 分钟） 2. 小组布置教学实施场地、投放材料。例如：讲述区的桌椅摆放；阅读区的材料投放等确认其安全性和便捷性。（20 分钟） 3. 小组操作多媒体测试课件、音频、视频等资源，发现问题及时调整解决，保证语言活动的材料安全、充足。（60 分钟） 4. 小组讨论头脑风暴营造语言活动探究氛围的方法，用展板呈现并能予以说明。（20 分钟） 5. 小组互评，通过贴标签的方式核验教学准备清单中有误、遗漏之处，调整后准确填写教学准备清单确认表。（40 分钟）	1. 过程性评价： 参与程度、效率、分工合作、操作实践、解决问题的情况。 ①是否合理布置的场地、材料。（组内互评） ②能否快速、准确测试具体语言活动的材料并能解决突发状况。（师评） ③能否详尽列出教学准备清单并认真确认。 2. 成果验收：教学准备清单确认表。 3. 成果验收标准：清单内容全面、清晰，确认无误，有应对预案。

课时： 4 课时

1. 用品（工具）：纸、笔、桌、椅、具体科学活动教学具、材料、工具、不同颜色便笺纸等。
2. 软资源：教学准备清单任务书、幼儿园语言活动计划、具体教学活动设计、绘本、工作页等。
3. 教学设施：笔记本电脑、投影、音响、麦克风等。

工作子步骤	教师活动	学生活动	评价
2. 根据幼儿教育职业特点和专业要求，通过“模拟教学”（或模拟训练）的方式，按照已优化的教学活动设计组织实施科学活动，有效提高幼儿的倾听能力和表达能力，保障语言活动目标的顺利达成。在模拟实施过程中，能将红色经典儿童故事或红色经典其他内容渗透到其他领域，引导幼儿树立对民族文化的自信心，从而升华为爱国之情。实现从理论学习到工作实践的双向互通，提升对幼儿语言活动的组织、实施能力。	1. 教师引导学生认真阅读《幼儿园语言教育活动》工作页，指导学生思考问题并做好记录。 2. 教师组织学生开展抢答关于语言活动实施的相关问题，并作出总结。 3. 教师引导各小组合理分工并明确自身职责；引导老师根据教学准备清单表准备好对应的教学具和环境布置并完整开展语言教育活动。 4. 提醒学生把控语言活动各环节的时间并观察幼儿的参与情况。指导其他学生做好录像和记录工作，方便对各小组的活动实施过程进行评价；引导其他学生提醒讲述的老师能将红色经典儿童故事或红色经典其他内容渗透到其他领域，引导幼儿树立对民族文化的自信心，从而升华为爱国之情。 5. 提醒各小组的老师正确引导幼儿认真倾听并大胆积极表述，提醒讲述故事的学生引导幼儿说出对红色经典故事或红色经典其他内容的看法，引导幼儿树立对民族文化的自信心，从而升华为爱国之情。 教学方法： 任务驱动法。	1. 学生认真阅读《幼儿园语言教育活动》工作页，观看 PPT，思考问题包括：语言活动实施原则、引导幼儿认真倾听并积极表达的技巧、语言活动的基本流程并做好记录。(80 分钟) 2. 小组抢答语言活动实施原则、引导幼儿认真倾听并积极表达的技巧、语言活动的基本流程与渗透到其他领域的方法。整个活动过程中教师能对幼儿保持热心、爱心和责任心。(80 分钟) 3. 各小组能明确分工：选出三位组织本次活动的老师、录像者和观看评价者等；老师们能根据教学准备清单表，准备好对应的教学具和环境布置并清晰完整地开展语言教育活动。(80 分钟) 4. 各小组的老师们能把控语言活动各环节的时间，能观察各个幼儿的情况，并发现幼儿没有认真倾听或积极表达的原因，及时引导幼儿积极参与讲述活动。其他同学能及时提醒讲述的老师能将红色经典儿童故事或红色经典其他内容渗透到其他领域，引导幼儿树立对民族文化的自信心，从而升华为爱国之情。(60 分钟) 5. 在实践过程中能引导幼儿认真倾听并大胆积极表述，能引导幼儿说出对红色经典故事或红色经典其他内容的看法，引导幼儿树立对民族文化的自信心，从而升华为爱国之情。(20 分钟)	1. 过程性评价：主要观察小组合理分工、组员的组织能力、应急能力、组员参与积极性。 ①思考问题是否全面，观点表述是否清晰，能否掌握幼儿园语言教育活动相关的内容要点。（师评、组间互评） ②能否正确理解并积极抢答语言活动实施原则等相关内容。(师评) ③能否合理分工、能否根据教学准备清单表，准备好对应的教学具和环境布置并完整地开展语言教育活动。（互评） ④能否严格把控语言活动各环节的时间并观察幼儿的参与情况；能否有效引导幼儿认真倾听并大胆积极表达。（集体评、竞赛） ⑤能否启发幼儿使用多种方法将语言活动渗透到其他领域；能否有效引导幼儿从讲述红色经典儿童故事中树立对民族文化的自信心，从而升华为爱国之情。（师评） 2. 成果验收方式：各小组语言教育活动现场模拟教学实施。 3. 成果验收标准：各小组分工合理，模拟实施环节完整，各环节衔接自然，教师能关注每位幼儿，及时调整教学策略，充分激发幼儿参与讲述活动的兴趣。

课时： 8 课时

1. 用品（工具）：白纸、圆珠笔、展示板等。
2. 软资源：《幼儿园语言教育活动》工作页、教学准备清单表、各小组开展模拟教学的 PPT 等。
3. 教学设施：笔记本电脑、投影、音响、麦克风、电子笔、手机、投影仪、录像机等。

学习任务 2　幼儿园语言教育活动实施

1 获取信息　2 制定计划与决策　3 活动实施　4 过程监控及记录　5 评价反馈

过程监控及记录

工作子步骤	教师活动	学生活动	评价
1. 在《纲要》和《指南》教学指导部分的指引下，结合语言教育活动的不同类型（讲述活动、听说游戏活动、早期阅读活动等）的指导要点，监控实施过程中的突发状况，如能解决语言活动中幼儿无法顺畅表达自己对红色经典儿童故事或红色经典其他内容的看法等问题并予以解决策略，形成微课集。完善关注教育对象、分析、解决实际教学问题的教育机制，促进幼儿园语言活动的有效开展。	1. 提供语言活动实施微课视频，引导观看集体活动四种类型中存在的教学现象。 2. 引导学生分析课例、组织学生对语言活动中发生的“教学事故”类型、影响、可能原因进行分析。 3. 梳理学生观点运用 PPT 讲解三类科学活动（讲述类、听说游戏类和早期阅读类）指导要点并要求学生填写工作页。 4. 参与幼儿科学活动教学机智微课集的制作，组织学生模拟四种类型“教学事故”包括：幼儿讲述内容不完整、词汇不足、幼儿参与度低和语言教育活动中幼儿无法流畅表达自己对红色经典故事或红色经典其他内容的看法，进行应对策略的训练和视频记录并予以评价。 教学方法： 视频案例教学法、角色扮演法。	1. 观看语言活动实施微课视频，简要记录集体活动四种类型中存在的教学现象。(30 分钟) 2. 分组讨论活动课例梳理记录，分析、概括语言教育活动中发生的“教学事故”的主要问题、影响及可能导致的原因及应对策略。(30 分钟) 3. 认真听取教师讲解学习四类科学活动（讲述类、听说游戏类和早期阅读类）指导要点结合PPT内容填写工作页。(40 分钟) 4. 制作幼儿语言活动教学机智微课集的，分组模拟四种类型中“教学事故”包括：幼儿讲述内容不完整、词汇不足、幼儿参与度不高和幼儿无法顺畅表达自己对红色经典故事的看法，进行应对策略的训练和视频记录剪辑，进行组间分享互评。(60 分钟)	1. 过程性评价：主要观察参与度、倾听与分析，提炼与总结等。 ①是否能认真记录微课视频内容。（师评、抽签问答） ②能否对课例的“教学事故”的类型、影响、原因进行分析。（师评） ③能否针对教学问题提炼教学机智，积极思考处理、应对的策略。 采用小组互评的方式。（组间互评、教师点评） ④是否能灵活处理“教学事故”关注教学经验的积累。（组间互评） 2. 成果验收：幼儿语言活动教学机智微课集。 3. 成果评价标准：规定时间内完成教学机智微课集，要求考虑全面细致，具有学习借鉴的意义和普遍适用性。

课时： 4 课时

1. 用品（工具）：纸、笔、科学活动材料、手机、摄像机等。
2. 软资源：视频（语言活动实施）、活动记录表、工作页、视频剪辑软件等。
3. 教学设施：笔记本电脑、投影、音响、麦克风等。

基准学时：40 课时

① 获取信息 ② 制定计划与决策 ③ 活动实施 ④ 过程监控及记录 ⑤ 评价反馈

评价反馈

工作子步骤	教师活动	学生活动	评价
1. 依据幼儿园语言活动评价标准及《幼儿园工作规程》相关教学组织要求，结合教学计划设计和具体教学活动模拟情况，对整个过程进行结果性和过程性等多种形式的评价，填写幼儿园语言活动评价表，包括评价教师能否引导幼儿讲述自己对红色经典儿童故事或红色经典文学作品内容的看法，向语言教研组反馈意见，促进幼儿园语言活动月工作的顺利开展。	1. 教师组织学生认真阅读《幼儿园语言教育活动》工作页和幼儿园语言活动评价表，引导学生汇总评价要素。 2. 组织学生分组讨论，巡回指导，将结果布置于展示板，帮助学生进行分析。 3. 指导学生结合各小组的活动设计和模拟教学实施过程情况，客观填写幼儿园语言教育活动评价表，评价各小组组员的任务表现；组织学生评价教师能否引导幼儿讲述自己对红色经典儿童故事或红色经典其他内容的看法和引导幼儿树立对民族文化的自信心。（60 分钟） 4. 组织学生对各小组语言教育活动模拟教学实施以来的不足之处提出改进建议。 5. 指导各小组代表向语言教研组反馈意见，根据教研组的建议进一步完善幼儿园语言活动月的教学计划。 教学方法： 直观展示法、讨论法。	1. 认真阅读《幼儿园语言教育活动》工作页和幼儿园语言活动评价表，明确评价要素。（20 分钟） 2. 各小组讨论、汇总幼儿园语言教育活动设计和模拟教学实施过程的评价要素以及评价过程中需要注意的问题。（20 分钟） 3. 能客观填写幼儿园语言教育活动评价表，能依据主客观评价标准，评价各小组的教学设计和评价组员的任务表现，侧重评价教师能否引导幼儿讲述自己对红色经典儿童故事或红色经典其他内容的看法和引导幼儿树立对民族文化的自信心。（60 分钟） 4. 能结合各小组组织幼儿园语言学活动模拟教学实施以来的不足之处提出改进建议。（40 分钟） 5. 各小组代表向语言教研组反馈意见，根据教研组的建议进一步调整完善幼儿园语言活动月的教学计划。（20 分钟）	1. 过程性评价：汇报积极性、团队合作性、语言表达的全面性。 ①是否积极主动全面地对幼儿园语言教学活动模拟实施以来的内容（包括实施计划、活动设计和模拟实施过程）进行反思。（师评） ②能否按要求将问题进行归类，提出意见和建议（师评） ③能否翔实地填写评价反思表。（组间互评） 能否根据语言教研组的建议进一步完善幼儿园语言活动月的教学计划。（集体评、竞赛） ④结果性评价：各小组的教学计划是否完整、教学设计是否完整且符合对应年龄段幼儿的实际情况、语言活动模拟教学实施是否完整流畅等综合评定。（组间评、师评） 2. 成果评价：幼儿园语言教育活动评价表。 3. 成果评价标准：学生反馈意见是否有针对性，是否有实效性，评价反思表问题捕捉是否准确，针对性强。学生提出的建议是否可行、是否具有代表性和针对性。

课时： 4 课时

1. 用品（工具）：纸、笔等。
2. 软资源：幼儿园语言教育活动评价表等。
3. 教学设施：笔记本电脑、投影、音响、麦克风等。

学习任务 3　幼儿园科学教育活动实施

任务描述

学习任务学时：40 课时

任务情境

广州市某幼儿园本学期科学教研组拟开展以“秋天”为主题的科学活动月，要求活动以《指南》科学领域的学习目标为标准，结合幼儿年龄特点和发展规律，激发幼儿探究兴趣，体验探究过程，发展初步的探究能力，提升幼儿认知水平。该幼儿园科学学科组组长咨询我校幼儿教育专业能否协助完成该任务，我院专业教师认为我院学生具备完成该任务的条件和能力，准备接受任务，带领同学们共同完成。

具体要求见后页。

工作流程和标准

工作环节 1

获取信息

1

1. 认真听取幼儿园科学学科组组长或专业教师安排的工作任务，阅读任务书并做标记，结合任务要求对幼儿园进行调研形成幼儿园科学活动情况分析表。
2. 参照《指南》，以 3—6 岁儿童科学学习与发展的规律和特点为依据，在《纲要》《指南》科学领域教育建议的指引下明确科学教育对幼儿发展的价值、内容、方法、途径、设计原则，绘制科学活动思维导图，为科学活动开展做支架，保障科学活动顺利开展。
3. 根据幼儿园科学教育总目标、各年龄阶段目标以及幼儿园科学教育横向结构目标，整合出各年龄科学能力目标层次表，从而优化科学活动目标体系，把控科学活动实施的方向。

主要成果：

1. 幼儿园科学活动情况调研记录表（幼儿园科学活动开展情况报告）
2. 幼儿科学活动思维导图
3. 各年龄科学能力目标层次表

工作环节 2

制定计划与决策

2

1. 以《纲要》《指南》科学领域教育指导的部分为指引，熟练运用网络资源，搜集、整理、汇总幼儿科学活动组织形式、导入方法、科学教法运用原理以及符合主题内容的优秀课例资源，形成幼儿园科学活动资源包，为制定计划做好基础。
2. 在已明确的科学活动目标体系指引下，结合幼儿园科学活动资源包的支持，筛选符合主题的科学活动类型、明确科学活动具体内容，全面规划教学活动场地、布局，合理进行人员分工，制定符合本班的科学活动计划，为科学活动实施提供可行性保障。
3. 根据幼儿园活动设计撰写标准，按照主题科学活动计划，结合各年龄阶段幼儿科学发展的现有水平和需要，准确对幼儿科学教学活动目标定位，选择合适的教学方法，编写科学教学活动设计，保障有序组织幼儿园科学教学活动的开展，有效提升教学策划组织能力。

主要成果：

1. 幼儿园科学活动资源包
2. 幼儿园科学活动实施计划
3. 具体科学教育活动设计（详案）

学习任务 3　幼儿园科学教育活动实施

工作环节 3

活动实施

3

1. 根据幼儿园科学活动实施计划和具体教学活动设计进行场地布置、多媒体设备检查、教学用具、课件、相关音频、视频的实测，填写教学准备清单确认表，营造科学活动轻松、愉快、充满好奇和探究的氛围，为活动实施做好全面准备。
2. 根据幼儿教育职业特点和专业要求，通过“模拟教学”（或模拟训练）的方式，按照已优化的教学活动设计组织实施科学活动，有效地激发幼儿探究热情、提升探究能力和认知水平，保障科学活动目标的顺利达成。实现从理论学习到工作实践的双向互通，提升对幼儿科学活动的组织、实施能力。

主要成果：

1. 教学准备清单确认表
2. 科学教育活动模拟教学实施

工作环节 4

过程监控及记录

4

在《纲要》《指南》教学指导部分的指引下，结合科学教育活动的不同类型（观察认知、实验探究、科学讨论等）的指导要点，监控实施过程中的突发状况并予以解决策略，形成微课集。提升关注教育对象、分析、解决实际教学问题的教育机制，促进幼儿园科学活动的有效开展。

主要成果：

幼儿科学活动教学机智微课集

工作环节 5

评价反馈

5

依据幼儿园科学活动评价标准及《幼儿园工作规程》相关教学组织要求，结合教学计划设计和具体教学活动模拟情况，对整个过程进行结果性和过程性等多种形式的评价，填写幼儿园科学活动评价表，向科学教研组反馈意见，调整和完善幼儿园科学活动月工作的开展。

主要成果：

幼儿园科学教育活动评价表

学习内容

知识点	1.1《纲要》科学领域内容 1.2《指南》科学领域 1.3 科学活动实施任务书	2.1 科学教育对幼儿发展的价值 2.2 幼儿科学的学习特点 2.3 幼儿园科学教育的内容 2.4 幼儿园科学教育的方法 2.5 幼儿园科学教育的途径	3.1 幼儿园科学教育目标制定的依据 3.2 幼儿园科学教育总目标 3.3 幼儿园科学教育活动年龄阶段目标 3.4 幼儿园科学活动具体活动目标维度	4.1 幼儿常见科学活动组织形式 4.2 幼儿常见科学活动导入方法 4.3 科学教学法的运用原则	5.1 计划撰写要素 5.2 科学活动主题网络图的架构 5.3 制定科学活动计划依据
技能点	1.1 能实地考察、搜集、整理幼儿科学活动图片 1.2 能对照《纲要》《指南》中科学领域内容进行比较分析 1.3 能概况幼儿园科学活动开展情况	2.1 能阐述幼儿科学活动的价值、特点 2.2 能分类幼儿科学活动内容 2.3 能甄别幼儿科学教育方法的使用范畴 2.4 能梳理并图式化幼儿科学活动理论知识	3.1 能说出幼儿园科学教育目标制订的依据 3.2 能正确描述幼儿园科学教育活动总目标 3.3 能绘制幼儿园科学教育纵向层次目标 3.4 能区分幼儿园科学教育横向结构（各年龄阶段、各维度）目标	4.1 能熟练运用幼儿科学活动网络资源 4.2 能依据科学内容整合优秀幼儿科学活动（视频、教案）课例资源 4.3 能汇总常见科学活动形式与导入方法 4.4 能举例阐述科学教学法的具体运用	5.1 能依据本月主题筛选确定活动类型 5.2 能根据要求绘制主题网络图 5.3 能够合理进行人员分工、时间安排 5.4 能制定、撰写合理可操作的科学活动计划
工作环节	工作环节 1 获取信息			制定计划与决策 工作环节 2	
成果	1.1 幼儿园科学活动情况调研记录表	2.1 绘制科学活动思维导图	3.1 各年龄科学能力目标层次表	4.1 幼儿园科学活动资源包	5.1 幼儿园科学活动实施计划
素养		2.1 观察力、图示化能力	3.1 分析整合能力	4.1 搜集筛选信息、分类整合能力	5.1 统筹协调、全局观念

学习任务 3　幼儿园科学教育活动实施

6.1 科学活动设计的步骤 6.2 幼儿园教学活动设计的标准 6.3 科学活动目标的撰写要求	7.1 科学活动教学场地布置要求 7.2 设施、设备安全检查要求 7.3 幼儿科学材料选择、投放、制作标准	8.1 科学活动实施原则 8.2 激发幼儿科学活动探究的技巧 8.3 科学活动操作原理 8.4 科学探究结果记录方法	9.1 观察认知活动的指导要点 9.2 实验探究活动的指导要点 9.3 科学讨论活动的指导要点	10.1 幼儿园科学教育活动评价要素 10.2 幼儿园科学活动评价标准
6.1 能够正确编写具体活动目标 6.2 能撰写完整的科学活动设计	7.1 能布置科学活动场地 7.2 能准备并测试对应的音频、视频、多媒体课件等教学资源 7.3 能根据具体活动选择、制作、摆放科学材料 7.4 能准确填写教学准备清单确认表	8.1 能清晰展示科学教育活动流程 8.2 能激发幼儿对科学活动的探究兴趣 8.3 能把控科学活动各环节时间分配 8.4 能阐述科学活动实验步骤及操作原理 8.5 能指导参与者多种形式记录科学探究结果	9.1 能解决观察认知活动中观察材料不足的策略 9.2 能应对实验探究活动中幼儿操作不当的策略 9.3 能调动科学讨论活动中幼儿参与讨论的策略	10.1 能够准确填写幼儿园科学教育活动评价表 10.2 能依据主客观评价标准，评价组员的任务表现 10.3 能复盘活动实施过程阐述反馈建议
		工作环节 3 活动实施	工作环节 4 过程监控及记录	工作环节 5 评价反馈
6.1 具体科学教育活动设计（详案）	7.1 教学准备清单确认表	8.1 科学教育活动模拟教学实施	9.1 幼儿科学活动教学机智“微课”集	10.1 幼儿园科学教育活动评价表
6.1 文案设计与撰写能力	7.1 科学严谨，细心、周全	8.1 组织实施能力、团结合作	9.1 解决问题能力、应急反应能力	10.1 归纳总结、反思能力

学习任务 3　幼儿园科学教育活动实施

1 获取信息　2 制定计划与决策　3 活动实施　4 过程监控及记录　5 评价反馈

获取信息

工作子步骤	教师活动	学生活动	评价
1. 认真听取幼儿园科学学科组组长或专业教师安排的工作任务，阅读任务书并做标记，结合任务要求对幼儿园进行调研形成幼儿园科学活动情况分析表。	1. 提供《纲要》《指南》及《任务书》，指导学生进行阅读，要求学生了解幼儿科学活动基本概念和范畴并标注关键词明确工作要求。 2. 回顾前置学习任务，引导学生分享、讨论实地考察（见习、参观）幼儿园科学活动的情况，要求筛选出有代表性的信息包括图片、视频、文字记录等。 3. 讲解《纲要》《指南》中科学活动组织的要求，引导学生进行比较、梳理，包括：幼儿园开展科学活动频次、类型、场地、材料、幼儿科学能力发展水平等内容，并同步做好记录。 4. 组织小组互评，参与讨论，汇总整理一份幼儿园科学活动情况调研记录表。 教学方法： 任务驱动法、分析比较法、展示法、启发法。	1. 阅读《纲要》《指南》科学领域内容及《任务书》学习科学活动概念和基本范畴并标注关键词。明确工作任务要点和完成时间。（15 分钟） 2. 小组分享讨论实地考察（见习、参观）幼儿园调研科学活动开展的相关资料（图片、视频、文字记录）等，筛选出幼儿园开展科学活动的相关信息。（20 分钟） 3. 参照《纲要》《指南》中科学活动组织的要求如：开展科学活动频次、类型、场地、材料、幼儿各年龄班科学发展水平等，进行比较、梳理、记录。（25 分钟） 4. 通过各小组展示，集体进行汇总、概况，综合整理一份幼儿园科学活动情况调研记录表。（20 分钟）	1. 过程性评价：参与度、主动性、表达能力、聆听技巧、职业素养水平。 ①学生能否积极主动查阅资料，共同学习幼儿身体发展目标。（师评） ②组内成员是否积极共同讨论。（师评） ③筛选分析信息是否真实、准确、有代表性、全面。（计分互评） ④能否协同合作按照实际开展科学活动情况制定幼儿园科学活动情况调研记录表。（师评） ⑤能否合理地进行整合评估。（师评） 2. 成果验收：幼儿园科学活动情况调研记录表。 3. 成果评价标准：要求要点清晰、明确，内容真实、具体、有代表性、全面。

课时： 2 课时

1. 用品（工具）：纸、笔、手机等。
2. 软资源：《纲要》《指南》《任务书》，搜集记录的图片、文字、视频信息等。
3. 教学设施：笔记本电脑、投影、音响、麦克风等。

基准学时：40 课时

❶ 获取信息 ❷ 制定计划与决策 ❸ 活动实施 ❹ 过程监控及记录 ❺ 评价反馈

工作子步骤	教师活动	学生活动	评价
2. 参照《指南》，以3—6岁儿童科学学习与发展的规律和特点为依据，在《纲要》《指南》科学领域教育建议的指引下明确科学教育对幼儿发展的价值、内容、方法、途径、设计原则，绘制科学活动思维导图，为科学活动开展做支架，保障科学活动顺利开展。	1. 教师组织学生阅读《纲要》《指南》的科学领域内容，指导学生在阅读过程中标记关于科学教育对幼儿发展的价值、幼儿科学的学习特点、科学教育的内容和途径的关键词。 2. 组织学生观看活动视频，提出观看的重点和要求。 3. 组织学生开展抢答活动，引导学生围绕关键词结合实际案例回答。 4. 巡回指导学生提取幼儿园科学活动思维导图中的关键词，制作科学活动思维导图。 5. 组织学生上台展示并讲解幼儿园科学活动思维导图，引导学生进行评价；教师根据学生的完成质量进行点评帮助学生梳理、完善科学活动思维导图。 教学方法： 引导文法、视频案例分析法、讨论法、展示法、任务驱动法。	1. 阅读《纲要》《指南》的科学领域内容，学习科学教育对幼儿发展的价值、幼儿科学的学习特点、科学教育的内容和途径。(15 分钟) 2. 观看《幼儿园科学教育活动概述》视频，通过评价的方式总结幼儿园科学活动的价值和特点。(10 分钟) 3. 各小组以抢答方式，结合案例讲解幼儿园科学教育的内容和方法的使用范畴。(10 分钟) 4. 各小组讨论、汇总和罗列幼儿园科学教育对幼儿的发展价值、幼儿科学的学习特点、科学教育的内容、方法和途径，并绘制出幼儿园科学活动思维导图。(25 分钟) 5. 分组进行展示学习成果，各小组根据互评、师评进一步优化本组的幼儿园科学活动思维导图。(20 分钟)	1. 过程性评价：获取、筛选和整合信息能力，参与度和主动性，表达能力，聆听技巧。 ①学生能否积极主动查阅资料，共同学习幼儿园科学教育活动概述的相关内容。（师评、抽查） ②各小组成员是否认真观看《幼儿园科学教育活动概述》视频，是否能积极共同讨论。（师评） ③筛选分析信息是否真实、准确、有代表性、全面。（计分互评） ④能否协同合作绘制完整的幼儿园科学活动思维导图，绘制的思维导图是否包含幼儿园科学教育活动概述的各个要素和关键信息、思维导图的构图和色彩搭配是否和谐。（互评） ⑤能否合理地进行整合评估。（师评） 2. 成果验收：幼儿园科学活动思维导图。 3. 成果评价标准：要求绘制的思维导图图文并茂、构图比例协调、色彩搭配和谐；一级标题有条理，二级标题的内容要有代表性、全面。

课时： 2 课时
1. 用品（工具）：大白纸、马克笔、磁铁、白板等。
2. 软资源：《纲要》《指南》和《幼儿活动概述》。
3. 教学设施：笔记本电脑、投影、音响、麦克风等。

学习任务 3　幼儿园科学教育活动实施

1 获取信息　2 制定计划与决策　3 活动实施　4 过程监控及记录　5 评价反馈

获取信息

工作子步骤	教师活动	学生活动	评价
3. 根据幼儿园科学教育总目标、各年龄阶段目标以及幼儿园科学教育横向结构目标，整合出各年龄科学能力目标层次表，从而优化科学活动目标体系，把控科学活动实施的方向。	1. 布置任务，提供《纲要》《指南》，说明阅读学习范围及标注核心词的要求。 2. 提出问题请学生围绕制定科学领域目标的依据、幼儿园目标纵向层级和横向关系进行讨论，巡回指导学生绘制目标结构层次图。 3. 听取小组代表展示科学活动目标结构层次图并进行简评，结合疑难详细讲解、梳理科学活动目标的层级关系及具体内容。 4. 组织小组进行竞赛抢答，强化对科学横向结构（各年龄阶段的目标及各具体目标的维度）的区分和理解。 5. 指导学生整合各年龄科学能力目标层次表并查漏补缺，予以评价。 教学方法： 任务导向、讨论法、小组工作、竞赛法。	1. 接受任务，阅读《纲要》《指南》科学领域目标内容，并标注关键句，圈出核心词。(20 分钟) 2. 小组围绕教师提出的：制定科学领域目标的依据、幼儿园目标纵向层级和横向关系进行讨论，按照个人理解绘制目标结构层次图。(20 分钟) 3. 小组代表展示科学活动目标结构层次图并进行说明，提出疑难认真听取教师讲解科学活动目标的层级关系及具体内容。(30 分钟) 4. 小组进行竞赛抢答，深化对科学横向目标结构（各年龄阶段的目标及各具体目标的维度）的区分和理解。(50 分钟) 5. 小组整合、填写各年龄科学能力目标层次表，并进行互评查漏补缺，完善内容。(40 分钟)	1. 过程性评价：参与度、主动性、竞争力、表达能力、聆听技巧、反应速度。 ①是否熟悉幼儿园教育教学指导文件内容。（师评、抽查） ②能否对目标层级、目标类型、目标维度有所区分。（师评） ③能否区分或说出各年龄阶段科学能力发展的具体目标。（组间互评） 2. 成果验收：各年龄科学能力目标层次表。 3. 成果评价标准：要求体现目标层级关系、内容清晰、逻辑顺畅、方便查阅。

课时： 4 课时

1. 用品（工具）：纸、笔、彩色笔、尺子、计时器、抢答板、计分板、手机等。
2. 软资源：《纲要》《指南》目标部分、教学课件、小竞赛题目等。
3. 教学设施：笔记本电脑、投影、音响、麦克风等。

基准学时：40 课时

1 获取信息 | 2 制定计划与决策 | 3 活动实施 | 4 过程监控及记录 | 5 评价反馈

工作子步骤	教师活动	学生活动	评价
1. 以《纲要》《指南》科学领域教育指导的部分为指引，熟练运用网络资源，搜集、整理、汇总幼儿科学活动组织形式、导入方法、科学教法运用原理以及符合主题内容的优秀课例资源，形成幼儿园科学活动资源包，为制定计划做好基础。	1. 布置任务，提供《幼儿园科学教育活动》工作页，指导学生进行阅读并梳理任务要求。 2. 巡回指导学生通过网络查找幼儿园科学教育活动的相关网址，并根据幼儿园科学教育活动内容的分类汇总各种科学活动的教案、视频和课例资源。 3. 指导各小组讨论并总结幼儿园科学活动的组织形式和导入方法，组织学生角色扮演以更好地理解不同的导入方法。 4. 组织学生竞答幼儿园科学教育活动常见的教学方法。 5. 评价学生学习成果，查漏补缺幼儿园科学活动资源包。 教学方法： 任务导向、讨论法、角色扮演法、小组工作。	1. 接受任务，阅读工作页，总结幼儿园科学活动资源包的内容和制作要求。（10 分钟） 2. 小组收集幼儿园科学教育活动的相关网址，并根据幼儿园科学教育活动的内容分类整理好幼儿园科学活动的教案、视频和课例资源。（60 分钟） 3. 小组讨论幼儿园科学活动的组织形式和常见的导入方法，通过角色扮演的方式巩固科学活动常见的导入方法。（60 分钟） 4. 学生竞答幼儿园科学教育常见的教学方法并结合例子说明。（15 分钟） 5. 集体讨论和汇总幼儿园科学活动资源包的内容。（15 分钟）	1. 过程性评价：参与程度、效率、组内分工的情况、组内沟通的情况。 ①是否能提取任务和对应的要求。（互评） ②能否快速、准确找到常见的幼儿园科学教育活动网址；能否按照幼儿园科学活动的内容查找并汇总对应的教案、视频和课例资源。（师评、抢答） ③能否完整地总结出幼儿园科学活动的组织形式和常见的导入方法；能否生动地模仿幼儿园科学活动常见的导入方式。（集体评、竞赛） ④能否快速、准确说出幼儿园科学教育活动的常见教学方法；能否有条理、完整地整理所涉及的信息制作幼儿园科学活动资源包。 2. 成果验收：幼儿园科学活动资源包。 3. 成果验收标准：幼儿园科学活动资源包内容全面、清晰。

课时： 4 课时

1. 用品（工具）：大白纸、马克笔、磁铁、大白板等。
2. 软资源：幼儿园科学活动资源包任务书、工作页等。
3. 教学设施：笔记本电脑、投影、音响、麦克风等。

学习任务 3　幼儿园科学教育活动实施

1 获取信息　2 制定计划与决策　3 活动实施　4 过程监控及记录　5 评价反馈

制定计划与决策

工作子步骤	教师活动	学生活动	评价
2. 在明确的科学活动目标体系指引下，结合幼儿园科学活动资源包的支持，筛选符合主题的科学活动类型、明确科学活动具体内容，全面规划教学活动场地、布局，合理进行人员分工，制定符合本班的科学活动计划，为科学活动实施提供可行性保障。	1. 提供任务书，确定主题内容，结合案例、课件，讲解一份完善的幼儿园科学实施计划的制定依据、主要内容、规划过程及注意事项。 2. 组织学生讨论利用科学活动资源包，帮助筛选，巡回指导，优化所选内容。 3. 梳理学生选择的内容，举例说明相应的教学环境要求、场地规划和材料准备，引发思考请学生通过绘制科学活动主题网络图完成科学活动实施计划的主体部分。 4. 巡回指导、参与学生小组讨论、提醒学生注意时间、人员分配及撰写幼儿园科学活动实施计划的注意事项。 5. 查阅小组计划，组织互评，提出建议、优化调整科学活动实施计划。 教学方法： 案例教学法、讨论法、讲解法。	1. 阅读任务书，明确任务要求和主题内容，通过案例学习获取计划撰写的要素、依据及过程并填写工作页。（30 分钟） 2. 小组讨论利用科学活动资源包筛选适宜、符合主题的科学活动的类型和具体活动内容并综合衡量其趣味性、生活化、科学性、可操作性的价值用标签纸标注。（30 分钟） 3. 小组依据已优选的科学活动类型、具体科学活动内容对相应的场地、环境、材料做出合理配置和整体布局，绘制科学活动月主题网络图。（50 分钟） 4. 小组讨论、明确工作时间、预估任务难度与用时、合理分工，按照科学活动计划制定的依据和要求撰写幼儿园科学活动实施计划。（30 分钟） 5. 分享小组计划，听取教师、同学建议、优化调整科学活动实施计划。（20 分钟）	1. 过程性评价：参与程度、效率、提取筛选能力、全局观、组内沟通、协调的情况。 ①是否善于利用科学活动资源包内的资源。（师评） ②能否按要求填写工作页。（师评） ③能否统筹安排科学活动的实施。（师评） 2. 成果验收方式：幼儿园科学活动实施计划。 3. 成果验收标准：计划内容贴切主题、目标清晰、全面规划、从实际出发，可行性强。

课时： 4 课时

1. 用品（工具）：纸、笔、彩色笔、展示板、便笺纸等。
2. 软资源：任务书、幼儿园科学活动资源包、工作页、教学课件等。
3. 教学设施：摄像机、笔记本电脑、投影、音响、麦克风等。

工作子步骤	教师活动	学生活动	评价
3. 根据幼儿园活动设计撰写标准，按照主题科学活动计划，结合各年龄阶段幼儿科学发展的现有水平和需要，准确对幼儿科学教学活动目标定位，选择合适的教学方法，编写科学教学活动设计，保障幼儿园科学教学活动的开展，有效提升教学策划组织能力。	1. 教师提供《幼儿园科学教育活动》工作页，巡回指导学生边阅读边划出科学活动设计的步骤、幼儿园教学活动设计的标准、科学活动目标的撰写要求等内容的关键词。 2. 教师巡回指导学生查找并罗列科学活动设计的一般步骤和标准，并组织学生竞答。 3. 组织各小组讨论幼儿园科学活动的三维目标及撰写要求，指导学生找出给出的科学活动目标中存在的问题和提出修改建议。 4. 巡回指导各小组编写完整的幼儿园科学活动设计，及时总结学生在编写活动设计过程中的共性问题。 组织学生代表上台展示并讲解本组的活动设计，结合学生的共性问题作出评价，引导各小组进一步优化本组活动设计。	1. 学生阅读《幼儿园科学教育活动》工作页，画出科学活动设计的步骤、幼儿园教学活动设计的标准、科学活动目标的撰写要求等内容的关键词。(20 分钟) 2. 各小组罗列科学活动设计的一般步骤和标准并以竞答方式巩固。(20 分钟) 3. 各小组讨论幼儿园科学活动的三维目标以及撰写要求，能找出教师给出的科学活动目标存在的问题并提出改进建议。(40 分钟) 4. 各小组结合幼儿园科学活动资源包编写完整的幼儿园科学活动设计。(60 分钟) 5. 各小组派代表上台展示并讲解本组的活动设计，根据互评和师评进一步完善本组的科学活动设计。(20 分钟)	1. 过程性评价：主要观察参与度、倾听与分析，提炼与总结、团队合作能力等。 ①是否熟悉《幼儿园科学教育活动》工作页中关于编写幼儿园科学活动设计的内容。(师评、抽签问答) ②能否罗列科学活动设计的一般步骤和标准。(互评) ③能否学以致用写出具体科学活动的活动目标和撰写要求，能否准确分析教师给出的科学活动目标并提出修改建议。(组间互评、教师点评) ④是否能编写完整的幼儿园科学活动设计；能否根据师评和互评优化本组活动设计。(师评、互评) 2. 成果验收：具体科学教育活动设计。 3. 成果评价标准：规定时间内完成具体科学教育活动设计，要求符合活动对象的年龄特点、活动设计完整且可操作强。

课时： 4 课时

1. 用品（工具）：大白纸、马克笔、磁铁、大白板等。
2. 软资源：幼儿园科学活动资源包任务书、《幼儿园科学活动》工作页、幼儿园科学活动设计案例等。
3. 教学设施：笔记本电脑、投影、音响、麦克风等。

学习任务 3　幼儿园科学教育活动实施

1 获取信息　2 制定计划与决策　3 活动实施　4 过程监控及记录　5 评价反馈

活动实施

工作子步骤	教师活动	学生活动	评价
1. 根据幼儿园科学活动实施计划和具体教学活动设计进行场地布置、多媒体设备检查、教学用具、课件、相关音频、视频的实测，填写教学准备清单确认表，营造科学活动轻松、愉快、探究的氛围，为活动实施做好全面准备。	1. 布置任务，请学生在幼儿园科学活动计划和具体科学活动实施设计中标注需要确认准备的场地、设施设备、材料等。 2. 组织学生以小组为单位布置教学实施中所需场地、投放材料并衡量其适宜性予以指导。 3. 观察各小组操作、测试、实验过程，记录各组准备情况并适当予以帮助，和学生共同发现问题，解决问题，形成预案。 4. 提出营造科学活动氛围的思路，引发学生讨论并对各组头脑风暴的结果进行梳理总结。 5. 组织参与评价环节，予以建议。 教学方法： 任务导向、实验法、展示法、头脑风暴、小组工作。	1. 接受任务，阅读幼儿园科学活动计划和具体科学活动实施设计，标注需要确认准备的场地、设施设备、材料等。（20 分钟） 2. 小组布置教学实施场地、投放材料。例如：活动区、操作区的桌椅摆放；科学区、自然角的材料投放等确认其可操作性和便捷性。（20 分钟） 3. 小组操作多媒体测试课件、音频、视频等资源正常使用实验核查记录科学活动工具、材料，发现问题及时调整解决，保障科学活动材料安全、充足、实验原理清晰、可观察、可操作。（60 分钟） 4. 小组讨论头脑风暴营造科学活动的探究氛围的方法，用展板呈现并能予以说明。（20 分钟） 5. 小组互评，通过贴标签的方式核验教学准备清单中有误、遗漏之处，调整后准确填写教学准备清单确认表。（40 分钟）	1. 过程性评价：参与程度、效率、分工合作、操作实践、解决问题的情况。 ①是否合理布置的场地、材料。（组内互评） ②能否快速、准确测试具体科学活动的设备、资源及材料并能解决突发状况。（师评） ③能否按照标准要求操作科学实验的工具、材料。（集体评） ④能否详尽列出教学准备清单并认真确认。 2. 成果验收：教学准备清单确认表。 3. 成果验收标准：清单内容全面、清晰，确认无误，有应对预案。

课时： 4 课时

1. 用品（工具）：纸、笔、桌、椅、具体科学活动教学具、材料、工具、不同颜色便笺纸等。
2. 软资源：教学准备清单任务书、幼儿园科学活动计划、具体教学活动设计、科学实验工具、材料说明书、工作页等。
3. 教学设施：笔记本电脑、投影、音响、麦克风等。

活动实施

工作子步骤	教师活动	学生活动	评价
2. 根据幼儿教育职业特点和专业要求，通过“模拟教学”（或模拟训练）的方式，按照已优化的教学活动设计组织实施科学活动，有效地激发幼儿探究热情、提升探究能力和认知水平，保障科学活动目标的顺利达成。实现从理论学习到工作实践的双向互通，提升对幼儿科学活动的组织、实施能力。	1. 教师引导学生认真阅读《幼儿园科学教育活动》工作页，指导学生思考问题并做好记录。 2. 教师组织学生开展抢答关于科学活动实施的相关问题，并作出总结。 3. 教师引导各小组合理分工并明确自身职责；引导老师根据教学准备清单表准备好对应的教学具和环境布置并完整开展科学教育活动。 4. 提醒学生把控科学活动各环节的时间并观察幼儿的参与情况。指导其他学生做好录像和记录工作，方便对各小组的活动实施过程进行评价。 5. 提醒各小组的老师正确引导幼儿正确操作科学活动实验以及运用多种形式记录探究结果。 教学方法： 任务驱动法。	1. 学生认真阅读《幼儿园科学教育活动》工作页，观看 PPT，思考问题包括：科学活动实施原则、激发幼儿科学活动探究的技巧、科学活动操作原理和科学探究结果记录方法并做好记录。（80 分钟） 2. 小组抢答科学活动实施原则、激发幼儿科学活动探究的技巧、科学活动操作原理和科学探究结果记录方法。（80 分钟） 3. 各小组能明确分工：选出三位组织本次活动的老师、录像者和观看评价者等；老师们能根据教学准备清单表准备好对应的教学具和环境布置并清晰完整地开展科学教育活动。（80 分钟） 4. 各小组的老师们能把控科学活动各环节的时间，能观察各个幼儿的情况并发现没有探究兴趣幼儿的原因，及时引导幼儿积极参与探究活动。（60 分钟） 5. 在实践过程中能引导幼儿正确操作科学活动实验，并使用多种形式如：图片、表格、数据或其他符号记录探究结果。（20 分钟）	1. 过程性评价：主要观察小组合理分工、组员的组织能力、应急能力、组员参与积极性。 ①思考问题是否全面、观点表述是否清晰，能否掌握幼儿园科学教育活动相关的内容要点。（师评、组间互评） ②能否正确理解并积极抢答科学活动实施原则等相关内容。（师评） ③能合理分工，能否根据教学准备清单表准备好对应的教学用具和环境布置并完整地开展科学教育活动。（互评） ④能否严格把控科学活动各环节的时间并观察幼儿的参与情况；能否及时引导没有探究兴趣的幼儿参与活动。（集体评、竞赛） ⑤能否启发幼儿使用多种方法记录探究结果。（师评） 2. 成果验收方式：各小组科学教育活动现场模拟教学实施。 3. 成果验收标准：各小组分工合理，模拟实施环节完整，各环节衔接自然，教师能关注每位幼儿，及时调整教学策略，充分激发幼儿参与探究的兴趣。

课时： 8 课时

1. 用品（工具）：白纸、圆珠笔、展示板等。
2. 软资源：《幼儿园科学教育活动》工作页、教学准备清单表、各小组开展模拟教学的 PPT 等。
3. 教学设施：笔记本电脑、投影、音响、麦克风、电子笔、手机、投影仪、音响、录像机等。

学习任务 3　幼儿园科学教育活动实施

1 获取信息　2 制定计划与决策　3 活动实施　4 过程监控及记录　5 评价反馈

过程监控及记录

工作子步骤	教师活动	学生活动	评价
1. 在《纲要》《指南》教学指导部分的指引下，结合科学教育活动的不同类型（观察认知、实验探究、科学讨论等）的指导要点，监控实施过程中的突发状况并予以解决策略，形成微课集。完善关注教育对象、分析、解决实际教学问题的教育机制，促进幼儿园科学活动的有效开展。	1. 提供科学活动实施微课视频，引导观看集体活动三种类型中存在的教学现象。 2. 引导学生分析课例、组织学生对科学活动中发生的“教学事故”类型、影响、可能原因进行分析。 3. 梳理学生观点运用 PPT 讲解三类科学活动（观察认知、实验探究、科学谈论）指导要点并要求学生填写工作页。 4. 参与幼儿科学活动教学机智微课集的制作，组织学生模拟三种类型“教学事故”包括：材料不足、操作不当、讨论不积极，进行应对策略的训练和视频记录并予以评价。 教学方法： 视频案例教学法、角色扮演法。	1. 观看科学活动实施微课视频，简要记录集体活动三种类型中存在的教学现象。（30 分钟） 2. 分组讨论活动课例梳理记录，分析、概括科学教育活动中发生的“教学事故”的主要问题、影响及可能导致的原因及应对策略。（30 分） 3. 认真听取教师讲解学习三类科学活动（观察认知、实验探究、科学谈论）指导要点结合 PPT 内容填写工作页。（40 分钟） 4. 制作幼儿科学活动教学机智微课集的，分组模拟三种类型中“教学事故”包括：材料不足、操作不当、讨论不积极，进行应对策略的训练和视频记录剪辑，进行组间分享互评。（60 分钟）	1. 过程性评价：主要观察参与度、倾听与分析，提炼与总结等。 ①是否能认真记录微课视频内容。（师评、抽签问答） ②能否对课例的“教学事故”的类型、影响、原因进行分析。（师评） ③能否针对教学问题提炼教学机智，积极思考处理、应对的策略。 采用小组互评的方式。（组间互评、教师点评） ④是否能灵活处理“教学事故”关注教学经验的积累。（组间互评） 2. 成果验收：幼儿科学活动教学机智微课集。 3. 成果评价标准：规定时间内完成教学机智微课集，要求考虑全面细致具有学习借鉴的意义和普遍适用性。

课时： 4 课时

1. 用品（工具）：纸、笔、科学活动材料、手机、摄像机等。
2. 软资源：视频（科学活动实施）、活动记录表、工作页、视频剪辑软件等。
3. 教学设施：笔记本电脑、投影、音响、麦克风等。

评价反馈

工作子步骤	教师活动	学生活动	评价
1. 依据幼儿园科学活动评价标准及《幼儿园工作规程》相关教学组织要求，结合教学计划设计和具体教学活动模拟情况，对整个过程进行结果性和过程性等多种形式的评价填写幼儿园科学活动评价表，向科学教研组反馈意见，促进幼儿园科学活动月工作的顺利开展。	1. 教师组织学生认真阅读《幼儿园科学教育活动》工作页和幼儿园科学活动评价表，引导学生汇总评价要素。 2. 组织学生分组讨论，巡回指导，将结果布置于展示板，帮助学生进行分析。 3. 指导学生结合各小组的活动设计和模拟教学实施过程情况，客观填写幼儿园科学教育活动评价表，评价各小组组员的任务表现。 4. 组织学生对各小组科学教育活动模拟教学实施以来的不足之处提出改进建议。 5. 指导各小组代表向科学教研组反馈意见，根据教研组的建议进一步完善幼儿园科学活动月的教学计划。 教学方法：直观展示法、讨论法。	1. 认真阅读《幼儿园科学教育活动》工作页和幼儿园科学活动评价表，明确评价要素。（20 分钟） 2. 各小组讨论、汇总幼儿园科学教育活动设计和模拟教学实施过程的评价要素以及评价过程中需要注意的问题。（20 分钟） 3. 能客观填写幼儿园科学教育活动评价表，能依据主客观评价标准，评价各小组的教学设计和评价组员的任务表现。（60 分钟） 4. 能结合各小组组织幼儿园科学活动模拟教学实施以来的不足之处提出改进建议。（40 分钟） 5. 各小组代表向科学教研组反馈意见，根据教研组的建议进一步调整完善幼儿园科学活动月的教学计划。（20 分钟）	1. 过程性评价：汇报积极性、团队合作性、语言表达的全面性。 ①是否积极主动全面地对幼儿园科学教学活动模拟实施以来的内容（包括实施计划、活动设计和模拟实施过程）进行反思。（师评） ②能否按要求将问题进行归类，提出意见和建议。（师评） ③能否翔实地填写评价反思表。（组间互评） ④能否根据科学教研组的建议进一步完善幼儿园科学活动月的教学计划。（集体评、竞赛） ⑤结果性评价：各小组的教学计划是否完整、教学设计是否完整且符合对应年龄段幼儿的实际情况、科学活动模拟教学实施是否完整流畅等综合评定。（组间 + 师评） 2. 成果评价：幼儿园科学教育活动评价表。 3. 成果评价标准：学生反馈意见是否有针对性，是否有实效性，评价反思表问题捕捉是否准确、针对性强。学生提出的建议是否可行，是否具有代表性和针对性。

课时： 4 课时
1. 用品（工具）：纸、笔等。
2. 软资源：幼儿园科学教育活动评价表等。
3. 教学设施：笔记本电脑、投影、音响、麦克风等。

学习任务 4　幼儿园社会教育活动实施

任务描述

学习任务学时：40 课时

任务情境

广州市某幼儿园本学期社会教研组拟开展以“小小公民”为主题的活动，要求活动以《纲要》《指南》中社会领域的学习目标为标准，结合幼儿年龄特点和发展规律，激发幼儿社会责任感和民族自豪感，了解自己和国家、社会的关系，体验本国文化和其他多元文化的区别，发展初步的社会认知和社会交往能力，提升幼儿社会适应水平和自我情绪情感的控制能力，全面提升幼儿园的社会领域教育教学的水平。该幼儿园社会领域教研组组长咨询我校幼儿教育专业是否可协助完成该任务，时间为 10 周共 40 课时。我院专业教师认为该社会主题活动的组织与实施不仅能提升学生们的社会教育活动组织实践能力，同时能提升学生们身为中国公民的使命感和责任感，促进幼儿社会性发展的同时也提升学生本身的爱国情操和家国情怀。我院专业教师认为我院学生具备完成该任务的条件和能力，准备接受任务，带领同学们共同完成。

具体要求见后页。

可回收垃圾
RECYCLABLE WASTE
厨余垃圾
FOOD WASTE
有害垃圾
MILK

工作流程和标准

工作环节 1

获取信息

1

1. 认真听取幼儿园社会领域教研组组长或专业教师安排的工作任务，阅读任务书并做标记，明确“小小公民”的主题内涵，担负起幼儿社会教育的责任感和公民教育使命感，结合任务要求对幼儿园进行客观、细致的调研，形成幼儿园社会教育活动情况分析表。
2. 参照《指南》，以 3—6 岁儿童社会学习与发展的规律和特点为依据，在《纲要》和《指南》社会领域教育建议的指引下明确社会教育对幼儿发展的价值、内容、方法、途径、设计原则，绘制社会教育活动思维导图，为幼儿园社会活动开展做支架，保障社会教育活动顺利开展。
3. 根据幼儿园社会教育总目标、各年龄阶段目标以及幼儿园社会教育横向结构目标，整合出细致、全面的各年龄社会性发展水平目标层次表，从而优化社会教育活动目标体系，把控社会教育活动实施的方向。

主要成果：

1. 幼儿园社会教育活动情况调研记录表（幼儿园社会教育活动开展情况报告）
2. 幼儿社会教育活动思维导图
3. 各年龄社会性发展水平目标层次表

工作环节 2

制定计划与决策

2

1. 以《纲要》《指南》社会领域教育指导的部分为指引，熟练运用网络资源，搜集、整理、汇总幼儿社会教育活动组织形式、导入方法、社会教法运用原则以及符合主题内容的优秀课例，丰富国情知识、公民素养（社会主义核心价值观）、社会变革、祖国建设、多元文化等的相关国情资讯，担负起传播文化自信的责任，结合幼儿各年龄阶段的要求形成幼儿园社会教育活动资源包，为制定计划做好基础。
2. 在已明确的社会活动目标体系指引下，结合幼儿园社会教育活动资源包的支持，筛选符合主题的社会教育活动类型、明确社会教育活动具体内容（标出特殊节日如国庆节、国情知识、人文景观、社会生活变革、民俗文化等爱国主义教育内容），全面构思、规划、布置教学活动场地及资源，合理进行人员分工，制定符合本班的社会教育活动计划，为社会教育活动实施提供可行性保障。
3. 根据幼儿园活动设计撰写标准，依据主题制定的社会教育活动计划，结合各年龄阶段幼儿社会能力发展的现有水平和个性化需要，准确对幼儿社会教学活动目标定位，选择合适的教学方法，编写社会教学活动设计，保障幼儿园社会教学活动的有序开展，有效提升教学策划组织能力。

主要成果：

1. 幼儿园社会教育活动资源包
2. 幼儿园社会教育活动实施计划
3. 具体社会教育活动设计（详案）

工作环节 3

活动实施

3

1. 根据幼儿园社会教育活动实施计划和具体教学活动设计，细心地进行场地布置、资源分配，多媒体设备检查、教学用具、课件、相关音频、视频的实测并反复调试，填写教学准备清单确认表，耐心细致地营造社会活动宽松、愉快的氛围，为活动实施做好全面准备。
2. 根据幼儿教育职业特点和专业要求，通过“模拟教学”（或模拟训练）的方式，按照已优化的教学活动设计组织实施社会教育活动，在和谐、充满爱心的正向反馈环境中激发幼儿强烈的社会情感体验、提升社会交往能力、自我意识和社会认知水平，保障社会活动目标的顺利达成。在组织活动中体验家国情怀和弘扬文化自信，在自我教育和爱国主义熏陶下实现从理论学习到工作实践的双向互通，提升对幼儿社会教育活动的组织、实施能力。

主要成果：

1. 教学准备清单确认表
2. 社会教育活动模拟教学实施

工作环节 4

过程监控及记录

4

在《纲要》《指南》教学指导部分的指引下，结合社会教育活动的不同类型（社会认知、社会交往、自我教育、多元文化等）的指导要点，监控实施过程中的常见问题并提供解决策略（包括体现国情观念、日常活动中交往礼仪、多元文化对比等），形成微课集。完善关注教育对象、分析、解决实际教学问题的教育机制，渗透文化自信促进幼儿园社会教学活动的有效开展。

主要成果：

幼儿社会教育活动教学机智微课集

工作环节 5

评价反馈

5

依据幼儿园社会教育活动评价标准及《幼儿园工作规程》相关教学组织要求，结合教学计划和具体教学活动模拟情况，对整个过程进行结果性（包括填写调查问卷对个人国情观念做出评定）和过程性等多种形式的评价，填写幼儿园社会教育活动评价表，向社会领域教研组反馈意见，促进幼儿园社会教育活动工作的顺利开展。

主要成果：

幼儿园社会教育活动评价表

学习内容

知识点	1.1《纲要》社会领域内容 1.2《指南》社会领域 1.3 社会活动实施任务书（突出"小小公民"的主题）	2.1 社会教育对幼儿发展的价值 2.2 幼儿社会化发展的规律 2.3 幼儿社会教育的内容 2.4 幼儿社会教育的方法 2.5 幼儿社会教育的途径	3.1 幼儿园社会教育目标制定的依据 3.2 幼儿园社会教育总目标 3.3 幼儿园社会教育活动年龄阶段目标 3.4 幼儿园社会活动具体活动目标维度	4.1 幼儿常见社会教育活动组织形式 4.2 幼儿常见社会教育活动导入方法 4.3 社会教学法的运用原则 4.4 我国社会主义核心价值观和公民素养	5.1 计划撰写要素 5.2 社会教育活动主题网络图的架构 5.3 制定社会教育活动计划依据
技能点	1.1 能实地考察、搜集、整理幼儿社会活动开展信息 1.2 能对照《纲要》《指南》中社会领域内容进行比较分析 1.3 能概况幼儿园社会活动开展情况	2.1 能阐述幼儿社会教育活动的价值、特点 2.2 能分类幼儿社会教育活动内容 2.3 能甄别幼儿社会教育方法的使用范畴 2.4 能梳理并图式化幼儿社会教育活动理论知识	3.1 能说出幼儿园社会教育目标制订的依据 3.2 能正确描述幼儿园社会教育活动总目标 3.3 能绘制幼儿园社会教育纵向层次目标 3.4 能区分幼儿园社会教育横向结构（各年龄阶段、各维度目标）	4.1 能熟练运用幼儿社会教育活动网络资源 4.2 能依据社会教育内容整合优秀幼儿社会活动（视频、教案）课例资源 4.3 能汇总常见社会活动形式与导入方法 4.4 能举例阐述社会教学法的具体运用 4.5 能阐述我国公民应具备的国情知识和公民素养及社会主义核心价值观内容	5.1 能依据本月主题筛选确定活动类型 5.2 能根据要求绘制主题网络图，标出国庆节、国情知识、社会变革、人文景观、民俗文化等爱国主义教育内容 5.3 能够合理进行人员分工、时间安排 5.4 能制定、撰写合理、贴近生活的社会教育活动计划
工作环节	工作环节 1 获取信息			工作环节 2 制定计划与决策	
成果	1.1 幼儿园社会教育活动情况调研记录表	2.1 幼儿社会教育活动思维导图	3.1 各年龄社会性发展水平目标层次表	4.1 幼儿园社会教育活动资源包	5.1 幼儿园社会教育活动实施计划
素养	1.1 责任心、使命感	2.1 观察力、图示化能力	3.1 分析整合能力、细心	4.1 搜集筛选信息、分类整合能力、国情观念（丰富对我们国情的认知体验）责任心、文化自信	5.1 统筹协调、全局观念

学习任务 4　幼儿园社会教育活动实施

6.1 社会教育活动设计的基本程序 6.2 幼儿园教学活动设计的标准 6.3 社会教育活动目标的撰写要求	7.1 社会教育活动教学场地布置要求 7.2 设施、设备安全检查要求 7.3 幼儿社会教育活动资源整合利用的原则	8.1 社会教育活动组织流程 8.2 宽松、和谐、积极、正向的社会教育环境要素 8.3 社会教育活动实施原则 8.4 社会教育活动与一日生活的融合要点	9.1 社会认知活动的指导要点 9.2 社会交往活动的指导要点 9.3 自我教育与多元文化教育的指导要点	10.1 幼儿园社会教育活动评价要素 10.2 幼儿园社会活动评价标准
6.1 能够正确编写具体活动目标 6.2 能撰写完整的社会教育活动设计	7.1 能合理利用社会教育资源（场地、人员） 7.2 能准备并测试对应的音频、视频、多媒体课件等教学资源 7.3 能根据具体活动选择、制作、投放活动材料 7.4 能准确填写教学准备清单确认表	8.1 能清晰展示社会教育活动流程，活动实施中渗透国情观念，进行爱国主义教育 8.2 能营造宽松、和谐，正向反馈的活动氛围 8.3 能把控社会活动各环节时间分配 8.4 能举例说明常用社会教育活动方法的运用 8.5 能将社会教育活动渗透到一日生活之中	9.1 能解决社会认知活动资源不足的策略（通过参观、访问、邀请等方式丰富对本国传统文化、社会文化的体验，感受人们社会生活的变化，增强文化自信） 9.2 能应对幼儿日常社会交往中常见问题的策略 9.3 能拓展多元文化认知发展自我意识的策略（通过我国文化和其他多元文化的对比，培养国际视野和文化自信）	10.1 能够准确填写幼儿园社会教育活动评价表 10.2 能依据主客观评价标准，评价组员的任务表现 10.3 能填写调查问卷，评定个人国情观念的提升度 10.4 能复盘活动实施过程阐述反馈建议

6.1 具体社会教育活动设计（详案）	7.1 教学准备清单确认表	8.1 社会教育活动模拟教学实施	9.1 幼儿社会教育活动教学机智“微课”集	10.1 幼儿园社会教育活动评价表
6.1 文案设计与撰写能力	7.1 资源整合能力，细心、耐心	8.1 组织实施能力、团结合作、爱心、民族自信	9.1 解决问题能力、应急反应能力、文化自信、保教结合	10.1 归纳总结、反思能力

学习任务 4　幼儿园社会教育活动实施

1 获取信息　2 制定计划与决策　3 活动实施　4 过程监控及记录　5 评价反馈

获取信息

工作子步骤	教师活动	学生活动	评价
1. 认真听取幼儿园社会领域教研组组长或专业教师安排的工作任务，阅读任务书并做标记，明确“小小公民”的主题内涵，担负起幼儿社会教育的责任感和公民教育使命感，结合任务要求对幼儿园进行客观、细致的调研形成幼儿园社会教育活动情况分析表。	1. 提供《纲要》《指南》，指导学生进行阅读，要求学生了解幼儿社会教育活动基本概念和范畴并标注关键词。 2. 引导学生阅读《任务书》并标注关键词。讲解中国公民和世界公民的内涵并分析公民素养，核对工作任务要点分析其主体内容下所承担的责任和使命感和完成时间。 3. 回顾前置学习任务，引导学生分享、讨论实地考察（见习、参观）幼儿园社会教育活动的情况，要求筛选出有代表性的信息包括：图片、视频、文字记录等。 4. 讲解《纲要》《指南》中社会教育活动组织的要求，引导学生进行比较、梳理，包括：幼儿园开展活动频次、类型、场地、材料、幼儿社会性能力发展水平等内容，并同步做好记录。 5. 组织小组互评，参与讨论，汇总整理一份幼儿园社会教育活动情况调研记录表。 教学方法： 任务驱动法、分析比较法、展示法、启发法。	1. 阅读《纲要》《指南》社会领域内容学习社会教育活动概念和基本范畴并标注关键词。（10 分钟） 2. 阅读《任务书》并标注关键词。查阅中国公民和世界公民的内涵并列举公民素养，明确工作任务要点，理解所承担的责任和使命和完成时间。（15 分钟） 3. 小组分享讨论实地考察（见习、参观）幼儿园调研社会教育活动开展的相关资料（图片、视频、文字记录）等，筛选出幼儿园开展社会教育活动的相关信息。（20 分钟） 4. 参照《纲要》《指南》中社会教育活动组织的要求如：开展活动频次、类型、场地、材料、幼儿各年龄班社会性发展水平等，进行比较、梳理、记录。（20 分钟） 5. 通过各小组展示，集体进行汇总、概况，综合整理一份幼儿园社会教育活动情况调研记录表。（15 分钟）	1. 过程性评价：参与度、主动性、表达能力、聆听技巧、职业素养水平。 ①学生能否积极主动查阅资料，共同学习幼儿社会性发展目标。（师评） ②组内成员是否积极共同讨论，明确主题内容及公民教育在幼儿社会领域的意义。（师评） ③筛选分析信息是否真实、准确、有代表性、全面。（计分互评） ④能否协同合作按照实际开展社会教育活动情况制定幼儿园社会教育活动情况调研记录表。（师评） ⑤能否合理地进行整合评估。（师评） 2. 成果验收：幼儿园社会教育活动情况调研记录表。 3. 成果评价标准：要求要点清晰、明确，内容真实、具体、有代表性、全面。

课时： 2 课时

1. 用品（工具）：纸、笔、手机等。
2. 软资源：《纲要》《指南》《任务书》，搜集记录的图片、文字、视频信息等。
3. 教学设施：笔记本电脑、投影、音响、麦克风等。

1 获取信息 → 2 制定计划与决策 → 3 活动实施 → 4 过程监控及记录 → 5 评价反馈

获取信息

工作子步骤	教师活动	学生活动	评价
2. 参照《指南》，以 3—6 岁儿童社会学习与发展的规律和特点为依据，在《纲要》和《指南》社会领域教育建议的指引下明确社会教育教育对幼儿发展的价值、内容、方法、途径、设计原则，绘制社会教育活动思维导图，为幼儿园社会活动开展做支架，保障社会教育活动顺利开展。	1. 教师组织学生阅读《纲要》和《指南》的社会教育领域内容，指导学生在阅读过程中标记关于社会教育活动对幼儿发展的价值、幼儿社会化发展规律、学习特点、社会教育的内容和途径的关键词。 2. 组织学生观看活动视频，提出观看的重点和要求。 3. 组织学生开展抢答活动，引导学生围绕关键词结合实际案例回答。 4. 巡回指导学生提取幼儿社会教育活动思维导图中的关键词，绘制幼儿社会活动思维导图。 5. 组织学生上台展示并讲解幼儿社会教育活动思维导图，引导学生进行评价；教师根据学生的完成质量进行点评帮助学生梳理、完善社会教育活动思维导图。 教学方法： 引导文法、视频案例分析法、讨论法、展示法、任务驱动法。	1. 阅读《纲要》《指南》的社会领域内容，学习社会教育对幼儿发展的价值、幼儿社会性发展的规律，学习特点，社会教育的内容、方法和途径。（15 分钟） 2. 观看《幼儿园社会教育活动概述》视频，通过评析的方式总结幼儿园社会活动的价值和领域特点。（10 分钟） 3. 各小组以抢答方式，结合案例讲解幼儿园社会教育的内容和方法的使用范畴。（10 分钟） 4. 各小组讨论、汇总和罗列幼儿园社会教育对幼儿的发展价值、幼儿社会化的发展规律和学习特点、幼儿社会教育的内容、方法和途径，并绘制出幼儿园社会教育活动思维导图。（25 分钟） 5. 分组进行展示学习成果，各小组根据互评、师评进一步优化本组的幼儿园社会教育活动思维导图。（20 分钟）	1. 过程性评价：获取、筛选和整合信息能力、参与度和主动性、表达能力、聆听技巧。 ①学生能否积极主动查阅资料，共同学习幼儿园社会教育活动概述的相关内容。（师评、抽查） ②各小组成员是否认真观看《幼儿社会教育活动概述》视频，是否能积极共同讨论。（师评） ③筛选分析信息是否真实、准确、有代表性、全面。（计分、互评） ④能否协同合作绘制完整的幼儿社会教育活动思维导图，绘制的思维导图是否包含幼儿社会教育活动概述的各个要素和关键信息、思维导图的构图和色彩搭配是否和谐。（互评） ⑤能否合理地进行整合评估。（师评） 2. 成果验收：幼儿社会教育活动思维导图。 成果评价标准：要求绘制的思维导图图文并茂、构图比例协调、色彩搭配和谐；一级标题有条理，二级标题的内容要有代表性、全面。

课时： 2 课时

1. 用品（工具）：大白纸、马克笔、磁铁、白板等。
2. 软资源：《纲要》《指南》《幼儿社会教育活动概述》视频等。
3. 教学设施：笔记本电脑、投影、音响、麦克风等。

学习任务 4　幼儿园社会教育活动实施

1 获取信息　2 制定计划与决策　3 活动实施　4 过程监控及记录　5 评价反馈

获取信息

工作子步骤	教师活动	学生活动	评价
3. 根据幼儿园社会教育总目标、各年龄阶段目标以及幼儿园社会教育横向结构目标，整合出细致、全面的各年龄社会性发展水平目标层次表，从而优化社会教育活动目标体系，把控社会教育活动实施的方向。	1. 布置任务，提供《纲要》《指南》，说明阅读学习范围及标注核心词的要求。 2. 提出问题请学生围绕制定社会教育领域目标的依据、幼儿社会性发展水平、幼儿园目标纵向层级和横向关系进行讨论，巡回指导学生绘制目标结构层次图。 3. 听取小组代表展示社会教育活动目标结构层次图并进行简评，结合疑难详细讲解、梳理社会教育活动目标的层级关系及具体内容。 4. 组织小组进行竞答，强化对社会教育横向结构（各年龄阶段的目标及各具体目标的维度）的区分和理解。 5. 指导学生整合各年龄社会性发展水平目标层次表并查漏补缺，细心完善予以评价。 教学方法： 任务导向讨论法、小组工作、竞赛法。	1. 接受任务，阅读《纲要》和《指南》社会领域目标内容，并标注关键句，圈出核心词。（20 分钟） 2. 小组围绕教师提出的：制定社会领域目标的依据、幼儿社会性发展水平、幼儿园目标纵向层级和横向关系进行讨论，按照个人理解绘制目标结构层次图。（20 分钟） 3. 小组代表展示社会教育活动目标结构层次图并进行说明，提出疑难认真听取教师讲解社会教育活动目标的层级关系及具体内容。（30 分钟） 4. 小组进行竞赛抢答，深化对社会教育横向目标结构（各年龄阶段的目标及各具体目标的维度）的区分和理解。（50 分钟） 5. 小组整合、填写各年龄社会性发展水平目标层次表（涵盖 3—4、4—5、5—6 岁不同年龄阶段各社会领域不同类型层次），并进行互评查漏补缺，细心完善内容。（40 分钟）	1. 过程性评价：参与度、主动性、竞争力、表达能力、聆听技巧、反应速度。 ①是否熟悉幼儿园教育教学指导文件内容。（师评、抽查） ②能否对目标层级、目标类型、目标维度有所区分。（师评） ③能否区分或说出各年龄阶段社会性发展水平的具体目标。（组间互评） 2. 成果验收：各年龄社会性发展水平目标层次表。 3. 成果评价标准：要求体现目标层级关系，内容清晰、逻辑顺畅、细致、全面并方便查阅。

课时： 4 课时

1. 用品（工具）：纸、笔、彩色笔、尺子、计时器、抢答板、计分板、手机等。
2. 软资源：《纲要》《指南》目标部分、教学课件、小组竞赛题目等。
3. 教学设施：笔记本电脑、投影、音响、麦克风等。

基准学时：40 课时

1 获取信息 → 2 制定计划与决策 → 3 活动实施 → 4 过程监控及记录 → 5 评价反馈

制定计划与决策

工作子步骤	教师活动	学生活动	评价
1. 以《纲要》《指南》社会领域教育指导的部分为指引，熟练运用网络资源，搜集、整理、汇总幼儿社会教育活动组织形式、导入方法、社会教法运用原则以及符合主题内容的优秀课例资源，丰富国情知识、公民素养（社会主义核心价值观）、社会变革、祖国建设、多元文化等的相关国情资讯。能担负起传播文化自信的责任，形成幼儿园社会教育活动资源包，为制定计划做好基础。	1. 布置任务，提供《幼儿园社会教育教育活动》工作页，指导学生进行阅读并梳理任务要求。 2. 巡回指导学生通过网络查找幼儿园社会教育教育活动的相关网址，并根据幼儿园社会教育教育活动内容的分类汇总各种社会教育活动的教案、视频和课例资源。 3. 指导各小组讨论并总结幼儿园社会教育活动的组织形式和导入方法，组织学生进行角色扮演情景化练习，以更好地理解不同的导入方法。 4. 组织学生抢答幼儿园社会教育活动常见的教学方法。 5. 组织学生进行国情知识竞赛大比拼活动，丰富其国情知识、公民素养（社会主义核心价值观）、社会变革、祖国建设、多元文化等的相关国情资讯，提升学生对国情的关注和了解。树立文化自信及明确其责任。 6. 评价学生学习成果，查漏补缺幼儿园社会教育活动资源包。 教学方法： 任务导向、讨论法、角色扮演法、小组工作。	1. 接受任务，阅读工作页，总结幼儿园社会教育活动资源包的内容和制作要求。(10 分钟) 2. 小组收集幼儿园社会教育教育活动的相关网址，并根据幼儿园社会教育活动的内容分类整理好幼儿园社会教育活动的教案、视频和课例资源。(40 分钟) 3. 小组讨论幼儿园社会教育活动的组织形式和常见的导入方法，通过角色扮演的方式巩固练习社会教育活动常见的导入方法。(40 分钟) 4. 学生抢答幼儿园社会教育教育常见的教学方法并结合例子说明。(15 分钟) 5. 进行国情知识竞赛大比拼活动，丰富国情知识、公民素养（社会主义核心价值观）、社会变革、祖国建设、多元文化等的相关国情资讯，深化对本国国情的了解。构建文化自信及推广的责任感。(40 分钟) 6. 集体讨论筛选和汇总幼儿园社会教育活动资源包的内容。(15 分钟)	1. 过程性评价：参与程度、效率、组内分工的情况、组内沟通的情况 ①是否能提取任务和对应的要求。（互评） ②能否快速、准确找到常见的幼儿园社会教育活动网址；能否按照幼儿园社会教育活动的内容查找并汇总对应的教案、视频和课例资源。（师评抢答） ③能否完整地总结出幼儿园社会教育活动的组织形式和常见的导入方法；能否生动地模仿幼儿园社会教育活动常见的导入方式。（集体评） ④能够积极地参与竞赛活动，扩大自己对国情的熟悉和了解，增加国情知识储备。（小组竞赛） ⑤能否快速、准确说出幼儿园社会教育活动的常见教学方法；能否有条理、完整地整理所涉及的信息制作幼儿园社会教育活动资源包。 2. 成果验收：幼儿园社会教育活动资源包。 3. 成果验收标准：幼儿园社会教育活动资源包内容全面、清晰。

课时： 4 课时
1. 用品（工具）：大白纸、马克笔、磁铁、大白板等。
2. 软资源：幼儿园社会教育活动资源包任务书、工作页、国情知识竞赛题库等。
3. 教学设施：笔记本电脑、投影、音响、麦克风等。

课程 4　幼儿园教学活动实施

学习任务 4　幼儿园社会教育活动实施

1 获取信息　2 制定计划与决策　3 活动实施　4 过程监控及记录　5 评价反馈

制定计划与决策

工作子步骤	教师活动	学生活动	评价
2. 在明确的社会教育活动目标体系指引下，结合幼儿园社会教育活动资源包的支持，筛选符合主题的社会教育活动类型、明确社会教育活动具体内容（标出特殊节日如国庆节、国情知识、人文景观、社会生活变革、民俗文化等爱国主义教育内容），全面构思、规划、补助教学场地，合理进行人员分工，制定符合本班的社会教育活动计划，为社会教育活动实施提供可行性保障。	1. 提供任务书,确定主题内容，结合案例、课件，讲解一份完善的幼儿园社会教育实施计划的制定依据、主要内容、规划过程及注意事项。 2. 组织学生讨论利用社会教育活动资源包，帮助筛选，巡回指导，优化所选内容。 3. 梳理学生选择的内容，举例说明相应的教学环境要求、场地规划和材料准备，引发思考请学生通过绘制社会教育活动主题网络图完成社会教育活动实施计划的主体部分。要求学生用红色马克笔标出关于国庆节、国情知识、社会变革、人文景观、民俗文化等爱国主义教育内容，分析爱国主义教育在幼儿园社会教育活动的价值及其在该主题下的构思设计。 4. 巡回指导、参与学生小组讨论、提醒学生注意时间、人员分配及撰写幼儿园社会教育活动实施计划的注意事项。 5. 查阅小组计划，组织互评，提出建议、优化调整社会教育活动实施计划。 教学方法： 案例教学法、讨论法、讲解法。	1. 阅读任务书，明确任务要求和主题内容，通过案例学习获取计划撰写的要素、依据及过程并填写工作页。（30 分钟） 2. 小组讨论利用社会教育活动资源包筛选适宜、符合主题的社会教育活动的类型和具体活动内容并综合衡量其趣味性、生活化、广泛性、可操作性的价值，用标签纸标注。（30 分钟） 3. 小组依据已优选的社会教育活动类型、具体社会教育活动内容对相应的场地、环境、材料做出合理配置和整体布局，绘制社会教育活动月主题网络图。用红色马克笔标出关于国庆节、国情知识、社会变革、人文景观、民俗文化等爱国主义教育内容，讨论分析其在该主题下的社会教育活动的意义与价值。（50 分钟） 4. 小组讨论、明确工作时间、预估任务难度与用时、合理分工，按照社会教育活动计划制定的依据和要求撰写幼儿园社会教育活动实施计划。（30 分钟） 5. 分享小组计划，听取教师、同学建议、优化调整社会教育活动实施计划。（20 分钟）	1. 过程性评价：参与程度、效率、提取筛选能力、全局观、组内沟通协调的情况。 ①是否善于利用社会教育活动资源包内的资源。（师评） ②能否按要求填写工作页。（师评） ③能否统筹安排社会教育活动的实施。（师评） 2. 成果验收方式：幼儿园社会教育活动实施计划。 3. 成果验收标准：计划内容贴切主题、目标清晰、全面规划、从实际出发，可行性强。

课时： 4 课时

1. 用品（工具）：纸、彩色笔、红色马克笔、展示板、便笺纸等。
2. 软资源：任务书、幼儿园社会教育活动资源包、工作页、教学课件等。
3. 教学设施：摄像机、笔记本电脑、投影、音响、麦克风等。

工作子步骤	教师活动	学生活动	评价
3. 在已明确的社会活动目标体系指引下，结合幼儿园社会教育活动资源包的支持，筛选符合主题的社会教育活动类型，明确社会教育活动具体内容，全面规划、布置教学活动场地及资源，合理进行人员分工，制定符合本班的社会教育活动计划，为社会教育活动实施提供可行性保障。	1. 教师提供《幼儿园社会教育活动》工作页，巡回指导学生边阅读边划出社会教育活动设计的步骤、幼儿园教学活动设计的标准、社会教育活动目标的撰写要求等内容的关键词。 2 教师巡回指导学生查找并罗列社会教育活动设计的一般步骤和标准，并组织学生竞答。 3. 组织各小组讨论幼儿园社会教育活动的三维目标及撰写要求，指导学生找出给出的社会教育活动目标中存在的问题和提出修改建议。 4. 巡回指导各小组编写完整的幼儿园社会教育活动设计，及时总结学生在编写活动设计过程中的共性问题。 5. 组织学生代表上台展示并讲解本组的活动设计，结合学生的共性问题作出评价，引导各小组进一步优化本组活动设计。	1. 学生阅读《幼儿园社会教育活动》工作页，划出社会教育活动设计的步骤、幼儿园教学活动设计的标准、社会教育活动目标的撰写要求等内容的关键词。(20 分钟) 2. 各小组罗列社会教育活动设计的一般步骤和标准并以竞答方式巩固。(20 分钟) 3. 各小组讨论幼儿园社会教育活动的三维目标以及撰写要求，能找出教师给出的社会教育活动目标存在的问题并提出改进建议。(40 分钟) 4. 各小组结合幼儿园社会教育活动资源包编写完整的幼儿园社会教育活动设计。(60 分钟) 5. 各小组派代表上台展示并讲解本组的活动设计，根据互评和师评进一步完善本组的社会教育活动设计。(20 分钟)	1. 过程性评价：主要观察参与度、倾听与分析，提炼与总结、团队合作能力等。 ①是否熟悉《幼儿园社会教育教育活动》工作页中关于编写幼儿园社会教育活动设计的内容。(师评、抽签问答) ②能否罗列社会教育活动设计的一般步骤和标准。（互评） ③能否学以致用写出具体社会教育活动的活动目标和撰写要求，能否准确分析教师给出的社会教育活动目标并提出修改建议。（组间互评、教师点评） ④是否能编写完整的幼儿园社会教育活动设计；能否根据师评和互评优化本组活动设计。（师评、互评） 2. 成果验收：具体社会教育教育活动设计。 3. 成果评价标准：规定时间内完成具体社会教育活动设计，要求符合活动对象的年龄特点、活动设计完整且可行性强。

课时： 4 课时
1. 用品（工具）：大白纸、马克笔、磁铁、大白板等。
2. 软资源：幼儿园社会教育活动资源包任务书、《幼儿园社会教育活动》工作页、幼儿园社会教育活动设计案例等。
3. 教学设施：笔记本电脑、投影、音响、麦克风等。

学习任务 4　幼儿园社会教育活动实施

1 获取信息　2 制定计划与决策　3 活动实施　4 过程监控及记录　5 评价反馈

活动实施

工作子步骤	教师活动	学生活动	评价
1. 根据幼儿园社会教育活动实施计划和具体教学活动设计细心地进行场地布置、资源分配，多媒体设备检查、教学具、课件、相关音频、视频的实测并反复调试，填写教学准备清单确认表，耐心细致地营造社会活动宽松、愉快的氛围，为活动实施做好全面准备。	1. 布置任务，请学生在幼儿园社会教育活动计划和具体社会教育活动实施设计中标注需要确认准备的场地、设施设备、材料等。 2. 组织学生以小组为单位布置教学实施中所需场地、投放材料并衡量其适宜性予以指导。 3. 观察各小组操作、测试、实验过程，记录各组准备情况并适当予以帮助，提醒学生综合考量对教育对象本身的细心关注思考是否体现尊重与合作，促进和学生共同发现问题，耐心解决问题并形成预案。 4. 提出丰富幼儿社会认知经验善于利用社区、社会资源的问题，引发学生讨论并对各组头脑风暴的结果进行梳理总结。 5. 组织参与评价环节，予以建议。 教学方法： 任务导向、实验法、展示法、头脑风暴、小组工作。	1. 接受任务，阅读幼儿园社会教育活动计划和具体社会教育活动实施设计，标注需要确认准备的场地、资源、设施设备、材料等。(20 分钟) 2. 小组布置教学实施场地、协调资源、投放材料。例如：活动区的桌椅摆放；社区资源的利用、主题墙、区角的材料投放等并确认其可操作性和便捷性。(20 分钟) 3. 小组操作多媒体测试课件、音频、视频等资源正常使用实验核查记录社会教育活动情景道具、材料，发现问题及时调整、细心解决，保障社会教育活动环境安全、材料充足、耐心营造教学环境体现尊重教育对象、普遍适用、可行性强。(60 分钟) 4. 小组讨论围绕丰富幼儿社会认知经验头脑风暴如何利用社区、社会资源的方法，为用展板呈现并能予以说明。(20 分钟) 5. 小组互评，通过贴标签的方式核验教学准备清单中有误、遗漏之处，调整后准确填写教学准备清单确认表。 (40 分钟)	1. 过程性评价：参与程度、效率、分工合作、操作实践、解决问题的情况。 ①是否合理布置的场地、主题墙、区角材料。(组内互评) ②能否细致、准确测试具体社会教育活动的设备、资源及材料并能解决突发状况。(师评) ③能否按照要求使用社会教育活动的情景化道具、操作材料。(集体评) ④能否详尽列出教学准备清单并认真反复确认。 2. 成果验收：教学准备清单确认表。 3. 成果验收标准：清单内容全面、清晰，确认无误，有应对预案。

课时： 4 课时

1. 用品（工具）：纸、笔、桌、椅、具体社会教育活动教学具、材料、工具、不同颜色便笺纸等。
2. 软资源：教学准备清单任务书、幼儿园社会教育活动计划、具体教学活动设计、社会教育教学具、材料说明书、工作页等。
3. 教学设施：笔记本电脑、投影、音响、麦克风等。

工作子步骤	教师活动	学生活动	评价
2. 根据幼儿教育职业特点和专业要求，通过“模拟教学”（或模拟训练）的方式，按照已优化的教学活动设计组织实施社会教育活动，在和谐、充满爱心的正向反馈环境中，激发幼儿强烈的社会情感体验、提升社会交往能力、自我意识和社会认知水平，保障社会活动目标的顺利达成。在组织活动中体验家国情怀和弘扬文化自信，在自我教育和爱国主义熏陶下实现从理论学习到工作实践的双向互通，提升对幼儿社会教育活动的组织、实施能力。	1. 教师引导学生认真阅读《幼儿园社会教育教育活动》工作页，指导学生思考问题并做好记录。 2. 教师组织学生开展抢答关于社会教育活动实施的相关问题，并作出补充、总结。 3. 教师引导各小组合理分工并明确自身职责；引导老师根据教学准备清单表准备好对应的教学具和环境布置并完整开展社会教育教育活动。 4. 提醒学生把控社会教育活动各环节的时间并观察幼儿的参与情况。指导其他学生做好录像和记录工作，提醒学生对国情观念内容的渗透，方便对各小组的活动实施过程进行评价。 5. 提醒在实施过程中能老师们注重对幼儿（参与者）主动参与体验的正向反馈（鼓励、赞扬、榜样示范等），提炼社会活动渗透到一日生活的方法。 教学方法：任务驱动法、模拟实践法。	1. 学生认真阅读《幼儿园社会教育活动》工作页，观看 PPT，思考问题包括：社会教育活动实施原则、营造幼儿社会教育活动宽松、和谐、正向社会教育环境的要素、社会教育活动组织流程并做好记录。（80 分钟） 2. 小组抢答社会教育活动实施原则、营造幼儿社会教育活动宽松、和谐、正向社会教育环境的要素、社会教育活动组织流程并做好拓展性补充。（80 分钟） 3. 各小组能明确分工：选出各组负责组织实施本次活动的老师、录像、记录者和参与评价者等；老师们能根据教学准备清单表准备好对应的教学具和环境布置并清晰完整地开展社会教育活动。（80 分钟） 4. 参与者记录活动实施过程包括时间的分配关注各个幼儿的需要情况、是否及时引导参与者积极体验活动，能否引起情感共鸣和获得认知经验。是否有渗透爱国主义教育内容（包括国情知识、文化陈果、特殊节日、民俗文化，多元文化对比）体现文化自信。（60 分钟） 5. 在实施过程中能引导幼儿（参与者）主动参与并正向反馈，掌握社会活动渗透到一日生活的方法。（20 分钟）	1. 过程性评价：主要观察小组合理分工、组员的组织能力、应急能力、组员参与积极性。 ①思考问题是否全面、观点表述是否清晰，能否掌握幼儿园社会教育教育活动相关的内容要点。（师评、组间互评） ②能否正确理解并积极抢答社会教育活动实施原则等相关内容。（师评） ③能否合理分工、能否根据教学准备清单表准备好对应的教学具和环境布置前期准备并完整地开展社会教育教育活动。是否在实施活动过程中有效输出爱国主义、公民素质教育内容。（互评） ④能否严格把控社会教育活动各环节的时间并观察幼儿的参与情况；能否有意识地营造愉快、和谐、正向的活动氛围。（集体评、竞赛） ⑤能否启发幼儿表达其自我的情绪、认知体验。（师评） 2. 成果验收方式：各小组社会教育活动现场模拟教学实施。 3. 成果验收标准：各小组分工合理，模拟实施环节完整，各环节衔接自然，教师是否能关注每位幼儿，及时调整教学策略，充分激发幼儿参与体验的兴趣和正向的反馈。

课时： 8 课时

1. 用品（工具）：白纸、圆珠笔、展示板等。
2. 软资源：《幼儿园社会教育教育活动》工作页、教学准备清单表、各小组开展模拟教学的 PPT 等。
3. 教学设施：笔记本电脑、投影、音响、麦克风、电子笔、手机、投影仪、音响、录像机等。

学习任务 4　幼儿园社会教育活动实施

1 获取信息　2 制定计划与决策　3 活动实施　4 过程监控及记录　5 评价反馈

过程监控及记录

工作子步骤	教师活动	学生活动	评价
1. 在《纲要》和《指南》教学指导部分的指引下，结合社会教育活动的不同类型（社会认知、日常活动中社会交往、自我教育、多元文化等）的指导要点，监控实施过程中的常见问题并提供解决策略（包括体现国情观念、多元文化对比等），形成微课集。提升关注教育对象、分析、解决实际教学问题的教育机制，渗透文化自信促进幼儿园社会教学活动的有效开展。	1. 提供社会教育活动实施微课视频，引导观看集体活动三种类型中存在的教学现象。 2. 引导学生分析课例、组织学生对社会教育活动中发生的“教学事故”类型、影响、可能原因进行分析。 3. 梳理学生观点运用 PPT 讲解四类社会教育活动（社会认知、日常活动中的社会交往、自我教育、多元文化教育）指导要点并要求学生填写工作页。 4. 参与幼儿社会教育活动教学机智微课集的制作，组织学生模拟常见问题如资源不足（通过参观、访问、邀请等方式丰富对本国传统文化、社会文化的体验，感受人们社会生活的变化，弘扬文化自信）、不善交往、自我意识模糊（通过我国文化和其他多元文化的对比，培养国际视野和文化自信）等，进行应对策略的训练和视频记录并予以评价。 教学方法： 视频案例教学法、角色扮演法。	1. 观看社会教育活动实施微课视频，简要记录集体活动四种类型中存在的教学现象。（30 分钟） 2. 分组讨论活动课例梳理记录，分析、概括社会教育教育活动中发生的“教学事故”的主要问题、影响及可能导致的原因及应对策略。（30 分钟） 3. 认真听取教师讲解学习四类社会教育活动（社会认知、日常活动中的社会交往、自我教育、多元文化教育）指导要点结合 PPT 内容填写工作页。（40 分钟） 4. 制作幼儿社会教育活动教学机智微课集的，分组模拟常见问题包括资源不足（通过参观、访问、邀请等方式丰富对本国传统文化、社会文化的体验，感受人们社会生活的变化，弘扬文化自信）、不善交往、自我意识模糊（通过我国文化和其他多元文化的对比，培养国际视野和文化自信）等，进行应对策略的训练和视频记录剪辑，进行组间分享互评。（60 分钟）	1. 过程性评价：主要观察参与度、倾听与分析、提炼与总结等。 ①是否能认真记录微课视频内容。（师评、抽签问答） ②能否对课例的“教学常见问题”的类型、影响、原因进行分析。（师评） ③能否针对教学问题提炼教学机智，积极思考处理、应对的策略。采用小组互评的方式 。（组间互评、教师点评） ④是否能灵活处理“教学常见问题”关注教学经验的积累。（组间互评） 2. 成果验收：幼儿社会教育活动教学机智微课集。 3. 成果评价标准：规定时间内完成教学机智微课集，能通过多种文化的对比体现民族自信和保教结合（在日常生活中教给社会与他人交往的技巧），要求考虑全面细致具有学习借鉴的意义和普遍适用性。

课时： 4 课时
1. 用品（工具）：纸、笔、社会教育活动材料、手机、摄像机等。
2. 软资源：视频（社会教育活动实施）、活动记录表、工作页、视频剪辑软件等。
3. 教学设施：笔记本电脑、投影、音响、麦克风等。

基准学时：40 课时

1 获取信息 → 2 制定计划与决策 → 3 活动实施 → 4 过程监控及记录 → 5 评价反馈

评价反馈

工作子步骤	教师活动	学生活动	评价
1. 依据幼儿园社会教育活动评价标准及《幼儿园工作规程》相关教学组织要求，结合教学计划和具体教学活动模拟情况，对整个过程进行结果性（包括填写调查问卷对个人国情观念做出评定）和过程性等多种形式的评价，填写幼儿园社会教育活动评价表，向社会领域教研组反馈意见，促进幼儿园社会教育活动工作的顺利开展。	1. 教师组织学生认真阅读《幼儿园社会教育教育活动》工作页和幼儿园社会教育活动评价表，引导学生汇总评价要素。 2. 组织学生分组讨论，巡回指导，将结果布置于展示板，帮助学生进行分析。 3. 指导学生结合各小组的活动设计和模拟教学实施过程情况，客观填写幼儿园社会教育活动评价表，评价各小组组员的任务表现。分享学生国情观念问卷调查结果，提升学生的文化自信。 4. 组织学生对各小组社会教育活动教学实施以来的不足之处提出改进建议。 5. 指导各小组代表向社会领域教研组反馈意见，根据教研组的建议进一步完善幼儿园社会教育活动的教学计划。 教学方法： 直观展示法、讨论法。	1. 认真阅读《幼儿园社会教育活动》工作页和幼儿园社会教育活动评价表，明确评价要素。（20 分钟） 2. 各小组讨论、汇总幼儿园社会教育活动设计和模拟教学实施过程的评价要素以及评价过程中需要注意的问题。（20 分钟） 3. 小组通过组间、组内互评方式能客观填写幼儿园社会教育活动评价表，能依据主客观评价标准，评价各小组的教学设计和评价组员的任务表现。填写国情观念问卷调查，自评对国情观念的提升度，深化爱国主义精神。（60 分钟） 4. 能结合各小组组织幼儿园社会教育活动实施以来的不足之处提出改进建议。（40 分钟） **5. 各小组代表向社会领域教研组反馈意见，根据教研组的建议进一步调整完善幼儿园社会教育活动计划。（20 分钟）**	1. 过程性评价：汇报积极性、团队合作性、语言表达的全面性。 ①是否积极主动全面地对幼儿园社会教育教学活动实施以来的内容（包括实施计划、活动设计和模拟实施过程）进行反思。（师评） ②能否按要求将问题进行归类，提出意见和建议。（师评） ③能否翔实地填写评价反思表。（组间互评） ④能否根据社会领域教研组的建议进一步完善幼儿园社会教育活动月的教学计划。（集体评、竞赛） ⑤结果性评价：各小组的教学计划是否完善、教学设计是否完整流畅且符合对应年龄段幼儿的实际情况、社会教育活动模拟教学实施是否顺畅有效等综合评定。（组间、师评）填写个人国情观念问卷调查表，进行提升度评定。（个人） 2. 成果评价：幼儿园社会教育活动评价表。 3. 成果评价标准：学生反馈意见是否有针对性，是否有实效性，评价反思表问题捕捉是否准确、针对性强。学生提出的建议是否可行，是否具有代表性和针对性。

课时： 4 课时

1. 用品（工具）：纸、笔等。
2. 软资源：幼儿园社会教育活动评价表、国情观念调查问卷等。
3. 教学设施：笔记本电脑、投影、音响、麦克风等。

学习任务 5　幼儿园艺术教育活动实施

任务描述

学习任务学时：80 课时

任务情境

广州市某幼儿园进行幼儿园艺术教学课程观摩活动，要求活动以《指南》艺术领域的学习目标为标准，以幼儿教育专业课程标准的要求和精神，在《纲要》和《指南》艺术领域教育建议的指引下进行艺术活动设计并组织实施，有效地提高幼儿感受美、欣赏美、表现美、创造美的能力。该幼儿园艺术学科组组长咨询我校幼儿教育专业是否可协助完成该任务，时间为 20 周共 80 课时。通过教育活动的实施，可以提高对幼儿艺术教育的重视。艺术是基础教育不可或缺的部分，幼儿园艺术教育的启蒙属性不可替代。强化教育活动实施，不仅可以有效提高幼儿的审美意识，还有助于其拓宽视野、感受生活的美好。重视艺术教育，“文化自信”从娃娃抓起，借助幼儿强烈的好奇心和想象力，在幼儿艺术教育中实现传统文化传承。我院专业教师认为我院学生具备完成该任务的条件和能力，准备接受任务，带领同学们共同完成。

具体要求见后页。

工作流程和标准

工作环节 1

获取信息

1

1. 认真听取幼儿园艺术学科组组长或专业教师安排的工作任务，阅读任务书并做标记，开展以“我是小戏迷”为主题的艺术活动月，结合任务要求对幼儿园进行调研形成幼儿园艺术活动情况分析表。
2. 参照《指南》，以 3—6 岁儿童艺术学习与发展的规律和特点为依据，在《纲要》和《指南》艺术领域教育建议的指引下明确艺术教育对幼儿发展的价值、内容、方法、途径、设计原则，绘制艺术活动思维导图，为艺术活动开展做支架，保障艺术活动顺利开展。
3. 根据幼儿园艺术教育总目标、各年龄阶段目标以及幼儿园艺术教育横向结构目标，整合出各年龄艺术能力目标层次表，从而优化艺术活动目标体系，把控艺术活动实施的方向，增强对中国传统文化艺术的了解。

主要成果：

1. 幼儿园艺术活动情况调研记录表（幼儿艺术发展水平 、幼儿园艺术活动开展情况）
2. 幼儿艺术活动思维导图
3. 各年龄艺术能力目标层次表

工作环节 2

制定计划与决策

2

1. 以《纲要》《指南》艺术领域教育指导的部分为指引，熟练运用网络资源，搜集、整理、汇总幼儿艺术活动组织形式、导入方法、艺术教法运用原理以及符合主题内容的优秀课例资源，在正确的意识形态指导下，传播正能量，以社会主义核心价值观引领粤剧教学，聚焦中华民族伟大复兴的中国梦，“强强联合”形成幼儿园艺术活动资源包，为制定计划做好基础。
2. 在已明确的艺术活动目标体系指引下，结合幼儿园艺术活动资源包的支持，筛选符合主题的艺术活动类型、明确艺术活动具体内容（包含不限于粤剧的历史溯源、表演形式、舞台美术、伴奏乐器、表演场所、行内术语，特别是传承价值的保护及相关社会影响、表彰等），全面规划教学活动场地、布局，合理进行人员分工，制定符合本班的艺术活动计划，为艺术活动实施提供可行性保障。
3. 根据幼儿园活动设计撰写标准，按照主题艺术活动计划，结合各年龄阶段幼儿艺术发展的现有水平和需要，准确对幼儿艺术教学活动目标定位，选择合适的教学方法，编写艺术教学活动设计，保障幼儿园艺术教学活动的开展，有效提升教学策划组织能力。

主要成果：

1. 幼儿园艺术活动资源包
2. 幼儿园艺术活动实施计划
3. 具体艺术教育活动设计（详案）

工作环节 3

活动实施

3

1. 根据幼儿园艺术活动实施计划和具体教学活动设计进行场地布置、多媒体设备检查、教学用具、课件、相关音频、视频的实测，填写教学准备清单确认表，营造艺术活动轻松、愉快、充满艺术美感的氛围，为活动实施做好全面准备。
2. 根据幼儿教育职业特点和专业要求，通过“模拟教学”（或模拟训练）的方式，按照已优化的教学活动设计、组织、实施艺术活动，有效地激发幼儿对艺术的兴趣、提升探究能力和认知水平，保障艺术活动目标的顺利达成。实现从理论学习到工作实践的双向互通，提升对幼儿艺术活动的组织、实施能力的同时，讲述艺术知识，阐释人文价值，解读思想观念，为现代文明追本溯源，树立文化自信。

主要成果：

1. 教学准备清单确认表
2. 艺术教学活动模拟教学视频记录

工作环节 4

过程监控及记录

4

在《纲要》《指南》教学指导部分的指引下，结合艺术教育活动的不同类型（音乐、美术、艺术欣赏）的指导要点，监控实施过程中的突发状况并提供解决策略，形成微课集。改进关注教育对象，分析、解决实际教学问题的教育机制，促进幼儿园艺术活动的有效开展。

主要成果：

幼儿艺术活动教学机智微课集

工作环节 5

评价反馈

5

依据幼儿园艺术活动评价标准及《幼儿园工作规程》相关教学组织要求，结合教学计划设计和具体教学活动模拟情况，对整个过程进行结果性和过程性等多种形式的评价，填写幼儿园艺术活动评价表，汇总艺术教学活动的组织情况，向主班教师反馈艺术教学活动组织中的意见和建议，听取主班教师的反馈意见和进阶要求，完成评价反思表（包含对中国传统文化艺术认知），配合完成后续的幼儿园艺术教学活动实施工作。

主要成果：

幼儿园艺术教育活动评价表

学习内容

知识点	1.1《纲要》艺术领域内容 1.2《指南》艺术领域 1.3 艺术活动实施任务书（突出活动主题“我是小戏迷”）	2.1 艺术教育对幼儿发展的价值 2.2 幼儿艺术的学习特点 2.3 幼儿园艺术教育的内容 2.4 幼儿园艺术教育的方法 2.5 幼儿园艺术教育的途径	3.1 幼儿园艺术教育目标制定的依据 3.2 幼儿园艺术教育总目标 3.3 幼儿园艺术教育活动年龄阶段目标 3.4 幼儿园艺术活动具体活动目标维度	4.1 幼儿常见艺术活动组织形式 4.2 幼儿常见艺术活动导入方法 4.3 艺术教学法的运用原则	5.1 计划撰写要素 5.2 艺术活动主题网络图的架构 5.3 制定艺术活动计划依据
技能点	1.1 能实地考察、搜集、整理幼儿艺术活动图片 1.2 能对照《纲要》《指南》中艺术领域内容进行比较分析 1.3 能概况幼儿园艺术活动开展情况	2.1 能阐述幼儿艺术活动的价值、特点 2.2 能分类幼儿艺术活动内容 2.3 能甄别幼儿艺术教育方法的使用范畴 2.4 能梳理并图式化幼儿艺术活动理论知识	3.1 能说出幼儿园艺术教育目标制订的依据 3.2 能正确描述幼儿园艺术教育活动总目标 3.3 能绘制幼儿园艺术教育纵向层次目标 3.4 能区分幼儿园艺术教育横向结构（各年龄阶段、各维度目标）	4.1 能熟练运用幼儿艺术活动网络资源 4.2 能依据艺术内容整合优秀幼儿艺术活动（视频、教案）课例资源 4.3 能汇总常见艺术活动形式与导入方法 4.4 能举例阐述我国传统文化的起源及种类	5.1 能依据幼儿艺术学习特点整合出各年龄艺术能力目标层次表 5.2 能根据要求绘制艺术活动思维导图（标记各类各省市传统文化名称、艺术特点、艺术典型作品） 5.3 能够合理进行人员分工、时间安排 5.4 能制定、撰写艺术教学活动设计（详案）
工作环节	工作环节 1 获取信息			制定计划与决策 工作环节 2	
成果	1.1 幼儿园艺术活动情况调研记录表	2.1 绘制艺术活动思维导图	3.1 各年龄艺术能力目标层次表	4.1 幼儿园艺术活动资源包	5.1 幼儿园艺术活动实施计划
素养	1.1 信息检索与比较、实事求是	2.1 观察力、图示化能力、耐心、细心	3.1 分析整合能力	4.1 搜集筛选信息、分类整合能力	5.1 统筹协调、全局观、传统文化观念

学习任务 5　幼儿园艺术教育活动实施

6.1 艺术活动设计的步骤 6.2 幼儿园艺术教学活动设计的标准 6.3 艺术活动目标的撰写要求	7.1 艺术活动教学场地布置要求 7.2 设施、设备安全检查要求 7.3 幼儿艺术材料选择、投放、制作标准	8.1 艺术活动实施原则 8.2 激发幼儿艺术活动探究的技巧 8.3 艺术活动操作原理 8.4 艺术探究结果记录方法	9.1 美术活动的指导要点 9.2 音乐活动的指导要点 9.3 艺术欣赏活动的指导要点	10.1 幼儿园艺术教育活动评价要素 10.2 幼儿园艺术活动评价标准
6.1 能够正确编写具体活动目标 6.2 能撰写完整的艺术活动设计	7.1 能布置艺术活动场地 7.2 能准备并测试对应的音频、视频、多媒体课件等教学资源 7.3 能根据具体活动选择、制作、摆放艺术材料 7.4 能准确填写教学准备清单确认表	8.1 能清晰展示艺术教育活动流程（活动突出传统文化，渗透民族自豪感教育） 8.2 能激发幼儿对艺术活动的参与兴趣（整个培养兴趣过程需要足够的耐心） 8.3 能把控艺术活动各环节时间分配 8.4 能根据活动进行场地布置 8.5 能指导参与者创编更多种的艺术形式	9.1 能解决艺术知识学习活动中幼儿专注力不集中的策略 9.2 能应对艺术表演活动中幼儿肢体运用不当的策略 9.3 能调动艺术欣赏活动中幼儿参与积极性的策略	10.1 能够准确填写幼儿园艺术教育活动评价表 10.2 能填写调查问卷对中国传统文化认知 10.3 能复盘活动实施过程阐述反馈建议
		工作环节 3 活动实施	工作环节 4 过程监控及记录	工作环节 5 评价反馈
6.1 具体艺术教育活动设计（详案）	7.1 教学准备清单确认表	8.1 艺术教育活动模拟教学实施	9.1 幼儿艺术活动教学机智微课集	10.1 幼儿园艺术教育活动评价表
6.1 文案设计与撰写能力	7.1 科学严谨，细心、周全	8.1 组织实施能力、团结合作、耐心、有爱心和责任心	9.1 解决问题能力、应急反应能力	10.1 归纳总结、反思能力

学习任务 5　幼儿园艺术教育活动实施

1 获取信息　2 制定计划与决策　3 活动实施　4 过程监控及记录　5 评价反馈

获取信息

工作子步骤	教师活动	学生活动	评价
1. 认真听取幼儿园艺术学科组组长或专业教师安排的工作任务，阅读任务书并做标记，开展以“我是小戏迷”为主题的艺术活动月，结合任务要求对幼儿园进行调研，形成幼儿园艺术活动情况分析表。	1. 提供《纲要》《指南》及《任务书》，指导学生进行阅读，要求学生了解幼儿艺术活动基本概念和范畴并标注“我是小戏迷”活动的关键词，明确工作要求。 2. 回顾前置学习任务，引导学生分享、讨论实地考察（见习、参观）幼儿园艺术活动的情况，要求筛选出有代表性的信息（包括图片、视频、文字记录等）。 3. 讲解《纲要》《指南》中艺术活动组织的要求，引导学生进行比较、梳理，包括幼儿园开展艺术活动频次、类型、场地、材料、幼儿艺术能力发展水平等内容，并同步做好记录。 4. 组织小组互评，参与讨论，汇总整理一份幼儿园艺术活动情况调研记录表。 教学方法： 任务驱动法、分析比较法、展示法、启发法。	1. 阅读《纲要》《指南》艺术领域内容及《任务书》学习艺术活动概念和基本范畴并标注关键词。明确工作任务要点和完成时间。开展以“我是小戏迷”为主题的艺术活动月。（30 分钟） 2. 小组分享讨论实地考察（见习、参观）幼儿园调研艺术活动开展的相关资料（图片、视频、文字记录）等，筛选出幼儿园开展艺术活动的相关信息。（40 分钟） 3. 参照《纲要》《指南》中艺术活动组织的要求如开展艺术活动频次、类型、场地、材料、幼儿各年龄班艺术发展水平等，进行比较、梳理、记录。（50 分钟） 4. 通过各小组展示，集体进行汇总、概况，综合整理一份幼儿园艺术活动情况调研记录表。（40 分钟）	1. 过程性评价：参与度、主动性、表达能力、聆听技巧、职业素养水平。 ①学生能否积极主动查阅资料，共同学习幼儿身体发展目标。（师评） ②组内成员是否积极共同讨论。（师评） ③筛选分析信息是否真实、准确、有代表性、全面。（计分互评） ④能否协同合作按照实际开展“我是小戏迷”艺术活动情况制定幼儿园艺术活动情况调研记录表。（师评） ⑤能否合理地进行整合评估。（师评） 2. 成果验收：幼儿园艺术活动“我是小戏迷”情况调研记录表。（幼儿艺术发展水平、幼儿园艺术活动开展情况） 3. 成果评价标准：要求要点清晰、明确，内容真实、具体、有代表性、全面。

课时： 4 课时

1. 用品（工具）：纸、笔、手机等。
2. 软资源：《纲要》《指南》《任务书》，搜集记录的图片、文字、视频信息等。
3. 教学设施：笔记本电脑、投影、音响、麦克风等。

基准学时：80 课时

❶ 获取信息 ❷ 制定计划与决策 ❸ 活动实施 ❹ 过程监控及记录 ❺ 评价反馈

工作子步骤	教师活动	学生活动	评价
2. 参照《指南》，以 3—6 岁儿童艺术学习与发展的规律和特点为依据，在《纲要》和《指南》艺术领域教育建议的指引下明确艺术教育对幼儿发展的价值、内容、方法、途径、设计原则，绘制艺术活动思维导图，为艺术活动开展做支架，保障艺术活动顺利开展。	1. 教师组织学生阅读《纲要》和《指南》的艺术领域内容，指导学生在阅读过程中标记关于艺术教育对幼儿发展的价值、幼儿艺术的学习特点、艺术教育的内容和途径的关键词。 2. 组织学生观看活动视频，提出观看的重点和要求。 3. 组织学生开展抢答活动，引导学生围绕关键词结合实际案例回答。 4. 巡回指导学生提取幼儿园艺术活动思维导图中的关键词，制作艺术活动思维导图。 5. 组织学生上台展示并讲解幼儿园艺术活动思维导图指导学生标记各类各省市传统文化名称、艺术特点、艺术典型作品。引导学生进行评价；教师根据学生的完成质量进行点评帮助学生梳理、完善艺术活动思维导图。 教学方法： 引导文法、视频案例分析法、讨论法、展示法、任务驱动法。	1. 阅读《纲要》《指南》的艺术领域内容，学习艺术教育对幼儿发展的价值、幼儿艺术的学习特点、艺术教育的内容和途径。(60 分钟) 2. 观看《幼儿园艺术教育活动概述》视频，通过评价的方式总结幼儿园艺术活动的价值和特点。(40 分钟) 3. 各小组以抢答方式，结合案例讲解幼儿园艺术教育的内容和方法的使用范畴。(40 分钟) 4. 各小组讨论、汇总和罗列幼儿园艺术教育对幼儿的发展价值、幼儿艺术的学习特点、艺术教育的内容、方法和途径，并绘制出幼儿园艺术活动思维导图（标记各类各省市传统文化名称、艺术特点、艺术典型作品）。(100 分钟) 5. 分组进行展示学习成果，各小组根据互评、师评进一步优化本组的幼儿园艺术活动思维导图。(80 分钟)	1. 过程性评价：获取、筛选和整合信息能力、参与度和主动性、表达能力、聆听技巧。 ①学生能否积极主动查阅资料，共同学习幼儿园艺术教育活动概述的相关内容。（师评、抽查） ②各小组成员是否认真观看《幼儿园艺术教育活动概述》视频，是否能积极共同讨论。（师评） ③筛选分析信息是否真实、准确、有代表性、全面。（计分互评） ④能否协同合作绘制完整的幼儿园艺术活动思维导图，（标记各类各省市传统文化名称、艺术特点、艺术典型作品），绘制的思维导图是否包含幼儿园艺术教育活动概述的各个要素和关键信息、思维导图的构图和色彩搭配是否和谐。（互评） ⑤能否合理地进行整合评估。（师评） 2. 成果验收：幼儿园艺术活动思维导图。 成果评价标准：要求绘制的思维导图图文并茂、构图比例协调、色彩搭配和谐；一级标题有条理，二级标题的内容要有代表性、全面。

课时： 8 课时

1. 用品（工具）：视频、大白纸、马克笔、磁铁、白板等。
2. 软资源：《纲要》《指南》和艺术教育活动概述视频等。
3. 教学设施：笔记本电脑、投影、音响、麦克风等。

学习任务 5 幼儿园艺术教育活动实施

1 获取信息 2 制定计划与决策 3 活动实施 4 过程监控及记录 5 评价反馈

获取信息

工作子步骤	教师活动	学生活动	评价
3. 根据幼儿园艺术教育总目标、各年龄阶段目标以及幼儿园艺术教育横向结构目标，整合出各年龄艺术能力目标层次表，从而优化艺术活动目标体系，把控艺术活动实施的方向，增强对中国传统文化艺术的了解。	1. 布置任务，提供《纲要》《指南》，说明阅读学习范围及讲解中国传统文化艺术种类。 2. 提出问题请学生围绕制定艺术领域目标的依据、幼儿园目标纵向层级和横向关系进行讨论，巡回指导学生绘制目标结构层次图。 3. 听取小组代表展示艺术活动目标结构层次图并进行简评，结合疑难详细讲解、梳理艺术活动目标的层级关系及具体内容。 4. 组织小组进行竞赛抢答，强化对艺术横向结构（各年龄阶段的目标及各具体目标的维度）的区分和理解。 5. 指导学生整合各年龄艺术能力目标层次表并查漏补缺，予以评价。 教学方法： 任务导向、讨论法、小组工作、竞赛法。	1. 接受任务，阅读《纲要》和《指南》艺术领域目标内容，举例说出中国传统文化艺术种类并标注关键句，圈出核心词。（20 分钟） 2. 小组围绕教师提出的：制定艺术领域目标的依据、幼儿园目标纵向层级和横向关系进行讨论，按照个人理解绘制目标结构层次图。（20 分钟） 3. 小组代表展示艺术活动目标结构层次图并进行说明，提出疑难认真听取教师讲解艺术活动目标的层级关系及具体内容。（30 分钟） 4. 小组进行竞赛抢答，深化对艺术横向目标结构（各年龄阶段的目标及各具体目标的维度）的区分和理解。（50 分钟） 5. 小组整合、填写各年龄艺术能力目标层次表，并进行互评查漏补缺，完善内容。（40 分钟）	1. 过程性评价：参与度、主动性、竞争力、表达能力、聆听技巧、反应速度。 ①是否熟悉中国传统文化艺术种类。（师评、抽查） ②能否对目标层级、目标类型、目标维度有所区分。（师评） ③能否区分或说出各年龄阶段艺术能力发展的具体目标。（组间互评） 2. 成果验收：各年龄艺术能力目标层次表。 3. 成果评价标准：要求体现目标层级关系，内容要清晰、逻辑顺畅、方便查阅。

课时： 4 课时

1. 用品（工具）：纸、笔、彩色笔、尺子、计时器、抢答板、计分板、手机等。
2. 软资源：《纲要》《指南》目标部分、教学课件、小竞赛题目等。
3. 教学设施：笔记本电脑、投影、音响、麦克风等。

基准学时：80 课时

1 获取信息 → 2 制定计划与决策 → 3 活动实施 → 4 过程监控及记录 → 5 评价反馈

制定计划与决策

工作子步骤	教师活动	学生活动	评价
1. 以《纲要》《指南》艺术领域教育指导的部分为指引，熟练运用网络资源，搜集、整理、汇总幼儿艺术活动组织形式、导入方法、艺术教法运用原理以及符合主题内容的优秀课例资源，在正确的意识形态指导下，传播传统文化艺术，以社会主义核心价值观引领粤剧教学，聚焦中华民族伟大复兴的中国梦，“强强联合”形成幼儿园艺术活动资源包，为制定计划做好基础。	1. 布置任务，提供《幼儿园艺术教育活动》工作页，指导学生进行阅读并梳理任务要求。 2. 巡回指导学生通过网络查找幼儿园艺术教育活动的相关网址，并根据幼儿园艺术教育活动内容的分类汇总各种艺术活动的教案、视频和课例资源。 3. 指导各小组讨论并总结幼儿园艺术活动的组织形式和导入方法，组织学生角色扮演以更好地理解不同的导入方法。 4. 组织学生竞赛抢答我国传统文化艺术的起源及种类。 5. 评价学生学习成果，查漏补缺幼儿园艺术活动资源包。 教学方法： 任务导向、讨论法、角色扮演法、小组工作。	1. 接受任务，阅读工作页，总结幼儿园艺术活动资源包的内容和制作要求。（20 分钟） 2. 小组收集幼儿园艺术教育活动的相关网址，并根据幼儿园艺术教育活动的内容分类整理好幼儿园艺术活动的教案、视频和课例资源。（120 分钟） 3. 小组讨论幼儿园艺术活动的组织形式和常见的导入方法，通过角色扮演的方式巩固艺术活动常见的导入方法。（120 分钟） 4. 学生竞赛抢答我国传统文化艺术的起源及种类。（30 分钟） 5. 集体讨论和汇总幼儿园艺术活动资源包的内容。（30 分钟）	1. 过程性评价：参与程度、效率、组内分工的情况、组内沟通的情况。 ①是否能提取任务和对应的要求。（互评） ②能否快速、准确找到常见的幼儿园艺术教育活动网址；能否按照幼儿园艺术活动的内容查找并汇总对应的教案、视频和课例资源。（师评、抢答） ③能否完整地总结出幼儿园艺术活动的组织形式和常见的导入方法；能否生动地模仿幼儿园艺术活动常见的导入方式。（集体评、竞赛） ④能否快速、准确说出我国传统文化艺术的起源及种类。能否有条理、完整地整理所涉及的信息制作幼儿园艺术活动资源包。 2. 成果验收：幼儿园艺术活动资源包。 3. 成果验收标准：幼儿园艺术活动资源包内容全面、清晰。

课时： 8 课时

1. 用品（工具）：大白纸、马克笔、磁铁、大白板等。
2. 软资源：幼儿园艺术活动资源包任务书、工作页等。
3. 教学设施：笔记本电脑、投影、音响、麦克风等。

学习任务 5　幼儿园艺术教育活动实施

1 获取信息　2 制定计划与决策　3 活动实施　4 过程监控及记录　5 评价反馈

制定计划与决策

工作子步骤	教师活动	学生活动	评价
2. 在已明确的艺术活动目标体系指引下，结合幼儿园艺术活动资源包的支持，筛选符合主题的艺术活动类型、明确艺术活动具体内容（包含不限于粤剧的历史溯源、表演形式、舞台美术、伴奏乐器、表演场所、行内术语，特别是传承价值的保护及相关社会影响、表彰等），全面规划教学活动场地、布局，合理进行人员分工，制定符合本班的艺术活动计划，为艺术活动实施提供可行性保障。	1. 提供任务书，确定主题内容，结合案例、课件，讲解一份完善的幼儿园艺术实施计划的制定依据、主要内容、规划过程及注意事项。 2. 组织学生讨论利用艺术活动资源包，帮助筛选，巡回指导，优化所选内容。 3. 梳理学生选择的内容，举例说明相应的教学环境要求、场地规划和材料准备，请学生通过绘制思维导图（标记各类各省市传统文化名称、艺术特点、艺术典型作品）激发思考。 4. 巡回指导、参与学生小组讨论、提醒学生注意时间、人员分配及撰写幼儿园艺术活动实施计划的注意事项。 5. 查阅小组计划，组织互评，提出建议、优化调整艺术活动实施计划。 教学方法： 案例教学法、讨论法、讲解法。	1. 阅读任务书，明确任务要求和主题内容，通过案例学习获取计划撰写的要素、依据及过程并填写工作页。（60 分钟） 2. 小组讨论利用艺术活动资源包筛选适宜、符合主题的艺术活动的类型和具体活动内容并综合衡量其趣味性、生活化、艺术性、可操作性的价值用标签纸标注。（60 分钟） 3. 小组依据已优选的艺术活动类型、具体艺术活动内容对相应的场地、环境、材料做出合理配置和整体布局，绘制艺术活动月主题思维导图（标记各类各省市传统文化名称、艺术特点、艺术典型作品）。（100 分钟） 4. 小组讨论、明确工作时间、预估任务难度与用时、合理分工，按照艺术活动计划制定的依据和要求撰写幼儿园艺术活动实施计划。（60 分钟） 5. 分享小组计划，听取教师、同学建议、优化调整艺术活动实施计划。（40 分钟）	1. 过程性评价：参与程度、效率、提取筛选能力、全局观、组内沟通、协调的情况。 ①是否善于利用艺术活动资源包内的资源。（师评） ②能否按要求填写工作页。（师评） ③能否统筹安排艺术活动的实施。（师评） 2. 成果验收方式：幼儿园艺术活动实施计划。 3. 成果验收标准：计划内容贴切主题、传统文化名称艺术特点正确性、目标清晰、全面规划、从实际出发，可行性强。

课时： 8 课时

1. 用品（工具）：视纸、笔、彩色笔、展示板、便笺纸等。
2. 软资源：任务书、幼儿园艺术活动资源包、工作页、教学课件等。
3. 教学设施：摄像机、笔记本电脑、投影、音响、麦克风等。

基准学时：80 课时

工作子步骤	教师活动	学生活动	评价
3. 根据幼儿园活动设计撰写标准，按照主题艺术活动计划，结合各年龄阶段幼儿艺术发展的现有水平和需要，准确对幼儿艺术教学活动目标定位，选择合适的教学方法，编写艺术教学活动设计，保障幼儿园艺术教学活动的开展，有效提升教学策划组织能力。	1. 教师提供《幼儿园艺术教育活动》工作页，巡回指导学生边阅读边划出艺术活动设计的步骤、幼儿园教学活动设计的标准、中国传统文化艺术活动目标的撰写要求等内容的关键词。 2. 教师巡回指导学生查找并罗列艺术活动设计的一般步骤和标准，并组织学生竞答。 3. 组织各小组讨论幼儿园艺术活动的三维目标及撰写要求，指导学生找出给出的艺术活动目标中存在的问题和提出修改建议。 4. 巡回指导各小组编写完整的幼儿园艺术活动设计，及时总结学生在编写活动设计过程中的共性问题。 5. 组织学生代表上台展示并讲解本组的活动设计，结合学生的共性问题作出评价，引导各小组进一步优化本组活动设计。	1. 学生阅读《幼儿园艺术教育活动》工作页，划出艺术活动设计的步骤、幼儿园教学活动设计的标准、中国传统文化艺术活动目标的撰写要求等内容的关键词。（40分钟） 2. 各小组罗列科学活动设计的一般步骤和标准并以竞答方式巩固。（40分钟） 3. 各小组讨论幼儿园艺术活动的三维目标以及撰写要求，能找出教师给出的艺术活动目标存在的问题并提出改进建议。（80 分钟） 4. 各小组结合幼儿园艺术活动资源包编写完整的幼儿园艺术活动设计。（120 分钟） 5. 各小组派代表上台展示并讲解本组的活动设计，根据互评和师评进一步完善本组的活动设计。（40 分钟）	1. 过程性评价：主要观察参与度、倾听与分析，提炼与总结、团队合作能力等。 ①是否熟悉《幼儿园艺术教育活动》工作页中关于编写幼儿园中国传统文化艺术活动。（师评、抽签问答） ②能否罗列艺术活动设计的一般步骤和标准。（互评） ③能否学以致用写出具体艺术活动的活动目标和撰写要求，能否准确分析教师给出的艺术活动目标并提出修改建议。（组间互评、教师点评） ④是否能编写完整的幼儿园艺术活动设计；能否根据师评和互评优化本组活动设计。（师评、互评） 2. 成果验收：具体艺术教育活动设计。 3. 成果评价标准：规定时间内完成具体艺术教育活动设计，要求符合活动对象的年龄特点、活动设计完整且可操作强。

课时： 8 课时

1. 用品（工具）：大白纸、马克笔、磁铁、大白板等。
2. 软资源：幼儿园科学活动资源包任务书、《幼儿园艺术活动》工作页、幼儿园艺术活动设计案例等。
3. 教学设施：笔记本电脑、投影、音响、麦克风等。

学习任务 5　幼儿园艺术教育活动实施

1 获取信息　2 制定计划与决策　3 活动实施　4 过程监控及记录　5 评价反馈

活动实施

工作子步骤	教师活动	学生活动	评价
1. 根据幼儿园艺术活动实施计划和具体教学活动设计进行场地布置、多媒体设备检查、教学工具、课件、相关音频、视频的实测，填写教学准备清单确认表，营造艺术活动轻松、愉快、充满艺术美感的氛围，为活动实施做好全面准备。	1. 布置任务，请学生在幼儿园艺术活动计划和具体艺术活动实施设计中标注需要确认准备的场地、设施设备、材料等。 2. 组织学生以小组为单位布置教学实施中所需场地、投放材料并衡量其适宜性予以指导。 3. 观察各小组操作、测试、实验过程，记录各组准备情况并适当予以帮助，和学生共同发现问题，解决问题，形成预案。 4. 提出营造艺术活动氛围的思路，引发学生讨论并对各组头脑风暴的结果进行梳理总结。 5. 组织参与评价环节，予以建议。 教学方法： 任务导向、实验法、展示法、头脑风暴、小组工作。	1. 接受任务，阅读幼儿园艺术活动计划和具体艺术活动实施设计，标注需要确认准备的场地、设施设备、材料等。（40 分钟） 2. 小组布置教学实施场地、投放材料。例如：活动区、操作区的桌椅摆放；艺术展示区、表演区的材料投放等确认其可操作性和便捷性。（40 分钟） 3. 小组操作多媒体测试课件、音频、视频等资源正常使用实验核查记录艺术活动工具、材料，发现问题及时调整解决，保障艺术活动材料安全、充足、实验原理清晰、可观察、可操作。（120 分钟） 4. 小组讨论头脑风暴营造艺术活动的探究氛围的方法，用展板呈现并能予以说明。（40 分钟） 5. 小组互评，通过贴标签的方式核验教学准备清单中有误、遗漏之处，调整后准确填写教学准备清单确认表。（80 分钟）	1. 过程性评价：参与程度、效率、分工合作、操作实践、解决问题的情况。 ①是否合理布置的场地、材料。（组内互评） ②能否快速、准确测试具体科学活动的设备、资源及材料并能解决突发状况。（师评） ③能否按照标准要求操作艺术实践的工具、材料。（集体评 ） ④能否详尽列出教学准备清单并认真确认。 2. 成果验收：教学准备清单确认表。 3. 成果验收标准：清单内容全面、清晰、确认无误有应对预案。

课时： 8 课时

1. 用品（工具）：纸、笔、桌、椅、具体艺术活动教学具、材料、工具、不同颜色便笺纸等。
2. 软资源：教学准备清单任务书、幼儿园艺术活动计划、具体教学活动设计、艺术实践工具、材料说明书、工作页等。
3. 教学设施：笔记本电脑、投影、音响、麦克风等。

1 获取信息　2 制定计划与决策　3 活动实施　4 过程监控及记录　5 评价反馈

活动实施

工作子步骤	教师活动	学生活动	评价
2. 根据幼儿教育职业特点和专业要求，通过"模拟教学"（或模拟训练）的方式，按照已优化的教学活动设计、组织、实施艺术活动，有效地激发幼儿对艺术的兴趣、提升探究能力和认知水平，保障艺术活动目标的顺利达成。实现从理论学习到工作实践的双向互通，提升对幼儿艺术活动的组织、实施能力的同时，讲述传统文化艺术知识、阐释人文价值、解读思想观念，为现代文明追本溯源，树立文化自信。	1. 教师引导学生认真阅读《幼儿园艺术教育活动》工作页，指导学生思考问题并做好记录。 2. 教师组织学生开展抢答关于艺术活动实施的相关问题（突出传统文化艺术，渗透民族自豪感教育）并作出总结。 3. 教师引导各小组合理分工并明确自身职责；引导老师根据教学准备清单表准备好对应的教学具和环境布置并完整开展艺术教育活动。 4. 提醒学生把控艺术活动各环节的时间并观察幼儿的参与情况。指导其他学生做好录像和记录工作，方便对各小组的活动实施过程进行评价。 5. 提醒各小组的老师正确引导幼儿正确操作艺术活动实践以及运用多种形式记录探究结果。 教学方法： 任务驱动法。	1. 学生认真阅读《幼儿园艺术教育活动》工作页，观看 PPT，思考问题包括：艺术活动实施原则、激发幼儿艺术活动兴趣的技巧、艺术活动操作原理和艺术兴趣培养渗透民族自豪感教育。（160 分钟） 2. 小组抢答艺术活动实施原则、激发幼儿艺术活动探究的技巧、艺术活动操作原理和艺术探究结果记录方法。（160 分钟） 3. 各小组能明确分工：选出三位组织本次活动的老师、录像者和观看评价者等；老师们能根据教学准备清单表准备好对应的教学具和环境布置并清晰完整地开展科学教育活动。（160 分钟） 4. 各小组的老师们能把控艺术活动各环节的时间，能观察各个幼儿的情况并发现没有艺术兴趣幼儿的原因，及时引导幼儿积极参与艺术活动。（120 分钟） 5. 在实践过程中能引导幼儿正确参与艺术活动实践，并使用多种形式如：图片、表演、数据或其他符号记录艺术结果。（40 分钟）	1. 过程性评价：主要观察小组合理分工、组员的组织能力、应急能力、组员参与积极性。 ①思考问题是否全面、观点表述是否清晰，能否掌握幼儿园艺术教育活动相关的内容要点。（师评、组间互评） ②能否正确理解并积极抢答艺术活动实施原则和传统文化艺术。（师评） ③能否合理分工、能否根据教学准备清单表准备好对应的教学具和环境布置并完整地开展艺术教育活动。（互评） ④能否严格把控艺术活动各环节的时间并观察幼儿的参与情况；能否及时引导没有艺术兴趣的幼儿参与活动。（集体评、竞赛） 能否启发幼儿使用多种方法记录艺术结果。（师评） 2. 成果验收方式：各小组艺术教育活动现场模拟教学视频记录。 3. 成果验收标准：各小组分工合理，模拟实施环节完整，各环节衔接自然，教师能关注每位幼儿，及时调整教学策略，充分激发幼儿参与艺术的兴趣。

课时：16 课时

1. 用品（工具）：视频、白纸、圆珠笔、展示板等。
2. 软资源：《幼儿园艺术教育活动》工作页、教学准备清单表、各小组开展模拟教学的 PPT 等。
3. 教学设施：笔记本电脑、投影、音响、麦克风、电子笔、手机、投影仪、录像机等。

学习任务 5 幼儿园艺术教育活动实施

1 获取信息 → 2 制定计划与决策 → 3 活动实施 → 4 过程监控及记录 → 5 评价反馈

过程监控及记录

工作子步骤	教师活动	学生活动	评价
1. 在《纲要》《指南》教学指导部分的指引下，结合艺术教育活动的不同类型（观察认知、实践探究、艺术讨论等）的指导要点，监控实施过程中的突发状况并予以解决策略，形成微课集。 提升关注教育对象、分析、解决实际教学问题的教育机制，促进幼儿园艺术活动的有效开展。	1. 提供艺术活动实施微课视频，引导观看集体活动三种类型中存在的教学现象。 2. 引导学生分析课例、组织学生对艺术活动中发生的“教学事故”类型、影响、可能原因进行分析。 3. 梳理学生观点运用 PPT 讲解三类艺术活动（美术、音乐、艺术欣赏）指导要点并要求学生填写工作页。 4. 参与幼儿艺术活动教学机智微课集的制作，组织学生模拟三种类型“教学事故”包括：材料不足、操作不当、讨论不积极，进行应对策略的训练和视频记录并予以评价。 教学方法： 视频案例教学法、角色扮演法。	1. 观看艺术活动实施微课视频，简要记录集体活动中存在的教学现象。（60 分钟） 2. 分组讨论活动课例梳理记录，分析、概括艺术教育活动中发生的“教学事故”的主要问题、影响及可能导致的原因及应对策略。（60 分钟） 3. 认真听取教师讲解学习艺术活动指导要点结合 PPT 内容填写工作页。（80 分钟） 4. 制作幼儿艺术活动教学机智微课集的，分组模拟三种类型中“教学事故”包括：材料不足、操作不当、工具材料使用不当、场地受限、难度把控不足。（120 分钟）	1. 过程性评价：主要观察参与度、倾听与分析，提炼与总结等。 ①是否能认真记录微课视频内容（师评抽签问答） ②能否对课例的“教学事故”的类型、影响、原因进行分析（师评） ③能否针对教学问题提炼教学机智，积极思考处理、应对的策略，采用小组互评的方式。（组间互评、教师点评） ④是否能灵活处理“教学事故”关注教学经验的积累（组间互评） 2. 成果验收：艺术知识学习活动中幼儿专注力不集中的解决策略；艺术表演活动中幼儿肢体运用不当的应对策略；艺术欣赏活动中幼儿参与积极性调动的策略。 3. 成果评价标准：规定时间内是否有幼儿专注力不集中的解决策略，幼儿肢体运用不当的应对策略，欣赏活动中幼儿参与积极性调动的策略，要求考虑全面细致具有学习借鉴的意义和普遍适用性。

课时： 8 课时

1. 用品（工具）：纸、笔、科学活动材料、手机、摄像机等。
2. 软资源：视频（艺术活动实施）、活动记录表、工作页、视频剪辑软件等。
3. 教学设施：笔记本电脑、投影、音响、麦克风等。

评价反馈

工作子步骤	教师活动	学生活动	评价
1. 依据幼儿园艺术活动评价标准及《幼儿园工作规程》相关教学组织要求，结合教学计划设计和具体教学活动模拟情况，对整个过程进行结果性和过程性等多种形式的评价填写幼儿园艺术活动评价表（包含对中国传统文化艺术认知），向艺术教研组反馈意见，调整完善幼儿园艺术活动月工作的顺利开展。	1. 教师组织学生认真阅读《幼儿园艺术教育活动》工作页和幼儿园艺术活动评价表，引导学生汇总评价要素。 2. 组织学生分组讨论，巡回指导，将结果布置于展示板，帮助学生进行分析。 3. 指导学生结合各小组的活动设计和模拟教学实施过程情况，客观填写幼儿园艺术教育活动评价表，评价各小组组员的任务表现。 4. 组织学生对各小组艺术教育活动模拟教学实施以来的不足之处提出改进建议。 5. 指导各小组代表向艺术教研组反馈意见，根据教研组的建议进一步完善幼儿园艺术活动月的教学计划。 教学方法： 直观展示法、讨论法。	1. 认真阅读《幼儿园艺术教育活动》工作页和幼儿园艺术活动评价表，明确评价要素。(40 分钟) 2. 各小组讨论、汇总幼儿园艺术教育活动设计和模拟教学实施过程的评价要素以及评价过程中需要注意的问题。(40 分钟) 3. 能客观填写幼儿园艺术教育活动评价表，能填写调查问卷对中国传统文化认知。(120 分钟) 4. 能结合各小组组织幼儿园艺术活动模拟教学实施以来的不足之处提出改进建议。(80 分钟) 5. 各小组代表向艺术教研组反馈意见，根据教研组的建议进一步调整完善幼儿园艺术活动月的教学计划。(40 分钟)	1. 结果性评价：各小组的教学计划是否完整、教学设计是否完整且符合对应年龄段幼儿的实际情况、艺术活动模拟教学实施是否完整流畅等。 2. 过程性评价：汇报积极性、团队合作性、语言表达的全面性。 ①是否积极主动全面地对幼儿园艺术教学活动模拟实施以来的内容（包括实施计划、活动设计和模拟实施过程）进行反思。（师评） ②能否按要求将问题进行归类，提出意见和建议。（师评） ③能否翔实地填写评价反思表。（组间互评） 能否根据艺术教研组的建议进一步完善幼儿园艺术活动月的教学计划。（集体评、竞赛） 3. 成果评价：幼儿园艺术教育活动评价表。 4. 成果评价标准：学生反馈意见是否有针对性，是否有实效性，评价反思表问题捕捉是否准确、针对性强。学生提出的建议是否可行，是否具有代表性和针对性。

课时： 8 课时
1. 用品（工具）：纸、笔等。
2. 软资源：幼儿园艺术教育活动评价表等。
3. 教学设施：笔记本电脑、投影、音响、麦克风等。

考核标准

情境描述

国庆节快到了，为促进幼儿对祖国妈妈的感情，从小进行爱国主义教育，帮助幼儿向祖国表达热爱之情，幼儿园要求各班级教师组织主题为“我爱祖国”的教学活动。现请依据主题内容进行教学活动文案设计及模拟实施。

参考资料

完成上述任务时，可以使用所有常见教学资料，例如教材、工作书、指导性文件、网络资源等，充分调动多方资源及所学专业知识、技能、经验等。

评价方式

过程性考核和终结性考核相结合。由任务教师、专业组长、幼儿园保教主任和指导老师组成考评小组共同实施考核评价，取所有考核人员评分的平均分为学生考核成绩。

过程考核：第一考核学生的出勤，社会主义核心价值观养成，教师职业道德素养养成，课堂自主管理及“8S”课堂习惯养成；第二考核学生的课后作业，任务完成情况。

终结性考核：让学生根据任务情景中的要求，策划幼儿五大领域活动方案，并实操幼儿某一领域的工作流程。此过程要体现幼儿园教师的职业道德素养和专业能力，活动过程展示要体现社会主义核心价值观，体现以幼儿为本的理念，关爱每一名幼儿，富有爱心、责任心、耐心和细心。

任务要求

1. 主题明确，目标清晰。
2. 内容切近生活，教学方法恰当。
3. 教学环节设计合理，体现师幼互动。
4. 活动准备充分，体现年龄特征。
5. 教学设计内容完整，设计撰写规范。
6. 实施过程中关爱幼儿，尊重幼儿、富有爱心、责任心、耐心和细心，以及具有良好文明的幼儿教师语言能力和应有的职业素养。

评价标准

设计者姓名		活动名称			
项目	内容及评价标准			分值	得分
教学设计（85%）	活动目标	能体现社会主义核心价值观及民族文化自信，符合《纲要》精神及幼儿年龄特点、发展要求、现有经验和需要		8	
		体现知识技能、情感与社会性等多方面的发展		7	
	活动内容和教学方法	教学内容和教学方法的选择与学习目标一致		7	
		教学内容贴近幼儿生活，有利于拓展幼儿的经验，尊重幼儿需要，体现幼儿教师职业道德		8	
		教学方法游戏化、儿童化，合理运用各种教学及辅助手段，理论基础充分		10	
	活动过程	清晰，详略得当，突出重点和难点		15	
	活动环节设计	教学环节设计合理，符合教学目标		6	
		教法、学法设计符合幼儿的认知及学习特点，教法设计突出幼儿主体地位，体现积极有效的师幼互动		8	
		具有一定的创新性		6	
	活动准备	场地、资源、材料丰富，突出层次和个别指导		5	
		环境设计有利于幼儿参与，能有效支持幼儿学习		5	
其他（15%）	有创新性，设计有突破			4	
	体现幼儿教师的积极主动、细致认真，关爱幼儿，公平对待特殊幼儿、富有耐心、责任心			5	
	教学设计内容完整，设计规范，结构严谨，表达清晰，文字通顺			6	
评委签名				总评	

课程 5　幼儿园游戏活动实施

学习任务 1	学习任务 2	学习任务 3
创造性游戏活动实施	规则性游戏活动实施	区域性游戏活动实施
32 学时	24 学时	24 学时

课程目标

学习完本课程后，学生应当能够履行教师职业道德规范，遵循幼儿成长规律，在熟悉与理解游戏理论的基础上，能胜任幼儿园常见游戏（如音乐游戏、体育游戏、智力游戏、表演游戏、建构游戏、主题游戏等）的设计、创编、组织、观察、指导与评价，同时渗入广府民间传统游戏，弘扬和传承广府文化。在工作过程中，严格执行幼儿园保育工作制度和“8S”管理规定，具备将游戏运用到其他各类活动中的意识与能力，具备将学前教育理论与保教相结合的能力，履行教师职业道德规范，注重历史传统文化的熏陶，关爱幼儿、尊重幼儿人格，体现有爱心、责任心、耐心和细心的职业素养。具体包括：

1. 能按照游戏的概念、内涵、特点、类别、游戏对幼儿发展的意义、游戏环境（物质与心理）创设、游戏过程中的观察、组织与指导方法等理论要求，通过分析幼儿的年龄特点，结合本班幼儿的兴趣与学习特点，确定游戏的主题、规则、角色以及引发游戏的环境与材料。

2. 能参照游戏理论要求和前期获取的相关信息，通过思维导图、鱼骨图的方法，分析游戏的影戏因素可能出现的情况，以幼儿为主体，遵循幼儿身心发展特点和保教活动规律，制定游戏活动方案。

3. 能按照游戏活动方案，灵活运用游戏材料，组织幼儿积极参与游戏，观察幼儿的游戏行为，并提供适当的指导与干预，在指导过程中履行教师职业道德规范、关爱幼儿、尊重幼儿人格，富有爱心、责任心、耐心和细心，做幼儿成长的启蒙者和引路人。

4. 能根据游戏的概念、内涵、特点、类别，幼儿的年龄特点，按游戏的观察、组织与指导的方法要点，对孩子的游戏活动过程进行观察、指导与分享，充分调动和发挥幼儿的主动性，完成游戏过程，保障幼儿快乐健康成长。

5. 能搜集广府民间传统游戏，渗入幼儿游戏活动，引导幼儿了解广府文化，弘扬和传承广府文化。

6. 能展示游戏活动设计、环境创设、组织、观察、指导等游戏过程要点，总结工作经验，分析不足，提出改进措施，坚持实践、反思、再实践、再反思，不断提高专业能力。

7. 能不断激发引导幼儿开展游戏活动的兴趣，具有终身学习与持续发展的意识和能力，践行社会主义核心价值观，履行教师职业道德规范，做终身学习的典范。

课时：80

课程内容

本课程的主要学习内容：

1. 幼儿园游戏信息的搜集

幼儿游戏的概念、内涵、特点、类别，游戏对幼儿发展的意义。

《指南》大、中、小班幼儿能力发展目标。

幼儿园大、中、小班游戏能力发展总目标、阶段目标和幼儿年龄特点及已有的游戏经验。

幼儿创造性游戏月度计划，包括幼儿已有经验分析、月度总目标、主题内容、进度安排等。

创造性游戏能力评估内容包括幼儿神情体态、参与状态、游戏表现、材料使用、语言表达、人际交往与游戏成果等方面，区域性游戏和规则性游戏能力评估内容包括参与状态、智力发育、动作与感知、规则意识、执行规则能力、美感与创造力、语言表达、人际交往与游戏成果等方面。

广府特色游戏的名称、规则及玩法。

2. 幼儿园游戏活动的设计

游戏活动方案的撰写，包括：活动目的、活动内容（含游戏类别、名称、适合年龄等）、活动准备、活动时间安排及活动注意事项等。

3. 场地、材料、时间、空间和经验等游戏条件的准备

幼儿园各区域名称、功能。

游戏材料的投放原则及要求。

游戏环境布局图设计原则及绘制方法。

4. 幼儿园游戏过程的实施

游戏观察、指导的方法及要点。

观察识别幼儿游戏行为亮点及问题。

观察、评价、记录幼儿游戏行为能力的方法及要点。

5. 幼儿园游戏活动的记录反思

游戏活动过程中各项成果的收集、整理及分析。

游戏活动过程记录反思的要求、撰写方法及意义。

学习任务 1　创造性游戏活动实施

任务描述

学习任务学时：32 课时

任务情境

广州市某幼儿园拟重点打造创造性游戏，拟通过角色游戏区丰富幼儿的社会生活经验、发展社会性能力；通过建构游戏发展孩子的空间思维和想象等；通过表演游戏发展孩子的想象力、创造性表达与表现的能力，培养孩子的自信。该园教研主任邀请我校幼儿教育专业协助完成创造性游戏的设计与实施，为期一个月。我校专业教师带领同学们共同设计与实施。

具体要求见后页。

小燕子
狮子
5
4
2
3
1

工作流程和标准

工作环节 1

获取信息

1

1. 明确任务书，获取本次任务的具体内容和相关要求，重点标识任务目标、要求及完成时间，编制任务分工及工作进度安排表。
2. 查阅《指南》和幼儿创造性游戏参考资料，获取幼儿创造性游戏理论知识及幼儿在创造性游戏（角色游戏、建构游戏和表演游戏）中的能力发展目标，形成幼儿创造性游戏活动能力评估表，主要包括：幼儿神情体态、参与状态、游戏表现、材料使用、语言表达、人际交往与游戏成果等方面。

主要成果：

1. 任务分工及工作进度安排表
2. 幼儿创造性游戏活动能力评估表

工作环节 2

计划与决策

2

1. 根据创造性游戏发展的阶段目标和幼儿年龄特点及已有的游戏经验，制订幼儿创造性游戏月度计划，主要包括：幼儿已有经验分析、月度总目标、主题内容、进度安排等。
2. 依据创造性游戏月度计划和活动设计的流程，创编幼儿创造性游戏活动设计，主要包括：活动名称、活动来源、活动目标、活动准备、活动流程、活动反思等。
3. 根据创造性游戏内容和环境创设的具体要求，设计角色、建构和表演三类创造性游戏环境，列出相应所需的材料清单。

主要成果：

1. 幼儿创造性游戏月度计划
2. 幼儿创造性游戏活动设计若干
3. 游戏环境设计图及游戏材料清单

工作环节 3

实施工作

3

根据创造性游戏活动设计与关键经验，为幼儿布置游戏区（角色区、建构区、表演区），准备相应的材料，实施幼儿创造性游戏。

主要成果：

创造性游戏（角色游戏、建构游戏、表演游戏）的活动实录

工作环节 4

过程监控及记录

4

按照幼儿创造性游戏行为能力观察、评价、记录的方法及要点，对应着创造性游戏活动实施目标，对游戏组织过程进行监控，填写幼儿创造性游戏活动能力评估表，分析总结幼儿参与游戏的情况，确保幼儿快乐、积极、主动、持续地参与游戏。

主要成果：

填写幼儿创造性游戏活动能力评估表，分析总结幼儿参与游戏的情况

工作环节 5

评价反馈

5

汇总幼儿创造性游戏活动的组织情况，向教研主任及主班教师反馈活动组织中的意见和建议，接收教研主任及主班教师的反馈意见和进阶要求，填写幼儿创造性游戏活动评价表，配合完成后续的幼儿创造性游戏活动实施，提升游戏活动组织与指导能力。

主要成果：

填写幼儿创造性游戏活动评价表，记录教师组织游戏活动过程中的优缺点

学习内容

知识点	1.1 任务书的内容和要求 1.2 组内各成员特点和优势 1.3 安排表的编制方法	2.1 创造性游戏的概念、种类和特点 2.2《指南》 2.3 幼儿创造性游戏活动能力发展层次目标	3.1 创造性游戏发展的阶段目标 3.2 大、中、小班幼儿年龄特点 3.3 幼儿已有游戏经验 3.4 计划的拟写方法	4.1 创造性游戏活动案例 4.2 游戏活动设计的包含要素 4.3 游戏活动设计目标的写法 4.4 游戏创编的步骤与方法
技能点	1.1 能积极主动接受工作任务 1.2 能标识任务目标、内容、要求及时间节点 1.3 能编制任务分工及工作进度安排表	2.1 能说出创造性游戏的概念、种类和特点 2.2 能阅读《指南》，提取要点 2.3 能分析大、中、小班幼儿创造性游戏活动能力发展目标 2.4 能制订幼儿创造性游戏活动能力评估表	3.1 能准确地说出创造性游戏发展的阶段特点 3.2 能说出各游戏阶段幼儿游戏能力的表现 3.3 能判断分析幼儿已有的游戏经验 3.4 能制订幼儿创造性游戏月度计划	4.1 能搜集并分析创造性游戏活动设计案例 4.2 能创编幼儿创造性游戏活动设计
 工作环节	工作环节 1 获取信息		计划与决策 工作环节 2	
成果	1.1 任务分工表及工作进度安排表	2.1 幼儿创造性游戏活动能力评估表	3.1 幼儿创造性游戏月度计划	4.1 幼儿创造性游戏活动设计若干
素养	1.1 信息获取和处理能力	2.1 指导性文件的阅读分析能力	3.1 计划统筹能力	4.1 以人为本的人文精神、创编能力

学习任务 1　创造性游戏活动实施

5.1 幼儿园游戏环境布置图例 5.2 创造性游戏的环境创设要求、原则 5.3 创造性游戏环境创设的标准 5.4 绘图技巧	6.1 创造性游戏观察、指导的方法及要点 6.2 创造性游戏材料的投放要求 6.3 组织、引导幼儿创造性游戏的方法 6.4 介入的时机和方法	7.1 观察、评价、记录幼儿创造性游戏行为能力的方法及要点 7.2 创造性游戏评估表的填写方法及要求	8.1 资料收集、整理方法及技巧 8.2 创造性游戏记录方法及要点
5.1 能分析幼儿园环境布置图例，提取有用信息 5.2 能准确说出幼儿园游戏环境创设的原则及要求 5.3 能归纳创造性游戏环境创设的标准 5.4 能绘制三类创造性游戏环境设计图 5.5 能列出创造性游戏区域的材料清单	6.1 能归纳创造性游戏观察、指导的要点 6.2 能根据创造性游戏要求投放适当的材料 6.3 能组织、引导幼儿开展创造性游戏 6.4 能适时适当地介入幼儿游戏，给予正确引导	7.1 能捕捉观察要点，准确评价幼儿创造性游戏行为能力 7.2 能清晰、准确填写幼儿创造性游戏活动能力评估表	8.1 能收集、整理任务完成过程中的各项成果 8.2 能条理清晰地梳理幼儿创造性游戏活动实施过程中的优缺点 8.3 能清晰、详细填写幼儿创造性游戏活动评价表
	工作环节 3 实施活动	工作环节 4 过程监控	工作环节 5 评价反馈
5.1 游戏区域环境规划图及游戏材料清单	6.1 幼儿创造性游戏（角色、建构、表演）的活动实录	7.1 幼儿创造性游戏活动能力评估表	8.1 幼儿创造性游戏活动评价表
5.1 绘图能力	6.1 活动组织能力	7.1 客观观察评价能力	8.1 资料收集整理能力

学习任务 1　创造性游戏活动实施

❶ 获取信息　❷ 计划与决策　❸ 实施活动　❹ 过程监控及记录　❺ 评价与反馈

获取信息

工作子步骤	教师活动	学生活动	评价
1. 明确任务书，获取本次任务的具体内容和相关要求，重点标识任务目标、要求及完成时间，编制任务分工及工作进度表。	1. 教师下发任务书，并安排分组。 2. 指引在工作页相应处标识任务目标、内容、要求及时间节点。 3. 组织小组讨论工作内容、引导学生分析组内成员特点，帮助各小组进行任务分工。 4. 监控课堂，巡回指导小组编制任务分工安排表及工作进度表，适时答疑。 5. 听取各小组代表对工作进度安排表的解说和评价，并给予有针对性的点评。 6. 指导各小组继续完善优化任务分工及工作进度安排表。 教学方法： 任务驱动法、讨论法。	1. 小组接受任务书，仔细阅读任务书,明确任务内容、要求和完成时间。(5 分钟) 2. 按工作页指引要求，标识任务目标、内容、要求及时间节点。(5 分钟) 3. 小组讨论工作内容、分析组内成员特点，进行任务分工。(20 分钟) 4. 小组编制任务分工安排表及工作进度表。(15 分钟) 5. 小组代表解说工作进度表。他组成员认真倾听并质疑提问。(20 分钟) 6. 小组听取其他组及教师点评,继续优化本组进度表。(15 分钟)	1. 过程性评价：参与度、主动性、表达能力、倾听技巧、制表能力、职业素养水平。 ①学生能否积极主动接受工作任务。（师评） ②标识重点是否正确。（师评） ③组内成员是否积极共同讨论。（互评、师评） ④安排表解说是否流畅、清晰。（互评、师评） ⑤各小组成员是否能认真倾听他人评价，且做记录。（互评、师评） ⑥任务分工及工作进度安排表是否全面、合理，具有可操作性。（互评、师评） 2. 成果验收：任务分工及工作进度安排表 3. 成果评价标准：任务分工明确、职责清晰；进度安排内容、时间节点及负责人具体，具有可操作性。
课时： 2 课时 1. 用品（工具）：纸、笔等。 2. 软资源：任务书、工作页、教学 PPT 等。 3. 教学设施：笔记本电脑、投影、音响、麦克风、白板、凤尾夹等。			
2. 查阅《指南》和幼儿创造性游戏参考资料，获取幼儿创造性游戏理论知识及幼儿在创造性游戏（角色游戏、建构游戏和表演游戏）中的能力发展目标，形成幼儿创造性游戏活动能力评估表，主要包括：幼儿神情体态、	1. 教师提供的参考资料、教材等，利用 PPT 课件指导学生学习创造性游戏的概念、种类和特点等知识。 2. 教师提供指导性文件《指南》,引导学生提取大、中、小班幼儿创造性游戏活动能力发展目标。 3. 教师组织学生讨论分析幼儿创造性游戏目标中针对幼儿神情体态、参与状态、游戏表现、材料使用、语言表达、人际交往与游戏成果等方面的具体能力要求。	1. 根据资料学习创造性游戏的概念、种类和特点等知识。(10 分钟) 2. 学习指导性文件《指南》,提取大、中、小班幼儿创造性游戏活动能力发展目标。(15 分钟) 3. 小组讨论分析幼儿创造性游戏目标中针对幼儿神情体态、参与状态、游戏表现、材料使用、语言表达、人际交往与游戏成果等方面的具体能力要求。(10 分钟)	1. 过程性评价：参与度、阅读文件能力、信息分析提取、汇报解说能力，同时根据其言谈举止判断其职业素养水平。 ①学生能否积极主动参与小组讨论。（师评） ②能否安静、认真地阅读文件，并用笔标识重点。（师评） ③能否提取文件中的重要信息。（师评） ④汇报解说是否流畅、清晰。（互评、师评） ⑤各小组成员是否能认真倾听他人评价，且做记录。（互评、师评） ⑥幼儿创造性游戏活动能力评估表是否全面、合理，符合《指南》对幼儿游戏能力发展的要求。（互评、师评） 2. 成果验收：幼儿创造性游戏活动能力评估表。

基准学时：32 课时

1 获取信息 → 2 计划与决策 → 3 实施活动 → 4 过程监控及记录 → 5 评价与反馈

	工作子步骤	教师活动	学生活动	评价
获取信息	参与状态、游戏表现、材料使用、语言表达、人际交往与游戏成果等方面。	4. 监控课堂，巡回指导小组编制评估表，适时答疑。 5. 听取各小组代表对评估表的解说和评价，并给予有针对性的点评。 6. 指导各小组继续完善优化评估表。 教学方法：引导文法。	4. 小组制订幼儿创设性游戏活动能力评估表。（15 分钟） 5. 小组代表解说能力评估表。他组成员认真倾听并质疑提问。（15 分钟） 6. 小组听取其他小组及教师点评，继续优化本组制订的评估表。（15 分钟）	3. 成果评价标准：评估表中评估项目全面、标准清晰，符合《指南》对幼儿游戏能力发展的要求，具有可操作性。
	课时： 2 课时 1. 用品（工具）：纸、笔等。 2. 软资源：创造性游戏参考教材、《指南》、工作页、教学 PPT 等。 3. 教学设施：笔记本电脑、投影、音响、麦克风、白板、凤尾夹等。			
计划与决策	1. 根据创造性游戏发展的阶段目标和幼儿年龄特点及已有的游戏经验，制订幼儿创造性游戏月度计划，主要包括：幼儿已有经验分析、月度总目标、主题内容、进度安排等。	1. 教师提供幼儿园的创造性游戏发展总目标、各年龄层幼儿特点及幼儿已有的游戏经验。 2. 教师提供创造性游戏计划范例，引导学生分析学习。 3. 监控课堂，巡回指导小组讨论月度计划的安排，适时答疑。 4. 指导学生制作汇报 PPT。 5. 听取小组代表的成果汇报，给予点评，帮助各小组优化完成纸制版月度计划。 教学方法： 行为导向教学法。	1. 分析幼儿园创造性游戏发展的阶段目标及幼儿的年龄特点和已有的游戏经验。（20 分钟） 2. 小组参考学习创造性游戏计划范例，讨论工作任务的月度计划安排。（35 分钟） 3. 制作幼儿创造性游戏月度计划 PPT，并进行展示汇报。（80 分钟） 4. 听取其他小组的计划汇报及点评，继续优化本组制订的月度计划，并形成纸制版上交。（25 分钟）	1. 过程性评价：参与度、信息分析提取、PPT 的制作、汇报解说能力、计划的拟写、职业素养水平。 ①学生能否积极主动参与小组讨论。（师评） ②能否根据幼儿园阶段目标、幼儿年龄特点和已有游戏经验拟定月度计划。（师评） ③ PPT 的制作图文并茂、内容具体。（师评） ④汇报解说是否流畅、清晰。（互评、师评） ⑤各小组成员是否能认真倾听他人评价，且做记录。（互评、师评） ⑥幼儿创造性游戏月度计划是否全面、合理，具有可操作性。（互评、师评） 2. 成果验收：幼儿创造性游戏月度计划。 3. 成果评价标准：幼儿创造性游戏月度计划全面、具体、合理，具有可操作性。
	课时： 4 课时 1. 用品（工具）：纸、笔、电脑等。 2. 软资源：幼儿园提供的信息：创造性游戏发展的总目标及阶段目标、幼儿的年龄特点及已有的游戏经验、计划范例、工作页、教学 PPT 等。 3. 教学设施：笔记本电脑、投影、音响、麦克风等。			

学习任务 1　创造性游戏活动实施

① 获取信息 → ② 计划与决策 → ③ 实施活动 → ④ 过程监控及记录 → ⑤ 评价与反馈

计划与决策

工作子步骤	教师活动	学生活动	评价
2. 依据创造性游戏月度计划和活动设计的流程，创编幼儿创造性游戏活动设计，主要包括：活动名称、活动来源、活动目标、活动准备、活动流程、活动反思等。	1. 提供幼儿创造性游戏活动案例，引导学生分析活动案例要素、设计方法。 2. 提供参考资料，引导学生学习活动设计目标的拟写方法、活动流程设计技巧、游戏创编的步骤与方法。 3. 组织各小组头脑风暴，讨论创造性游戏活动名称及活动流程。 4. 组织开展找碴游戏，引导学生学习目标的写法。 5. 巡堂指导各小组拟写并创编的幼儿创造性游戏活动设计若干，适时答疑。 6. 听取小组代表的成果汇报，组织组内互评。 7. 总结点评，帮助各小组优化完成纸制版创造性游戏活动设计。 教学方法： 头脑风暴法。	1. 学习教师提供的幼儿创造性游戏活动案例，分析活动案例要素、设计方法。（20 分钟） 2. 根据参考资料，明确活动设计目标的拟写方法、活动流程设计技巧及游戏创编的步骤与方法。（20 分钟） 3. 小组头脑风暴，讨论创造性游戏活动名称及活动流程。（20 分钟） 4. 找碴：找出教师展示的游戏活动目标中的错误，并改正，看看哪个小组改得又多又快。（40 分钟） 5. 小组拟写并创编幼儿创造性游戏活动设计若干。（40 分钟） 6. 小组制作 PPT，解说汇报游戏设计思路及特色。（80 分钟） 7. 听取其他小组的成果汇报及教师点评，继续优化本组设计的若干游戏，形成纸制版上交。（20 分钟）	1. 过程性评价：参与度、信息分析提取、语言概括及亮点提取能力、游戏设计能力、创编能力。同时根据其言谈举止判断其职业素养水平。 ①学生能否积极主动参与小组讨论。（师评） ②能否从活动案例中提取可用要素。（师评） ③ PPT 的制作图文并茂、语言概括性强、亮点突出。（师评） ④汇报解说是否流畅、清晰。（互评、师评） ⑤各小组成员是否能认真倾听他人评价，且做记录。（互评、师评） ⑥幼儿创造性游戏是否符合幼儿年龄特点、要素完整、目标定位精准、活动流程清晰、游戏创编有特色、具有可操作性。（互评、师评） 2. 成果验收：幼儿创造性游戏活动设计若干。 3. 成果评价标准：幼儿创造性游戏符合幼儿年龄特点、要素完整、目标定位精准、活动流程清晰、游戏创编有特色、具有可操作性。
课时： 6 课时 1. 用品（工具）：纸、笔、电脑等。 2. 软资源：幼儿创造性游戏活动案例、工作页、教学 PPT 等。 3. 教学设施：笔记本电脑、投影、音响、麦克风等。			
2. 根据创造性游戏内容和环境创设的具体要求，设计角色、建构和表演三类创造性游戏环境，列出相应所需的材料清单。	1. 教师提供的幼儿园环境结构图，引导学生分析、学习绘图技巧。 2. 讲解 PPT，引导学生学习创造性游戏环境的创设要求、原则。 3. 提供幼儿园游戏环境布置图例，引导学生构想三大类游戏活动环境创设。	1. 学生分析教师提供的幼儿园环境结构图，学习绘图技巧。（25 分钟） 2. 学习工作页，明确创造性游戏环境的创设要求、原则。（20 分钟） 3. 参考幼儿园游戏环境布置图例，讨论三大类游戏活动环境创设构想。（20 分钟）	1. 过程性评价：参与度、空间想象力、环境创设能力、绘图能力、表达能力，同时根据其言谈举止判断其职业素养水平。 ①学生能否积极主动参与小组讨论。（师评） ②能否构想创设三大类游戏活动环境。（师评） ③区域环境创设是否具有安全、合理、适用。（互评、师评） ④材料清单是否罗列详尽、安全适用。（互评、师评）

	工作子步骤	教师活动	学生活动	评价
计划与决策		4. 巡堂指导各小组设计三大类游戏活动环境设计草图及列出的材料清单，适当答疑。 5. 听取小组代表汇报成果，给予点评。 6. 帮助各小组进一步完善设计草图和材料清单。 教学方法： 讨论法、行为导向教学法。	4. 小组合作设计三大类游戏环境规划草图，并根据环境布置列出材料清单。（60 分钟） 5. 小组代表简洁清晰讲解游戏环境设计草图内容和材料摆放方式。他组成员认真倾听并质疑提问。（20 分钟） 6. 小组听取教师点评，并据此完善设计草图和材料清单。（15 分钟）	⑤汇报解说是否流畅、清晰。（互评、师评） ⑥各小组成员是否能认真倾听他人评价，且做记录。（互评、师评）
	课时： 4 课时 1. 用品（工具）：纸、笔等。 2. 软资源：幼儿园区域结构图、幼儿园游戏区域环境布置图例、工作页、教学 PPT 等。 3. 教学设施：笔记本电脑、投影、音响、麦克风、白板、凤尾夹等。			
实施活动	1. 根据创造性游戏活动设计与关键经验，为幼儿布置游戏区（角色区、建构区、表演区），准备相应的材料，实施幼儿创造性游戏。	1. 指导各小组学生学习创造性游戏观察、指导的方法及要点；创造性游戏材料投入要求。 2. 巡堂指导各小组布置游戏活动区域环境和游戏材料的投放。 3. 观看各小组游戏模拟活动过程，标注游戏实施过程中存在的问题。 4. 听取各小组的互评，并进行有针对性的总评。 5. 帮助各小组进一步明确游戏组织实施过程中的注意事项。 教学方法： 讨论法、角色扮演法、行动导向教学法。	1. 根据工作页，学习创造性游戏观察、指导的方法及要点；学习创造性游戏材料投入要求。（20 分钟） 2. 小组布置游戏活动区域环境并投放游戏材料。（10 分钟） 3. 小组根据游戏活动设计讨论分配角色和明确职责。（10 分钟） 4. 游戏模拟：小组模拟演示游戏过程，并形成活动实录。他组成员进行观察记录，标注“教师”游戏实施过程介入、指导的优缺点。（270 分钟） 5. 小组听取教师点评，据此进一步明确游戏实施过程中的注意事项。（10 分钟）	1. 过程性评价：表现力、团队合作能力、活动组织实施能力、介入时机，同时根据其言谈举止判断其职业素养水平。 ① 能否贴切地进行游戏模拟，是否根据模拟演练精确提炼问题。（师评） ②组内成员是否能团队合作，分工合理、职责明确。（师评） ③活动实施过程是否顺畅、是否实现活动目标。（互评、师评） ④是否能适时适当介入幼儿游戏。（师评） ⑤活动实录记录是否清晰、完整、有重点。 2. 成果验收：创造性游戏的活动实录。 3. 成果验收标准：活动实录记录清晰、完整、有重点。
	课时： 8 课时 1. 用品（工具）：纸、笔、各类游戏活动材料及道具等。 2. 软资源：工作页、教学 PPT 等。 3. 教学设施：笔记本电脑、投影、音响、麦克风等。			

学习任务 1　创造性游戏活动实施

1 获取信息　2 计划与决策　3 实施活动　4 过程监控及记录　5 评价与反馈

过程监控及记录

工作子步骤	教师活动	学生活动	评价
1. 按照幼儿游戏行为能力观察、评价、记录的方法及要点，对应着创造性游戏活动实施目标，对游戏组织过程进行监控，填写幼儿创造性游戏活动能力评估表，分析总结幼儿参与游戏的情况，确保幼儿快乐、积极、主动、持续地参与游戏。	1. 展示教学 PPT，引导学生学习评价、记录幼儿创造性游戏行为能力的方法及要点。 2. 教师提供幼儿创造性游戏视频，引导学生观察、识别幼儿游戏行为能力的亮点及问题。 3. 组织学生将问题归类展示于展示板，帮助学生进行分析。 4. 布置各小组再次认真观看整个游戏活动的记录过程，引导学生观察、评价、记录幼儿创造性游戏行为能力，巡回指导各小组填写幼儿创造性游戏活动能力评估表。 5. 引导小组展示分享评价表，组织各小组进行组组间相互评价。最后总评，帮助学生明确填表注意事项。 教学方法： 视频教学法、任务导向教学法。	1. 根据工作页，学习评价、记录幼儿创造性游戏行为能力的方法及要点。(10 分钟) 2. 观看幼儿创造性游戏视频，观察识别幼儿游戏行为能力的亮点及问题。(20 分钟) 3. 各小组根据评估表项目，提取观察、识别出的幼儿游戏行为能力的亮点及问题，展示于展示板进行讨论分析。(30 分钟) 4. 小组再次认真观看整个游戏活动的记录过程，观察、评价、记录幼儿创造性游戏行为能力，填写幼儿创造性游戏活动能力评估表。(10 分钟) 5. 小组展示分享评估表，组间相互评价。(10 分钟)	1. 过程性评价：参与度，观察评价能力、主动质疑，同时根据其言谈举止判断其职业素养水平。 ①能否积极主动配合完成。（互评、师评） ②能否准确观察识别幼儿游戏行为能力的亮点及问题。（师评） ③组间能否积极分享评价表，组间相互评价。（互评、师评） ④评价表填写是否清晰、详细，有借鉴价值。(互评、师评) 2. 成果验收：幼儿创造性游戏活动能力评估表。 3. 成果评价标准：幼儿创造性游戏活动能力评估表填写清晰、详细，字迹工整，有借鉴价值。

课时：2 课时

1. 用品（工具）：纸、笔等。
2. 软资源：教学 PPT、幼儿创造性游戏活动视频、工作页、幼儿创造性游戏活动能力评估表等。
3. 教学设施：笔记本电脑、投影、音响、麦克风、展示板、凤尾夹等。

基准学时：32 课时

1 获取信息 → 2 计划与决策 → 3 实施活动 → 4 过程监控及记录 → 5 评价与反馈

评价反馈

工作子步骤	教师活动	学生活动	评价
1. 汇总幼儿创造性游戏活动的组织情况，向教研主任及主班教师反馈活动组织中的意见和建议，接收教研主任及主班教师的反馈意见和进阶要求，填写幼儿创造性游戏活动评价表，配合完成后续的幼儿创造性游戏活动实施，提升游戏活动组织与指导能力。	1. 展示教学 PPT，引导学生学习资料收集整理方法、技巧。 2. 布置各小组收集、整理任务完成过程中的各项成果。 3. 听取各小组汇报工作过程，给予点评。 4. 组织学生将问题归类展示于展示板，帮助学生进行分析。 5. 巡回指导各小组填写幼儿创造性游戏活动评价表，适当答疑。 6. 引导小组展示分享评价表，组织各小组进行组间相互评价。 7. 最后总评，帮助学生明确整个工作过程中的注意事项。 教学方法： 直观展示法、讨论法。	1. 根据工作页，学习资料收集整理方法、技巧。（15 分钟） 2. 小组合作收集、整理任务完成过程中的各项成果。（25 分钟） 3. 小组利用 PPT 或视频展示工作过程。（每组展示 5 分钟，本步骤控制在 30 分钟左右） 4. 小组根据幼儿创造性游戏活动评价表评价项目讨论、展示汇总问题，按照活动前准备、活动中实施、活动后评估三方面进行归类和张贴，统筹意见或建议。（40 分钟） 5. 小组填写幼儿创造性游戏活动评价表。（20 分钟） 6. 小组展示分享评价表，组间相互评价。（20 分钟） 7. 听取教师总评，明确整个工作过程中的注意事项。（10 分钟）	1. 过程性评价：参与度，资料收集整理能力、观察记录能力、归类分析，同时根据其言谈举止判断其职业素养水平。 ①能否积极主动配合完成任务。（互评、师评） ②成果收集是否全面、资料整理是否整齐、有序，方便查找。（师评） ③问题提取是否有针对性，归类是否准确。（互评、师评） ④组间能否积极分享评价表，组间相互评价。（互评、师评） ⑤评价表填写是否清晰、详细，有借鉴价值。（互评、师评） 2. 成果验收：幼儿创造性游戏活动评价表。 3. 成果评价标准：幼儿创造性游戏活动评价表填写清晰、详细，字迹工整，有借鉴价值。

课时： 4 课时

1. 用品（工具）：纸、笔等。
2. 软资源：教学 PPT、工作页、幼儿创造性游戏活动评价表等。
3. 教学设施：笔记本电脑、投影、音响、麦克风、展示板、图钉等。

学习任务 2　规则性游戏活动实施

任务描述

学习任务学时：24 课时

任务情境

广州市某幼儿园拟在全园开展富有广府特色的规则性游戏，发展幼儿的规则意识，促进幼儿的自我管理能力，弘扬和传承广府文化。该园教研主任邀请我校幼儿教育专业协助完成广府特色的规则性游戏活动的实施，为期一个月。我校专业教师带领同学们共同布置、组织与实施。

具体要求见后页。

3分
5分
4分

工作流程和标准

工作环节 1

获取信息

1

1. 查阅《指南》和幼儿规则性游戏参考资料，获取幼儿规则性游戏理论知识及幼儿在规则性游戏（智力游戏、音乐游戏、体育游戏）中的能力发展目标，形成幼儿规则性游戏活动能力发展评估表，主要包括：参与状态、智力发育、动作与感知、规则意识、执行规则能力、美感与创造力、语言表达、人际交往与游戏成果等方面。
2. 搜集广府特色游戏的名称、规则及玩法等，如“摸盲盲”、花式“猜呈沉”“挑棍”“打橄榄核”“拍纸皮”“跶木屐”“跳皮筋”“弹弹弓”“踢毽子”“碌铁圈”“飞麻鹰”等，汇编广府特色游戏集，加强对广府文化的认知和传承。

主要成果：

1. 幼儿规则性游戏活动能力发展评估表
2. 广府特色游戏集

工作环节 2

计划与决策

2

1. 根据所搜集的广府特色游戏集，选取适合幼儿规则性意识和能力发展的广府游戏，结合规则性游戏的类别（智力游戏、音乐游戏、体育游戏）和幼儿规则性游戏发展的阶段目标，制作广府特色规则性游戏分类表。
2. 根据幼儿园月度计划及幼儿年龄特点和已有游戏经验，制订广府特色规则性游戏活动实施方案，包括：活动目的（含各年龄层规则性游戏阶段性目标）、活动内容（含游戏类别、名称、适合年龄等）、活动准备、活动时间安排及活动注意事项等。

主要成果：

1. 广府特色规则游戏分类表
2. 广府特色规则性游戏活动实施方案

工作环节 3

实施方案

3

根据广府特色规则性游戏的具体要求与幼儿游戏的关键经验，为幼儿做好相应的场地、材料、时间、空间和经验等游戏条件的准备，组织幼儿实施广府特色规则性游戏活动。

主要成果：

广府特色规则性游戏（智力游戏、音乐游戏、体育游戏）的活动实录

工作环节 4

过程监控

4

按照幼儿规则性游戏行为能力观察、评价、记录的方法及要点，对应着规则性游戏活动实施目标，对游戏组织过程进行监控，填写幼儿规则性游戏活动能力评估表，分析总结幼儿参与游戏的情况，确保幼儿快乐、积极、主动、持续地参与游戏。

主要成果：

填写幼儿规则性游戏活动能力评估表，分析总结幼儿参与游戏的情况

工作环节 5

评价反馈

5

汇总幼儿规则性游戏活动的组织情况，向教研主任及主班教师反馈活动组织中的意见和建议，接收教研主任及主班教师的反馈意见和进阶要求，填写幼儿规则性游戏活动评价表，配合完成后续的幼儿规则性游戏活动实施，提升游戏活动组织与指导能力。

主要成果：

填写幼儿规则性游戏活动评价表，记录教师组织游戏活动过程中的优缺点

学习内容

知识点	1.1 规则性游戏的概念、种类、特点、发展阶段、教育作用 1.2《指南》	2.1 广府特色游戏的名称、规则及玩法 2.2 广府特色游戏蕴含的广府文化 2.3 作品集的编制方法	3.1 广府特色游戏的目标 3.2 规则性游戏发展的阶段目标	4.1 幼儿园月度计划 4.2 大、中、小班幼儿年龄特点 4.3 幼儿已有游戏经验 4.4 活动方案的写法
技能点	1.1 能说出规则性游戏的概念、种类、特点、发展阶段、教育作用 1.2 能阅读《指南》，提取要点 1.3 能分析大、中、小班幼儿规则性游戏活动能力发展目标 1.4 能制订幼儿规则性游戏活动能力评估表	2.1 能搜集广府特色游戏的名称、规则及玩法 2.2 能说出各广府特色游戏蕴含的广府文化 2.3 能编制富有特色的广府游戏集	3.1 能准确地说出规则性游戏发展的阶段特点 3.2 能分辨广府游戏的所属规则性游戏类别 3.3 能制作广府特色规则性游戏分类表	4.1 能根据幼儿园计划细化活动实施时间 4.2 能说出各游戏阶段幼儿游戏能力的表现 4.3 能判断分析幼儿已有的游戏经验 4.4 能制订广府特色规则性游戏活动实施方案
 工作环节	工作环节 1 获取信息			计划与决策 工作环节 2
成果	1.1 幼儿规则性游戏活动能力评估表	2.1 广府特色游戏集	3.1 广府特色规则游戏分类表	4.1 广府特色规则性游戏活动实施方案
素养		2.1 思政元素：人文积淀		4.1 规则意识、质疑精神

学习任务 2　规则性游戏活动实施

5.1 广府规则性游戏要点 5.2 规则性游戏材料及场地准备要求 5.3 规则性游戏观察、组织、指导的方法及要点	6.1 观察、评价、记录幼儿规则性游戏行为能力的方法及要点 6.2 规则性游戏评估表的填写方法及要求	7.1 规则性游戏记录方法及要点
5.1 能归纳广府规则性游戏要点 5.2 能布置游戏场地，准备适合的游戏材料 5.3 能观察、组织、指导幼儿开展广府特色规则性游戏 5.4 能观察并识别幼儿的游戏行为亮点及问题	6.1 能准确评价幼儿规则性游戏行为能力 6.2 能清晰、准确填写幼儿规则性游戏活动能力评估表	7.1 能收集、整理任务完成过程中的各项成果 7.2 能条理清晰地梳理幼儿规则性游戏活动实施过程中的优缺点 7.3 能清晰、详细填写幼儿规则性游戏活动评价表
工作环节 3 实施活动	工作环节 4 过程监控	工作环节 5 评价反馈
5.1 广府特色规则性游戏（智力游戏、音乐游戏、体育游戏）的活动实录	6.1 幼儿规则性游戏活动能力评估表	7.1 幼儿规则性游戏活动评价表
5.1 观察能力		7.1 记录能力

学习任务 2　规则性游戏活动实施

1 获取信息 → 2 计划与决策 → 3 实施活动 → 4 过程监控 → 5 评价反馈

获取信息

工作子步骤	教师活动	学生活动	评价
1. 查阅《指南》和幼儿规则性游戏参考资料，获取幼儿规则性游戏理论知识及幼儿在规则性游戏（智力游戏、音乐游戏、体育游戏）中的能力发展目标，形成幼儿规则性游戏活动能力发展评估表，主要包括：参与状态、智力发育、动作与感知、规则意识、执行规则能力、美感与创造力、语言表达、人际交往与游戏成果等方面。	1. 教师提供参考资料、教材等，利用 PPT 课件指导学生学习规则性游戏的理论知识。 2. 教师提供指导性文件《指南》，引导学生提取大、中、小班幼儿规则性游戏活动能力发展目标。 3. 教师组织学生讨论分析幼儿规则性游戏目标中的具体能力要求。 4. 监控课堂，巡回指导小组编制评估表，适时答疑。 5. 组织各小组分享互评，并给予有针对性的点评。 6. 指导各小组继续完善优化评估表。 教学方法： 任务驱动法、讨论法。	1. 根据工作页学习规则性游戏的概念、种类、特点、发展阶段、教育作用等知识。（10 分钟） 2. 学习指导性文件《指南》，提取大、中、小班幼儿规则性游戏活动能力发展目标。（15 分钟） 3. 小组讨论分析幼儿规则性游戏目标中针对参与状态、智力发育、动作与感知、规则意识、执行规则能力等方面的具体能力要求。（10 分钟） 4. 小组制订幼儿规则性游戏活动能力评估表。（15 分钟） 5. 小组间分享互评。（15 分钟） 6. 小组听取教师点评，继续优化本组制订的评估表。（15 分钟）	1. 过程性评价：参与度、阅读文件能力、信息分析提取、沟通能力，同时根据其言谈举止判断其职业素养水平。 ①学生能否积极主动参与小组讨论。（师评） ②能否安静、认真地阅读文件，并用笔标识重点。（师评） ③能否提取文件中的重要信息。（师评） ④沟通是否主动、流畅、清晰。（互评、师评） ⑤各小组成员是否能认真倾听他人评价，且做记录。（互评、师评） ⑥幼儿规则性游戏活动能力评估表是否全面、合理，符合《指南》对幼儿游戏能力发展的要求。（互评、师评） 2. 成果验收：幼儿规则性游戏活动能力评估表。 3. 成果评价标准：评估表中评估项目全面、标准清晰，符合《指南》对幼儿游戏能力发展的要求，具有可操作性。

课时： 2 课时
1. 用品（工具）：纸、笔。
2. 软资源：《指南》、工作页、教学 PPT 等。
3. 教学设施：笔记本电脑、投影、音响、麦克风、白板、凤尾夹等。

工作子步骤	教师活动	学生活动	评价
2. 搜集广府特色游戏的名称、规则及玩法等，如“摸盲盲”、花式“猜呈沉”“挑棍”“打橄榄核”“拍纸皮”“跶木屐”“跳皮筋”“弹弹弓”“踢毽子”“碌铁圈”“飞麻鹰”等，汇编广府特色游戏集，加深	1. 教师播放广府游戏视频小片段，下达学习任务，明确任务要求。 2. 教师提供电脑，组织学生分小组搜集广府民间特色游戏。 3. 巡回指导各小组制作 PPT，听取解说，适时补充各游戏所蕴含的广府文化。 4. 指导各小组优化、整理搜集的信息。	1. 学生观看广府游戏视频，接受学习任务，复述任务要求。（10 分钟） 2. 小组利用电脑，分工协作搜集广府民间特色游戏。（30 分钟） 3. 小组制作 PPT，解说广府特色游戏的名称、蕴含的广府文化、规则及玩法。（40 分钟） 4. 小组听取其他小组汇报及教师点评，优化、整理本组搜集的信息。（10 分钟）	1. 过程性评价：信息搜集、PPT 的制作、汇报解说能力、作品编制，同时根据其言谈举止判断其职业素养水平。 ①学生能否积极主动接受学习任务。（师评） ②能否在规定时间内快速、准确搜集信息。（师评） ③能否整理信息并提取要点制作 PPT，PPT 图文并茂、内容简要。（互评、师评） ④汇报解说是否流畅、清晰，能否弘扬和传承广府文化。（互评、师评） ⑤广府游戏集是否图文并茂、结构清晰、内容完整、富有特色，体现广府文化。（互评、师评）

1 获取信息 → 2 计划与决策 → 3 实施活动 → 4 过程监控 → 5 评价反馈

	工作子步骤	教师活动	学生活动	评价
获取信息	对广府文化的认知和传承。	5. 引导学生学习作品集的编制方法，出示作品集范例，引导分析其特色。 6. 巡回指导各小组编制富有特色的广府游戏集，并给予适当建议。 7. 评价各小组游戏集，根据评分表，选出最美广府游戏集，给予肯定。 教学方法： 行动导向教学法、直观教学法。	5. 小组学习游戏集的编制方法，分析各类作品集范例的特色。（20 分钟） 6. 小组构思、讨论并编制富有特色的广府游戏集。（40 分钟） 7. 各小组展示作品，根据评分表投票选出最美广府游戏集。（10 分钟）	⑥能否根据评分表投票选出最美广府游戏集。（互评、师评） 2. 成果验收：广府特色游戏集。 3. 成果评价标准：广府游戏集图文并茂、结构清晰、内容完整、富有特色，体现广府文化。
	课时： 4 课时 1. 用品（工具）：纸、笔、电脑等。 2. 软资源：任务卡、广府游戏视频、教学 PPT、作品集范例、工作页、评分表等。 3. 教学设施：笔记本电脑、投影、音响、麦克风等。			
计划与决策	1. 根据所搜集的广府特色游戏集，选取适合幼儿规则性意识和能力发展的广府游戏，结合规则性游戏的类别（智力游戏、音乐游戏、体育游戏）和幼儿规则性游戏发展的阶段目标，制作广府特色规则性游戏分类表。	1. 提供工作页，引导学生学习规则性游戏发展的阶段性目标。（10 分钟） 2. 组织小组开展竞猜活动，引导学生明确智力游戏、音乐游戏、体育游戏的特点。 3. 巡回指导各小组选取适合幼儿规则性意识和能力发展的广府游戏，引导小组张贴游戏卡于展示板，听取小组代表解说选取理由。 4. 组织学生开展游戏卡大挪移活动，引导学生对广府游戏进行归类。 5. 组织各小组讨论展示板内容，质疑提问并解释，给予点评。 6. 巡回指导各小组制作广府特色规则游戏分类表。 教学方法： 游戏法、张贴展示法。	1. 根据工作页，学习规则性游戏发展的阶段性目标。（10 分钟） 2. 竞猜活动：根据教师展示的各类游戏名称、玩法、图片、视频等信息，猜猜游戏所属类别。（10 分钟） 3. 小组讨论广府游戏的目标，选取适合幼儿规则性意识和能力发展的广府游戏，张贴于展示板，小组代表解说选取理由。（20 分钟） 4. 游戏卡大挪移：小组根据教师提供的幼儿年龄、规则性游戏类别两个维度，对展示板上张贴的广府游戏进行归类。（10 分钟） 5. 小组讨论展示板内容，质疑提问并解释，听取教师点评，明确分类。（10 分钟） 6. 小组制作广府特色规则游戏分类表。（20 分钟）	1. 过程性评价：自学能力、活动参与度、游戏分类，同时根据其言谈举止判断其职业素养水平。 ①学生能否自主学习工作页知识点。（师评） ②能否积极主动参与课堂活动。（师评） ③能否按指定维度对游戏进行分类。（互评、师评） ④广府特色规则游戏分类表项目是否齐全、分类是否准确。（互评、师评） 2. 成果验收：广府特色规则游戏分类表。 3. 成果评价标准：广府特色规则游戏分类表项目齐全、分类准确。
	课时： 2 课时 1. 用品（工具）：纸、笔等。 2. 软资源：工作页、教学 PPT、游戏卡等。 3. 教学设施：笔记本电脑、投影、音响、麦克风、展示板等。			

学习任务 2　规则性游戏活动实施

1 获取信息 → 2 计划与决策 → 3 实施活动 → 4 过程监控 → 5 评价反馈

计划与决策

工作子步骤	教师活动	学生活动	评价
2. 根据幼儿园月度计划及幼儿年龄特点和已有游戏经验，制订广府特色规则性游戏活动实施方案，包括：活动目的（含各年龄层规则性游戏阶段性目标）、活动内容（含游戏类别、名称、适合年龄等）、活动准备、活动时间安排及活动注意事项等。	1. 提供幼儿园月度计划，大、中、小班幼儿年龄特点及已有的游戏经验。 2. 听取学生对幼儿园提供信息的提取、分析及汇报，给予适当补充。 3. 提供活动方案范例，引导学生分析案例的结构要素及写法。 4. 巡回指导各小组制订广府特色规则性游戏活动实施方案，适时答疑。 5. 组织各小组相互分享活动实施方案，质疑和优化建议。 6. 组织组间互评，给予点评，帮助各小组进一步优化广府特色规则性游戏活动实施方案。 教学方法： 行动导向教学法、讨论法。	1. 获取教师提供的幼儿园月度计划，分析大、中、小班幼儿年龄特点及已有的游戏经验，并提取可用信息。（20 分钟） 2. 各小组代表汇报提取的有用信息，准确判断幼儿已有游戏经验。（20 分钟） 3. 分析教师提供的活动方案范例，学习活动方案的结构及写法。（20 分钟） 4. 各小组讨论、制订广府特色规则性游戏活动实施方案。（60 分钟） 5. 小组相互分享活动实施方案，质疑和优化建议。（30 分钟） 6. 组间互评，听取教师点评，进一步优化广府特色规则性游戏活动实施方案。（10 分钟）	1. 过程性评价：信息分析提取、方案的制订、质疑能力、合理化建议，同时根据其言谈举止判断其职业素养水平。 ①能否从幼儿园提供的信息中提取可用信息。（师评） ②表述是否流畅、清晰。（互评、师评） ③能否对活动方案质疑，并给予合理化建议。（师评） ④广府特色规则性游戏活动实施方案要素是否齐全、游戏选取是否正确、目标是否准确、年龄是否适宜、时间安排是否合理、材料准备是否充分、注意事项是否明确。（互评、师评） 2. 成果验收：广府特色规则性游戏活动实施方案。 3. 成果评价标准：广府特色规则性游戏活动实施方案要素齐全、游戏选取正确、目标准确、年龄适宜、时间安排合理、材料准备充分、注意事项明确。

课时： 4 课时

1. 用品（工具）：纸、笔、电脑等。
2. 软资源：幼儿园提供信息：幼儿园月度计划，大、中、小班幼儿年龄特点及已有的游戏经验；工作页；教学 PPT；活动方案范例、评分表等。
3. 教学设施：笔记本电脑、投影、音响、麦克风等。

实施活动

工作子步骤	教师活动	学生活动	评价
1. 根据广府特色规则性游戏的具体要求与幼儿游戏的关键经验，为幼儿做好相应的场地、材料、时间、空间和经验等游戏条件的准备，组织幼儿智力规则性游戏的实施。	1. 指导各小组学生学习规则性游戏观察、指导的方法及要点。 2. 提供的参考案例，引导学生分析规则性游戏时间、场地选择的原则和方法、幼儿游戏亮点及问题的识别方法。 3. 巡堂指导各小组布置游戏场地和准备游戏道具。 4. 观看各小组游戏模拟活动过程，标注游戏实施过程中存在的问题。 5. 听取各小组的互评，并进行有针对性的总评。 6. 帮助各小组进一步明确游戏组织实施过程中的注意事项。 教学方法： 角色扮演法、游戏法、案例教学法。	1. 根据工作页，学习规则性游戏观察、指导的方法及要点。（20 分钟） 2. 根据教师提供的参考案例，分析规则性游戏时间、场地选择的原则和方法、幼儿游戏亮点及问题的识别方法。（20 分钟） 3. 小组布置游戏活动场地，并准备游戏道具。（15 分钟） 4. 小组根据游戏活动设计讨论分配角色和职责。（15 分钟） 5. 游戏模拟：小组模拟演示游戏过程，并形成活动实录。他组成员进行观察记录，标注“教师”游戏实施过程组织、指导及对“幼儿”游戏亮点和问题识别的优缺点。（160 分钟） 6. 小组听取教师点评，据此进一步明确游戏实施过程中的注意事项。（10 分钟）	1. 过程性评价：表现力、图队合作能力、活动组织实施能力、观察力，同时根据其言谈举止判断其职业素养水平。 ① 能否贴切地进行游戏模拟，是否根据模拟演练精确提炼问题。（师评） ②组内成员是否能团队合作，分工合理、职责明确。（师评） ③活动实施过程是否顺畅、是否实现活动目标。（互评、师评） ④是否观察和识别幼儿游戏行为亮点及问题。（师评） ⑤活动实录记录是否清晰、完整、有重点。 2. 成果验收：广府特色规则性游戏的活动实录。 3. 成果验收标准：活动实录记录清晰、完整、有重点。

课时： 6 课时

1. 用品（工具）：纸、笔、各类游戏活动材料及道具等。
2. 软资源：工作页、教学 PPT 等。
3. 教学设施：笔记本电脑、投影、音响、麦克风等。

学习任务 2　规则性游戏活动实施

① 获取信息 ② 计划与决策 ③ 实施活动 ④ 过程监控 ⑤ 评价反馈

	工作子步骤	教师活动	学生活动	评价
过程监控	1. 按照幼儿规则性游戏行为能力观察、评价、记录的方法及要点，对应着规则性游戏活动实施目标，对游戏组织过程进行监控，填写幼儿规则性游戏活动能力评估表，分析总结幼儿参与游戏的情况，确保幼儿快乐、积极、主动、持续地参与游戏。	1. 展示教学 PPT，引导学生学习评价、记录幼儿规则性游戏行为能力的方法及要点。 2. 教师提供幼儿规则性游戏视频，引导学生观察识别幼儿游戏行为能力的亮点及问题。 3. 组织学生将问题归类展示于展示板，帮助学生进行分析。 4. 布置各小组再次认真观看整个游戏活动的记录过程，引导学生观察、评价、记录幼儿规则性游戏行为能力，巡回指导各小组填写幼儿规则性游戏活动能力评估表。 5. 引导小组展示分享评价表，组织各小组间相互评价。最后总评，帮助学生明确填表注意事项。 教学方法： 视频教学法、任务驱动法、讨论法。	1. 根据工作页，学习评价、记录幼儿规则性游戏行为能力的方法及要点。(10 分钟) 2. 观看幼儿规则性游戏视频，观察识别幼儿游戏行为能力的亮点及问题。(20 分钟) 3. 各小组根据评估表项目，提取观察、识别出的幼儿游戏行为能力的亮点及问题，在展示板中进行讨论分析。(30 分钟) 4. 小组再次认真观看整个游戏活动的记录过程，观察、评价、记录幼儿规则性游戏行为能力，填写幼儿规则性游戏活动能力评估表。(10 分钟) 5. 小组展示分享评估表，组间相互评价。(10 分钟)	1. 过程性评价：参与度，观察评价能力、主动质疑，同时根据其言谈举止判断其职业素养水平。 ①能否积极主动配合完成。（互评、师评） ②能否准确观察识别幼儿游戏行为能力的亮点及问题。（师评） ③组间能否积极分享评价表，并组间相互评价。（互评、师评） ④评价表填写是否清晰、详细，有借鉴价值。(互评、师评) 2. 成果验收：幼儿规则性游戏活动能力评估表。 3. 成果评价标准：幼儿规则性游戏活动能力评估表填写清晰、详细，字迹工整，有借鉴价值。

课时： 2 课时

1. 用品（工具）：纸、笔等。
2. 软资源：教学 PPT、幼儿规则性游戏活动视频、工作页、幼儿创造性游戏活动能力评估表等。
3. 教学设施：笔记本电脑、投影、音响、麦克风、展示板、凤尾夹等。

评价反馈

工作子步骤	教师活动	学生活动	评价
1. 汇总幼儿规则性游戏活动的组织情况，向教研主任及主班教师反馈活动组织中的意见和建议，接收教研主任及主班教师的反馈意见和进阶要求，填写幼儿规则性游戏活动评价表，配合完成后续的幼儿规则性游戏活动实施，提升游戏活动组织与指导能力。	1. 展示教学 PPT，引导学生学习资料收集整理方法、技巧。 2. 布置各小组收集、整理任务完成过程中的各项成果。 3. 听取各小组汇报工作过程，给予点评。 4. 组织学生将问题归类展示于展示板，帮助学生进行分析。 5. 巡回指导各小组填写幼儿规则性游戏活动评价表，适当答疑。 6. 引导小组展示分享评价表，组织各小组进行组间互评价。 7. 最后总评，帮助学生明确整个工作过程中的注意事项。 教学方法： 启发教学法、展示法。	1. 根据工作页，学习资料收集整理方法、技巧。（15 分钟） 2. 小组合作收集、整理任务完成过程中的各项成果。（25 分钟） 3. 小组利用 PPT 或视频展示工作过程。（每组展示 5 分钟，本步骤控制在 30 分钟左右） 4. 小组根据幼儿规则性游戏活动评价表 评价项目，讨论、展示汇总问题，按照活动前准备、活动中实施、活动后评估三方面进行归类和张贴统筹意见或建议。（40 分钟） 5. 小组填写幼儿规则性游戏活动评价表。（20 分钟） 6. 小组展示分享评价表，组间相互评价。（20 分钟） 7. 听取教师总评，明确整个工作过程中的注意事项。（10 分钟）	1. 过程性评价：参与度、资料收集整理能力、观察记录能力、归类分析，同时根据其言谈举止判断其职业素养水平。 ①能否积极主动配合完成。（互评、师评） ②成果收集是否全面、资料整理是否整齐、有序，方便查找。（师评） ③问题提取是否有针对性，归类是否准确。（互评、师评） ④组间能否积极分享评价表，并组间相互评价。（互评、师评） ⑤评价表填写是否清晰、详细，有借鉴价值。（互评、师评） 2. 成果验收：幼儿规则性游戏活动评价表。 3. 成果评价标准：幼儿规则性游戏活动评价表填写清晰、详细，字迹工整，有借鉴价值。

课时： 4 课时
1. 用品（工具）：纸、笔等。
2. 软资源：教学 PPT、工作页、幼儿规则性游戏活动评价表等。
3. 教学设施：笔记本电脑、投影、音响、麦克风、展示板、图钉等。

学习任务 3　区域性游戏活动实施

任务描述

学习任务学时：24 课时

任务情境

广州市某幼儿园拟重点打造区域游戏，拟通过区域游戏，让幼儿在操作摆弄中进行个别化的自主学习，在与材料、同伴、教师互动中，实现幼儿主动活动、自主选择、相互交流与持续探索达到全面发展的目的。该园教研主任邀请我校幼儿教育专业协助完成区域游戏的设计与实施，为期一个月。我校专业教师带领同学们共同设计与布置，协助幼儿园组织区域游戏。

具体要求见后页。

区域游戏

工作流程和标准

工作环节 1

获取信息

1

1. 明确任务书，获取本次任务的具体内容和相关要求，重点标识任务目标、要求及完成时间，编制任务分工及工作进度安排表。
2. 查阅《指南》和幼儿区域性游戏参考资料，获取幼儿区域游戏理论知识及幼儿在区域游戏中的能力发展目标，形成幼儿区域游戏活动能力发展评估表，主要包括：区域选择、专注力、材料使用、个性表达、同伴关系、解决问题能力、美感与创造意识、语言表达、已有经验迁移、游戏成果等方面。

主要成果：

1. 任务分工及工作进度安排表
2. 幼儿区域游戏活动能力发展评估表

工作环节 2

计划与决策

2

1. 根据区域性游戏发展的阶段特点及幼儿年龄特点，制定幼儿区域性游戏的月度计划，主要包括：主题、幼儿情况分析、月度目标、实施措施、进度安排等。
2. 根据区域游戏环境布局要求和区域材料的作用、选择及阶段性，绘制区域性游戏布局图，设计区域环境，确定各区域材料，列出区域游戏材料清单。

主要成果：

1. 幼儿园区域性游戏的月度计划
2. 区域性游戏布局图及材料清单

学习任务 3　区域性游戏活动实施

工作环节 3

实施方案 3

根据计划，环境创设及材料投放的原则与方法，为幼儿做好各区域、材料、时间、空间和经验等游戏条件的准备，组织、观察、记录与引导幼儿区域游戏中的行为。

主要成果：

幼儿区域游戏活动实录

工作环节 4

过程监控 4

按照幼儿区域性游戏行为能力观察、评价、记录的方法及要点，对应着区域性游戏活动实施目标，对游戏组织过程进行监控，填写幼儿区域性游戏活动能力评估表，分析总结幼儿参与游戏的情况，确保幼儿快乐、积极、主动、持续地参与游戏。

主要成果：

填写幼儿区域游戏活动评估表，分析总结幼儿参与游戏的情况

工作环节 5

评价反馈 5

汇总幼儿区域游戏活动的组织情况，向教研主任及老师反馈活动组织中的意见和建议，接收老师的反馈意见和进阶要求，填写幼儿区域性游戏活动评价表，配合完成后续的幼儿区域游戏活动实施，提升游戏活动组织与指导能力。

主要成果：

填写幼儿区域性游戏活动评价表，记录教师组织游戏活动过程中的优缺点

学习内容

知识点	1.1 任务书的内容和要求 1.2 安排表的编制方法 1.2 组内各成员特点和优势	2.1 区域性游戏的概念、种类和特点 2.2《指南》	3.1 区域性游戏发展的阶段目标 3.2 大、中、小班幼儿年龄特点	4.1 幼儿园游戏区域环境布置图例 4.2 区域性游戏的环境布局要求、原则及标准 4.3 区域游戏材料的作用、选择及阶段性
技能点	1.1 能积极主动接受工作任务 1.2 能标识任务目标、内容、要求及时间节点 1.3 能编制任务分工及工作进度安排表	2.1 能说出区域性游戏的概念、种类和特点 2.2 能阅读《指南》，提取要点 2.3 能分析大、中、小班幼儿区域游戏活动能力发展目标 2.4 能制订幼儿区域性游戏活动能力评估表	3.1 能准确地说出区域性游戏发展的阶段特点 3.2 能说出各游戏阶段幼儿游戏能力的表现 3.3 能制订幼儿区域性游戏月度计划	4.1 能准确说出幼儿园各区域名称、功能 4.2 能归纳区域性游戏环境布局的要求、原则及标准 4.3 能绘制区域性游戏环境布局图 4.4 能列出区域性游戏区域的材料清单
工作环节	工作环节 1 获取信息		计划与决策 工作环节 2	
成果	1.1 任务分工表及工作进度安排表	2.1 幼儿区域性游戏活动能力评估表	3.1 幼儿区域性游戏月度计划	4.1 区域性游戏布局图及材料清单
素养				4.1 空间想象力

学习任务 3　区域性游戏活动实施

5.1 区域性游戏观察、指导的方法及要点 5.2 区域性游戏材料的投放原则及要求 5.3 组织、指导幼儿区域性游戏的方法	6.1 观察、评价、记录幼儿区域性游戏行为能力的方法及要点 6.2 区域性游戏评估表的填写方法及要求	7.1 区域性游戏记录方法及要点
5.1 能归纳区域性游戏观察、指导的要点 5.2 能根据区域性游戏要求投放适当的材料 5.3 能组织、指导幼儿开展区域性游戏 5.4 能观察并识别幼儿的区域性游戏行为亮点及问题	6.1 能准确评价幼儿区域性游戏行为能力 6.2 能清晰、准确填写幼儿区域性游戏活动能力评估表	7.1 能收集、整理任务完成过程中的各项成果 7.2 能条理清晰地梳理幼儿区域性游戏活动实施过程中的优缺点 7.3 能清晰、详细填写幼儿区域性游戏活动评价表
工作环节 3 实施活动	工作环节 4 过程监控	工作环节 5 评价反馈
5.1 幼儿区域性游戏的活动实录	6.1 幼儿区域性游戏活动能力评估表	7.1 幼儿区域性游戏活动评价表
		7.1 归类能力

课程 5　幼儿园游戏活动实施

学习任务 3　区域性游戏活动实施

① 获取信息　② 计划与决策　③ 实施活动　④ 过程监控　⑤ 评价反馈

获取信息

工作子步骤	教师活动	学生活动	评价
1. 明确任务书，获取本次任务的具体内容和相关要求，重点标识任务目标、要求及完成时间，编制任务分工及工作进度表。	1. 教师下发任务书，并安排分组。 2. 指引在工作页相应处标识任务目标、内容、要求及时间节点。 3. 组织小组讨论工作内容、引导学生分析组内成员特点，帮助各小组进行任务分工。 4. 监控课堂，巡回指导小组编制任务分工安排表及工作进度表，适时答疑。 5. 听取各小组代表对工作进度安排表的解说和评价，并给予有针对性的点评。 6. 指导各小组继续完善优化任务分工及工作进度安排表。 教学方法： 任务驱动法、讨论法。	1. 小组接受任务书，仔细阅读任务书，明确任务内容、要求和完成时间。(5 分钟) 2. 按工作页指引要求，标识任务目标、内容、要求及时间节点。(5 分钟) 3. 小组讨论工作内容、分析组内成员特点，进行任务分工。(20 分钟) 4. 小组编制任务分工安排表及工作进度表。(15 分钟) 5. 小组代表解说工作进度表。他组成员认真倾听并质疑提问。(20 分钟) 6. 小组听取其他组汇报及教师点评，继续优化本组进度表。(15 分钟)	1. 过程性评价：参与度、主动性、在小组讨论中的表达能力和倾听技巧、制表能力，同时根据其言谈举止判断其职业素养水平。 ①学生能否积极主动接受工作任务。（师评） ②标识重点是否正确。（师评） ③组内成员是否积极共同讨论。（互评、师评） ④安排表解说是否流畅、清晰。（互评、师评） ⑤各小组成员是否能认真倾听他人评价，且做记录。（互评、师评） ⑥任务分工及工作进度安排表是否全面、合理，具有可操作性。（互评、师评） 2. 成果验收：任务分工及工作进度安排表。 3. 成果评价标准：任务分工明确、职责清晰；进度安排内容、时间节点及负责人具体，具有可操作性。
课时： 2 课时 1. 用品（工具）：纸、笔等。 2. 软资源：任务书、工作页、教学 PPT 等。 3. 教学设施：笔记本电脑、投影、音响、麦克风、白板、凤尾夹等。			
2. 查阅《指南》和幼儿区域性游戏参考资料，获取幼儿区域游戏理论知识及幼儿在区域游戏中的能力发展目标，形成幼儿区域游戏活动能力发展评估表，主要包括：区域选择、专注力、材料使用、个性表达、同伴关系、解决问题能力、美感与创造意识、语言	1. 教师提供参考资料、教材等，利用 PPT 课件指导学生学习区域性游戏的概念、种类和特点等知识。 2. 教师提供指导性文件《指南》，引导学生提取大、中、小班幼儿区域性游戏活动能力发展目标。 3. 教师组织学生讨论分析幼儿区域性游戏目标中具体能力要求。	1. 根据工作页学习区域性游戏的概念、种类和特点。(10 分钟) 2. 学习《指南》，提取大、中、小班幼儿区域性游戏活动能力发展目标。(15 分钟) 3. 小组讨论分析幼儿区域性游戏目标中针对区域选择、专注力、材料使用、个性表达、同伴关系、解决问题能力、美感与创造意识、语言表达、已有经验迁移、游戏成果等方面的具体能力要求。(10 分钟)	1. 过程性评价：参与度、阅读文件能力、信息分析提取、汇报解说能力，同时根据其言谈举止判断其职业素养水平。 ①学生能否积极主动参与小组讨论。（师评） ②能否安静、认真地阅读文件，并用笔标识重点。（师评） ③能否提取文件中的重要信息。（师评） ④汇报解说是否流畅、清晰。（互评、师评） ⑤各小组成员是否能认真倾听他人评价，且做记录。（互评、师评） ⑥幼儿区域性游戏活动能力评估表是否全面、合理，符合《指南》对幼儿游戏能力发展的要求。（互评、师评） 2. 成果验收：幼儿区域性游戏活动能力评估表。

基准学时：24 课时

1 获取信息 → 2 计划与决策 → 3 实施活动 → 4 过程监控 → 5 评价反馈

	工作子步骤	教师活动	学生活动	评价
获取信息	表达、已有经验迁移、游戏成果等方面。	4. 监控课堂，巡回指导小组编制评估表，适时答疑。 5. 听取各小组代表对评估表的解说和评价，并给予有针对性的点评。 6. 指导各小组继续完善优化评估表。 教学方法： 引导文法、讨论教学法。	4. 小组制订幼儿区域性游戏活动能力评估表。（15 分钟） 5. 小组代表解说能力评估表。他组成员认真倾听并质疑提问。（15 分钟） 6. 小组听取其他小组教师点评，继续优化本组制订的评估表。（15 分钟）	3. 成果评价标准：评估表中评估项目全面、标准清晰，符合《指南》对幼儿游戏能力发展的要求，具有可操作性。
	课时： 2 课时 1. 用品（工具）：纸、笔等。 2. 软资源：《指南》、工作页、教学 PPT 等。 3. 教学设施：笔记本电脑、投影、音响、麦克风、白板、凤尾夹等。			
计划与决策	1. 根据区域性游戏发展的阶段特点及幼儿年龄特点，制定幼儿区域性游戏的月度计划，主要包括：主题、幼儿情况分析、月度目标、实施措施、进度安排等。	1. 教师提供幼儿园的区域性游戏发展总目标、各年龄层幼儿特点。 2. 教师提供区域性游戏计划范例，引导学生分析学习。 3. 监控课堂，巡回指导小组讨论月度计划的安排，适时答疑。 4. 指导学生制作汇报 PPT。 5. 听取小组代表的成果汇报，给予点评，帮助各小组优化完成纸制版月度计划。 教学方法： 启发教学法、讨论教学法。	1. 分析幼儿园区域性游戏发展的阶段目标及幼儿的年龄特点。（20 分钟） 2. 小组参考学习区域性游戏计划范例，讨论工作任务的月度计划安排。（35 分钟） 3. 制作幼儿区域性游戏月度计划PPT并进行展示汇报。（80 分钟） 4. 听取其他小组的计划汇报及点评，继续优化本组制订的月度计划，并形成纸制版上交。（25 分钟）	1. 过程性评价：参与度、信息分析提取、PPT 的制作、汇报解说能力、计划的拟写，同时根据其言谈举止判断其职业素养水平。 ①学生能否积极主动参与小组讨论。（师评） ②能否根据幼儿园阶段目标、幼儿年龄特点拟定月度计划。（师评） ③ PPT 的制作图文并茂、内容具体。（师评） ④汇报解说是否流畅、清晰。（互评、师评） ⑤各小组成员是否能认真倾听他人评价，且做记录。（互评、师评） ⑥幼儿区域性游戏月度计划是否全面、合理，具有可操作性。（互评、师评） 2. 成果验收：幼儿区域性游戏月度计划。 3. 成果评价标准：幼儿区域性游戏月度计划全面、具体、合理，具有可操作性。
	课时： 4 课时 1. 用品（工具）：纸、笔、电脑等。 2. 软资源：区域性游戏发展的总目标及阶段目标、幼儿的年龄特点；区域性游戏计划范例；工作页；教学 PPT 等。 3. 教学设施：笔记本电脑、投影、音响、麦克风等。			

学习任务 3　区域性游戏活动实施

1 获取信息　2 计划与决策　3 实施活动　4 过程监控　5 评价反馈

计划与决策

工作子步骤	教师活动	学生活动	评价
2. 根据区域游戏环境布局要求和区域材料的作用、选择及阶段性，绘制区域性游戏布局图，设计区域环境，确定各区域材料，列出区域游戏材料清单。	1. 教师提供幼儿园游戏区域环境布置图例，引导学生开展竞猜活动。 2. 提供参考资料，引导学生学习，听取小组学习成果汇报，适时补充。 3. 提供幼儿园区域性游戏布局图例，引导小组讨论设计幼儿园区域环境布局。 4. 巡堂指导各小组绘制区域性游戏环境布局图及所列出的材料清单，适当答疑。 5. 听取小组代表汇报成果，给予点评。 6. 帮助各小组进一步完善布局图和材料清单。 教学方法： 直观教学法、行动导向教学法。	1. 学生分析教师提供的幼儿园游戏区域环境布置图例，学生竞猜区域名称及功能。（10 分钟） 2. 学生利用参考资料制作 PPT，汇报区域性游戏的环境布局要求、原则及标准；区域游戏材料的作用、选择及阶段性。（40 分钟） 3. 参考幼儿园区域性游戏布局图例，讨论设计幼儿园区域环境布局。（20 分钟） 4. 小组合作绘制区域性游戏环境布局图，并根据区域游戏内容列出材料清单，展示于展示板。（60 分钟） 5. 组间互评。（20 分钟） 6. 小组听取教师点评，并据此完善布局图和材料清单。（10 分钟）	1. 过程性评价：参与度、空间想象力、空间布局能力、绘图能力、表达能力，同时根据其言谈举止判断其职业素养水平。 ①学生能否积极主动参与小组讨论。（师评） ②能否合理布局幼儿园各区域环境。（师评） ③区域环境创设是否具有安全性。（互评、师评） ④材料清单是否罗列详尽、安全适用。（互评、师评） ⑤汇报解说是否流畅、清晰。（互评、师评） ⑥各小组成员是否能认真倾听他人评价，且做记录。（互评、师评） 2. 成果验收：区域性游戏布局图及材料清单。 3. 成果评价标准：游戏区域环境布局图布局合理、安全、适用；游戏材料清单罗列详尽、安全适用。

课时： 4 课时

1. 用品（工具）：纸、笔等。
2. 软资源：幼儿园游戏区域环境布置图例、工作页、教学 PPT 等。
3. 教学设施：笔记本电脑、投影、音响、麦克风、白板、凤尾夹等。

实施活动

工作子步骤	教师活动	学生活动	评价
1. 根据计划，环境创设及材料投放的原则与方法，为幼儿做好各区域、材料、时间、空间和经验等游戏条件的准备，组织、观察、记录与引导幼儿区域游戏中的行为。	1. 提供参考资料，指导各小组学生明确：区域性游戏观察、指导的方法及要点；区域性游戏材料的投放原则及要求；组织、指导幼儿区域性游戏的方法。 2. 巡堂指导各小组布置游戏活动区域环境和游戏材料的投放。 3. 观看各小组游戏模拟活动过程，标注游戏实施过程中存在的问题。 4. 听取各小组的互评，并进行有针对性的总评。 5. 帮助各小组进一步明确游戏组织实施过程中的注意事项。 教学方法： 角色扮演法、游戏法。	1. 根据参考资料，明确：区域性游戏观察、指导的方法及要点；区域性游戏材料的投放原则及要求；组织、指导幼儿区域性游戏的方法。（20 分钟） 2. 小组布置游戏活动区域环境并投放游戏材料。（10 分钟） 3. 小组根据游戏活动设计讨论分配角色和职责。（10 分钟） 4. 游戏模拟：小组模拟演示游戏过程，并形成活动实录。他组成员进行观察记录，标注“教师”游戏实施过程介入、指导的优缺点。（180 分钟） 5. 小组听取教师点评，据此进一步明确游戏实施过程中的注意事项。（20 分钟）	1. 过程性评价：表现力、图队合作能力、活动组织实施能力、介入时机，同时根据其言谈举止判断其职业素养水平。 ① 能否贴切地进行游戏模拟，是否根据模拟演练精确提炼问题。（师评） ②组内成员是否能团队合作，分工合理、职责明确。（师评） ③活动实施过程是否顺畅、是否实现活动目标。（互评、师评） ④是否能适时适当介入、指导幼儿游戏。（师评） ⑤活动实录记录是否清晰、完整、有重点。 2. 成果验收：区域性游戏的活动实录。 3. 成果验收标准：活动实录记录清晰、完整、有重点。

课时： 6 课时
1. 用品（工具）：纸、笔、各区域游戏活动材料及道具等。
2. 软资源：区域性游戏活动参考资料、工作页、教学 PPT 等。
3. 教学设施：笔记本电脑、投影、音响、麦克风等。

学习任务 3　区域性游戏活动实施

1 获取信息　2 计划与决策　3 实施活动　4 过程监控　5 评价反馈

过程监控

工作子步骤	教师活动	学生活动	评价
1. 按照幼儿游戏行为能力观察、评价、记录的方法及要点，对应着区域性游戏活动实施目标，对游戏组织过程进行监控，填写幼儿区域性游戏活动能力评估表，分析总结幼儿参与游戏的情况，确保幼儿快乐、积极、主动、持续地参与游戏。	1. 展示教学 PPT，引导学生学习评价、记录幼儿区域性游戏行为能力的方法及要点。 2. 教师提供幼儿区域性游戏视频，引导学生观察识别幼儿游戏行为能力的亮点及问题。 3. 组织学生将问题归类展示于展示板，帮助学生进行分析。 4. 布置各小组再次认真观看整个游戏活动的记录过程，引导学生观察、评价、记录幼儿区域性游戏行为能力，巡回指导各小组填写幼儿区域性游戏活动能力评估表。 5. 引导小组展示分享评价表，组织各小组进行组间相互评价最后总评，帮助学生明确填表注意事项。 教学方法： 视频教学法、讨论法。	1. 根据 PPT，学习评价、记录幼儿区域性游戏行为能力的方法及要点。(10 分钟) 2. 观看幼儿区域性游戏视频，观察识别幼儿游戏行为能力的亮点及问题。(20 分钟) 3. 各小组根据评估表项目，提取观察、识别出的幼儿游戏行为能力的亮点及问题，展示于展示板进行讨论分析。(30 分钟) 4. 小组再次认真观看整个游戏活动的记录过程，观察、评价、记录幼儿区域性游戏行为能力，填写幼儿区域性游戏活动能力评估表。(10 分钟) 5. 小组展示分享评估表，组间相互评价。(10 分钟)	1. 过程性评价：参与度，观察评价能力、主动质疑，同时根据其言谈举止判断其职业素养水平。 ①能否积极主动配合完成。（互评、师评） ②能否准确观察识别幼儿游戏行为能力的亮点及问题。（师评） ③组间能否积极分享评价表，组间相互评价（互评、师评） ④评价表填写是否清晰、详细，有借鉴价值。（互评、师评） 2. 成果验收：幼儿区域性游戏活动能力评估表。 3. 成果评价标准：幼儿区域性游戏活动能力评估表填写清晰、详细，字迹工整，有借鉴价值。

课时： 2 课时
1. 用品（工具）：纸、笔等。
2. 软资源：教学 PPT、幼儿区域性游戏活动视频、工作页、幼儿区域性游戏活动能力评估表等。
3. 教学设施：笔记本电脑、投影、音响、麦克风、展示板、凤尾夹等。

1 获取信息　2 计划与决策　3 实施活动　4 过程监控　5 评价反馈

评价反馈

工作子步骤	教师活动	学生活动	评价
1. 汇总幼儿区域游戏活动的组织情况，向教研主任及老师反馈活动组织中的意见和建议，接收老师的反馈意见和进阶要求，填写幼儿区域性游戏活动评价表，配合完成后续的幼儿区域游戏活动实施，提升游戏活动组织与指导能力。	1. 展示教学 PPT，引导学生学习资料收集整理方法、技巧。 2. 布置各小组收集、整理任务完成过程中的各项成果。 3. 听取各小组汇报工作过程，给予点评。 4. 组织学生将问题归类展示于展示板，帮助学生进行分析。 5. 巡回指导各小组填写幼儿区域性游戏活动评价表，适当答疑。 6. 引导小组展示分享评价表，组织各小组进行组间相互评价。 7. 最后总评，帮助学生明确整个工作过程中的注意事项。 教学方法： 展示教学法、分类教学法。	1. 根据 PPT，学习资料收集整理方法、技巧。（15 分钟） 2. 小组合作收集、整理任务完成过程中的各项成果。（25 分钟） 3. 小组利用 PPT 或视频展示工作过程。（每组展示 5 分钟，本步骤控制在 30 分钟左右） 4. 小组根据幼儿区域性游戏活动评价表评价项目，讨论、展示汇总问题，按照活动前准备、活动中实施、活动后评估三方面进行归类和张贴，统筹意见或建议。（40 分钟） 5. 小组填写幼儿区域性游戏活动评价表。（20 分钟） 6. 小组展示分享评价表，组间相互评价。（20 分钟） 7. 听取教师总评，明确整个工作过程中的注意事项。（10 分钟）	1. 过程性评价：参与度，资料收集整理能力、观察记录能力、归类分析，同时根据其言谈举止判断其职业素养水平。 ①能否积极主动配合完成。（互评、师评） ②成果收集是否全面、资料整理是否整齐、有序，方便查找。（师评） ③问题提取是否有针对性，归类是否准确。（互评、师评） ④组间能否积极分享评价表，组间相互评价。（互评、师评） ⑤评价表填写是否清晰、详细，有借鉴价值。（互评、师评） 2. 成果验收：幼儿区域性游戏活动评价表。 3. 成果评价标准：幼儿区域性游戏活动评价表填写清晰、详细，字迹工整，有借鉴价值。

课时： 4 课时
1. 用品（工具）：纸、笔等。
2. 软资源：教学 PPT、工作页、幼儿区域性游戏活动评价表等。
3. 教学设施：笔记本电脑、投影、音响、麦克风、展示板、图钉等。

考核标准

情境描述

根据《指南》精神，某幼儿园拟通过游戏来建立幼儿园特色课程，促进幼儿自主发展。具体包括：通过规则性游戏，引导幼儿在游戏中感受与学习规则游戏，发展自我管理意识与能力；通过角色游戏区丰富孩子的社会生活经验、发展社会性能力；通过建构游戏发展孩子的空间思维和想象等；通过表演游戏发展孩子的想象力、创造性表达与表现的能力，培养孩子的自信。

该园教研主任邀请我校幼儿教育专业协助完成各类游戏的设计与实施，为期一个月，要求一个星期内提供方案。幼儿园将从方案制定、实施和总结三方面对学生的工作进行考核，确定方案的可行性。

1. 收集查阅资料，学习、梳理、总结各类游戏的概念、特点、类别、观察指导与评价的方法等理论要点。

2. 以观察、调查为基础，分析各年龄段幼儿的年龄特点、生活经验与游戏的知识与能力状况，明确方案制定的基点。

3. 理论与实践相结合，制定幼儿园各年龄段、各类游戏的实施方案，包括《规则性游戏的实施方案》《区域性游戏的实施方案》《创造性游戏的实施方案》，要求方案为原创，具有可操作性、有创意，能突出游戏的特点、年龄的适宜性等。

该园教研主任邀请我校幼儿教育专业协助完成游戏的实施方案的制定任务。结合幼儿园要求和学生情况，把学生分成 5—6 组，每组 4—5 人，根据学生合作制定的游戏方案的可行性和创意性，幼儿园教研领导及主班老师进行评价，共同修订方案，以用于实施。

参考资料

完成上述任务时，学生可以使用参考书籍、工作页、电脑查阅的最新资料、进入幼儿园观察与调查获取的实践资料等。

评价方式

由任课教师、专业组长、企业代表组成考评小组共同实施考核评价，取所有考核人员评分的平均分为学生考核成绩。

任务要求

1. 主动积极接受工作任务（收集与分析游戏课程内容），明确工作要求。

2. 积极收集幼儿园现实情况、幼儿年龄特点与各类游戏的相关资料（幼儿园的硬、软件；各年龄段幼儿的年龄特点；班级幼儿的能力与兴趣等；游戏的概念、特点、类别、阶段特征、观察指导与评价的方法等）。

3. 完成信息分类与整理。

4. 提炼信息，制定幼儿游戏行为观察表。

5. 设计原创游戏及其玩法。

6. 撰写游戏活动实施方案。

7. 组织游戏，并进行游戏过程的自我监控。

8. 针对观察表分析幼儿游戏行为并予以评价。

9. 反思游戏活动组织与指导的能力。

10. 任务过程中体现应有的职业素养。

评价标准

序号	评价内容	分值	得分
课堂考核	出勤	3	
	学习态度	3	
	课堂纪律	3	
	小组合作与展示	5	
任务过程考核	查阅、梳理与总结资料的能力	5	
	调查分析幼儿园实情的能力	5	
	观察分析幼儿的能力	5	
	制定观察表的能力	5	
	设计游戏的能力	5	
	撰写实施方案的能力	5	
	组织、指导游戏的能力	5	
	自我监控的能力	5	
	评价幼儿游戏的能力	5	
	反思能力	5	
基本职业素养	以幼儿为本，关爱幼儿	4	
	富有爱心、责任心、耐心和细心	4	
	应变能力与合作能力	3	
作业考核	工作页的完成	5	
	课后练习	5	
阶段考核	纸笔测试	5	
	实操测试	5	
	口述测试	5	
总分		100	

课程 6　家园共育

学习任务 1	学习任务 2	学习任务 3
亲子活动组织	家长会组织	家庭访问
25 学时	15 学时	15 学时

课程目标

学习完本课程后，学生应当能胜任组织家园共育工作，具体包括实施亲子活动组织、家长会组织、家庭访问和开放日活动组织等工作任务。在工作过程中，能策划活动方案体现弘扬中华优秀传统文化、爱国主义教育，具备创新思维和意识、较强的人际沟通和社会交往能力、活泼开朗的性格特征、问题解决和团队合作、弘扬传统文化、认真细致的职业素养。包括：

1. 准确领会任务精神、明确任务要求及具体活动的目标，考虑活动内容能体现传统文化特色。
2. 主动与家长、领导沟通，能运用多种方法查阅资料，结合实地调研活动场地安排、材料、资金，制定细致周全、创新创意的活动方案。
3. 能根据园方意见和实际情况，及时调整修改制定备用方案，完善实施计划。
4. 提早做好宣传工作，向家长发放邀请函，统计参加人数和人员。
5. 能根据任务书的配置单，准确领取及制作充足的教育教学活动准备工具，在活动中发挥活动材料、场地的最大功效和价值。
6. 提早合理布置体现文化传承的活动场地，安排桌子、音响、舞台等道具的摆放。
7. 能根据活动实际情况，运用多种方法和形式组织活动，安全规范地完成家园共育的活动，活动后主动与家长进行沟通，反馈相关信息。
8. 能灵活观察家长、幼儿的行为，及时解决突发问题，根据实际情况灵活调控活动进程。
9. 能根据园方、家长、自我反思对工作进行总结，并对家园共育方案及活动流程提出改进建议。

课时：80

学习任务 4

开放日活动组织

25 学时

课程内容

本课程的主要学习内容包括：

1. 家园共育的基本内涵

①家园共育对儿童各方面发展的价值。

②家园共育的内容：亲子活动，家长会，家访，开放日等。

③家园共育的有效途径：个别交流中指导，专家讲座指导，家校互动平台指导等。

2. 沟通与表达

①沟通的礼仪：着装礼仪，姿态礼仪，言谈礼仪等。

②沟通途径：语言沟通，文字沟通。

③沟通技巧和策略：态度真诚，注意谈话方式。

3. 策划能力

①为家园共育活动或传统节日、国庆节等大型节日主题活动策划具有创新创意的活动方案。

②活动要素：活动目的，活动内容，活动形式，活动资源。

③方案的撰写：背景分析，活动定位，活动流程，资源分配等。

学习任务 1　亲子活动组织

任务描述

学习任务学时：25 课时

任务情境

中秋节快到了，广州市某幼儿园准备举行主题为“喜迎中秋，与爱同行”的亲子游园活动。希望通过活动引导幼儿认识中国传统节日，了解中秋节的来历和各地不同的庆祝习俗，促进亲子交流，增进幼儿与父母之间的感情。我院幼教班学生正好被安排到该园实习，教师认为学生具备亲子活动的策划、组织和实施能力，在与幼儿园园长及主班教师沟通后，安排实习学生与园内老师共同完成此工作。

要求学生展现幼儿教师精神风貌、爱岗敬业、热情服务、尊重幼儿、爱护儿童的职业准则，传承历史、传递亲情，能按安全规范的职业标准组织活动，圆满完成任务。

具体要求见后页。

工作流程和标准

工作环节 1

获取信息

1. 听取幼儿园教学主任关于本次亲子活动的基本信息：活动的时间地点、参与人员、活动形式等。查阅资料中秋节的风俗活动资料，完成中秋节亲子游园活动内容思维导图，与教师取得共识，以保证活动内容涵盖范围广。
2. 根据工作任务要求和幼儿园、班级场地特点，完成中秋节亲子游园方案，包括活动背景、主题、目的、时间、场地规划、工作人员安排与分工、活动流程、经费预备及注意事项，体现中秋节传统风俗传承和亲情传递，与主班教师取得共识，以保证亲子活动的顺利开展。

主要成果：

1. 亲子游园活动内容思维导图
2. 中秋节亲子游园方案

工作环节 2

实施前准备

1. 根据活动方案创设幼儿园环境和班级环境，提早合理布置活动场地，安排区域划分、设备摆放等，制定游园场地布局图，具备安全意识，利于亲子合作互动活动。
2. 根据活动组织内容、活动材料和其他条件，制定一份详细的物品清单，选择与中秋节相关的音乐、故事和习俗活动，准备对应的物质材料，以满足亲子活动的需求。
3. 具备安全防范和危机意识，根据《幼儿园安全管理制度》对可能发生意外事故的地点、情况进行预案分析制定突发事故预案，其内容包括幼儿园安全事故的类型、处理方法及预防机制，确保突发事故的及时妥善处理，保障亲子活动的顺利进行。

主要成果：

1. 游园场地布局图
2. 物品清单
3. 突发事故预案

学习任务1　亲子活动组织

工作环节3

亲子活动实施

3

1. 根据亲子活动方案的设计，对幼儿和家长入园进行热情接待，具备服务意识，展现幼儿园的企业文化，要求家长出示邀请函、填写签到表、领取活动材料、安排家长就座，保证幼儿的安全和活动顺利进行。
2. 根据亲子活动方案内容，实施中秋节亲子游园活动，如猜灯谜、制作月饼、制作灯笼等，鼓励亲子合作，按照方案标准进行有序组织，增强家长和幼儿的规则意识，保证中秋亲子活动的顺利开展。
3. 根据家长幼儿活动的实际情况，协调各区域的活动人数。有序进行家长和幼儿离场组织，进行场地整理和收纳，收集活动照片。

主要成果：

1. 家长签到表
2. 亲子活动组织
3. 离场组织

工作环节4

过程控制环节

4

按照亲子活动方案中物品准备、场地设置、家长接待、活动过程组织进行过程监控，具有灵活解决问题的能力，确保家长和幼儿顺利完成活动，收集家长意见反馈表，具有问题意识。

主要成果：

家长意见反馈表

工作环节5

评　价

5

汇总亲子活动的组织情况，向班主任和年级长教师反馈亲子活动组织中的问题，虚心接受反馈意见和进阶要求，完成评价反思表，提高活动策划和组织能力。

主要成果：

评价反思表

学习内容

知识点	1.1 亲子活动的价值和意义 1.2 亲子活动类型和组织形式 1.3 中秋节传统文化和习俗 1.4 幼儿园常见的中秋活动	2.1 中秋亲子游园活动的互动形式 2.2 中秋亲子游园活动的组织流程 2.3 人员分工与职责、标准	3.1 知道幼儿园公共环境 3.2 合理科学规划活动场地	4.1 中秋节文化元素的环境布置 4.2 中秋节主题相关的音乐 4.3 符合幼儿年龄特点的灯谜	5.1 突发事故原因、类型 5.2 突发事故的处理方法 5.3 学习《幼儿园安全管理制度》
技能点	1.1 能说出亲子活动组织流程 1.2 能绘制中秋节亲子游园活动的思维导图	2.1 能根据幼儿园场地特点进行活动规划 2.2 能描述游园活动流程 2.3 能区分人员分工职责 2.4 能活动经费预算安排	3.1 能安全规划活动路线 3.2 能体现动静结合 3.3 能绘制游园路线	4.1 会制作中秋节花灯 4.2 能罗列活动所需要的设备材料 4.3 能制作灯谜	5.1 能预判意外伤害发生 5.2 能及时处理意外安全事故 5.3 能设计人群快速疏散路线
工作环节	工作环节 1 获取信息		实施前准备 工作环节 2		
成果	1.1 中秋节亲子游园活动内容思维导图	2.1 亲子游园方案	3.1 游园场地布局图	4.1 物品清单	5.1 突发事故预案
素养	1.1 感受传统文化，增加文化认同	2.1 传承文化、传递亲情	3.1 安全意识		5.1 突发事件处理方法 5.2 责任意识 5.3 安全规范和危机意识

学习任务 1　亲子活动组织

6.1 邀请函的写作格式和注意事项 6.2 家长接待的礼仪和沟通技巧	7.1 活动主持稿的写作和注意事项 7.2 游园区域的活动特色和内涵 7.3 学习活动规则		9.1 活动文化传递和亲情传递性的量化指标设计	10.1 亲子活动的评价方法 10.2 亲子活动的评价维度
6.1 能对邀请函进行美工排版和设计 6.2 能热情接待和指引家长 6.3 能安排家长有序就座 6.4 能制作家长签到表	7.1 能流利朗诵主持稿 7.2 展现幼儿园良好的精神风貌 7.3 能顺利有序安排整个活动流程 7.4 掌握促进亲子合作、情感交流的方法	8.1 能有序、快速对活动材料进行归纳整理 8.2 能分工对场地进行清理和还原 8.3 能协调各区域活动人数	9.1 能理解和梳理反馈意见 9.2 能标注人流量多和少的区域 9.3 能灵活调整活动实施 9.4 能观察和适时记录家长亲子互动的积极性和参与性	10.1 能填写评价反思表 10.2 能反思活动策划、组织及实施过程 10.3 能总结活动优点和不足
	工作环节 3 活动组织实施		工作环节 4 过程监控及记录	工作环节 5 评价反馈
6.1 入园接待	7.1 亲子游园活动组织	8.1 离场组织	9.1 家长意见反馈表	10.1 评价反思表
6.1 沟通礼仪、服务意识 6.2 展现幼儿园的企业文化	7.1 规则意识、亲子情感交流	8.1 协调沟通能力承传优良传统美德	9.1 反思能力观察能力（行为和情绪）	10.1 非专业能力归纳总结、总结文书的写作规范

课程 6　家园共育

学习任务 1　亲子活动组织

1 获取信息　2 实施前的准备　3 活动组织实施　4 过程监控及记录　5 评价与反馈

获取信息

工作子步骤	教师活动	学生活动	评价
1. 听取幼儿园教学主任关于本次亲子活动的基本信息：活动的时间地点、参与人员、活动形式等。查阅资料中秋节的习俗，完成中秋节亲子游园活动内容思维导图，与教师取得共识，以保证活动内容涵盖范围广。	1. 提供工作任务书和中秋节风俗相关资料，指导学生进行阅读，要求学生掌握，亲子活动的价值、组织形式、幼儿园常见的中秋节活动形式，发放相关工作页。 2. 指导学生分工合作，激发学生参与积极性，指导学生完成亲子游园内容思维导图。 3. 组织学生上台展示并讲解活动思维导图，引导学生进行评价。 4. 教师根据学生的完成质量进行点评帮助学生梳理、完善思维导图。	1. 阅读工作任务要求，查阅中秋节相关的文化风俗，学习亲子活动的价值、组织形式、幼儿园常见的中秋节活动形式，完成工作页。 2. 小组分工合作合作梳理、利用头脑风暴制作中秋节亲子游园活动内容思维导图。 3. 小组代表讲解思维导图，认真听他组同学进行展示。 4. 小组互评进一步总结梳理思维导图及细则。	1. 过程性评价：参与度、主动性、表达技巧、要点的识别能力。 ①学生能否积极主动查阅资料，共同参与讨论制作思维导图。（师评） ②思维导图涵盖内容是否全面、体现中秋节的传统习俗。（互评） ③小组是否能完善总结梳理思维导图。（师评） 2. 成果验收：思维导图。 3. 成果评价标准：要求内容全面、体现传统文化，利于亲子互动。
课时： 2 课时 1. 用品（工具）：纸、笔等。 2. 软资源：《中秋节亲子游园活动任务书》、幼儿园场地布局图、中秋节传统文化相关阅读资料等。 3. 教学设施：笔记本电脑、投影、音响、麦克风等。			
2. 根据工作任务要求和幼儿园、班级场地特点，完成中秋节亲子游园方案，包括活动背景、主题、目的、时间、场地规划、工作人员安排与分工、活动流程、经费预备及注意事项，体现中秋节传统的习俗和传递亲情的内涵，与主班教师取得共识，以保证亲子活动的顺利开展。	1. 提供工作任务书，指导学生进行分工，引导学生将亲子活动和中秋节有效融合。 2. 安排组长组织成员进行分享个人想法，小组制作方案。要求方案包括：活动背景、主题、目的、时间、场地规划、工作人员安排与分工、活动流程、经费预备及注意事项。 3. 组织学生上台展示并讲解活动思维导图，引导学生进行评价。 4. 教师根据学生的完成质量进行点评帮助学生梳理、完善思维导图。	1. 组内进行人员分工查阅趣味、能增进亲子感情的互动形式，提出与中秋节有效融合的方法。 2. 组织成员讨论，根据个人方案融合成小组中秋亲子游园活动方案，要求凸显中秋节文化特色和利于亲子互动的方案。 3. 小组代表展示活动方案的初步设计，认真听他组同学进行展示。 4. 小组互评进一步总结梳理活动方案。	1. 过程性评价：参与度、主动性、在小组讨论中的表达能力和聆听技巧。同时根据其言谈举止判断其职业素养水平。 ①学生能否积极主动查阅资料，思维具有独创性。（师评） ②组内成员是否积极共同讨论。（师评） ③方案设计是否准确、标准、全面。（计分互评） 2. 成果验收：活动方案。 3. 成果评价标准：方案内容全面具体、凸显节日特色，能促进亲子情感。
课时： 2 课时 1. 用品（工具）：纸、笔、身高体重测量仪、软尺、握力器等。 2. 软资源：《指南》、班级幼儿情况表、工作任务书等。 3. 教学设施：笔记本电脑、投影、音响、麦克风等。			

实施前的准备

工作子步骤	教师活动	学生活动	评价
1. 根据活动方案创设幼儿园环境和班级环境，提早合理布置活动场地，安排区域划分、设备摆放等，制定游园场地布局图，具备安全意识，利于亲子合作互动活动。	1. 提供幼儿园布局图和安全文件，要求学生围绕游园活动的内容、所需区域特点、各活动内容的安排原则，指导学生完成工作页。 2. 引导学生进行小组合作，对方案内容进行场地布局。 3. 组织学生上台展示并讲解活动布局图，引导学生进行评价。 4. 组织学生评选优秀布局图、帮助各小组完善思维导图。	1. 查阅幼儿园公共环境布局图和安全标准，根据游园活动方案，小组讨论设计区域布局安排讨论，填写工作页中的游园路线动态图。 2. 小组分工合作制游园场地布局图，要求区域设置动静结合，具有科学性。 3. 小组派代表展示布局图，每组 3 分钟，要求阐述设计的思路和特色。 4. 组间相互评价，评选出优胜小组，完善本组布局图。	1. 过程性评价：参与度、主动性、表达技巧、科学统筹能力。 ①学生能否积极参与活动讨论。(师评) ②人员分工、工作标准是否明确，细致，全面。（师评） ③小组是否能科学合理绘制游园场地布局图。（师评） 2. 成果验收：游园场地布局图。 3. 成果评价标准：要求动静结合、人员动态路线清。
课时： 2 课时 1. 用品（工具）：纸、笔等。 2. 软资源：幼儿园布局图、《幼儿园安全管理制度》等。 3. 教学设施：笔记本电脑、投影、音响、麦克风等。			
2. 参照活动组织内容、活动材料和其他条件，制定一份详细的物品清单，选择与中秋节相关的音乐、故事和习俗活动，准备对应的物质材料，以满足亲子活动的需求。	1. 布置任务，引导学生根据具体区域活动内容，罗列与节日相关的所需清单。 2. 提供幼儿园公共环境，引导学生进行思考，创设具有中秋节节日氛围的环境，罗列清单。 3. 引导学生从，音乐、灯谜、花灯、操作材料、环境布置，鼓励学生对材料进行维度划分。 4. 学生进行小组展示，组间评价，完善清单。	1. 接受任务，根据活动方案内容，罗列每个内容需要的具有节日特色的物品清单。 2. 根据方案，对幼儿园公共区域中秋节环境布置的材料进行讨论和分工，罗列公共区域材料清单。 3. 根据组内所完成的任务罗列完整的物品清单，包括相关音乐、灯谜、花灯制作、操作材料、环境布置材料等维度进行。 4. 小组展示物品清单，做好组间评价，完善本组清单。	1. 过程性评价：参与程度、效率、组内分工的情况、组内沟通的情况。 ①是否熟悉方案中区域内容。（互评） ②物品清单准备是否全面。（师评抢答） ③能否全面详细罗列，并进行分类。（集体评） ④物质材料是否符合体现中秋节传统文化特色。 2. 成果验收：物品清单。 3. 成果验收标准：物品清单内容全面、清晰，是否具有中秋节传统元素。
课时： 2 课时 1. 用品（工具）：纸、笔等。 2. 软资源：游园活动方案、工作页等。 3. 教学设施：笔记本电脑、投影、音响、麦克风等。			

学习任务 1　亲子活动组织

① 获取信息　② 实施前的准备　③ 活动组织实施　④ 过程监控及记录　⑤ 评价与反馈

	工作子步骤	教师活动	学生活动	评价
实施前的准备	3. 具备安全防范和危机意识，根据《幼儿园安全管理制度》对可能发生意外事故的地点、情况进行预案分析，制定突发事故预案，其内容包括幼儿园安全事故的类型、处理方法及预防机制，确保突发事故的及时妥善处理，保障亲子活动的顺利进行。	1. 提供幼儿园安全标准文件，归纳幼儿园安全标准。 2. 提供案例、指导学生对事故发生原因、类型、影响进行分析。 3. 组织学生讨论，梳理学生观点，组织学生展示事故处理预案。 4. 每组分配展示任务，组织学生小型小组展示，记录学生操作过程。 5. 组织学生自我评价和小组评价。 教学方法： 案例教学法讨论、角色扮演法。	1. 阅读幼儿园安全标准文件，明确幼儿园安全标准。 2. 结合案例进行事故分析，对事故发生的原因、事故的类型、事故的影响进行等级划分。 3. 小组讨论意外事故的预防的办法，学习意外事故的预防机制，制定事故处理预案。 4. 小组分任务进行意外安全事故处理演练和展示。 5. 进行组间评价和教师评价。	1. 过程性评价：主要观察参与度、倾听与分析，提炼与总结等。 ①是否熟悉幼儿园安全文件内容。（师评 、抽签问答） ②能否对案例的事故的原因、类型、等级进行分析。（师评） ③能否针对事故进行预防机制和进行事故处理的方法。 采用小组互评的方式 。（组间互评、教师点评） ④制定突发事故预案。（师评） 2. 成果验收：突发事件处理预案。 3. 成果评价标准：规定时间内完成突发事故预案，人员疏散路线是否具有可行性。

课时： 1 课时
1. 用品（工具）：纸、笔等。
2. 软资源：幼儿园安全标准文件、幼儿园安全事故案例、PPT 等。
3. 教学设施：笔记本电脑、投影、音响、麦克风等。

活动组织实施	1. 依据亲子活动方案的设计，对幼儿和家长入园进行热情接待，具备服务意识展现幼儿园的企业文化，要求家长出示邀请函、填写签到表、领取活动材料、安排家长就座，保证幼儿的安全和活动顺利进行。	1. 布置工作页任务，引导学生对邀请函进行评价。 2. 课前组织学生进行入园接待模拟准备。模拟过程中，引导其他学生发现观察接待礼仪和过程问题，指导学生围绕存在的问题进行记录、标注。	1. 课前查阅材料，完成工作页中罗列的活动邀请函，从格式、表达、排版、设计维度进行评价。 2. 情境表演：小组表演家长接待，分配角色和职责，演示入园接待组织。其他学生进行观察记录，标注幼儿园家长接待礼仪，并评价演示存在问题。	1. 过程性评价：表现力、提炼问题的准确性、组织的协调性、团队的合作性。 ① 能否贴切地进行情景表演，是否热情主动接待家长。（师评） ②组内是否合作查找家长入园接待的礼仪及引导游园活动流程。（师评） ③接待中是否从言行举止体现企业文化和精神风貌，能否体现对幼儿热情接待。（组间互评） 2. 成果验收：模拟实施家长接待组织。 3. 成果验收标准：正确演示家长接待环节组织，展现幼儿园的企业文化和精神风貌。

基准学时：25 课时

1 获取信息　2 实施前的准备　3 活动组织实施　4 过程监控及记录　5 评价与反馈

活动组织实施

工作子步骤	教师活动	学生活动	评价
	3. 提出“如何在晨间接待环节使家长快速了解游园活动”，引导学生相互讨论学习。 4. 引导学生展示小组讨论结果，在操作中体现发散性思维解决问题。 教学方法： 角色扮演法、行动导向法。	3. 根据问题引导，全班分组查阅资料、获取幼儿园入园接待的礼仪及引导，使家长有序地参加游园活动。 4. 分组展示如何从言行举止展现企业文化和精神风貌，在小组实操中体现如何运用多种方法进行入园接待。	
课时： 2 课时 1. 用品（工具）：纸、笔、晨检卡、体温计、压舌板、手电筒等。 2. 软资源：《指引》、教师礼仪手册、中秋游园活动指引表、家长签到表等。 3. 教学设施：笔记本电脑、投影、音响、麦克风等。			
2. 根据亲子活动方案内容，实施中秋节亲子游园活动，如猜灯谜、制作月饼、制作灯笼等，鼓励亲子合作，按照方案标准进行有序组织，增强家长和幼儿的规则意识，保证中秋亲子活动的顺利开展。	1. 调动学生查阅资料的积极性，组织填写工作页，完成工作页内容。 2. 发任务书给小组，引导学生根据方案进行活动准备。 3. 组织学生分组通过角色扮演模拟亲子游园基本流程，引导学生及时对活动过程进行调控。 4. 组织学生组间互评，梳理总结要点。 教学方法： 直观演示法、引导文法、项目教学法。	1. 查阅资料完成工作页内容： ①活动主持稿的策划要点。 ②评选优秀的主持稿。 ③制定讲解活动规则。 2. 小组领取本组年龄段任务，分工协作，准备活动模拟。 3. 通过项目教学，小组成员分角色扮演，模拟组织幼儿亲子游园活动场景。要求组织有序，做好示范动作，引导幼儿和家长有序、按照规则参与游园活动。 4. 组间进行相互评价，反思活动组织中存在的问题，优化亲子游园组织。	1. 过程性评价：参与积极性、活动内容的亲子互动性、操作性、中秋特色性、民间性、团队的合作性。 ①思考问题是否全面、观点表述是否清晰。（组间互评） ②能否规范独立填写工作页。（组间互评） ③游园组织模拟是否有序具有中秋节日特色、传统元素材料运用、是否及时调整活动策略。（互评） ④家长和幼儿是否按照游戏规则参与活动。（师评） 2. 成果验收：中秋亲子游园模拟组织实施。 3. 成果验收标准：正确演示中秋亲子游园组织，具有节日性和亲子性。
课时： 10 课时 1. 用品（工具）：纸、笔、花灯、谜语、月饼制作材料、中秋节相关绘本、气球等。 2. 软资源：班级基本情况、任务书、工作页等。 3. 教学设施：笔记本电脑、投影、音响、麦克风等。			

学习任务 1 亲子活动组织

1 获取信息 → 2 实施前的准备 → 3 活动组织实施 → 4 过程监控及记录 → 5 评价与反馈

	工作子步骤	教师活动	学生活动	评价
活动组织实施	3. 根据家长幼儿活动的实际情况，协调各区域的活动人数。有序进行家长和幼儿离场组织，进行场地整理和收纳，收集活动照片。	1. 通过 PPT 或（视频）导入，引导查阅资料完成工作页内容：如何快速对活动材料进行分类收纳。 2. 巡回指导学生讨论，重点指导如何礼貌有效对家长进行离场指导，注意沟通礼仪。 3. 指导学生进行小组展示，组织学生进行模拟离场组织。 4. 组织小组展示成果，交流评价。 教学方法： 引导文法、小组合作、角色扮演法。	1. 查阅资料完成工作页内容：如何快速对活动材料进行分类收纳。 2. 小组讨论：活动时间结束，家长和幼儿还未离场，怎么处理？ 3. 小组展示离场组织流程，他组观看并记录评价。 4. 根据小组互评和师评结果，完善离场组织。	1. 过程性评价：团队的合作性、主动性、效率性。 ①能否规范填写工作页，材料归纳整理的方法。（师评） ②是否积极参与讨论，注意礼仪和有效性。（师评） ③能否有序、合作组织离场工作。（互评） ④是否有序引导家长离场，注意沟通礼仪。（师评） 2. 成果验收：模拟离场组织环节。 3. 成果验收标准：正确演示离场组织环节组织。
	课时： 2 课时 1. 用品（工具）：纸、笔、餐桌、餐布、餐具等。 2. 软资源：离场活动任务书、收纳整理小贴士、离场活动组织评价表、工作页等。 3. 教学设施：笔记本电脑、投影、音响、麦克风等。			
过程监控及记录	1. 按照亲子活动方案中物质准备、场地设置、家长接待、活动过程组织进行过程监控，保证亲子活动文化体验和亲子互动性，收集家长意见反馈表，具有问题意识。	1. 提供工作页，引导学生思考家长意见反馈表如何检验活动的文化体验和亲子互动结果。 2. 根据活动组织过程的情况，提出问题：如果有的区域参与的家长比较少，现场应该如何调节？指导学生讨论，提出方法。 3. 组织学生小组展示分享反馈表，进行点评。 教学方法：任务导向法、直观演示法。	1. 根据教师提供工作，小组讨论制作游园活动家长反馈表中活动评价指标的设定。 2. 通过观看活动视频和图片，分析游园活动的效果，选出吸引人流的区域和不吸引人流的区域，小组分析讨论原因。 3. 收集家长反馈表，根据结果分析内容。 4. 小组展示分享反馈表情况，组间相互评价。	1. 过程性评价：讨论的参与度，观看的认真细致，主动提出问题 ①对“人流引导”是否有效讨论。（组间互评） ②组间能否积极分享记录表，并相互评价。（互评） 2. 成果验收：家长意见反馈表。 3. 成果评价标准：家长意见反馈表是否包含文化性和亲子互动性评价。
	课时： 1 课时 1. 用品（工具）：纸、笔等。 2. 软资源：图片和视频等。 3. 教学设施：笔记本电脑、投影、音响、麦克风等。			

基准学时：25 课时

1 获取信息 → 2 实施前的准备 → 3 活动组织实施 → 4 过程监控及记录 → 5 评价与反馈

评价及反馈

工作子步骤	教师活动	学生活动	评价
1. 汇报组织情况，向班主任和年级长教师反馈亲子活动组织中的问题，虚心接受反馈意见和进阶要求，完成评价反思表，提高活动策划和组织能力。	1. 启发学生对亲子游园活动中出现问题的反思和梳理。 2. 组织学生将结果布置于展示板，帮助学生进行分析。 3. 指导小组进行亲子游园活动评估，提示评估要点。 4. 发放评价反思表，组织学生填写。 教学方法： 直观展示法、讨论法。	1. 根据亲子游园活动观察记录表反思梳理活动中的问题。 2. 通过小组讨论、展示汇总问题，按照层次、程度、可能发生的原因归类，统筹意见或建议，乐于接受别人的建议和批评。 3. 对整个活动进行评估，以小组汇报的形式表述评估结果和建议。 4. 填写评价反思表。	1. 过程性评价：汇报积极性、团队合作性、语言表达的全面性。 ①是否积极主动全面地对早上活动问题进行反思。（师评） ②能否按要求将问题进行归类，提出意见和建议。（师评） ③能否翔实地填写评价反思表。（组间互评） 2. 成果评价：《亲子游园活动组织》反思表。 3. 成果评价标准：学生反馈意见是否有针对性，是否有实效性，评价反思表问题捕捉是否准确，针对性强。反思表内容是否有价值，真实反映问题。

课时： 1 课时

1. 用品（工具）：纸、笔等。
2. 软资源：视频、评价反思表等。
3. 教学设施：笔记本电脑、投影、音响、麦克风等。

学习任务 2　家长会组织

任务描述

学习任务学时：15 课时

任务情境

广州市某幼儿园小班新生刚入园，为了让家长们更好了解幼儿园的办园理念和教育动态，了解幼儿在园一日活动内容，家园合作帮助幼儿顺利度过分离焦虑期，幼儿园准备举行一次小班新生家长会。该幼儿园年教研主任咨询我校幼儿教育专业咨询是否可以协助完成该新生家长会的策划和配合组织，商议一个星期内提供方案。

具体要求见后页。

欢迎各位家长
珠算
拼音
汉字
音乐
兴趣

工作流程和标准

工作环节 1

获取信息

1

1. 查阅小班新生信息登记表和小班一日活动制度安排表，获取幼儿年龄、性别、号数、父母年龄、职业，幼儿园一日活动内容等信息，完成家长养育方式调查及回执，与教师取得共识，确定参与人数和角色。
2. 根据幼儿园本学期工作计划及家长会目的，搜集小班幼儿心理发展资料和新生入园常见问题，查阅班级小班幼儿发展目标，完成小班幼儿发展评估表，其内容包括动作技能、生活自理、社会交往、语言表达、逻辑思维的阶段发展标准。关注新生幼儿的心理适应，体现关爱幼儿。

主要成果：

1. 家长养育方式调查表
2. 小班幼儿发展评估表

工作环节 2

实施前准备

2

1. 根据任务要求，撰写家长会活动方案，包括讲话稿、制作家长会议程PPT，明确发言的顺序、讨论的范围、会议的整体进行时间等，与主班教师取得共识，以保证家长会的顺利开展。
2. 通过搜集、整理网络资源和专业资料，预测家长会现场常见的答疑问题、意见和要求制定家长答疑手册，其内容包括家长问题的类型、应答方案，确保家长会的有序进行，实现新生家长会的目的。

主要成果：

1. 家长会议程 PPT
2. 家长答疑手册

工作环节 3

家长会活动组织实施

3

1. 根据已确定的家长会主题、目的、时间、地点及内容，编制并发放家长会邀请函，布置家长会场地，准备家长会所需物质材料和设备（包括现场签到表、车辆入园指引牌等），绘制家长会组织流程图，保证活动顺利进行。
2. 根据《小班一日活动制度安排》《指南》和家长会活动方案，对家长进行班级情况介绍、教育目标、作息安排、幼儿安全问题、卫生保健、家园共育等进行介绍和讲解，要求表达清晰流利，确保家长理解。
3. 能根据《家长答疑手册》对家长先出提出的建议或问题，进行科学合理的解答，要求能展现幼儿园的专业教育理念和保教水平，能对家长进行引导和帮助，模拟答疑组织。

主要成果：

1. 家长会组织流程图
2. 家长会组织过程记录表
3. 现场答疑记录表

工作环节 4

过程控制环节

4

按照新生家长会活动方案中物质准备、场地设置、家长接待、活动过程组织进行过程监控，具有灵活解决问题的能力，确保家长和幼儿顺利完成活动，收集新生家长会反馈意见表，提升家长对幼儿园的认同和信任。

主要成果：

家长会反馈意见表

工作环节 5

评价

5

汇总新生家长会的组织情况，向班主任和年级长教师反馈家长会活动组织中的问题，认真接收主班教师的反馈意见和进阶要求，完成家长会总结，提升家长会策划和组织能力。

主要成果：

家长会总结

学习内容

知识点	1.1 明确家长养育方式调查的目的意义 1.2 查阅祖辈和父母育儿理念和方式的差别 1.3 家长养育方式调查的内容设计	2.1 家长沟通技巧 2.2 家长会组织的目的、意义和组织方式 2.3 学习小班幼儿发展指南 2.4 小班新生常见的心理问题	3.1 人员分工与职责 3.2 家长会活动的组织流程 3.3 家长会活动的活动组织方法	4.1 新生家长心理疏导 4.2 新生家长关注问题 4.3 新生家长的心理特点 4.4 家长现场答疑常见问题及应对方法	5.1 家长沟通交流的技巧 5.2 家长接待的礼仪和流程
技能点	1.1 统计家长会参与者的角色 1.2 灵活运用不同的沟通方法和技巧 1.3 统计家长参与会议的方法	2.1 能制作小班幼儿发展评估表	3.1 能描述游园活动流程 3.2 能区分人员分工职责 3.3 制作家长会议程 ppt	4.1 能对新生家长进行心理疏导 4.2 熟悉家长答疑流程	5.1 熟悉家长会组织的流程 5.2 布置家长会场地 5.3 回收家长签到表
 工作环节	工作环节 1 获取信息		实施前准备 工作环节 2		
成果	1.1 家长养育方式调查及回执统计	2.1 小班幼儿发展评估表	3.1 家长会活动方案	4.1 家长答疑手册	5.1 家长会组织流程图
素养	1.1 搜集资料能力		3.1 统筹安排能力	4.1 多维度思考问题能力	5.1 沟通礼仪、服务意识

学习任务 2　家长会组织

6.1 学习《指南》 6.2 小班幼儿发展的目标 6.3 幼儿发展的评估维度			9.1 家长会活动总结的写作要点
6.1 流利介绍班级一日活动流程 6.2 介绍幼儿园接送、安全、保育制度 6.3 提出家园配合的工作内容和要求	7.1 记录家长提出的问题和疑问 7.2 能科学、合理全面回答家长疑问 7.3 能灵活处理无法解答的问题	8.1 能理解和梳理反馈意见 8.2 对家长意见进行归纳和分析 8.3 灵活调整家长会流程	9.1 能评价活动准备实施过程 9.2 能反思活动组织实施过程中的不足 9.3 能提出持续改进方法

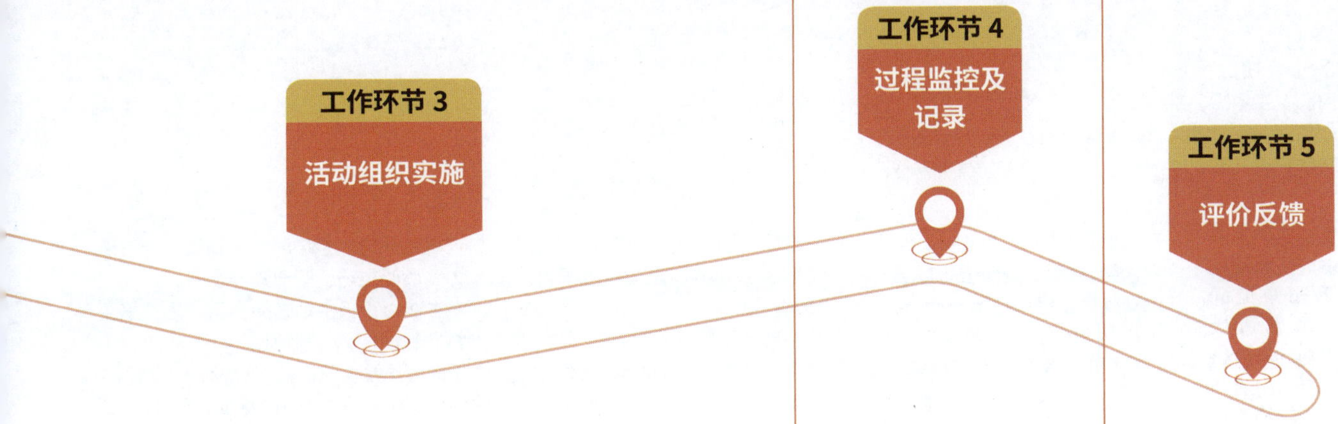

6.1 家长会组织模拟	7.1 答疑组织	8.1 家长会反馈意见表	9.1 家会长总结
	7.1 协调沟通能力	8.1 反思能力观察能力（行为和情绪）	9.1 非专业能力 9.2 归纳总结、总结文书的写作规范

课程 6　家园共育

学习任务 2　家长会组织

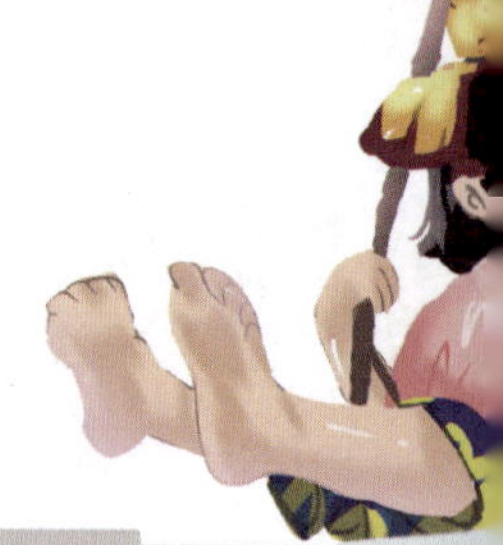

1 获取信息　2 实施前的准备　3 家长会活动组织实施　4 过程监控及记录　5 评价与反馈

获取信息

工作子步骤	教师活动	学生活动	评价
1. 查阅小班新生信息登记表和小班一日活动制度安排表，获取幼儿年龄、性别、号数、父母年龄、职业，幼儿园一日活动内容等信息，完成家长养育方式调查及回执，与教师取得共识，确定参与人数和角色。	1、引导查阅资料，完成工作页内容，引导学生从不同维度讨论。 2. 指导学生分工合作，激发学生参与积极性，指导学生完成家长养育方式调查及回执。 3. 组织学生上台展示并讲解活动小组成果，引导学生进行评价。 4. 教师根据学生的完成质量进行点评帮助学生梳理、完善调查表。 教学方法： 引导文法、讨论法。	1. 查阅资料，填写工作页： ①家长养育方式调查维度包括哪些。 ②祖辈和父辈教养方式差异。 2. 小组分工合作设计：家长养育方式调查表小组。 3. 小组代表讲解展示家长养育方式调查表，认真听他组同学进行展示。 4. 小组互评进一步总结梳理家长养育方式调查表。	1. 过程性评价：参与度、主动性、表达技巧、要点的识别能力。 ①学生能否积极主动查阅资料，共同参与讨论制作调查表。（师评） ②调查表涵盖内容是否全面、能体现家长方式。（互评） ③小组是否能完善总结梳理调查表。（师评） 2. 成果验收：家长养育方式调查表及回执。 3. 成果评价标准：要求内容全面。
课时： 1 课时 1. 用品（工具）：纸、笔等。 2. 软资源：家长养育方式资料、问卷调查范式等。 3. 教学设施：笔记本电脑、投影、音响、麦克风等。			
2. 搜集小班幼儿心理发展资料和新生入园常见问题，查阅班级小班幼儿发展目标，完成小班幼儿发展评估表，其内容包括动作技能、生活自理、社会交往、语言表达、逻辑思维的阶段发展标准。关注新生幼儿的心理适应，体现关爱幼儿。	1. 引导查阅资料，完成工作页内容,对学生疑问进行解答。 2. 安排组长组织成员进行分工，小组制作方案。要求方案包括：动作技能、生活自理、社会交往、语言表达、逻辑思维的阶段发展标准。 3. 组织学生上台展示并讲解活动发展评估表，引导学生进行评价。 4. 教师根据学生的完成质量进行点评帮助学生梳理、完善评估表。	1. 查阅资料，填写工作页： ①家长会目的、意义和组织方式。 ②小班儿童的发展目标。 ③小班新生常见的心理问题。 2. 组长组织成员讨论，小组分工制作小班幼儿发展评估表，要求直观全面。 3. 小组代表展示发展评估表，认真听他组同学进行展示。 4. 小组互评进一步总结梳理活动方案。	1. 过程性评价：参与度、主动性、表达能力、聆听技巧、职业素养水平。 ①学生能否积极主动查阅资料，思维是否具有独创性。（师评） ②组内成员是否积极共同讨论。（师评） ③评估表设计是否准确、标准、全面。（计分互评） 2. 成果验收：活动方案。 3. 成果评价标准：评估表内容全面具体、体现幼儿为本，利于实施。
课时： 1 课时 1. 用品（工具）：纸、笔、身高体重测量仪、软尺、握力器等。 2. 软资源：《指南》《小班新生常见心理问题和应对措施》小班幼儿阶段发展评价表班级幼儿情况表等。 3. 教学设施：笔记本电脑、投影、音响、麦克风等。			

1 获取信息 → 2 实施前的准备 → 3 家长会活动组织实施 → 4 过程监控及记录 → 5 评价与反馈

实施前的准备

工作子步骤	教师活动	学生活动	评价
2. 根据任务要求，撰写家长会活动方案，包括讲话稿、家长会议程 PPT，明确发言的顺序、讨论的范围、会议的整体进行时间等，与主班教师取得共识，以保证家长会的顺利开展。	1. 课前检查学生工作的完成情况，反馈总结学生学习情况。 2. 引导学生进行小组合作，通过思维导图方式设计家长会活动方案。 3. 组织学生上台展示并讲解活动方案，引导学生进行评价。 4. 组织学生评选优秀方案、帮助各小组完善思维导图。	1. 查阅资料，课前填写工作页： ①家长会动组织方法。 ②家长会活动的组织流程。 2. 小组分工合作制定家长会活动方案的基本思路，人员安排、发言流程、场地布置、发言 ppt 等，内容具有全面性。 3. 小组派代表展示活动方案，要求阐述设计的思路和特色。 4. 组间相互评价，评选出优胜小组，完善本组设计。	1. 过程性评价：参与度、主动性、表达技巧、科学统筹能力。 ①学生能否积极参与活动讨论。（师评） ②人员分工、工作标准是否明确，细致，全面。（师评） ③小组是否能科学合理完成家长会活动方案。（师评） 2. 成果验收：家长会活动方案。 3. 成果评价标准：是否人员安排、发言流程、场地布置等。

课时： 2 课时
1. 用品（工具）：纸、笔等。
2. 软资源：幼儿园家长会方案参考资料等。
3. 教学设施：笔记本电脑、投影、音响、麦克风等。

工作子步骤	教师活动	学生活动	评价
3. 通过搜集、整理网络资源和专业资料，预测家长会现场常见的答疑问题、意见和要求制定家长答疑手册，其内容包括家长问题的类型、应答方案，确保家长会的有序进行，实现新生家长会的目的。	1. 课前检查学生工作的完成情况，反馈总结学生学习情况。 2. 从量和质的角度，引导学生进行小组分工讨论，通过完成家长答疑手册。 3. 组织学生上台展示并讲解答疑手册，引导其他小组做好过程记录。 4. 组织进行组间评价、总结概括家长答疑手册的内容要点。	1. 课前查阅资料，课前填写工作页： ①新生家长关注问题。 ②新生家长心理疏导方法。 ③家长现场答疑常见问题及应对方法。 2. 根据查阅内容，组长讨论和分工，完成家长答疑手册。 3. 小组派代表展示家长答疑手册，要求阐述设计的思路和特色。 4. 组间相互评价，总结梳理，完善本组设计。	1. 过程性评价：参与程度、效率、组内分工的情况、组内沟通的情况。 ①小组成员是否积极参与讨论。（互评） ②家长问题的数量。（师评） ③能否全面详细罗列，并进行分类。（集体评） ④是否对家长问题进行合理解答。 2. 成果验收：家长答疑手册。 3. 成果验收标准：要求问题涵盖内容全面、清晰。

课时： 1 课时
1. 用品（工具）：纸、笔等。
2. 软资源：《新生家长常见问题》《新生家长工作指导》等学习资料、学习工作页等。
3. 教学设施：笔记本电脑、投影、音响、麦克风等。

课程 6　家园共育

学习任务 2　家长会组织

1 获取信息　2 实施前的准备　3 家长会活动组织实施　4 过程监控及记录　5 评价与反馈

家长会活动组织实施

工作子步骤	教师活动	学生活动	评价
1. 根据已确定的家长会主题、目的、时间、地点及内容，编制并发放家长会邀请函，布置家长会场地，准备家长会所需物质材料和设备（包括现场签到表、车辆入园指引牌等），绘制家长会组织流程图，保证活动顺利进行。	1、组织学生填写工作页，对学生填写内容给予意见和指导。 2. 组织小组分工完成家长会组织流程图，进行分组指导。 3. 组织学生展示流程图，引导学生进行过程记录和评价。 4. 对学生展示过程进行评价，指导学生完善流程。	1. 查阅材料，完成工作页中的问题。 ①家长接待的注意事项。 ②常见的家长沟通技巧。 2. 小组讨论活动流程组织，设计人员分工和职责，制作家长会组织流程图。 3. 小组展示流程图，要求流利、清晰介绍本组思路。评价他组活动。 4. 组间相互评价，总结梳理，完善本组设计。	1. 过程性评价：表现力、提炼问题的准确性、组织的协调性、团队的合作性。 ① 流程图是否全面、具体。（师评） ②组内成员是否有效合作。（师评） 2. 成果验收：家长会组织流程图 3. 成果验收标准：流程清楚、具有可视性
课时： 1 课时 1. 用品（工具）：纸、笔、晨检卡、体温计、压舌板、手电筒等。 2. 软资源：《家长会邀请函》、教师礼仪手册、班级场地布局图等。 3. 教学设施：笔记本电脑、投影、音响、麦克风等。			
2. 根据《小班一日活动制度安排》《指南》和家长会活动方案，对家长进行班级情况介绍、教育目标、作息安排、幼儿安全问题、卫生保健、家园共育等进行介绍和讲解，要求表达清晰流利，确保家长理解。	1. 调动学生查阅资料的积极性，组织填写工作页，完成工作页内容。 2. 发任务书给小组，引导学生小组进行分工角色扮演，模拟家长会过程。引导学生及时对活动过程进行调控。 3. 组织学生填写评价表，进行自评和他评。 4. 对学生活动进行总体评价，帮助学生梳理问题，完成解决方案。 教学方法： 直观演示法、引导文法。	1. 查阅资料完成工作页内容： ①阅读小班幼儿发展评价表，回答问题。 ②班级一日活动安排表，回答问题。 ③阅读理解幼儿园接送、安全和保育制度。 2. 通过任务导向，小组成员分角色扮演，模拟组织家长会活动组织场景。要求组织有序。 3. 填写活动评价表和反思表，对他组活动评价。 4. 根据评价讨论内容，优化反思活动组织，制定解决策略。	1. 过程性评价：参与积极性、成员分工和合作性。 ①分工是否合理、具有合作性。（组间互评） ②能否规范独立填写工作页。（组间互评） ③家长会组织模拟是否有序、内容是否完整、流程顺利。（互评） ④能否根据评价意见进行优化。（师评） 2. 成果验收：家长会模拟组织实施。 3. 成果验收标准：内容完整、组织有序。
课时： 4 课时 1. 用品（工具）：纸笔等。 2. 软资源：《班级基本情况》《小班幼儿发展指南》《幼儿园接送制度》、班级一日活动安排表、《幼儿园保育制度》《新生幼儿常见心理问题和应对策略》、工作页等。 3. 教学设施：笔记本电、投影、音响、麦克风等。			

	工作子步骤	教师活动	学生活动	评价
家长会活动组织实施	3. 能根据《家长答疑手册》对家长先出提出的建议或问题，进行科学合理的解答，要求能展现幼儿园的专业教育理念和保教水平，能对家长进行引导和帮助，模拟答疑组织。	1. 通过 PPT 导入，引导查阅资料完成工作页内容。 2. 巡回指导学生讨论，重点指导如何讨论问题，梳理应对机制。 3. 指导学生进行小组展示，组织学生展示讨论结果，整理答疑思路。 4. 组织小组展示成果，交流评价。 教学方法：引导文法、小组合作。	1. 查阅资料完成工作页内容：家长答疑的方法有哪些？ 2. 小组讨论：如何碰到无法解答的问题，应该如何应对家长？ 3. 小组展示讨论结果和家长会议记录表的，他组观看并记录评价。 4. 根据小组互评和师评结果，完善离场组织。	1. 过程性评价：团队的合作性、主动性、效率性 ①能否规范填写工作页（师评） ②是否积极参与讨论，思维具有独创性（师评） ③讨论结果具有推广和普及性（互评） 2. 成果验收：答疑组织模拟。 3. 成果验收标准：是否记录存在问题和应对策略。
	课时： 3 课时 1. 用品（工具）：纸、笔、餐桌、餐布、餐具等。 2. 软资源：家长会会议记录表、工作页等。 3. 教学设施：笔记本电脑、投影、音响、麦克风等。			
过程监控及记录	1. 参照新生家长会活动方案中物质准备、场地设置、家长接待、活动过程组织进行过程监控，具有灵活解决问题的能力，确保家长和幼儿顺利完成活动，收集新生家长会反馈意见表，提升家长对幼儿园的认同和信任。	1. 提供工作页，引导学生思考家长意见反馈表的设计格式、涵盖内容，组织学生制作反馈表。 2. 根据活动组织过程的情况，提出问题：如何优化家长会组织？指导学生讨论，提出方法。 3. 组织学生小组展示分享反馈表，进行点评。 教学方法： 任务导向法、直观演示法。	1. 根据教师提供工作，小组讨论制作家长会反馈表。 2. 通过观看活动视频和图片，小组分析讨论活动组织存在的问题。 3. 收集家长反馈表，根据结果分析内容，进行组间交流评价。 4. 小组展示分享反馈表情况，组间相互评价。	1. 过程性评价：讨论的参与度，观看的认真细致，主动提出问题。 ①问题分析的角度是否全面。（组间互评） ②组间能否积极分享记录表，并相互评价。（互评） 2. 成果验收：家长意见反馈表。 3. 成果评价标准：家长意见反馈表是否能完成，包括活动满意情况和活动建议，是否有改进措施。
	课时： 1 课时 1. 用品（工具）：纸、笔等。 2. 软资源：图片和视频等。 3. 教学设施：笔记本电脑、投影、音响、麦克风等。			

学习任务 2　家长会组织

1 获取信息　2 实施前的准备　3 家长会活动组织实施　4 过程监控及记录　5 评价与反馈

评价及反馈

工作子步骤	教师活动	学生活动	评价
1. 汇总新生家长会的组织情况，向班主任和年级长教师反馈家长会活动组织中的问题，认真接收主班教师的反馈意见和进阶要求，完成家长会总结，提升家长会策划和组织能力。	1. 启发学生对家长会活动中出现问题的反思和梳理。 2. 组织小组讨论、分工、合作，引导学生通过教师和他组意见，撰写家长会工作总结。 3. 组织学生相互评价活动总结。 教学方法： 直观展示法、讨论法。	1. 阅读材料，填写工作页：家长会工作的写作包括哪些要点？ 2. 通过小组讨论、分工、合作，整合教师和他组意见，撰写家长会工作总结。 3. 小组展示家长会总结表，简要介绍写作思路和涵盖内容。	1. 过程性评价：汇报积极性、团队合作性、语言表达的全面性。 ①是否积极主动全面地对家长会活动问题进行反思。（师评） ②能否根据教师和同学评价，改进内容。(师评) ③能否翔实、按规范撰写家长会总结(组间互评) 2. 成果评价：家长会活动总结表。 3. 成果评价标准：总结内容是否有价值，真实反映问题。

课时： 1 课时
1. 用品（工具）：纸、笔等。
2. 软资源：活动视频和图片等。
3. 教学设施：笔记本电脑、投影、音响、麦克风等。

基准学时：15 课时

学习任务 3　家庭访问

任务描述

学习任务学时：15 课时

任务情境

广州市某幼儿园每学期开学一个月内都会安排班级教师到幼儿家中进行家访，以促进家园的相互了解。我院幼教班学生正好被安排到该园实习，在与幼儿园园长及主班教师沟通后，安排实习学生跟随幼儿园教师参与家访活动。

具体要求见后页。

快跟老师打招呼！

工作流程和标准

工作环节 1

获取信息

1. 根据幼儿园本学期工作计划和班级幼儿资料表，确定家访对象，查看幼儿园班级资料，获取家访对象的家庭情况和近期在幼儿园各方面的实际情况，做好家访目的、访谈话内容的准备工作，与家访家庭预约，制作家访提纲。
2. 根据家访工作要求，全面客观地了解幼儿家庭环境、家庭成员结构、幼儿的成长史、家长的教育观，准备幼儿家庭访问记录表，以便更好地有针对性地关注幼儿的学习心理和生活，充分发挥“家访”在幼儿进行思想教育和心理疏导工作的重要作用。

主要成果：

1. 家庭访问提纲
2. 幼儿家庭访问记录表

工作环节 2

实施前准备

1. 根据家访提纲，确定与家长交谈的话题，包括有关教育法律、法规和幼儿园规则制度，宣传正确的教育思想和育儿方式，引导家长利用亲情关心感化自己的孩子，与家长共商促进幼儿发展的教育措施，宣传幼儿园的办学思路、办学理念、办学策略。制订家访计划，与主班教师达成共识，以便家访顺利进行。
2. 通过搜集、整理网络资源和专业资料，查阅幼儿教师家访的职业礼仪要求，综合运用所学仪态、仪容、仪表、体态语、口语等礼仪规范，举止得体文明家访，并撰写家访开场白及结束感谢语。

主要成果：

1. 家访计划
2. 家访开场白及结束感谢语

工作环节 3

家访活动实施

3

1. 列出准备清单并积极开展准备（幼儿家庭地址、家长联系方式、幼儿在园作品、纸、笔、教师家访记录表、给家长的一封信、慰问品等物质材料），满足教师、家长和幼儿的不同需要，保障家访的顺利展开。
2. 根据家访计划准备着装，开展家庭访问活动，观察记录家长表现及提出的问题，根据家长的反应，进行有针对性的沟通。

主要成果：

1. 家访清单
2. 家长答疑手册

工作环节 4

过程控制

4

按照《幼儿园教师专业标准》中对幼儿教师专业技能之“个人修养与行为”及“沟通与合作”的具体要求，对幼儿园家庭访问活动的准备、实施过程进行监控，确保实行有效的家访，实现家园教育合力，填写家访记录表。

主要成果：

家访记录表

工作环节 5

评价

5

汇总家庭访问活动情况，向班级主班教师反馈活动实施过程中的意见和建议，听取主班教师的反馈意见，完成评价反思表，配合完成后续园内其他特殊情况的家庭访问活动实施工作，提升教师的沟通合作能力。

主要成果：

评价反思表

学习内容

知识点	1.1 家庭访问概念、意义 1.2 家庭访问类型、内容 1.3 家访问题提纲的制定要素和内涵	2.1 家访计划制定的要素 2.2 家访中不同对象的沟通内容和礼仪 2.3 家访活动策划方案的撰写	3.1 家访活动记录表 3.2 感谢结语类型、内容及注意事项 3.3 开场白类型、内容及注意事项
技能点	1.1 能说出家庭访问概念、意义、类型和内容 1.2 能制作家庭访问流程图，完成家访提纲	2.1 能制订家访计划思维导图 2.2 熟悉家访计划中的具体流程	3.1 能拟写家访开场白 3.2 能拟写家访结束感谢语 3.3 熟悉家访对象资料
工作环节	工作环节 1 获取信息	实施前准备 工作环节 2	
成果	1.1 家访问题提纲	2.1 家访活动策划方案	3.1 家访开场白及结束感谢语
素养	1.1 阅读理解能力、总结归纳能力		

学习任务 3　家庭访问

4.1 物品清单	5.1 家庭访问礼仪知识 5.2 家庭访问注意事项		
4.1 能准备活动物品清单 4.2 能准备家访活动游戏	5.1 能进行家庭访问	6.1 能详细记录访问过程	7.1 能评价活动准备实施过程 7.2 能反思活动组织实施过程中的不足
	工作环节 3 活动组织实施	工作环节 4 过程监控及记录	工作环节 5 评价反馈
4.1 家访清单	5.1 家庭访问活动流程	6.1 家访记录表	7.1 评价反思表
		6.1 反思能力观察能力（行为和情绪）	7.1 归纳总结文书的写作规范

课程 6 家园共育

学习任务 3 家庭访问

1 获取信息 → 2 实施前的准备 → 3 活动组织实施 → 4 过程监控及记录 → 5 评价与反馈

	工作子步骤	教师活动	学生活动	评价
获取信息	1. 根据《幼儿园教育指导纲要》提出幼儿园应与家庭密切合作，共同为幼儿的发展创造良好的条件，分析家庭访问的重点，制作家庭访问活动提纲，做好家长工作，为幼儿的发展提供更好的环境和条件。	1. 提供《幼儿园家访活动指引》资料，指导学生进行阅读，要求学生熟悉家庭访问的概念、意义、类型、内容和目的。 2. 组织学生分析家访活动策划方案，提出家访活动的步骤和要求。 3. 巡回指导学生提取家访活动要点，制作家访活动提纲和流程图。 4. 组织学生上台展示并讲解活动步骤和要求，引导学生进行评价。 5. 教师根据学生的完成质量进行点评帮助学生梳理、完善家访活动步骤和重点。 教学方法： 引导文法、案例分析法、讨论法。	1. 阅读《幼儿园家访活动指引》，查阅网络资料，收集归纳家庭访问的概念、意义、类型、内容和目的。 2. 分析家访活动的策划方案，通过评价的方式总结方案的可行性。 3. 小组合作梳理、制作幼儿园家访活动提纲。 4. 小组代表讲解家访活动步骤，并归纳家访要点和主要事项。 5. 小组互评进一步总结家访活动的重点要求。	1. 过程性评价：参与度、主动性、表达技巧、要点的识别能力。 ①学生能否积极主动查阅资料，共同参与讨论制作家访活动流程图。（师评） ②流程图时间、内容、步骤、工作计划标准是否明确、细致、全面。（互评） ③小组是否能完善总结家访流程图。（师评） 2. 成果验收：家访活动策划方案。 3. 成果评价标准：要求要点清晰、明确，时间节点和要提交细则成果足够具体。
	课时： 3 课时 1. 用品（工具）：纸、笔等。 2. 软资源：《幼儿园家访活动策划方案》资料，班级家访对象的信息资料等。 3. 教学设施：笔记本电脑、投影、音响、麦克风等。			
实施前的准备	1. 根据工作任务要求，制订家访计划，内容包括家访目的、准备工作、家访步骤等。	1. 提供事务文书计划的写作要求指导学生归纳家访计划制订细则，要求学生掌握家访计划的制订步骤和要求。 2. 布置任务，组织学生讨论制定家访计划。 3. 提出问题，要求学生围绕家访计划步骤、家访方法等可行性进行讨论，指导完成家访方案策划。 4. 组织小组互评，参与讨论，整理一份班级幼儿家访记录表。	1. 阅读事务文书计划的写作要点，制订家访计划。 2. 通过小组讨论，列举家访计划的步骤和要求。通过资料收集，制作适宜的方案。 3. 小组讨论对围绕家访计划步骤：礼物准备、见面拥抱、小游戏、访谈、合影等流程可行性进行讨论，并制定出家访记录表。	1 . 过程性评价：参与度、主动性、表达能力、聆听技巧、职业素养水平。 ①学生能否积极主动查阅资料，共同学习幼儿园家访计划策划方案实施可行性。（师评） ②组内成员是否积极共同讨论。（师评） ③模拟家访策划方案六部曲的可行性。（计分互评） ④能否制订合理地进行家访记录表。(师评) 2. 成果验收：家访计划。 3. 成果评价标准：要求要点清晰、明确，内容全面、具体、标准。
	课时： 2 课时 1. 用品（工具）：家访资料等。 2. 教学设施：笔记本电脑、投影、音响、麦克风等。			

基准学时：15 课时

1 获取信息　2 实施前的准备　3 活动组织实施　4 过程监控及记录　5 评价与反馈

实施前的准备

工作子步骤	教师活动	学生活动	评价
2. 根据工作任务要求，班级基本情况（班别、幼儿人数、男女比例、特殊儿童），撰写家访开场白。	1. 布置任务，提供班级幼儿情况资料，指导学生收集交流沟通资料、阅读分析沟通技巧。 2. 提出问题，要求学生根据不同幼儿拟定家访开场白。 3. 布置任务，组织小组模拟讲解家访开场白。 4. 围绕各组的讲解进行评价、分析、总结和修正。 教学方法： 案例教学法、讨论、角色扮演法、启发法。	1. 接受任务，阅读家访礼仪、沟通技巧，思考与家长沟通技巧。 2. 接受任务，根据本班幼儿个体情况拟定家访开场白。 3. 小组分组对各组的家访开场白进行评价。 4. 根据各组的评价修改家访开场白。	1. 过程性评价：参与程度、效率、组内分工的情况、组内沟通的情况。 ①是否熟悉班级幼儿。（互评） ②能否采用合适的沟通法与家长进行沟通。（师评，抢答） ③能否全面详细考虑到幼儿的家庭特点，设计合理的开场白。（集体评） 2. 成果验收：家访开场白。 3. 成果验收标准：物品清单内容全面、清晰，是否具有本土性或传统元素。
课时： 1 课时 1. 用品（工具）：班级基本情况、沟通技巧等。 2. 教学设施：笔记本电脑、投影、音响、麦克风等。			
3. 根据工作任务要求，班级基本情况（班别、幼儿人数、男女比例、特殊儿童），撰写家访开场白及结束感谢语。	1. 分配任务，指导学生阅读家访礼仪、沟通技巧，根据家访情况，思考家访结束感谢语。 2. 指导学生根据本班幼儿个体情况和家访具体情况，拟定家访结束感谢语。 3. 组织学生进行小组展示，其他小组进行记录和评价。 教学方法： 案例教学法、讨论、角色扮演法。	1. 接受任务，阅读家访礼仪、沟通技巧，根据家访情况，思考家访结束感谢语。 2. 接受任务，根据本班幼儿个体情况和家访具体情况，拟定家访结束感谢语。 3. 小组分组对各组的家访结束感谢语进行评价。 4. 根据各组的评价修改家访结束感谢语。 5. 进行组间评价和教师评价。	1. 过程性评价：主要观察参与度、倾听与分析，提炼与总结等。 ①是否灵活处理家访期间的问题。（师评抽签问答） ②能否对案例进行积极分析。（组间互评，教师点评） 2. 成果验收：家访结束感谢语。 3. 成果评价标准：家访要求考虑全面细致具有可操作性。
课时： 1 课时 1. 用品（工具）：纸、笔等。 2. 软资源：幼儿园安全标准文件、幼儿园安全事故案例、提纲等。 3. 教学设施：笔记本电脑、投影、音响、麦克风等。			

学习任务 3　家庭访问

1 获取信息　2 实施前的准备　3 活动组织实施　4 过程监控及记录　5 评价与反馈

活动组织实施

工作子步骤	教师活动	学生活动	评价
1. 根据家访活动计划的流程，做好物质准备和精神准备，制定了家访计划。针对每一名幼儿的特点，设计好内容，预先通知家长，约定时间有序进行家访活动，做好家访记录，重视家长在幼儿教育中的重要作用，保证幼儿安全、健康地成长，使家长主动配合做好幼儿园的教育工作，并展现良好的幼儿园文化和个人精神风貌。	1. 课前组织学生查阅资料学习家访通知的写作要求。 2. 模拟与家长进行电话沟通，模拟过程中，引导其他学生发现观察沟通礼仪和存在问题，指导学生围绕存在的问题进行记录、标注，从沟通礼仪、精神准备、交流细节等，引导学生相互讨论。 3. 引导学生展示宣传资料、游戏资料的准备，小组讨论结果，在操作中体现发散性思维，解决问题。 4. 提供家庭访问流程表，指导正确家访过程及要点，指导学生做好家访记录。 教学方法： 角色扮演法、行动导向法。	1. 家访通知拟写：根据学校安排发布家访通知，查阅资料学习写作。 2. 小组表演：分配角色和职责，模拟与家长电话沟通，与家长预约家访的时间。其他学生进行观察记录，关注电话礼仪和沟通礼仪，并评价演示存在问题。 3. 家访前物质材料准备，准备幼儿园宣传资料、科学育儿资料和游戏资料。 4. 幼儿教师做好精神准备和仪容准备。 5. 根据问题引导，全班分组查阅资料、获取礼仪知识点，特别注意如何通过言行举止向家长展示幼儿园的企业文化取向。	1. 过程性评价：表现力、提炼问题的准确性、组织的协调性、团队的合作性。 ① 能否贴切地进行情景表演，是否热情大方与主幼儿和家长沟通。（师评） ②组内是否准备合适了的游戏在家访中运用。（师评） ③接待中是否从言行举止体现幼儿园企业文化和精神风貌，能否体现对家长和幼儿尊重。（组间互评） ④能否做好家访记录。（组间互评） 2. 成果验收：家访清单。 3. 成果验收标准：正确演示家访活动流程，展现幼儿园的企业文化和个人精神风貌。
课时： 1 课时 1. 用品（工具）：纸、笔小游戏道具等。 2. 软资源：《家访活动流程》、教师礼仪手册、幼儿园企业文化建设表，家访记录表等。 3. 教学设施：笔记本电脑、投影、音响、麦克风等。			
2. 根据家访计划准备着装，开展家庭访问活动，观察记录家长表现及提出的问题，根据家长的反应，进行有针对性的沟通。	1. 提供家访活动内容知识资料，调动学生查阅资料的积极性，组织填写内容。	1、查阅资料制订家访内容： ①幼儿的兴趣爱好。 ②性格特长及家庭结构、成长经历、健康状况、学习环境、在家表现、行为习惯。 ③归纳家庭教育的方法。分组展示在小组实操中体现如何运用多种方法进行家访交流活动。	1. 过程性评价：参与积极性、沟通可行性，语言表达流程性。 ①沟通交流是否全面、观点表述是否清晰。（组间互评） ②能否规范独展开家访活动。（组间互评） ③能否根据评价意见进行优化。（师评） 2. 成果验收：家访活动的组织实施。 3. 成果验收标准：正确演示家访活动流程，展现幼儿园的企业文化和个人精神风貌。

	工作子步骤	教师活动	学生活动	评价
活动组织实施		2. 发任务资料给小组，引导学生思考家访教师的精神准备。 3. 组织学生分组通过角色扮演模拟家访活动场景，引导学生思考讨论，运用家访流程进行模拟。 4. 组织学生组间互评，梳理总结要点。 教学方法： 直观演示法、引导文法、角色扮演法。	2. 精神准备：饱满的精神状态。得体的仪容，不穿低胸、露腰、短裙，不穿高跟鞋，化淡妆。进门之前检查一下仪容仪表，确认面部是否干净（眼角是否有眼屎，嘴角是否有食物残渣，牙齿上是否有食物残渣，是否有口气），头发是否乱，鞋子是否脏等。 3. 物质准备：熟悉幼儿家庭路线，准备可用的资料和小道具、小礼物。 4. 组间进行相互评价，并梳理各组家访活动中组织的差异，优化家访活动流程。	
	课时： 5 课时 1. 用品（工具）：纸、笔、小道具、小公仔等。 2. 软资源：班级幼儿基本情况、网络资料、宣传资料、笔记本等。 3. 教学设施：笔记本电脑、投影、音响、麦克风等。			
过程监控及记录	1. 按照《家访活动方案》中家访准备、家访内容、家访过程六步骤，进行过程监控，确保家访活动顺畅进行，能填写家访活动反思表。	1. 提供幼儿家访活动视频，引导学生对家访活动进行评价。 2. 组织学生教师分组讨论，指导学生填写幼儿家访活动观察记录表。 3. 组织学生小组展示分享记录表，进行点评。 教学方法： 任务导向法、直观演示法。	1. 通过观看家访活动视频，对幼儿的家访活动进行观察评价。针对家访目的，认真做分析，总结和制定教育措施。 2. 小组填写幼儿家访活动观察记录表。包括家庭基本情况、幼儿在家长活动情况、幼儿兴趣爱好、希望和建议。 3. 小组展示分享记录表，组间相互评价。	1. 过程性评价：讨论的参与度，观看是否认真，是否主动提出问题。 ①对视频能否做出合理的评价。（组间互评） ②组间能否积极分享记录表，并相互评价。（互评） 2. 成果验收：家访记录表。 3. 成果评价标准：是否按照家访内容做好记录。
	课时： 1 课时 1. 用品（工具）：纸、笔等。 2. 软资源：家访记录表等。 3. 教学设施：笔记本电脑、投影、音响、麦克风等。			

学习任务 3　家庭访问

1 获取信息 → 2 实施前的准备 → 3 活动组织实施 → 4 过程监控及记录 → 5 评价与反馈

评价及反馈

工作子步骤	教师活动	学生活动	评价
1. 汇总家访活动的组织情况，针对家访情况，总结家访成效和后期的针对性工作的开展。家访后反思家访活动组织中的意见和建议，加强对孩子的督导，以巩固家访效果，提升工作能力。	1. 启发学生对家访活动中出现问题的反思和梳理，评价活动准备实施过程。 2. 组织学生能反思活动组织实施过程中的不足将结果布置于展示板，帮助学生进行分析。 3. 指导小组进行家访活动评估，提示评估要点。 4. 发放评价反思表，组织学生填写。针对家访情况总结家访成效，和后期的针对性工作的开展。 教学方法： 直观展示法、讨论法。	1. 根据家访活动流程，反思梳理家访活动中的问题 。 2. 通过小组讨论、展示汇总问题，按照层次、程度、可能发生的原因归类，统筹意见或建议，乐于接受别人的建议和批评。 3. 家访记录能直观体现家访过程，记录时要回避家长，以小组汇报的形式表述评估结果和建议。 4. 填写家访活动评价反思表。	1. 过程性评价：主要观察参与度、倾听与分析，提炼与总结等。 ①是否灵活处理家访期间的问题。（师评抽签问答） ②能否对案例进行积极分析。(组间互评、教师点评) 2. 成果验收：家访结束感谢语。 3. 成果评价标准：家访要求考虑全面细致具有可操作性。

课时： 1 课时
1. 用品（工具）：纸、笔等。
2. 软资源：幼儿园安全标准文件、幼儿园安全事故案例、提纲等。
3. 教学设施：笔记本电脑、投影、音响、麦克风等。

基准学时：15 课时

学习任务 4　开放日活动组织

任务描述

学习任务学时：25 课时

任务情境

某早教机构计划扩大招生规模，现举办早教课程开放日体验活动，目的是让家长走进早教中心，了解机构教育理念和课程特色，提升品牌的知名度，为后续招生做宣传准备。该机构课程负责人咨询我校幼儿教育专业咨询是否可以协助完成该次开放日体验活动的策划和配合组织。我校与其商议一个星期内提供方案，完成时间为 25 课时。

具体要求见后页。

Children's early education
儿童早教中心
1 3
6 8
2 4 5

工作流程和标准

工作环节 1

获取信息

1

1. 查阅该早教机构《课程顾问手册》和其他早教机构课程内容简章，具备批判性思维和敏感性，完成其早教课程 SWOT 分析，与课程负责人取得共识，确定早教机构课程创新价值和推广方向。
2. 根据早教机构本学期工作计划和课程营销战略书，查阅参加开放日活动的家长幼儿资料和幼儿发展评估表，其内容包括动作技能、语言能力、社会交往、认知能力、逻辑思维的阶段发展标准，对早教机构课程进行创新、有创意的宣传，制定课程宣传计划书。

主要成果：

1. 该机构早教课程 SWOT 分析
2. 课程宣传计划书

工作环节 2

实施前准备

2

1. 根据任务要求，撰写开放日活动方案，包括宣传稿、制作开放日议程 PPT，课程展示活动、早教中心参观路线、课程预售等，要求方案开放新颖独特，与课程负责人教师取得共识，以保证开放日的顺利开展。
2. 通过搜集课程推广营销方案，预测开放日现场常见的答疑问题、意见和要求制定家长答疑手册，其内容包括家长问题的类型、应答方案，要求灵活运用正向与逆向等思维方式，能多角度考虑思考，实现开放日的宣传营销目的。

主要成果：

1. 开放日议程 PPT
2. 家长答疑手册

工作环节 3

开放日活动组织实施

3

1. 根据已确定的开放日课程环节安排、目的、时间、地点，编制并发放开放日邀请函，布置开放日场地，准备开放日所需物质材料和设备（包括现场签到表、车辆入园指引牌等），绘制开放日组织流程图，要求保证活动顺利进行。
2. 根据《早教机构活动制度安排》《关于促进 3 岁以下婴幼儿照护服务发展的指导意见》和开放日活动方案，进行课程活动开放，对家长进行机构情况介绍、教育目标、课程价值、课程优惠等进行介绍和讲解，要求表达清晰流利，确保家长理解。
3. 能根据《家长答疑手册》对家长先出提出的建议或问题，进行科学合理、灵活多角度的解答，要求能展现早教机构的专业教育理念和课程优势，向家长进行课程推广，模拟答疑组织。

主要成果：

1. 开放日组织流程图
2. 开放日活动组织
3. 模拟答疑组织

工作环节 4

过程控制环节

4

按照婴幼儿开放日活动方案中物质准备、场地设置、家长接待、活动过程组织进行过程监控，具有全面协调、灵活解决问题的能力，确保家长和幼儿顺利完成活动，收集开放日反馈意见表，提升家长对早教机构的认同和信任。

主要成果：

《反馈意见表》

工作环节 5

评价

5

汇总婴幼儿开放日的组织情况，向班主任和年级长教师反馈开放日活动组织中的问题，认真听取主班教师的反馈意见和进阶要求，具备反思和批判意识，完成开放日总结，提升开放日策划的创新性和实效性。

主要成果：

开放日总结

学习内容

知识点	1.1 SWOT 的具体内涵 1.2 了解其他早教机构的课程 1.3 早教机构活动组织和幼儿园的差异 1.4 0—3 岁早教的教育内容和价值	2.1 婴幼儿发展评价维度和评价指标 2.2 理解早教机构的课程营销方法 2.3 了解早教机构的工作计划	3.1 人员分工与职责 3.2 开放日活动的组织流程 3.3 开放日活动特色新颖的组织方法	4.1 家长消费心理的相关知识 4.2 家长关注婴幼儿发展的常见问题 4.3 销售技巧和谈判方式学习 4.4 家长现场答疑常见问题及灵活应对方法	5.1 顾客接待的礼仪和流程 5.2 家长沟通交流的技巧
技能点	1.1 确定早教机构的课程价值和推广方向	2.1 能制作具有创新独特的课程宣传计划书	3.1 能布置早教机构环境 3.2 安排早教中心参观路线 3.3 制作开放日活动 PTT	4.1 能介绍早教机构课程的优惠活动	5.1 能灵活调控开放日活动的 5.2 布置早教机构开放日环境 5.3 回收家长签到表
工作环节	工作环节 1 获取信息		实施前准备 工作环节 2		
成果	1.1 该机构早教课程 SWOT 分析表	2.1 课程宣传计划书	3.1 开放日活动方案	4.1 家长答疑手册	5.1 开放日组织流程图
素养	1.1 双创元素：具有批判性思维		3.1 双创元素：具有开放、独特的思维	4.1 双创元素：灵活、创新创意、多角度解决问题	5.1 沟通礼仪、服务意识

学习任务 4　开放日活动组织

6.1 学习 0—3 岁相关的指导文件 6.2 早教机构活动制度 6.3 婴幼儿发展的阶段评估标准	7.1 学习消费者心理分析和应对策略		9.1 开放日活动总结的写作要点
6.1 能介绍早教机构的课程内容 6.2 能根据计划开展活动开放组织	7.1 记录家长提出的问题和疑问 7.2 能科学、灵活回答家长疑问 7.3 能灵活处理无法解答的问题	8.1 能理解和梳理反馈意见 8.2 对家长意见进行归纳和分析 8.3 灵活处理无法解答问题	9.1 能评价活动准备实施过程 9.2 能反思活动组织实施过程中的不足 9.3 能提出持续改进方法

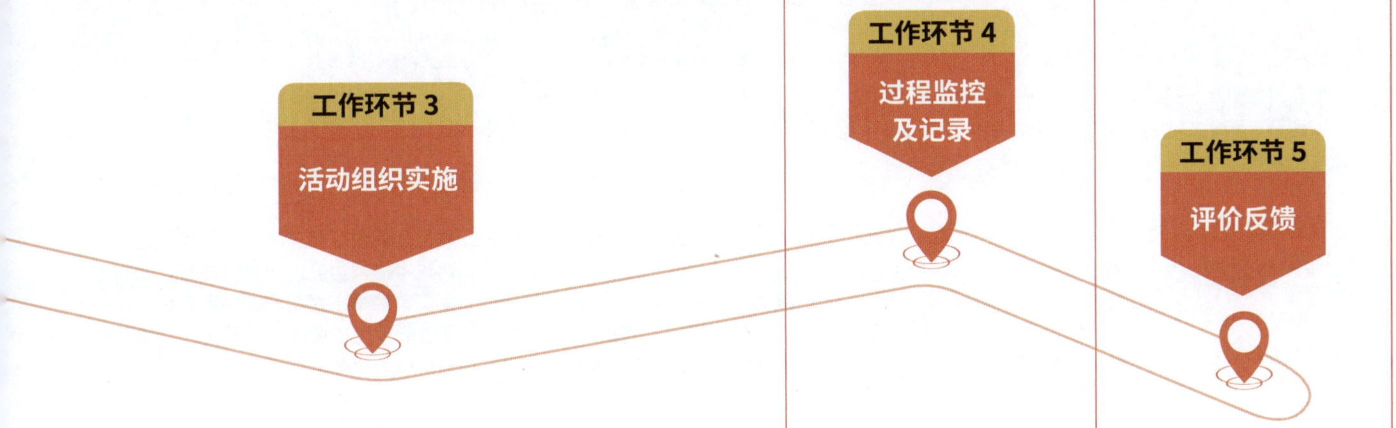

6.1 家长会组织模拟	7.1 答疑组织模拟	8.1 家长会反馈意见表	9.1 开放日总结
	7.1 协调沟通能力	8.1 反思能力观察能力（行为和情绪）	9.1 双创元素：具备反思和批判意识

学习任务 4　开放日活动组织

1 获取信息　2 实施前的准备　3 开放日活动组织实施　4 过程监控及记录　5 评价与反馈

获取信息

工作子步骤	教师活动	学生活动	评价
1. 查阅该早教机构《课程顾问手册》和其他早教机构课程内容简章，具备批判性思维和敏感性，完成其早教课程 SWOT 分析表，与课程负责人取得共识，确定早教机构课程创新价值和推广方向。	1. 引导查阅资料，完成工作页内容，讲解 SWOT 的分析维度。 2. 指导学生分工合作，积极探索进行对比和归纳，指导学生完成该机构早教课程 SWOT 分析。 3. 组织学生上台展示并讲解活动小组成果，引导学生进行评价。 4. 教师根据学生的完成质量进行点评帮助学生梳理、完善调查表。 教学方法： 引导文法、讨论法。	1. 阅读资料，填写工作页： ①早教课程的教育内容和价值。 ②分析前早教机构的课程体系，请分析差异。 2. 小组分工合作设计：SWOT 分析表，要求具备批判和探索创新思维。 3. 小组代表讲解展示 SWOT 分析表，认真听他组同学进行展示。 4. 小组互评进一步总结梳理早教机构的课程价值和推广方向。	1. 过程性评价：参与度、主动性、表达技巧、要点的识别能力。 ①学生能否积极主动查阅资料，共同参与讨论制作 SWOT 分析。（师评） ②分析表涵盖内容是否全面、具有批判性。（互评） ③小组是否能完善总结梳理调查表。（师评） 2. 成果验收：早教课程 SWOT 分析表。 3. 成果评价标准：角度准确、具有批判性。

课时： 4 课时
1. 用品（工具）：纸、笔等。
2. 软资源：该机构课程体系表、其他教育机构课程体系表等。
3. 教学设施：笔记本电脑、投影、音响、麦克风等。

工作子步骤	教师活动	学生活动	评价
2. 根据早教机构本学期工作计划和课程营销战略书，查阅参加开放日活动的家长幼儿资料和幼儿发展评估表，其内容包括动作技能、语言能力、社会交往、认知能力、逻辑思维的阶段发展标准，对早教机构课程进行创新创意、全面强势的宣传，制定课程宣传计划书。	1. 引导查阅资料，完成工作页内容，对学生疑问进行解答。 2. 安排组长组织成员进行分工，小组制作方案。引导学生思考：你的课程特色和亮点在哪？通过哪些新颖的方式进行宣传谁。 3. 组织学生上台展示并讲解课程宣传计划书，引导学生进行评价。 4. 教师根据学生的完成质量进行点评帮助学生梳理、完善计划书。	1. 查阅资料，填写工作页： ①婴幼儿发展评价指标的维度。 ②早教机构课程的营销方法。 ③阅读该机构的工作计划。 2. 组长组织成员讨论，小组分工制作课程宣传计划书，要求具有创新、创意。 3. 小组代表展示发展计划书表，认真听他组同学进行展示。 4. 小组互评进一步总结梳理活动方案。	1. 过程性评价：参与度、主动性、在小组讨论中的表达能力和聆听技巧。同时根据其言谈举止判断其职业素养水平。 ①学生能否积极主动查阅资料，思维具有独创性。（师评） ②组内成员是否积极共同讨论（师评） ③评估表设计是否准确、标准、全面。（计分互评） 2. 成果验收：课程宣传计划书。 3. 成果评价标准、宣传方式新颖创意，利于实施。

课时： 3 课时
1. 用品（工具）：纸、笔、身高体重测量仪、软尺、握力器等。
2. 软资源：《指南》《婴幼儿教育指导书》婴幼儿阶段发展评价表、早教中心婴幼儿情况表等。
3. 教学设施：笔记本电脑、投影、音响、麦克风等。

基准学时：25 课时

1 获取信息 → 2 实施前的准备 → 3 开放日活动组织实施 → 4 过程监控及记录 → 5 评价与反馈

实施前的准备

工作子步骤	教师活动	学生活动	评价
1. 根据任务要求，撰写开放日活动方案，包括宣传稿、制作开放日议程 PPT，课程展示活动、早教中心参观路线、课程预售等，要求方案开放新颖独特，与课程负责人教师取得共识，以保证开放日的顺利开展。	1. 课前检查学生工作的完成情况，反馈总结。 2. 引导学生进行小组合作，通过思维导图方式设计开放日活动方案。 3. 组织学生上台展示并讲解活动方案，引导学生进行评价。 4. 组织学生评选优秀方案、帮助各小组完善思维导图。	1. 查阅资料，课前填写工作页： ①开放日动组织方法。 ②开放日活动的组织流程。 ③如何做到创新创意，吸引家长和幼儿。 2. 小组分工合作制定开放日活动方案的基本思路，人员安排、发言流程、场地布置、课程展示内容，内容具有全面性、创新性。 3. 小组派代表展示活动方案，要求阐述设计的思路和特色。 4. 组间相互评价，评选出优胜小组，完善本组设计。	1. 过程性评价：参与度、主动性、表达技巧、科学统筹能力。 ①学生能否积极参与活动讨论。（师评） ②人员分工、工作标准是否明确，细致，全面。（师评） ③小组是否能科学合理完成开放日活动方案。（师评） 2. 成果验收：开放日活动方案。 3. 成果评价标准：是否人员安排、组织流程是否具有创意能吸引家长、场地布置等。
课时： 2 课时 1. 用品（工具）：纸、笔等。 2. 软资源：婴幼儿园开放日方案参考资料等。 3. 教学设施：笔记本电脑、投影、音响、麦克风等。			
2. 通过搜集课程推广营销方案，预测开放日现场常见的答疑问题、意见和要求制定家长答疑手册，其内容包括家长问题的类型、应答方案，掌握课程销售创新技巧和方法，实现开放日的宣传营销目的。	1. 课前检查学生工作的完成情况，反馈总结学生学习情况。 2. 从量和质的角度，引导学生进行小组分工讨论，多维度考虑完成家长答疑手册。 3. 组织学生上台展示并讲解答疑手册，引导其他小组做好过程记录。 4. 组织进行组间评价、总结概括家长答疑手册的内容要点。	1. 课前查阅资料，课前填写工作页： ①消费者心理学的相关知识。 ②常见销售技巧和谈判方式。 ③家长现场答疑常见问题及应对方法。 2. 根据查阅内容，组长讨论和分工，完成家长答疑手册。 3. 小组派代表展示家长答疑手册，要求阐述设计的思路和特色。 4. 组间相互评价，总结梳理，完善本组设计。	1. 过程性评价：参与程度、效率、组内分工的情况、组内沟通的情况。 ①小组成员是否积极参与讨论。（互评） ②家长问题的数量。（师评） ③能否全面详细罗列，并进行分类。（集体评） ④是否对家长问题进行合理解答。 2. 成果验收：家长答疑手册。 3. 成果验收标准：要求问题涵盖内容全面、体现销售技巧和营销策略。
课时： 2 课时 1. 用品（工具）：纸、笔等。 2. 软资源：《消费者心理学特点》《家长育儿常见问题及指导》等学习资料、学习工作页等。 3. 教学设施：笔记本电脑、投影、音响、麦克风等。			

课程 6　家园共育

学习任务 4　开放日活动组织

1 获取信息　2 实施前的准备　3 开放日活动组织实施　4 过程监控及记录　5 评价与反馈

开放日活动组织实施

工作子步骤	教师活动	学生活动	评价
1. 根据已确定的开放日课程环节安排、目的、时间、地点，编制并发放开放日邀请函，布置开放日场地，准备开放日所需物质材料和设备（包括现场签到表、车辆入园指引牌等），绘制开放日组织流程图，要求保证活动顺利进行。	1. 组织学生填写工作页，对学生填写内容给予意见和指导。 2. 组织小组分工完成开放日组织流程图，进行分组指导。 3. 组织学生展示流程图，引导学生进行过程记录和评价。 4. 对学生展示过程进行评价，指导学生完善流程。	1. 查阅材料，完成工作页中的问题： ①家长接待的注意事项。 ②常见的顾客沟通技巧。 2. 小组讨论活动流程组织，设计人员分工和职责，制作开放日组织流程图。 3. 小组展示流程图，要求流利、清晰介绍本组思路。评价他组活动。 4. 组间相互评价，总结梳理，完善本组设计。	1. 过程性评价：表现力、提炼问题的准确性、组织的协调性、团队的合作性。 ① 流程图是否全面、具体。（师评） ②组内成员是否有效合作。（师评） 2. 成果验收：开放日组织流程图。 3. 成果验收标准：流程清楚、具有可视性。
课时： 2 课时 1. 硬资源：纸、笔、晨检卡、体温计、压舌板、手电筒等。 2. 软资源：《开放日邀请函》、教师礼仪手册、早教中心场地布局图等。 3. 教学设施：笔记本电脑、投影、音响、麦克风等。			
2. 根据《早教机构活动制度安排》《关于促进 3 岁以下婴幼儿照护服务发展的指导意见》和开放日活动方案，进行课程活动开放，对家长进行机构情况介绍、教育目标、课程价值、课程优惠等进行介绍和讲解，要求表达清晰流利、灵活、富有激情。	1. 调动学生查阅资料的积极性，组织填写工作页，完成工作页内容。 2. 发任务书给小组，引导学生小组进行分工角色扮演，模拟开放日过程。引导学生及时对活动过程进行调控。 3. 组织学生填写评价表，进行自评和他评。 4. 对学生活动进行总体评价，帮助学生梳理问题，完成解决方案。	1. 查阅资料完成工作页内容： ①阅读 0—3 婴幼儿发展评价表，回答问题。 ②早教中心一日活动安排表，回答问题。 2. 通过任务导向，小组成员分角色扮演，模拟组织开放日活动组织场景。要求组织有序。 3. 填写活动评价表和反思表，对他组活动评价。 4. 根据评价讨论内容，优化反思活动组织，制定解决策略。	1. 过程性评价：参与积极性。成员分工和合作性。 ①分工是否合理、具有合作性。（组间互评） ②能否规范独立填写工作页。（组间互评） ③开放日组织模拟是否有序、内容是否完整、灵活富有激情。（互评） ④能否根据评价意见进行优化。（师评） 2. 成果验收：开放日模拟组织实施。 3. 成果验收标准：家长购买课程统计结果。
课时： 8 课时 1. 用品（工具）：纸、笔等。 2. 软资源：《早教中心基本情况》《婴幼儿发展指南》《早教机构制度》早教中心一日活动安排表《婴幼儿园保育制度》《婴幼儿常见心理问题和应对策略》、工作页等。 3. 教学设施：笔记本电脑、投影、音响、麦克风等。			

基准学时：25 课时

1 获取信息　2 实施前的准备　3 开放日活动组织实施　4 过程监控及记录　5 评价与反馈

	工作子步骤	教师活动	学生活动	评价
开放日活动组织实施	3. 能根据《家长答疑手册》对家长先出提出的建议或问题，进行科学合理.灵活多角度的解答，要求能展现早教机构的专业教育理念和课程优势，向家长进行课程推广，模拟答疑组织。	1. 通过 PPT 导入，引导查阅资料完成工作页内容。 2. 巡回指导学生讨论，重点指导如何讨论问题，梳理应对机制。 3. 指导学生进行小组展示，组织学生展示讨论结果，整理答疑思路。 4. 组织小组展示成果，交流评价。 教学方法： 引导文法、小组合作。	1. 查阅资料完成工作页内容：消费者常见心理以及销售策略? 2. 小组讨论：如何碰到无法解答的问题，应该如何灵活应对家长? 3. 小组展示讨论结果和开放日议记录表的，他组观看并记录评价。 4. 根据小组互评和师评结果，完善离场组织。	1. 过程性评价：团队的合作性、主动性、效率性。 ①能否规范填写工作页。（师评） ②是否积极参与讨论，思维具有独创性。（师评） ③讨论结果具有推广和普及性。（互评） 2. 成果验收：答疑组织模拟。 3. 成果验收标准：是否记录存在问题和应对策略。
	课时： 2 课时 1. 硬资源：纸、笔、餐桌、餐布、餐具等。 2. 软资源：开放日会议记录表、工作页等。 3. 教学设施：笔记本电脑、投影、音响、麦克风等。			
过程监控及记录	1. 按照新生开放日活动方案中物质准备、场地设置、家长接待、活动过程组织进行过程监控，具有灵活解决问题的能力，确保家长和婴幼儿顺利完成活动，收集新生开放日反馈意见表，提升家长对早教机构的认同和信任。	1. 提供工作页，引导学生思考家长意见反馈表的设计格式、涵盖内容，组织学生制作反馈表。 2. 根据活动组织过程的情况，提出问题：如何优化开放日组织？指导学生讨论，提出方法。 3. 组织学生小组展示分享反馈表，进行点评。 教学方法： 任务导向法、直观演示法。	1. 根据教师提供工作，小组讨论制作开放日反馈表。 2. 通过观看活动视频和图片，小组分析讨论活动组织存在的问题。 3. 收集家长反馈表，根据结果分析内容，进行组间交流评价。 4. 小组展示分享反馈表情况，组间相互评价。	1. 过程性评价：讨论的参与度，观看的认真细致，主动提出问题。 ①问题分析的角度是否全面。（组间互评） ②组间能否积极分享记录表,并相互评价（互评） 2. 成果验收：家长意见反馈表。 3. 成果评价标准：家长意见反馈表是否能完成，包括活动满意情况和活动建议，是否有改进措施。
	课时： 1 课时 1. 用品（工具）：纸、笔等。 2. 软资源：图片和视频等。 3. 教学设施：笔记本电脑、投影、音响、麦克风等。			

学习任务 4　开放日活动组织

1 获取信息　2 实施前的准备　3 开放日活动组织实施　4 过程监控及记录　5 评价与反馈

评价及反馈

工作子步骤	教师活动	学生活动	评价
1. 汇总婴幼儿开放日的组织情况，向课程负责人反馈开放日活动组织中的问题，认真接收教师的反馈意见和进阶要求，具备反思和批判意识，完成开放日总结，提升开放日策划的创新性和实效性。	1. 启发学生对开放日活动中出现问题的反思和梳理。 2. 组织小组讨论、分工、合作，引导学生通过教师和他组意见，撰写开放日工作总结。 3. 组织学生相互评价活动总结。 教学方法： 直观展示法、讨论法。	1. 阅读材料，填写工作页：开放日工作的写作包括哪些要点？ 2. 通过小组讨论、分工、合作，整合教师和他组意见，撰写开放日工作总结。 3. 小组展示开放日总结表，简要介绍写作思路和涵盖内容。	1. 过程性评价：汇报积极性、团队合作性、语言表达的全面性。 ①是否积极主动全面地对开放日活动问题进行反思。（师评） ②能否根据教师和同学评价，改进内容。（师评） ③能否翔实、按规范撰写开放日总结。（组间互评） 2. 成果评价：开放日活动总结表。 3. 成果评价标准：总结内容是否有价值，真实反映问题。

课时： 1 课时
1. 用品（工具）：纸、笔等。
2. 软资源：活动视频和图片等。
3. 教学设施：笔记本电脑、投影、音响、麦克风等。

基准学时：25 课时

考核标准

情境描述

我校校企合作单位之一的某早教机构计划在广场筹备开一家新店，现处于筹备招生阶段。公司计划举办一场开放性亲子活动，让家长们体验早教的活动理念和组织方式，为招生销售做铺垫。我校学生正在该机构进行顶岗实习，该机构负责老师要求学生策划一次有创新、创意，有商业价值的亲子活动方案。

参考资料

实施任务时，你可以使用所有的常见教学资料，例如：工作页、教材、维修手册、个人笔记等。

评价方式

终结性考核：方案评审 + 实施过程 + 现场答辩。

任务要求

1. 分析市场定位、撰写调研报告。
2. 通过查阅资料和小组头脑风暴，设计具有创新创意的亲子活动内容和形式。
3. 活动方案策划全面、开放性强、符合法律法规政策要求、具有商业价值。
3. 活动宣传具有创意性和创造性，宣传效果好。
4. 活动准备全面细致，人员分工合理协调。
5. 活动方案灵活易调整，考虑突发情况，设置预案机制。
6. 任务过程中是否符合着装、姿态、言谈礼仪要求、注重沟通技巧和策略方法，体现应有的职业素养。

评价标准

评价项目			评分				
一级指标	二级指标具体要求		满分	组别			
				1	2	3	4
方案评审	设计思路	项目内容完整，对项目和创业环境分析全面，简要阐述项目（拟）实施的决策过程和实施	10				
		市场定位准确，符合法律法规要求和政策要求	5				
		项目申报书版面大方美观、排版创意新颖	5				
	创新创意	项目具有新颖性、创新性和可实施性，活动形式和组织方式富有创造性	10				
		方案能体现公司的教育理念和方法，具有商业模式和价值	10				
		项目（拟）实施过程根据市场环境的变化有预见性分析，有应急调整机制	10				
实施过程	组织能力	能协调组织活动现场、灵活调控	10				
	独立能力	能独立负责分工工作	5				
	效益性	项目实施能取得实际效益，为后续招生销售铺垫基础	10				
	职业素养	团队合作、善于沟通、应变能力	5				
现场答辩	现场答辩	对活动进行总结反思和评价 讲解本次策划的创新创意点 回答问题准确、有条理、表达流畅	20				
总得分							

综合评价	优秀（90—100）	良好（80—89）	一般（70—79）	合格（60—69）

课程 7 教师文案写作

学习任务 1
计划与总结的拟写
16 学时

学习任务 2
教学案例的撰写
16 学时

学习任务 3
幼儿行为观察记录
24 学时

课程目标

学习完本课程后，学生应当能够独立完成幼儿园教师岗位工作，包括各类幼儿园教育教学工作中的教学工作计划及总结、教学案例分析、幼儿行为观察及教学论文的撰写等文案工作。在工作过程中，他们可以表现出较强人应变能力、较高的写作技巧，以科学的态度搜集资料，总结写作规律，文案写作规范、严谨理性，尊重他人研究成果，坚持职业操守，体现职业素养。

具体目标：

1. 能够说出幼儿园常见文案种类及其要点。
2. 熟悉幼儿园各类计划和总结的文案，包括运动会、新年表演等活动的计划和总结，能够清晰阐述各活动的特点及意义；能够用案例分析活动的原则。
3. 能够合理计划、科学设计幼儿园教育学课程及教学案例写作，了解熟悉并应用新的课程观和知识观。
4. 能够清楚描述幼儿行为，还能详细记录案例，做好预防措施。
5. 能够清楚描述教育论文撰写的意义、内容、原则与要求。
6. 根据幼儿园实际工作需求及文案写作规范，进行各类文案撰写，做到主题鲜明集中、结构合理、内容与实际工作相符。
7. 能够熟悉各类实用熟悉相关信息发布平台如智慧树平台、微信群等。在整个工作过程中，应遵守幼儿园教师岗位的职业规范，坚定正确的政治立场，树立正确的世界观，价值观和人生观，以习近平新时代中国特色社会主义思想为指导，以幼儿为本，注重提升个人职业道德修养和美工制作能力。
8. 在各类文体写作过程中，严格遵守写作要求，树立规范意识；注意对前人知识产权的保护，做好借鉴引用标注。
9. 崇尚真知，能理解和掌握基本的科学原理和方法；尊重事实和证据，有实证意识和严谨的求知态度；逻辑清晰，能运用马克思主义哲学思维方式认识事物、解决问题、指导行为等。

课时：80

学习任务 4

教育论文的撰写

24 学时

课程内容

1. 幼儿园各类文案的书写格式及内容要求，做到结构合理，主题鲜明集中，内容与实际相符。
2. 班级各类计划和总结方案的设计与拟写。
3. 班级里幼儿行为观察记录的拟写及应对措施文案的写作。
4. 班级教育教学的案例，包括活动的目标、内容选择、活动安全等各个环节。
5. 教育论文的写作。
6. 将幼儿园各类文案相关信息发布到一些平台。
7. 论文的查重工作，保护他人知识产权。
8. 以马克思主义思想为指导，对各类文案写作进行技术思想的把控。

学习任务 1　计划与总结的拟写

任务描述

学习任务学时：16 课时

任务情境

王 ×× 等是某校幼教专业的毕业班学生，被学校安排到某幼儿园去顶岗实习一学期。王 ×× 的工作岗位是中一班的副班，协助班主任王老师进行日常班级管理、教学工作。开学初，王老师安排王 ×× 根据幼儿园、班组的学期工作计划，初步拟定本班的学期教学工作计划，一周内完成。

为期半年的顶岗实习时间在忙碌而充实的工作中临近结束，王 ×× 等同学在实习岗位上，参与了中一班的保教活动及幼儿教师职业能力比赛，例如：家园共建活动，班级主题活动，班级主题环境、区角环境、游戏环境创设比赛，教师、幼儿新操展示比赛等。为更好地反思工作，总结经验与不足，幼儿园要求王 ×× 在一周内完成一篇顶岗实习工作总结。

具体要求见后页。

××年工作总结

工作流程和标准

工作环节 1　获取信息　1

1. 根据教师提供幼儿园、班组的学期工作计划，明确计划、总结的完成时间、质量要求，制定学习计划、总结的学习目标和时间表。
2. 根据教师文案写作能力要求，搜集关于幼儿园教师教学工作计划、工作总结的范例，明确计划、总结的概念、种类，形成计划、总结范例集。

主要成果：

1. 小组学习计划、总结的学习目标和时间表
2. 教学计划、实习总结范例集

工作环节 2　实施准备　2

根据上周制定的学习计划、总结学习目标和时间表准备好教材、写作练习本等学习资源。具体如下：

1. 获取幼儿园、班组的学期工作计划，分析该学期教师教学工作的主要内容和活动安排，列出青青近半年实习工作、活动的清单。
2. 根据已收集的教学计划、实习总结范例，讨论分析计划、总结的范文，写出计划、总结的含义、特点、要求的思维导图。

主要成果：

计划、总结基础知识思维导图

工作环节 3　活动实施　3

1. 根据幼儿园、班组的学期工作计划及计划的格式、要求，拟写幼儿园教师教学工作计划。产生一个成果：幼儿园工作计划（初稿）。
2. 根据青青近半年的实习情况及总结的格式、要求，拟写工作总结（初稿）。

主要成果：

1. 幼儿园教师教学工作计划（初稿）
2. 幼儿园实习工作总结（初稿）

工作环节 4

过程控制

4

考核各组同学幼儿园教师教学工作计划、实习工作总结是否根据制定的学习目标和任务顺利完成，检验拟写的计划是否具体、详细，措施是否得当，检验拟定的总结是否对整个工作有总结、反思作用。检查计划、总结的写作是否做到格式规范，结构清晰有条理，语言是否表达清楚、准确，根据小组、教师的反馈，进行修改，形成定稿。

主要成果：

1. 教学工作计划定稿
2. 实习工作总结定稿

工作环节 5

评价反馈

5

汇总学生完成的教学工作计划、总结定稿，张贴、展示、点评。完成个人、小组、教师评分表，提升幼儿教师的写作水平和能力。

主要成果：

计划、总结写作的评分表

学习内容

知识点	1.1 教学计划、总结的概念 1.2 计划、总结的种类	2.1 教学工作总结的方法	3.1 教学计划的种类 3.2 教学总结的种类 3.3 教学计划、总结的范文
技能点	1.1 能明教学计划、总结的概念 1.2 能区分计划、总结的种类	2.1 能围绕学习任务搜集信息 2.2 能根据学习目标制定学习计划	3.1 能正确区分计划、总结的种类 3.2 能根据要求搜集、整理信息
工作环节	工作环节 1 获取信息		实施前准备 工作环节 2
成果	1.1 小组学习计划、总结写作的学习目标和时间表	2.1 教学计划、实习总结范例集	3.1 计划、总结基础知识思维导图
素养	1.1 信息处理能力	2.1 文字表达能力	3.1 沟通表达能力

学习任务 1　计划与总结的拟写

4.1 教学工作计划的格式 4.2 教学工作计划的写法	5.1 教学工作总结的格式 5.2 教学工作总结的写法	6.1 计划写作的注意事项 6.2 总结写作的注意事项	7.1 教学工作计划、总结的定稿 7.2 教学工作计划、总结的反思
4.1 能清楚写作要求和任务 4.2 能根据要求拟写计划 4.3 能用词准确、语句通顺	5.1 能清楚写作要求和任务 5.2 能根据要求拟写总结 5.3 能用词准确、语句通顺	6.1 能理解反馈意见 6.2 梳理反馈信息 6.3 根据建议修改初稿	7.1 能汇总写作过程遇到的问题 7.2 能提出解决问题的思路 7.3 能把握一篇好的计划、总结的写作要素
工作环节 3 活动的组织实施		工作环节 4 过程监控及记录	工作环节 5 评价反馈
4.1 教学工作计划初稿	5.1 实习工作总结初稿	6.1 计划、总结的定稿	7.1 教学工作计划、总结评分表
4.1 文字理解能力	5.1 书面文字表达能力		

课程 7 教师文案写作

学习任务 1 计划与总结的拟写

1 获取信息 → 2 实施前的准备 → 3 活动的组织实施 → 4 过程监控及记录 → 5 评价与反馈

获取信息

工作子步骤	教师活动	学生活动	评价
1. 根据教师提供幼儿园、班组的学期工作计划，明确计划、总结的完成时间、质量要求，制定学习计划、总结的学习目标和时间表。	1. 展示范文。 2. 提供《教师文案写作》计划、总结的学习 PPT，指导学生进行阅读。 3. 布置任务，组织学生结合实际讨论计划、总结的概念、实用性、种类，以思维导图的形式展示。 4. 引导、鼓励学生展示。 5. 答疑，讲解难点。 6. 小结，引导学生表达本次任务的收获，点评学生的表现。 教学方法： 直观展示法、讲授法、任务驱动法、启发法。	1. 看范文，对计划、总结有初步直观的认识 。(5 分钟) 2. 阅读《教师文案写作》有关计划、 总结的概念、作用。(15 分钟) 3. 根据上述 PPT 的学习，理清幼儿教师计划、总结写作的概念、作用。 (20 分钟) 4. 学生记录并展示笔记（思维导图形式）。(30 分钟) 5. 师生小结、学生小结：点评学生小组完成的目的和时间表。(10 分钟)	1. 过程性评价：参与度、主动性、在小组讨论中的表达能力和聆听技巧。同时根据其言谈举止判断其职业素养水平。 ①学生能否积极主动查阅资料，共同完成小组学习任务。（师评） ②组内成员是否积极共同讨论。（师评） ③模拟操作是否准确、标准、全面。(计分互评) ④能否协同合作完成小组的课堂展示作业。(师评) 2. 成果验收：小组学习计划、总结的学习目标和时间表。 3. 成果评价标准：要求要点清晰、明确，内容要全面、具体、标准。
课时： 2 课时 1. 用品（工具）：纸、笔、教材、笔记本等。 2. 软资源：《教师文案写作》参考教材、《应用文写作训练》等。 3. 教学设施：笔记本电脑、投影、音响、麦克风等。			
2. 根据教师文案写作能力要求，搜集关于幼儿园教师教学工作计划、工作总结的范例，明确计划、总结的概念、种类，形成计划、总结范例集。	1. 展示上述学生的思维导图。 2. 提供《教师文案写作》计划、总结的学习 PPT。 3. 布置任务，讨论如何学好这一任务。 4. 指导小组制定本次学习任务的计划。 5. 组织小组互评，参与讨论，整理学习计划、总结写作的“学习计划”(目标、措施、时间安排)。	1. 回顾上次课内容。(5 分钟) 2. 根据上述知识点的小结，对照自己的情况，说说对计划、总结写作的想法看法。(10 分钟) 3. 小组讨论，探讨如何学好这门课程，并写在卡纸上。(25 分钟) 4. 搜集计划、总结的范文。(20 分钟) 5. 通过小组展示，筛选优秀的范文，形成范例集。(10 分钟)	1. 过程性评价：参与度、主动性、在小组讨论中的表达能力和聆听技巧。同时根据其言谈举止判断其职业素养水平。 ①学生能否积极主动查阅资料，共同完成小组学习任务。（师评） ②组内成员是否积极共同讨论。（师评） ③模拟操作是否准确、标准、全面。(计分互评) ④能否协同合作完成小组的课堂展示作业。(师评) 2. 成果验收：教学计划、实习总结范例集。 3. 成果评价标准：要求要点清晰、明确，内容要全面、具体、标准。

	工作子步骤	教师活动	学生活动	评价
获取信息		6. 小结，引导学生表达本次学生的收获。 教学方法： 直观展示法、讲授法、任务驱动法、启发法。	6. 小结，了解作业。（10 分钟）	

课时： 2 课时
1. 用品（工具）：纸、笔、教材、笔记本等。
2. 软资源：《教师文案写作》参考教材、《应用文写作训练》等。
3. 教学设施：笔记本电脑、投影、音响、麦克风等。

	工作子步骤	教师活动	学生活动	评价
实施前的准备	1. 获取幼儿园、班组的学期工作计划，分析该学期教师教学工作的主要内容和活动安排，根据已收集的教学计划、实习总结范例，讨论分析计划、总结的范文，写出计划、总结的含义、特点、要求的思维导图。	1. 提出问题，要求学生围绕如何才能写好计划、总结等展开讨论。（提醒翻阅教辅资料） 2. 展示范文。 3. 播放 PPT，提出问题，引导学生整理笔记，理清知识点、技能要求。 4. 组织学生讨论。 5. 布置任务，并提供评估表。 了解学生的应用文写作中文字表达基本能力。 教学方法： 案例教学法、讨论、角色扮演法。	1. 查阅教辅资料，阅读幼儿园的工作计划，了解计划、总结的表达、结构、特点和要求。（10 分钟） 2. 观看并讨论范文。（10 分钟） 3. 观看教学 PPT，整理应用文。（20 分钟） 4. 各组检查笔记。（10 分钟） 5. 小组讨论，归总罗列计划、总结的特点、要求。（10 分钟） 派代表展示。（20 分钟） 6. 小组讨论，填写评估表。（10 分钟） 互评现有的写作能力、水平。（10 分钟） 小组代表发言，提出学习提高的对策。（20 分钟） 7. 师生小结、小组讨论，列出自己有待提升的方面。（20 分钟） 小结：如何学好应用文写作？（10 分钟） 8. 了解课后任务。（10 分钟）	1. 过程性评价：参与度、主动性、表达技巧、要点的识别能力。 ①学生能否积极主动查阅设备使用说明。（师评） ②人员分工、工作标准是否明确，细致，全面。（师评） ③小组是否能完善填写设备检查表。（师评） 2. 成果验收：半年实习工作活动清单。 教学计划、总结的范例集。 3. 成果评价标准：清晰、准确、整洁。

课时： 4 课时
1. 用品（工具）：纸、笔、教材等。
2. 软资源：应用文写作的基础能力教学 PPT，参考范文等。
3. 教学设施：笔记本电脑、投影、音响、麦克风等。

学习任务 1　计划与总结的拟写

1 获取信息　2 实施前的准备　3 活动的组织实施　4 过程监控及记录　5 评价与反馈

	工作子步骤	教师活动	学生活动	评价
活动的组织实施	1. 根据幼儿园、班组的学期工作计划及计划的格式、要求，拟写幼儿园教师教学工作计划。产生一个成果：幼儿园工作计划（初稿）。	1. 提供、展示几份教学计划的范本。 2. 引导学生了解计划的格式。 3. 播放 PPT，投影计划的结构与写法。 4. 提供写作要求，指导学生拟写教学计划。 5. 继续指导学生拟写教学计划。 6. 引导互评。 教学方法： 案例教学法、讨论、角色扮演法。	1. 查阅教辅资料，了解教学工作计划的格式。 2. 阅读范文，能区分几点格式。（10 分钟） 3. 观看教学 PPT，进一步学习计划的写法。（10 分钟） 4. 根据要求，进行教学计划的拟写过程。（20 分钟） 5. 继续完成教学计划的拟写。（20 分钟） 6. 展示完成的计划文本完成情况。（10 分钟） 7. 交换阅读，提出建议。（10 分钟）	1. 过程性评价：参与度、主动性、表达技巧、要点的识别能力。 ①学生能否积极主动查阅设备使用说明。（师评） ②人员分工、工作标准是否明确，细致，全面。（师评） ③小组是否能完善填写设备检查表。（师评） 2. 成果验收：教学工作计划的初稿。 3. 成果评价标准：清晰、准确、整洁。
活动的组织实施	**课时：** 2 课时 1. 用品（工具）：纸、笔、教材等。 2. 软资源：应用文写作基础、教学 PPT、参考范文等。 3. 教学设施：笔记本电脑、投影、音响、麦克风等。			
活动的组织实施	2. 根据青青近半年的实习情况在符合工作总结的格式、要求下，拟写工作总结。（初稿）	1. 考勤，安全教育。 2. 布置任务，展示范文，组织学习教学工作总结格式。 3. 提供材料，指导学生拟写实习工作总结。 4. 组织学生组间互评，梳理总结写作要点。 教学方法： 讲述法、任务驱动法、范文示范法。	1. 做好课前准备笔、纸、作业本。（5 分钟） 2. 小组领取任务，查阅资料，了解工作总结的格式。（10 分钟） 3. 根据提供的材料，拟写实习工作总结。（25 分钟） 4. 继续拟写工作总结。（30 分钟） 5. 展示完成的总结文本完成情况，交换阅读，提出建议。（10 分钟）	1. 过程性评价：参与积极性、团队的合作性。 ①思考问题是否全面、观点表述是否清晰。（组间互评） ②能否规范独立填写工作页。（组间互评） ③能否独立完成总结的拟写。（互评） ④能否根据评价意见进行优化。（师评） 2. 成果验收：实习工作总结初稿。 3. 成果验收标准：总结写作格式规范、结构完整，表达准确。
活动的组织实施	**课时：** 2 课时 1. 用品（工具）：纸、笔等。 2. 软资源：参考教材、任务书、工作页等。 3. 教学设施：笔记本电脑、投影、音响、麦克风等。			

	工作子步骤	教师活动	学生活动	评价
过程监控及记录	1. 考核各组同学幼儿园教师教学工作计划、实习工作总结完成情况，根据小组、教师的反馈，进行修改，形成定稿。	1. 考勤，安全教育。 2. 布置任务，观察各组的互评过程。 3. 点评学生完成的初稿，提出修改意见，引导学生思考讨论。 4. 组织学生组间互评，梳理总结写作要点。 教学方法： 讲述法、任务驱动法、范文示范法。	1. 做好课前准备笔、纸、作业本。（5 分钟） 2. 小组互评已写好的计划、总结。（10 分钟） 3. 听取教师的修改意见： ①教师工作总结的格式。 ②教师工作总结的写法指导。（25 分钟） 4. 小组领取任务：根据修改意见，重写计划、总结，形成修改稿。（35 分钟） 5. 组间进行展示、相互评价。（5 分钟）	1. 过程性评价：讨论的参与度，观看的认真细致，主动提出问题。 ①对视频能否做出合理的评价。（组间互评） ②组间能否积极分享记录表，并相互评价。（互评） 2. 成果验收：计划、总结写作定稿。 3. 成果评价标准：总结写作格式规范、结构完整，表达准确。
	课时： 2 课时 1. 用品（工具）：纸、笔等。 2. 软资源：视频、活动记录表等。 3. 教学设施：笔记本电脑、投影、音响、麦克风等。			
评价及反馈	1. 汇总学生完成的教学工作计划、总结定稿，张贴展示，评。完成个人、小组、教师评分表，提升幼儿教师的写作水平和能力。	1. 考勤，安全教育。 2. 布置任务，展示、回顾、反思启发学生对学习活动中出现问题的反思和梳理。 3. 鼓励学生大胆发言，表达自己的感受、想法。 4. 指导小组进行小结，填写学习反思表。 5. 小结，回收评价反思表。 教学方法： 直观展示法、讨论法归纳法。	1. 做好课前准备笔、纸、作业本。（5 分钟） 2. 张贴作品，请小组代表上台发言 内容：回顾计划、总结的学习和写作工程，说说遇到自己遇到的难点，是如何解决的？（35 分钟） 3. 填写评分表。（20 分钟） 4. 师生小结。（10 分钟）	1. 过程性评价：汇报积极性、团队合作性、语言表达的全面性。 ①是否积极主动全面地对早上活动问题进行反思。（师评） ②能否按要求将问题进行归类，提出意见和建议。（师评） ③能否翔实地填写评价反思表。（组间互评） 2. 成果评价：计划、总结的评价表。 3. 成果评价标准：学生反馈意见是否有针对性、实效性，评价反思表问题捕捉是否准确。反思表内容是否真实反映问题。
	课时： 2 课时 1. 用品（工具）：纸、笔等。 2. 软资源：视频、评价反思表等。 3. 教学设施：笔记本电脑、投影、音响、麦克风等。			

学习任务 2　教学案例的撰写

任务描述

学习任务学时：16 课时

任务情境

王 ×× 等几位同学是某校幼教专业的毕业班学生，被学校安排到某幼儿园去顶岗实习一学期。王 ×× 的工作岗位是中一班的副班，协助班主任王老师进行日常班级管理、教学工作。为提升教师们的教研能力，幼儿园决定举办教师教学案例比赛活动，在这几个月的实习工作中，王 ×× 也有许多的感触、收获。在王老师的鼓励下，王 ×× 决定撰写一篇教学案例，参加幼儿园的教学案例比赛。

具体要求见后页。

教学案例

工作流程和标准

工作环节 1

获取信息

1

1. 根据幼儿园发放的教学案例比赛通知，明确教学案例比赛的时间、要求，搜集资料，学习教学案例写作的含义、特点等基础知识，绘制思维导图。
2. 回顾幼儿园工作半年来的历程，列出幼儿园工作与教学案例相关的内容，搜集教学案例的范例，形成小组范文集。

主要成果：

1. 教学案例的基础知识思维导图
2. 教学案例的范文集

工作环节 2

实施准备

2

1. 获取幼儿园发布的教学案例比赛通知，分析该学期自己的实习工作内容，筛选信息，确定案例的选材、主题。
2. 根据上周收集的教学案例范文集，查阅教辅资料，分析教学案例的特征、要素。

主要成果：

教学案例的各要素总结

学习任务 2　教学案例的撰写

工作环节 3

活动组织实施

1. 根据搜集的资料、范文，讨论教学案例的原则、类别、写作格式，形成教学案例写法的思维导图。
2. 根据教学案例比赛通知下，依据教学案例的格式要求，确定教学案例的选材、主题，撰写一份教学案例。

主要成果：

1. 教学案例写法思维导图
2. 教学案例初稿

工作环节 4

过程控制

根据考核表，考核各组同学的教学案例撰写完成情况，检查教学案例的初稿、准确，格式是否规范，语言表达是否清楚，结构是否清晰有条理，督促学生根据小组、教师的反馈，进行修改，形成定稿。

主要成果：

教学案例的定稿

工作环节 5

评价反馈

汇总学生修改完成的教学案例，张贴展示优秀教学案例作品，引导互评，进一步分享教学案例的格式、类型、结构、语言表达等方面的优点 / 不足。完成评价反思表，促进学习效果，提升写作能力。

主要成果：

学习评价表

学习内容

知识点	1.1 什么是教学案例 1.2 教学案例的适用情况 1.3 写好教学案例的含义、特点、意义	2.1 青青实习工作主要内容 2.2 幼儿园教学案例的范文	3.1 教学案例的选材、主题 3.2 教学案例的要素	4.1 优秀教学案例赏析 4.2 教学案例的特征
技能点	1.1 能明确学习要求 1.2 能理解并介绍教学案例的含义	2.1 围绕学习任务搜集信息 2.2 能简洁表达自己的想法	3.1 能用简洁、准确的文字表达意思 3.2 能复述教学案例的特征	4.1 能阅读范文，提取有用信息 4.2 能介绍教学案例的要素
工作环节	工作环节 1 获取信息		工作环节 2 实施前准备	
成果	1.1 教学案例的基础知识思维导图	2.1 教学案例范文集	3.1 教学案例各要素总结	4.1 教学案例的特征、要素
素养	1.1 信息处理能力	2.1 语言表达能力		4.1 沟通协调能力

学习任务 2　教学案例的撰写

5.1 教学案例的原则 5.2 教学案例的种类 5.3 教学案例的格式	6.1 教学案例的结构 6.2 教学案例的写法	7.1 互评初稿，对他人作品提出修改意见 7.2 理解他人的评价，修改自己的初稿	8.1 展示教学案例定稿 8.2 教学案例写作的反思
5.1 能把握教学案例的原则 5.2 能区分教学案例的种类 5.3 能识记教学案例的格式	6.1 能清楚写作要求和任务 6.2 能根据材料撰写教学案例 6.3 能用词准确、语句通顺	7.1 能理解反馈意见 7.2 归纳梳理反馈信息 7.3 根据建议修改初稿	8.1 能汇总写作过程遇到的问题 8.2 能提出解决问题的思路 8.3 能把握一篇优秀的教学案例的要素
工作环节 3 活动的组织实施		工作环节 4 过程监控及记录	工作环节 5 评价反馈
5.1 教学案例写法的思维导图	6.1 教学案例初稿	7.1 教学案例的定稿	8.1 学习评价表

学习任务 2　教学案例的撰写

1 获取信息　2 实施前的准备　3 活动的组织实施　4 过程监控及记录　5 评价与反馈

获取信息

工作子步骤	教师活动	学生活动	评价
1. 根据幼儿园发放的教学案例比赛通知，明确教学案例比赛的时间、要求，搜集资料，学习教学案例写作的含义、特点等基础知识，绘制思维导图。	**考勤，安全教育** 1. 展示几篇范文。 2. 投影《教学案例的撰写》PPT，说明本次任务的学习安排和要求。 3. 布置任务，组织学生结合实际讨论教学案例在幼儿园教师岗位中的需要和要求。 4. 引导、鼓励学展示。 5. 答疑，讲解难点。 6. 小结，引导学生表达本次学生的收获，点评学生的表现。 教学方法： 直观展示法、讲授法、任务驱动法、启发法。	**学习准备** 1. 看范文，对教学案例有初步直观的认识。（5 分钟） 2. 阅读《教师文案写作》有关教学案例的概念、种类、作用。（15 分钟） 3. 根据上述 PPT 的学习要求，讨论：幼儿教师在哪些情况下需要撰写教学案例？并派代表分享（20 分钟） 4. 小组讨论：什么是教学案例，以思维导图形式呈现。 5. 学生展示并说明什么是教学案例。（20 分钟） 6. 师生小结、学生小结：点评学生小组完成的思维导图展示。（10 分钟）回顾　（5 分钟）	1. 过程性评价：参与度、主动性、在小组讨论中的表达能力和聆听技巧。同时根据其言谈举止判断其职业素养水平。 ①学生能否积极主动查阅资料，共同完成小组学习任务。（师评） ②组内成员是否积极共同讨论。（师评） ③模拟操作是否准确、标准、全面。（计分互评） ④能否协同合作完成小组的课堂展示作业。（师评） 2. 成果验收：教学案例的基础知识思维导图。 3. 成果评价标准：要求要点清晰、明确，内容要全面、具体、标准。
课时： 2 课时 1. 用品（工具）：纸、笔、教材、笔记本等。 2. 软资源：《教师文案写作》参考教材、《应用文写作训练》等。 3. 教学设施：笔记本电脑、投影、音响、麦克风等。			
2. 回顾幼儿园工作半年来的历程，列出幼儿园工作与教学案例相关的内容，搜集教学案例的范例，形成小组范文集。	1. 回顾，导入。 2. 投影《教学案例的撰写》教学 PPT。 3. 布置任务，讨论为什么要写好教学案例。（好处、意义分条列项表达） 4. 布置任务，讨论如何学好这一任务。	1. 根据上述有关教学案例的含义及幼儿教师教学案例撰写的要求，讨论写教学案例的目的和意义。（20 分钟） 2. 讨论：对照自己的情况，说说对教学案例撰写的学习存在的困难和挑战。（15 分钟） 3. 结合小组及个人情况，制定学习教学案例写作的学习目标和时间表。（20 分钟） 4. 通过小组展示，明确教学案例撰写的学习目标和任务，制定教学案例撰写计划。（15 分钟）	1. 过程性评价：参与度、主动性、在小组讨论中的表达能力和聆听技巧。同时根据其言谈举止判断其职业素养水平。 ①学生能否积极主动查阅资料，共同完成小组学习任务。（师评） ②组内成员是否积极共同讨论。（师评） ③模拟操作是否准确、标准、全面。（计分互评） ④能否协同合作完成小组的课堂展示作业。（师评）

	工作子步骤	教师活动	学生活动	评价
获取信息		5. 组织小组互评，参与讨论，整理学习计划、总结写作的“学习计划”（目标、措施、时间安排）。 6. 小结，引导学生表达本次学生的收获。 教学方法： 直观展示法、讲授法、讨论法、启发法。	5. 小结，了解作业。(10 分钟)	2. 成果验收：每组搜集 2 篇教学案例的范文。 3. 成果评价标准：要求要点清晰、明确，内容要全面、具体、标准。
	课时： 2 课时 1. 用品（工具）：纸、笔、教材、笔记本等。 2. 软资源：《教师文案写作》参考教材、《应用文写作训练》等。 3. 教学设施：笔记本电脑、投影、音响、麦克风等。			
实施前的准备	1. 获取幼儿园发布的教学案例比赛通知，分析该学期自己的实习工作内容，筛选信息，确定案例的选材、主题。 2. 根据上周收集的教学案例范文集，查阅教辅资料，分析教学案例的特征、要素。	**考勤和安全教育：** 1. 提出问题，要求学生围绕如何教学案例的选材、主题展开讨论(提醒翻阅教辅资料)。 2. 展示范文，引导理解知识点。 3. 播放 PPT，提出问题，引导学生整理笔记，理清知识点、技能要求。 4. 组织学生讨论。引导学生理解教学案例的特征、要素。 5. 布置任务，展示不同类型的案例范文，归纳教学案例的特征、要素。 6. 小结。 教学方法： 案例教学法、讨论、角色扮演法。	**学习准备：** 交齐手机，备好纸笔、参考书。 1. 根据搜集实习工作内容，讨论确定案例的选材、主题。(10 分钟) 2. 讨论：结合范文说说教学案例有哪些特征，写在卡片上。(10 分钟) 3. 观看教学 PPT，整理教学案例知识点。(20 分钟) 4. 各组检查笔记。(10 分钟) 5. 小组讨论，归纳教学案例的几大要素。(10 分钟) 派代表展示 (20 分钟) 6. 小组讨论， 阅读范文，指出范文中的写作要素分别有哪些。(40 分钟) 互评现有的写作能力、水平。(15 分钟) 制定小组学习分工、时间表。(15 分钟) 7. 师生小结布置作业。(10 分钟)	1. 过程性评价：参与度、主动性、表达技巧、要点的识别能力。 ①学生能否积极主动查阅设备使用说明。（师评） ②人员分工、工作标准是否明确，细致，全面。（师评） ③小组是否能完善填写设备检查表。（师评） 2. 成果验收：教学案例的选材、主题。教学案例的特征及要素。 3. 成果评价标准：清晰、准确、整洁。
	课时： 4 课时 1. 用品（工具）：纸、笔、教材等。 2. 软资源：应用文写作基础、教学 PPT、参考范文等。 3. 教学设施：笔记本电脑、投影、音响、麦克风等。			

学习任务 2 教学案例的撰写

1 获取信息 → 2 实施前的准备 → 3 活动的组织实施 → 4 过程监控及记录 → 5 评价与反馈

活动的组织实施

工作子步骤	教师活动	学生活动	评价
1. 根据搜集的资料，范文，讨论教学案例的原则、类别，写作格式，形成教学案例写法的思维导图。	**考勤，安全教育** 1. 提出问题，要求学生围绕如何写好教学案例展开讨论。（提醒翻阅教辅资料） 2. 展示范文。 3. 播放 PPT，提出问题，引导学生整理笔记，理清知识点、技能要求。 4. 组织学生讨论。 5. 布置任务，提供问题卡片。 教学方法： 案例教学法、讨论、角色扮演法。	**学习准备** 交齐手机，备好纸笔、参考书。 1. 阅读并讨论范文。（10 分钟） 2. 查阅教辅资料，结合范文，了解教学案例写作的原则 、类别。（20 分钟） 3. 观看教学 PPT，整理知识点。（10 分钟） 4. 各组检查笔记 。（10 分钟） 5. 再次阅读范文，归纳教学案例的格式。（10 分钟） 小组代表发言 。（10 分钟） 6. 小组学习，小结教学案例的原则、类别、格式。（10 分钟）	1. 过程性评价：参与度、主动性、表达技巧、要点的识别能力。 ①学生能否积极主动查阅设备使用说明。（师评） ②人员分工、工作标准是否明确，细致，全面。（师评） ③小组是否能完善填写设备检查表。（师评） 2. 成果验收：教学案例写法的思维导图。 3. 成果评价标准：清晰、准确、整洁。
课时： 2 课时 1. 用品（工具）：纸、笔、教材等。 2. 软资源：应用文写作基础、教学 PPT、参考范文等。 2. 教学设施：笔记本电脑、投影、音响、麦克风等。			
2. 根据幼儿园的教学案例比赛通知的时间和要求、依据教学案例的格式，确定教学案例的选材、主题，撰写一份教学案例。	1. 考勤，安全教育。 2. 布置任务，展示范文，组织学生写作教学案例。 3. 指导学生参考范文、继续完成教学案例的文本。 4. 组织学生组间互评，梳理总结写作要点。 教学方法： 讲述法、任务驱动法、范文示范法。	1. 做好课前准备，笔、纸、作业本。（5 分钟） 2. 小组领取任务。（5 分钟） 3. 根据要求，拟写教学案例的文本。（30 分钟） 4. 继续完成教学案例的文本。（20 分钟） 5. 组间进行展示、相互评价。（10 分钟） 6. 师生小结。（10 分钟）	1. 过程性评价：参与积极性、团队的合作性。 ①思考问题是否全面、观点表述是否清晰。（组间互评） ②能否规范独立填写工作页。（组间互评） ③能否独立完成总结的拟写。（互评） ④能否根据评价意见进行优化。（师评） 2. 成果验收：教学案例的初稿。 3. 成果验收标准：结构完整、格式规范，表达准确。
课时： 2 课时 1. 用品（工具）：纸、笔等。 2. 软资源：参考教材、任务书、工作页等。 3. 教学设施：笔记本电脑、投影、音响、麦克风等。			

① 获取信息 ② 实施前的准备 ③ 活动的组织实施 ④ 过程监控及记录 ⑤ 评价与反馈

	工作子步骤	教师活动	学生活动	评价
过程监控及记录	1. 根据考核表，考核各组同学的教学案例撰写完成情况，检查教学案例的初稿语言表达是否清楚、准确，格式是否规范，结构是否清晰有条理，督促学生根据小组、教师的反馈，进行修改，形成定稿。	1. 考勤，安全教育。 2. 布置任务，观察各组的互评过程。 3. 点评学生完成的初稿，提出修改意见，引导学生思考讨论。 4. 组织学生组间互评，梳理并小结教学案例的几种写作几种常用格式。 教学方法： 讲述法、任务驱动法、范文示范法、归纳法。	1. 做好课前准备，笔、纸、作业本。（5 分钟） 2. 小组互评已写好的计划总结。（10 分钟） 3. 听取教师的修改意见： ①教师工作总结的格式。 ②教师工作总结的写法指导。（25 分钟） 4. 小组领取任务：根据修改意见，重写教师教学工作计划、总结，形成定稿。（35 分钟） 5. 组间进行展示、相互评价。（5 分钟）	1. 过程性评价：讨论的参与度，观看的认真细致，主动提出问题。 ①对视频能否做出合理的评价。（组间互评） ②组间能否积极分享记录表，并相互评价。（互评） 2. 成果验收：教学案例的定稿。 3. 成果评价标准：教学案例写作格式规范、结构完整，表达准确。
	课时： 2 课时 1. 用品（工具）：纸、笔等。 2. 软资源：视频、活动记录表等。 3. 教学设施：笔记本电脑、投影、音响、麦克风等。			
评价及反馈	1. 汇总学生修改完成的教学案例，张贴展示优秀的教学案例作品，引导互评，进一步分享教学案例的格式、类型、结构、语言表达等方面的优点 / 不足。完成评价反思表，促进学习效果，提升写作能力。	1. 考勤，安全教育。 2. 布置任务，展示、回顾、反思。启发学生对学习活动中出现问题的反思和梳理。 3. 归纳教学案例撰写的注意事项，鼓励学生大胆发言，表达自己的感受、想法。 4. 指导小组进行小结，填写学习反思表。 5. 小结，回收评价反思表。 教学方法： 直观展示法、讨论法、归纳法。	1. 做好课前准备，笔、纸、作业本。（5 分钟） 2. 张贴作品，请小组代表上台发言。 内容：回顾教学案例的学习和写作过程，说说遇到自己遇到的难点，是如何解决的？（35 分钟） 3. 汇总教学案例撰写的注意事项。（20 分钟） 4. 填写学习反思。（20 分钟）	1. 过程性评价：汇报积极性、团队合作性、语言表达的全面性。 ①是否积极主动全面地对早上活动问题进行反思。（师评） ②能否按要求将问题进行归类，提出意见和建议。（师评） ③能否翔实地填写评价反思表。（组间互评） 2. 成果评价：教学案例撰写评价表。 3. 成果评价标准：学生反馈意见是否有针对性、实效性，评价反思表问题捕捉是否准确。反思表内容是否真实反映问题。
	课时： 2 课时 1. 用品（工具）：纸、笔等。 2. 软资源：视频、评价反思表等。 3. 教学设施：笔记本电脑、投影、音响、麦克风等。			

学习任务 3　幼儿行为观察记录

任务描述

学习任务学时：24 课时

任务情境

广州市某幼儿园中 B 班何小朋友注意力分散，行为较差，一日活动中，总是游走在集体之外，想做什么就做什么，还会离开座位，或者影响同伴，没有规则意识，现需要对其行为进行观察以提高保教效果。行为观察要求符合该幼儿身心健康发展特点，有实施的文案，能正确引导该幼儿的问题。该园年级教研主任委托我们校企双制班的学生，以小组为单位，利用 4 周左右的时间，观察和记录该幼儿的行为表现。我院专业教师认为我院学生有能力完成该任务，带领同学们共同完成。

具体要求见后页。

观察、
记录

工作流程和标准

工作环节 1

获取信息

1

1. 认真听取幼儿园年级教研组长或专业教师对何小朋友行为的描述，阅读案例并作适当标记，记录工作过程需要提交的阶段性成果和提交成果的截止日期。
2. 查找资料，观看相关教育类视频，阅读参考材料，根据资料或教材内容， 确定观察记录写作书写格式及内容要求。做到结构合理，主题鲜明集中，内容与实际相符。
3. 校企双制班到幼儿园中 B 班上对何小朋友进行实际观察，实际观察后再对案例进行准确的记录，并着手写文案。

主要成果：

该幼儿行为问题记录

工作环节 2

制定计划

2

根据幼儿园教育活动计划及幼儿的年龄特点和实际情况，与幼儿主班老师商定，制作观察幼儿行为记录表。

主要成果：

何小朋友行为观察进度计划表

学习任务 3　幼儿行为观察记录

工作环节 3

活动实施 3

根据幼儿行为观察记录要求对案例进行分析及总结。

主要成果：

何小朋友观察记录

工作环节 4

过程监控记录 4

控制写作要求过程，根据何小朋友行为观察进度计划表进一步规范幼儿行为观察，要求对记录表的书写格式及内容进行控制。做到结构合理，主题鲜明集中，内容与实际相符。

主要成果：

观察记录定稿

工作环节 5

评价反馈 5

根据学生学习态度，学习成果（文本质量），工作过程中职业素养三大方面进行综合评价，完成综合评价反馈表。

主要成果：

幼儿观察记录评价反馈表

学习内容

知识点	1.1 幼儿行为观察的意义、内容、原则与要求 1.2 幼儿行为观察记录并对案例进行分析及进行预防措施 1.3 当前幼儿园行为存在的问题 1.4 科学设计幼儿园教育幼儿课程及教育教学的反思	2.1 中班幼儿身心健康发展特点 2.2 对该幼儿的行为观察记录 2.3 幼儿园常见行为问题的应对措施
技能点	1.1 能够清楚描述观察记录的意义、内容、原则与要求及一般应对措施 1.2 能准描述该当前幼儿存在的行为问题 1.3 能针对该幼儿行为合理选择教育措施	2.1 能准确分析该文案中幼儿的行为并找出原因 2.2 按要求准备文案写作所需材料 2.3 能根据文案撰写原则列好写作提纲
 工作环节	工作环节 1 获取信息	实施准备 工作环节 2
成果	1.1 幼儿行为问题记录	2.1 何小朋友行为观察进度计划表
素养	1.1 语言表达能力	2.1 信息处理能力

学习任务 3　幼儿行为观察记录

3.1 观察记录写作要点 3.2 汉语言语法规则	4.1 幼儿园教师文书撰写的基本规范， 明确观察记录写作要点及注意事项	5.1 观察记录评价维度及标准
3.1 能对案例进行分析及总结 3.2 能在提纲的基础上撰写成文	4.1 能进一步规范观察记录的书写格式，及内容要求。做到主题鲜明集中，内容与实际相符	5.1 能汇总本次论文写作中存在的问题 5.2 能清晰地梳理以上问题并归类 5.3 能针对以上问题提出改进措施 5.4 能正确填写评价反馈表
工作环节 3 活动实施	**工作环节 4** 过程监控及记录	**工作环节 5** 评价反馈
3.1 何小朋友观察记录	4.1 何小朋友观察记录定稿	5.1 观察记录写作反思表
3.1 写作能力		5.1 归纳能力、创新能力

课程 7 教师文案写作

学习任务 3 幼儿行为观察记录

1 获取信息 → 2 实施前的准备 → 3 活动实施 → 4 过程监控及记录 → 5 评价与反馈

	工作子步骤	教师活动	学生活动	评价
获取信息	1. 根据幼儿教师或教研组长的描述，结合在该班的实际观察情况和幼儿观察记录文案的格式等的要求，详细记录幼儿的行为。	1. 提供该幼儿近一个月的各种行为问题记录材料，指导学生进行阅读， 简单罗列该幼儿行为问题。 2. 组织学生观看幼儿行为问题观察的教育视频，提出观看的重点和要求。 3. 巡回指导学生如何筛选有用信息。 4. 组织学生上台展示并阐述要点引导学生进行评价。 5. 教师根据学生的完成质量进行点评帮助学生梳理、完善 该幼儿行为问题。 教学方法： 引导文法、视频案例分析法、讨论法。	1. 听取该班主班老师及教研组长对于该幼儿行为的描述。（20 分钟） 2. 学习幼儿园行为观察记录等教育类视频及资料，通过讨论及头脑风暴的方式总结 幼儿园幼儿普遍存在的行为问题。(2 课时) 3. 小组分工合作梳理归纳总结该幼儿行为问题。(20 分钟) 4. 分组展示小组合作学习成果，并请代表阐释。(20 分钟) 5. 师生讨论，进一步明确幼儿行为问题记录表。(20 分钟)	1. 过程性评价：参与度、主动性、表达技巧、要点的识别能力。 ①学生能否积极主动查阅资料，归纳总结该幼儿行为存在的问题。（师评） ② 幼儿的行为问题表述是否客观准确，应对教育措施是否得当。（互评） ③小组是否能完善观察记录表。（师评） 2. 成果验收：幼儿行为问题观察记录。 3. 成果评价标准：所罗列事实清楚，全面准确，教育反思有针对性。
	课时： 4 课时 1. 用品（工具）：纸、笔等。 2. 软资源：该幼儿一个月内表现记录、幼儿行为观察写作学习视频等。 3. 教学设施：笔记本电脑、投影、音响、麦克风等。			
实施前的准备	1. 根据活动信息收集过程中对该幼儿行为问题的收集，结合《指南》中班幼儿心理发展特点，制定观察该幼儿观察进度计划，并初步给出应对教育措施。	1. 提供《指南》文件，指导学生学习文件，并完成工作页填写。 2. 组织学生有目的地观看视频，指导学生整理书写常见问题应对措施。 3. 组织学生分组头脑风暴讨论问题，并归纳总结完成观察记录进度计划表。 4. 安排小组进行成果展示。	1. 阅读《指南》了解中班幼儿身心发展特征，在教师指导下完成工作页的填写。(20 分钟) 2. 学习 幼儿园常见行为问题表现及应对措施视频。(40 分钟) 3. 头脑风暴分组讨论该幼儿行文问题的应对措施， 并对问题进行分类归纳总结，并制定观察进度计划表。(80 分钟) 4. 分组进行展示，分享成果。(20 分钟)	1. 过程性评价：参与度、主动性、表达技巧、要点的识别能力。 ①学生能否积极主动查阅资料。（师评） ②人员分工、工作标准是否明确，细致，全面。（师评） ③小组是否能完善总结表。（师评） 2. 成果验收：何小朋友行为观察进度计划表。 3. 成果评价标准：要求要点全面如实记录，应对措施合理详细。
	课时： 4 课时 1. 用品（工具）：纸、笔等。 2. 软资源：《指南》相关视频资料等。 3. 教学设施：笔记本电脑、投影、音响、麦克风等。			

基准学时：24 课时

1 获取信息 → 2 实施前的准备 → 3 活动实施 → 4 过程监控及记录 → 5 评价与反馈

	工作子步骤	教师活动	学生活动	评价
活动实施	1. 根据上一步完成的该幼儿行为观察总结表，结合幼儿园文案撰写要求，根据观察记录写作要点，完成对该幼儿的观察记录。	1. 引导学生，捋清写作思路，强调写作重点。 2. 组织学生根据写作规范，做好写作准备，包括参考材料，纸笔等物质准备。 3. 巡回指导学生按照要求完成写作任务。 4. 引导学生记录写作过程中存在的问题，并讨论对策。 教学方法： 任务导向。	1. 在老师的指导下，缕清写作思路，记录写作要求。（10 分钟） 2. 根据幼儿园文案写作的要求，及幼儿园观察记录写作的特征和要点，做好写作准备。（10 分钟） 3. 根据活动准备过程中所列提纲，按照观察记录写作格式及注意事项要求，进行文案的写作。（11 课时） 4. 记录写作中存在的问题，与老师一起讨论应对的策略。（20 分钟）	1. 过程性评价：表现力、提炼问题的准确性、组织的协调性、团队的合作性。 ① 能否根据老师的引导做好准备。（师评） ② 积极认真完成写作。（师评） ③能否按时完成初稿。（组间互评） 2. 成果验收：何小朋友观察记录。 3. 成果验收标准：书写工整，行文正确，语言通顺。
	课时： 12 课时 1. 用品（工具）：纸、笔、参考资料等。 2. 教学设施：笔记本电脑、投影、音响、麦克风等。			
过程监控及记录	1. 根据幼儿园文书写作原理和观察记录监控写作过程。	1. 组织学生 分组讨论，指导学生填写幼儿行为观察记录撰写反馈表。 2. 巡回指导学生对初稿进行修改，并最终定稿。 3. 组织学生小组展示分享观察记录定稿，进行点评。 教学方法： 任务导向法、直观演示法。	1. 小组讨论在文案撰写过程中各人存在的问题，并书面文字形式归纳汇总。（30 分钟） 2. 小组填写观察记录反馈。（20 分钟） 3. 根据反馈意见及建议，对文稿进行修改， 并最终定稿。（20 分钟） 4. 小组展示分享 观察记录定稿，组间相互评价。（10 分钟）	1. 过程性评价：讨论的参与度， 主动提出问题。 ①对写作过程中问题否全面总结归类。（组间互评） ②组间能否积极分享记录表，并相互评价。（互评） 2. 成果验收：何小朋友观察记录定稿。
	课时： 2 课时 1. 用品（工具）：纸、笔等。 2. 软资源：视频、活动记录表等。 3. 教学设施：笔记本电脑、投影、音响、麦克风等。			

学习任务 3　幼儿行为观察记录

1 获取信息　2 实施前的准备　3 活动实施　4 过程监控及记录　5 评价与反馈

评价及反馈

工作子步骤	教师活动	学生活动	评价
1. 对学生学习态度，学习成果（观察记录质量），工作过程中职业素养三大方面进行综合评价，完成综合评价反馈表。	1. 启发学生对写作活动中出现问题的反思和梳理。 2. 组织学生将结果布置于展示板，帮助学生进行分析。 3. 发放评价反思表，组织学生填写。 教学方法： 直观展示法、讨论法。	1. 对照活动反馈表反思 写作中存在的问题找出对策。（30 分钟） 2. 根据上一步的反思，根据行文要求，语法规范，将反思对策形成文字记录。（30 分钟） 3. 对早上的活动进行评估，以小组汇报的形式表述评估结果和建议。（20 分钟）	1. 过程性评价：汇报积极性、团队合作性、语言表达的全面性。 ①是否积极主动全面地对写作活动问题进行反思。（师评） ②能否按要求将问题进行归类，提出意见和建议。（师评） ③能否翔实地填写评价反思表。（组间互评） 2. 成果评价：观察记录写作反思表。

课时：2 课时
1. 用品（工具）：纸、笔等。
2. 软资源：视频、评价反思表等。
3. 教学设施：笔记本电脑、投影、音响、麦克风等。

基准学时：24 课时

学习任务 4　教育论文的撰写

任务描述

学习任务学时：**24** 课时

任务情境

广州市教育局为提高全市幼儿园教师业务水平和科研能力，拟在全市范围内举行幼儿园教师教育教学论文大赛，大赛以“深入推进教育改革，创新工作机制，增强全市幼师综合能力”为宗旨，按论文写作规范进行论文的构思、选材及撰写，体现幼儿教师的职业素养及论文写作的严谨理性。广州某幼儿园园长希望大家能积极参与，以赛促教。我校预备技师班学生已在该幼儿园实习半年，在校学习了系统的学前教育理论知识，又有一定的实践经验，初步具撰写教育教学论文的能力。目前距离提交论文初稿还有 4 周时间，预计需要 24 学时完成该任务。

具体要求见后页。

论文
三观正
观点新颖
思想深刻

工作流程和标准

工作环节 1

获取信息

1

1. 认真听取幼儿园园长传达关于该论文大赛通知的具体要求，与幼儿园教学主任或园长及参赛同事召开教研会议，讨论参赛工作步骤、重点难点及应对措施，形成教育论文参赛工作进度计划表。
2. 学习关于教学论文书写格式及内容要求，做到结构合理、论点明确、论据充分、论证合理。

主要成果：

教育论文参赛工作进度计划表

工作环节 2

制定计划

2

1. 查找资料，学习关于教学论文写作材料，阅读参考材料，根据资料或教材内容，做好学习笔记，积累写作素材。
2. 根据日常教学观察记录或者教学反思、教学日志等常规教学文案，收集整理教学题材，确定论文方向，列出写作提纲。

主要成果：

1. 参赛所需各项支持清单
2. 教学论文写作学习笔记

学习任务 4　教育论文的撰写

工作环节 3

活动实施 3

根据教育论文参赛工作进度计划表安排，在提纲的基础上，收集材料连缀成文，按照教学论文的格式和要求，撰写教学论文。要求：尚真知，能理解和掌握基本的科学原理和方法；尊重事实和证据，有实证意识和严谨的求知态度；树立正确三观，能体现习近平新时代中国特色社会主义思想。论点要求立论正确，思想深刻，观点新颖、主题集中。

主要成果：

教学论文

工作环节 4

过程监控记录 4

根据论文写作要求对论文观点和行文进行反复推敲和斟酌。做到逻辑清晰，能运用马克思主义哲学思维方式认识事物、解决问题、指导行为。注意行文中前人研究成果的引用和参考文献的标注是否合乎规范，注意知识产权问题。

主要成果：

论文写作过程反馈表

工作环节 5

评价反馈 5

根据学生学习态度、学习成果、工作过程中职业素养三大方面进行综合评价，完成综合评价反馈表。

主要成果：

教学论文评价反思表

学习内容

知识点	1.1 进度计划表的维度 1.2 进度计划表每个维度注意事项 1.3 进度计划表各个阶段校内负责人 1.4 教学论文写作规范及要求	2.1 每个阶段工作内容 2.2 每个阶段需要的物质支持 2.3 每个阶段需要行政支持	3.1 教学论文写作学习资料主要内容 3.2 教学论文写作资料重点难点 3.3 搜集资料方法
技能点	1.1 能正确设置工作进度计划表的维度 1.2 能合理安排参赛时间与工作内容 1.3 能制作合适的参赛工作进度计划表	2.1 能准确区分不同阶段的工作重点 2.2 能准确判断每个工作需要的支持 2.3 能准确罗列清单及具体要求	3.1 能根据资源特点做好学习准备 3.2 能有计划地自我学习 3.3. 能做好学习笔记
 工作环节	工作环节 1 获取信息		实施前准备 工作环节 2
成果	1.1 教育论文参赛工作进度计划表	2.1 参赛所需各项支持清单	3.1 教学论文写作资源学习笔记
素养	1.1 信息筛选能力	2.1 自我学习能力	

学习任务 4　教育论文的撰写

4.1 每篇资料内容概要 4.2 资料与论文主题关系 4.3 教学论文写作各要素写作要求 4.4 汉语言语法规范	5.1 树立正确的世界观，价值观，人生观 5.2 习近平新时代中国特色社会主义思想	6.1 教学论文评价标准 6.2 本次大赛评价标准
4.1 能以科学的态度搜集资料，总结写作规律 4.2 能根据主题撰写提纲 4.3 能在提纲的基础上，按照论文写作规范要求，严谨理性地进行论文撰写 4.4 能尊重他人研究成果，坚持职业操守，体现职业素养	5.1 能理解反馈意见 5.2 梳理反馈信息 5.3 能根据意见修改论文（论文三观是否正确，是否有创新性，是否侵犯他人知识产权，是否有逻辑错误、语法错误等） 5.4 能重新撰写论文定稿	6.1 能汇总本次论文写作中存在的问题 6.2 能清晰地梳理以上问题并归类 6.3 能针对以上问题提出改进措施 6.4 能正确填写评价反馈表
工作环节 3 活动实施	工作环节 4 过程监控及记录	工作环节 5 评价反馈
4.1 教学论文	5.1 论文写作过程反馈表	6.1 教学论文评价反思表
4.1 语言组织能力		

学习任务 4　教育论文的撰写

1 获取信息　2 实施前的准备　3 活动实施　4 过程监控及记录　5 评价与反馈

	工作子步骤	教师活动	学生活动	评价
获取信息	1. 根据上级所发参赛通知，分析参赛活动的内容，制定教育论文参赛工作进度计划表，与园长取得共识，以保证参赛活动顺利进行。	1. 提供广州市教育《关于组织全市幼儿园教师教学论文比赛》的通知，指导学生进行阅读，筛选关键信息，填写工作页内容。 2. 组织学生观看论文写作教学视频，提出观看的重点和要求。 3. 巡回指导学生提取流程要点，制作参赛进度计划表。 4. 组织学生上台展示并讲解进度计划表，引导学生进行评价。 5. 教师根据学生的完成质量进行点评帮助学生梳理、完善 进度计划。 教学方法： 引导文法、视频案例分析法。	1. 阅读《广州市教育〈关于组织全市幼儿园教师教学论文比赛〉的通知》，筛取关于活动 关键信息，完成工作页。（1 课时） 2. 学习教学论文写作基本格式及写作要领。（2 课时） 3. 小组合作梳理、共同制作参赛进度计划表（1 课时） 4. 小组代表讲解流程表并归纳人员分工职责和工作标准。（20 分钟） 5. 小组互评进一步总结梳理流程表及细则。（20 分钟）	1. 过程性评价：参与度、主动性、表达技巧、要点的识别能力。 ①学生能否积极主动查阅资料，共同参与讨论制作进度计划表。（师评） ②能否认真观看视频，对内容进行客观评价，提炼组织原则与方法。（师评） ③流程图时间、内容、人员分工、工作标准是否明确，细致，全面。（互评） ④能否清晰地讲解本组流程表的内容。 ⑤小组是否能根据要点完善总结梳理进度计划。（师评） 2. 成果验收：教育论文参赛工作进度计划表。 3. 成果评价标准：要求要点清晰、明确，时间节点和要提交细则成果足够具体。

课时： 5 课时
1. 用品（工具）：纸、笔等。
2. 软资源：《教学论文写作》学习视频、工作页等。
3. 教学设施：笔记本电脑、投影、音响、麦克风等。

	工作子步骤	教师活动	学生活动	评价
实施前的准备	1. 根据教育论文参赛工作进度计划表，列举参赛所需物质及行政支持清单，以满足参赛需求。	1. 布置任务，参赛通知指导学生进行阅读。 2. 提出问题要求学生围绕参赛进度计划表指导填写工作任务书。 3. 评价学生学习成果，查漏补缺物质清单。 教学方法： 任务导向、讨论法、小组工作。	1. 接受任务，阅读参赛通知列举活动需要支持。（10 分钟） 2. 小组讨论参赛活动所需材料的种类及用途，填写工作页任务要求。（20 分钟） 3. 列出物品清单，讲解使用方法及注意事项。（10 分钟）	1. 过程性评价：参与程度、效率、组内分工的情况、组内沟通的情况。 ①是否熟悉参赛通知。（互评） ②能否快速、全面准备列出支持清单。（师评抢答） 2. 成果验收：物品清单。 3. 成果验收标准：物质清单内容全面、清晰。

课时： 1 课时
1. 用品（工具）：纸、笔等。
2. 软资源：物质清单任务书、工作页等。
3. 教学设施：笔记本电脑、投影、音响、麦克风等。

基准学时：16 课时

1 获取信息 → 2 实施前的准备 → 3 活动实施 → 4 过程监控及记录 → 5 评价与反馈

	工作子步骤	教师活动	学生活动	评价
实施前的准备	2. 学习关于教学论文写作资源，阅读参考材料，根据资料或教材内容，做好学习笔记，积累写作素材。	1. 按照学校“8S”管理规范，组织学生做好课前准备工作。 2. 提供 教学论文写作资源相关视频，指导学生有目的学习，指出其重点难点。 3. 组织学生讨论，梳理资源理论与本次写作大赛的结合点。 4. 组织学生小组互评，最后做师生评价总结，用以指导写作。 教学方法： 头脑风暴法、讨论法。	1. 做好学习前的准备工作：包括整理学习台面，做好纸笔，笔记本等物质准备和思想准备。（10 分钟） 2. 学习教学论文写作资源，根据自身判断， 对资源重点难点做好学习笔记。（3 课时） 3. 结合本次参赛写作要求与规范，对资源重点内容进行分析理解，找出课程理论与写作大赛的结合点并罗列出来。（20 分钟） 4. 各小组将各自讨论结合点展示，并组间相互评价。（10 分钟）	1. 过程性评价：主要观察参与度、倾听与分析、提炼与总结等。 ①课前准备工作是否充分。 ②能否全面掌握教学论文写作要求内容。（师评） ③能否对罗列的结合点采用小组互评的方式。（组间互评、教师点评） 2. 成果验收： 教学论文写作资源学习笔记。
	课时： 4 课时 1. 用品（工具）：纸、笔等。 2. 软资源： 教学论文写作资源等。 3. 教学设施：笔记本电脑、投影、音响、麦克风等。			
活动实施	1. 根据参赛工作进度计划安排表和准备阶段的写作素材，按照论文写作要求拟写参教学论文。	1. 引导学生，捋清写作思路，强调写作重点。 2. 组织学生根据写作规范，做好写作准备，包括参考材料，纸笔等物质准备 。 3. 巡回指导学生按照要求完成写作任务。 4. 引导学生记录写作过程中存在的问题，并讨论对策。 教学方法： 任务导向。	1. 在老师的指导下，坚定正确的政治方向，树立正确写作观，捋清写作思路，记录写作要求。（10 分钟） 2. 根据马克思辩证唯物主义思想为指导，遵循教学论文写作的要求，做好写作准备。 （10 分钟）。 3. 根分析总结写作规律，明确写作规范及具体要求，以科学的态度和专业的职业精神撰写教育论文。（3 课时） 4. 记录写作中存在的问题，与老师一起讨论应对的策略。（20 分钟）	1. 过程性评价：主要观察参与度、倾听与分析，提炼与总结等。 ①课前准备工作是否充分。 ②能否全面掌握教学论文写作要求内容。（师评） ③能否对罗列的结合点采用小组互评的方式。（组间互评、教师点评） 2. 成果验收： 教学论文写作资源学习笔记。
	课时： 4 课时 1. 用品（工具）：纸、笔等。 2. 软资源： 教学论文写作资源等。 3. 教学设施：笔记本电脑、投影、音响、麦克风等。			

课程 7　教师文案写作

学习任务 4　教育论文的撰写

1 获取信息　2 实施前的准备　3 活动实施　4 过程监控及记录　5 评价与反馈

	工作子步骤	教师活动	学生活动	评价
过程监控及记录	1. 根据幼儿园文书写作原理和教学论文写作要求，对过程进行监控。	1. 组织学生分组讨论，指导学生填写教学论文记录撰写反馈表。 2. 组织学生小组展示分享记录表，进行点评。 教学方法： 任务导向法、直观演示法。	1. 小组讨论在文案撰写过程中各人存在的问题，并归纳汇总，形成文字信息，完成工作页。（20 分钟） 2. 小组填写；论文写作反馈表。（10 分钟） 3. 小组展示分享记录表，组间相互评价。（10 分钟）	1. 过程性评价：讨论的参与度， 主动提出问题。 ①对写作过程中问题否全面总结归类。（组间互评） ②组间能否积极分享记录表，并相互评价。（互评） 2. 成果验收：论文写作过程反馈表。
	课时： 1 课时 1. 用品（工具）：纸、笔等。 2. 软资源：视频、活动记录表等。 3. 教学设施：笔记本电脑、投影、音响、麦克风等。			
评价及反馈	1. 据学生学习态度，学习成果（观察记录质量），工作过程中的职业素养三大方面进行综合评价，完成综合评价反馈表。	1. 启发学生对写作活动中出现问题的反思和梳理。 2. 组织学生将结果布置于展示板，帮助学生进行分析。 3. 发放评价反思表，组织学生填写。 教学方法： 直观展示法、讨论法。	1. 对照活动反馈表反思 写作中存在的问题找出对策。（10 分钟） 2. 根据上一步的反思，根据行文要求，语法规范，将反思对形成文字记录。（20 分钟） 3. 对写作活动进行评估，以小组汇报的形式表述评估结果和建议。（10 分钟）	1. 过程性评价：汇报积极性、团队合作性、语言表达的全面性。 ①是否积极主动全面地对写作活动问题进行反思。（师评） ②能否按要求将问题进行归类，提出意见和建议。（师评） ③能否翔实地填写评价反思表。（组间互评） 2. 成果评价：教学论文写作反思表。
	课时： 1 课时 1. 用品（工具）：纸、笔等。 2. 软资源：视频、评价反思表等。 3. 教学设施：笔记本电脑、投影、音响、麦克风等。			

基准学时：16 课时

考核标准

情境描述

该幼儿园中 B 班的带班教师在教育随笔中这样写道：何小朋友聪明、好交往，而且很好学，会背很多课外知识，口语表达能力较好。但是注意力分散，行为较差，一日活动中，总是游走在集体之外，想做什么就做什么，还会离开座位，或者影响同伴，没有规则意识，由于父母工作忙，家访中发现家长对自己的孩子比较宠爱，与父母交流发现大部分情况下都是听孩子的，孩子的自觉性、吃饭、午睡等方面都表现出行为的不自觉。值得我们校企双制班的学前教育专业学生在该园进行跟岗实习观察并记录，该园年级教研主任委托我们校企双制班的学生，以小组为单位，利用 8 周左右的时间，观察和记录该幼儿的行为表现，具体要求如下：

1. 符合该幼儿身心健康发展特点。

2. 具有观察力、案例分析能力。

3. 有效实施文案的措施，能正确引导该幼儿的问题。

参考资料

完成上述任务时，学生可以使用计算机查找案例、查阅所有常见的教学资料，包括观看教育类电影、阅读幼儿教育相关书籍等。

评价方式

根据家长、教学主任及行政领导的反馈意见，完成评价反思表，提升教师文案撰写能力，做好家园共育工作。

任务要求

1. 积极接受工作任务，明确工作要求。

2. 对该幼儿进行行为观察及客观记录，并对其行为进行分析，提出可行性指导措施。

3. 小组分开合作，设置角色，模拟演练何小朋友行为引导。

4. 评价反馈演练过程及结果，进一步调整和完善对幼儿偏差行为引导实施方案。

5. 任务过程中体现应有的职业素养。

评价标准

考评内容	评价标准	亮点加分	分值	总评
文章结构	思路清晰、层次分明	写作时有创新之处可酌情加分	30	
内容要去	目的明确、重点突出、有个性		40	
语言表达	准确、简洁、得体		20	
标点符合	使用正确		10	

学习任务　儿童故事音频分享与内容变现

任务描述

学习任务学时：100 课时

任务情境

幼儿教育市场广阔，有着大量的成功案例可供参考。请你们组建一个创业团队，专注于儿童睡前故事的音频分享，通过有意义的儿童故事分享对树立儿童的身体成长和认知、情感、性格等方面发展起到重要的作用，解决市面上优秀原创性儿童故事缺乏的问题，同时解决儿童沉迷于画面的炫酷而非故事本身的问题，能更好地起到教育儿童的作用。具体要求：

1. 利用一些音频 App 平台，推广优质教育内容，形成个人 IP，促进内容变现。
2. 构建一个原创性的儿童故事，故事内容不少于 1 万字，确保故事厚度可以分解成不少于 5 段的音频内容，每段内容不少于 5 分钟。
3. 注册团队的音频 App 账号，设置好相关资料信息，明确自身 IP 定位，并逐步发布其制作好的原创儿童故事。
4. 邀请最少 5 个成年人和 5 个孩子在某音频 App 上收听你发布的故事，并收集反馈意见。

在未来的 3 周时间内，你们将在创业导师的帮助下，规划项目的设计思路，挖掘产品的目标客户群，拟定推广方式，并完成市场调研，设计商业模式，撰写商业计划书，策划和实施项目，完成融资路演等过程。

具体要求见后页。

A
B
C

学习内容

专业知识与技能	组建一个创业团队，利用一些音频 App 平台，专注于儿童睡前故事的音频分享，通过有意义的儿童故事分享对树立儿童的身体成长和认知、情感、性格等方面发展起到重要的作用。解决市面上优秀原创性儿童故事尤其是关于性格、品行、家国情怀方面儿童故事缺乏的问题，同时解决儿童沉迷于画面的炫酷程度而非故事本身的问题，更好地起到教育儿童的作用。 1.1 服务对象的确定 1.2 主营业务的确定 1.3 涉及的技术要求汇总 1.4 团队的组建与人员分工	2.1 专业技术上注意以下创新 ① 5 分钟睡前亲子关系 + 线下亲子剧情体验 + 亲子管家 + 亲子电子商城闭环设计 ② 聚合原创亲子故事，形成幼儿教育专业品牌 ③ 原创的亲子剧本体验，可拓展深度旅游、心理打造等创新设计模式 2.2 这些技术创新点怎样形成技术壁垒 ① 亲子故事的知识产权保护 ② 亲子剧本的知识产权保护 ③ 衍生产品的知识产权保护	从技术角度，深入讨论 3.1 项目技术的可行性 为什么团队可以做这件事，有何技术优势？ 3.2 项目的技术风险 技术力量是否足够 不够的话怎么解决 怎么保护知识产权 3.3 竞品的技术分析 竞争对手的技术有哪些创新
创新创业知识与技能	1.1 市场调查的基本知识 1.2 制定调研方案 确定调研对象 选择调研形式 编制调研问卷 1.3 开展调研实践活动 在线问卷调研 线下调研 网络大数据调研 1.4 调研报告的撰写 调研数据统计分析 编写调研报告 1.5 调研报告分享 制作分享 PPT 分享调研过程与结论	2.1 商业计划书的一般结构 2.2 商业模式画布的结构与含义 “客户细分”的含义 “价值主张”的含义 “客户关系”的含义 “渠道通路”的含义 “关键业务”的含义 “核心资源”的含义 “重要伙伴”的含义 “成本结构”的含义 “收入来源”的含义 2.3 讨论、绘制并展示商业模式画布 2.4 编写商业计划书	从市场的角度，深入讨论 3.1 项目在市场方面的可行性 为什么团队可以做做这件事，有什么市场优势？ 3.2 项目在市场营销、运营管理等方面存在哪些风险 3.3 竞品及其市场分析
 工作环节	工作环节 1 挖掘商机市场调研 （获取信息）	编制商业计划书 （制定计划） 工作环节 2	工作环节 3 优化商业计划书 （做出决策）
输出成果	1.1 市场调查方案 1.2 市场调查过程材料（照片 / 录音 / 小视频） 1.3 市场调查报告 1.4 市场调查汇报 PPT 文稿	2.1 商业模式画布 2.2 商业计划书	3.1 定稿版商业计划书

学习任务：儿童故事音频分享与内容变现

“儿童故事音频分享与内容变现（基于某音频App）”项目包含了“原创儿童故事设计”与“发布与推广” 4.1“原创儿童故事设计”的要求包括 ①创作不少于1万字的原创儿童故事作品 ②分解为不少于5段的音频段落内容 ③配音人员进行音频录制 ④进行后期制作，例如背景音乐与形象图片等 4.2“发布与推广”的要求包括 ①注册某音频App账号 ②设计好专辑的文案、图片以及“隐藏”的广告导流 ③按计划发布音频作品，要求每组最少发布5段故事音频 ④跟踪作品吸粉效果并形成分析报告	5.1 如何测试睡前故事是否满足听众要求？ 5.2 如何填写质量检测报告 5.3 第一位使用者有哪些反馈 5.4 根据反馈进行哪些调整 5.5 原来预测的成本，现在有什么变化？确定新的成本预算 5.6 定价策略是否需要调整？请确定新的定价方案 5.7 基于成本与定价的调整，确定利润情况 5.8 基于确定的利润情况，预测未来三年的发展规划	6.1. 总结项目有哪些技术创新点 6.2. 分析项目的成本与收益 6.3. 项目亮点在PPT和汇报中的体现 6.4. 路演陈述中如何介绍产品技术	
4.1 创新意识 ①创新动机：儿童是祖国的希望所在，通过有意义的儿童故事分享对树立儿童的身体成长和认知、情感、性格等方面发展起到重要的作用 ②创新兴趣：幼儿教育市场是一个千亿蓝海，并且有着大量的成功案例提供参考，便于结合自身专业特长创造可行性的创新创业项目 ③创新情感：让事业结合所学专业，促进创业活动的成功 4.2 创新技能 ①学习能力：需要重点学习如何利用一些音频App推广优质教育内容，形成其个人IP，促进内容变现 ②综合能力：需要具备剧本制作、音视频制作、网络推广、内容变现等综合能力 ③想象能力：如何基于原创思维，结合想象能力创造形式新颖的儿童故事 ④创造能力：如何基于原创思维，结合创造能力开发形式新颖的儿童故事 ⑤组织协调能力：编剧、演员、制作、发布、推广、数据分析相关人员的组织协调能力 4.3 创业精神 ①超越历史的先进性：创业精神的最终体现就是开创前无古人的事业，创业精神本身必然具有超越历史的先进性，想前人之不敢想、做前人之不敢做。我们要做最专业的“睡前亲子关系”产品 ②鲜明的时代特征：培养具有使命感的少年儿童，是国家复兴、民族富强的希望所在 4.4 创业技能 ①自我学习能力：尝试制作原创儿童故事剧本、进行音视频制作、发布与推广等等，都需要确保自身具有优秀的自我学习能力 ②数据与信息处理能力：学会分析某音频App的粉丝图像数据，从中掌握爆款音视频的养成规律 ③团队建设与管理能力：作为一个自媒体创业项目，需要组建相关的创作与服务人员，并形成管理章程	5.1 产品的质量在创业中有什么影响 5.2 如何向客户承诺产品质量 5.3 产品质量报告需要哪些部门认证 5.4 正确把握质量与广告的关系、避免法务风险 5.5 成本的核算 5.6 销售定价的一般依据 5.7 利润的计算方法 5.8 未来发展的预测依据	6.1 项目路演评价标准 6.2 制作路演PPT，提升逻辑思维能力 6.3 完成路演环节，提升专业性的口头表达能力 6.4 完成个人总结，培养归纳能力，反思及持续改善的职业习惯 6.5 客观评价组员的任务表现	
工作环节4 产品设计制造/服务提供（实施计划）	**工作环节5** 产品/服务验证（检查控制）	**工作环节6** 产品/服务发布（评价反馈）	
4.1 每组5段故事音频并成功发布 4.2 实施过程（照片、视频、文档）	5.1 质量检测报告/总结报告	6.1 路演资料一套（PPT及视频）	

学习任务：儿童故事音频分享与内容变现

❶ 挖掘商机市场调研（获取信息）	❷ 编写商业计划书（制定计划）	❸ 优化商业计划书（做出决策）	❹ 产品设计制造/服务提供（实施计划）	❺ 产品/服务验证（检查控制）	❻ 产品/服务发布（评价反馈）

挖掘商机市场调研（获取信息）

教师活动	学生活动	评价
1. 情景创设：提醒学生阅读工作页上的“情景描述”组建一个创业团队，利用某些音频 App 平台，专注于儿童睡前故事的音频分享，通过有意义的儿童故事分享对树立儿童的身体成长和认知、情感、性格等方面发展起到重要的作用。解决市面上优秀原创性儿童故事尤其是关于性格、品行、家国情怀方面儿童故事缺乏的问题。同时解决儿童沉迷于画面的炫酷程度而非故事本身的问题，能更好地起到教育儿童的作用。 2. 组织各组学生讨论这个项目的价值主张和目标定位：我们提供什么服务？这些服务可以解决哪些问题？谁会需要我们提供的这些服务？各组绘制一份海报并安排人说明一下。 3. 组织学生讨论这个项目的主营业务： 我们具体做什么？涉及哪些技术？需要哪些资源？我们有什么优势？用角色扮演来带入学生思考，提醒各组的角色分工如下： ① 每两组为一对，A 组扮演听众，向 B 组提出自己的需求（2 项）；B 组扮演故事音频开发者，向 A 组解释自己将会怎样满足对方的需求（把方案说得清晰具体），并尽量使对方满意。 ② A 组和 B 组角色互换再进行（2 项）。 ③ 如果还能从顾客角度想出更多需求，回到①项。 ④ 创业者的这一组负责安排人详细记录顾客需求和针对性的解决方案。 ⑤ 组织学生汇总、整理记录，得出创业团队的主营业务。 4. 组织学生讨论团队的组建与人员分工。 创业团队一般需要哪些人员？ 谁是项目负责人？ 各位组员分别负责什么？ 给团队起个什么名字？ 5. 介绍市场调查在创业过程中的重要性和市场调研的基本方法。 6. 组织学生小组制定调研方案。 ① 确定调研对象。 ② 选择调研形式：在线问卷？纸质问卷？会议调查？网络大数据调研？ ③ 编制调研问卷。（10 个问题，含选择题和简答题） 7. 安排开展调研实践活动。 课外时间完成，每一组最少回收 10 份有效问卷，各组的调研对象不能出现相同。对象可以包括认识的任课教师（身为父亲或母亲的教师）。 组织各组分享调研的情况。 收取各组调研报告，并给出该环节的学习评价。	1. 听老师布置任务，阅读工作页上的“情景描述”。 ① 用荧光笔划出其中的关键词。 ② 跟组员讨论关键词的含义。 ③ 对学习任务中存疑的地方进行向老师提问，直至弄清楚任务的情景。 2. 讨论项目的价值主张和服务对象，绘制海报并安排人上台分享。把价值主张和服务对象记录在工作页。 3. 认真思考、激烈讨论，得出“如果我是家长，我可能需要故事音频开发者给我提供怎样的音频（对孩子有哪些帮助）？”罗列在纸上，准备向对方提出需求。 ①听完对方的解决方案，觉得是否满意？不满意的地方继续发问，直至满意。 ②认真听取对方提出的需求，组内讨论，针对这些需求，我们可以怎样解决问题，用关键词列出解决方案，并向对方说明解决方案。 ③各组的需求和解决方案汇总到一起，拼凑出创业者要提供的服务内容。记录在工作页。 4. 讨论组内分工，绘制组织架构图海报，并分享给其他各组（介绍一下团队），把组织架构图绘制到工作页。 5. 听老师介绍市场调查在创业过程中的重要性和市场调研的基本方法，补充完整工作页。 6. 各组制定调研方案、编制调研问卷。 7. 开展调研实践活动。 ①调研身为父亲或身为母亲的任课教师，回收 10 份有效问卷。 ②进行数据统计分析，得出一些结论。 ③以海报或者 PPT 形式完成调研报告提纲及调研结论，向全班分享。 ④ 编写调研报告并提交给老师评价。	1. 对专创融合学习任务的理解。 2. 是否清楚创业的方向？表达是否清晰有条理？ 3. 扮演顾客的，是否能清楚全面地提出自己的需求？扮演创业者的，是否能清楚全面地提供解决方案？ 4. 组内人员分工是否科学合理？ 6. 调研问卷的问题是否科学有效？ 7. 有否开展调研实践？调研报告是否符合要求？

1. 硬资源：一体化课室等。
2. 软资源：工作页、参考教材、授课 PPT 等。

1 挖掘商机 市场调研（获取信息） → 2 编写商业计划书（制定计划） → 3 优化商业计划书（做出决策） → 4 产品设计制造 / 服务提供（实施计划） → 5 产品 / 服务验证（检查控制） → 6 产品 / 服务发布（评价反馈）

	教师活动	学生活动	评价
编写商业计划书（制定计划）	1. 展示一份商业计划书,介绍商业计划书的一般结构,阐述商业计划书的作用。让学生对商业计划书有一个初步认识。 2. 展示一张完整的商业模式画布，简要说明商业模式画布的结构。 3. 组织学生讨论商业画布各项要素的含义。 ① 组织各组通过百度等途径,了解商业模式画布中“客户细分”的含义,提醒每组做好说明“客户细分”的准备。抽取某一组来说明“客户细分”的含义，并以本项目为例，说明“客户细分”的对象都有哪些。 ② 组织各组通过百度等途径,了解商业模式画布中“价值主张”的含义,提醒每组做好说明“价值主张”的准备。抽取某一组来说明“价值主张”的含义，并以本项目为例，说明“价值主张”是什么。 ③组织各组通过百度等途径,了解商业模式画布中“客户关系”的含义，提醒每组做好说明“客户关系”的准备。 抽取某一组来说明“客户关系”的含义，并以本项目为例，说明“客户关系”有哪些。 ④组织各组通过百度等途径，了解商业模式画布中“渠道通路”的含义,提醒每组做好说明“渠道通路”的准备。抽取某一组来说明“渠道通路”的含义，并以本项目为例，说明“渠道通路”有哪些。 ⑤ 组织各组通过百度等途径，了解商业模式画布中“关键业务”的含义,提醒每组做好说明“关键业务”的准备。抽取某一组来说明“关键业务”的含义，并以本项目为例，说明“关键业务”有哪些。 ⑥组织各组通过网络等途径，了解商业模式画布中“核心资源”的含义,提醒每组做好说明“核心资源”的准备。 抽取某一组来说明“核心资源”的含义，并以本项目为例，说明“核心资源”有哪些。 ⑦组织各组通过百度等途径，了解商业模式画布中“重要伙伴”的含义，提醒每组做好说明“重要伙伴”的准备; 抽取某一组来说明“重要伙伴”的含义，并以本项目为例，说明“重要伙伴”有哪些。 ⑧组织各组通过百度等途径，了解商业模式画布中“成本结构”的含义,提醒每组做好说明“成本结构”的准备。抽取某一组来说明“成本结构”的含义，并以本项目为例，说明“成本结构”有哪些。 ⑨组织各组通过百度等途径,了解商业模式画布中“收入来源”的含义，提醒每组做好说明“收入来源”的准备。 抽取某一组来说明“收入来源”的含义，并以本项目为例，说明“收入来源”有哪些。 4. 组织各组根据以上的讨论、绘制并展示分享商业模式画布。 5. 布置课后完成编写商业计划书。	1. 观察一个完整的商业计划书，分析商业计划书的一般结构，听老师说明商业计划书，有存疑的地方要提出来。 2. 观察一个商业模式画布案例，分析商业模式画布的一般结构，听老师说明商业模式画布，有存疑的地方要提出来。 3. 讨论商业画布各项要素的含义 ①通过百度等途径，了解商业模式画布中 “客户细分”的含义，讨论本项目的“客户细分”的对象都有哪些？向其他组分享自己的看法（假如被抽到）。 ②了解商业模式画布中 “价值主张”的含义，讨论本项目“价值主张”的对象都有哪些？向其他组分享自己的看法（假如被抽到）。 ③了解商业模式画布中 “客户关系”的含义，讨论本项目“客户关系”的对象都有哪些？向其他组分享自己的看法（假如被抽到）。 ④了解商业模式画布中 “渠道通路”的含义，讨论本项目“渠道通路”的对象都有哪些？向其他组分享自己的看法（假如被抽到）。 ⑤了解商业模式画布中 “关键业务”的含义，讨论本项目“关键业务”的对象都有哪些？向其他组分享自己的看法（假如被抽到）。 ⑥了解商业模式画布中 “核心资源” 的含义，讨论本项目 “核心资源” 的对象都有哪些？ 向其他组分享自己的看法（假如被抽到）。 ⑦了解商业模式画布中 “重要伙伴” 的含义，讨论本项目 “重要伙伴” 的对象都有哪些？ 向其他组分享自己的看法（假如被抽到）。 ⑧了解商业模式画布中 “成本结构” 的含义，讨论本项目 “成本结构” 的对象都有哪些？ 向其他组分享自己的看法（假如被抽到）。 ⑨了解商业模式画布中 “收入来源” 的含义，讨论本项目 “收入来源” 的对象都有哪些？ 向其他组分享自己的看法（假如被抽到）。 4. 组根据以上的讨论、绘制商业模式画布（海报），安排人上台展示与分享商业模式画布。 5. 完成商业计划书编写。（课后）	1. 商业模式画布是否合理？完整？ 2. 商业计划书是否能清晰描述创业设计？
	1. 硬资源：一体化课室等。 2. 软资源：工作页、参考教材、授课 PPT、商业计划书案例等。		

学习任务：儿童故事音频分享与内容变现

1 挖掘商机 市场调研（获取信息） → 2 编写商业计划书（制定计划） → 3 优化商业计划书（做出决策） → 4 产品设计制造 / 服务提供（实施计划） → 5 产品 / 服务 验证（检查控制） → 6 产品 / 服务 发布（评价反馈）

	教师活动	学生活动	评价
优化商业计划书（做出决策）	组织各组学生深入讨论： 1. 项目的可行性怎样？为什么团队可以做做这件事？有什么市场优势？抽取一组上台分享他们的观点。 2. 项目在市场营销、运营管理等方面存在哪些风险？抽取一组上台分享他们的观点。 3. 目前市场上有哪些类似的竞品，竞品有哪些特点？我们与之相比有哪些差异？抽取一组上台分享他们的观点。	从市场和技术的角度，深入讨论： 1. 项目的可行性怎样 为什么团队可以做做这件事？有什么市场优势？上台分享本组的观点（如果被抽到）。 2. 项目在市场营销、运营管理等方面存在哪些风险？上台分享本组的观点（如果被抽到）。 3. 目前市场上有哪些类似的竞品，竞品有哪些特点？我们与之相比有哪些差异？上台分享本组的观点（如果被抽到）。 4. 结合教师的批改和以上的讨论，修订商业计划书，提交定稿版商业计划书。	
	1. 硬资源：一体化课室等。 2. 软资源：工作页、参考教材、授课 PPT 等。		
产品设计制造/服务提供（实施计划）	1. 演示、讲解利用一个音频 App 平台，推广优质教育内容，形成个人 IP，促进内容变现。 布置各组在一个音频 App 平台上体验音频。 2. 指导学生小组构建一个原创性的儿童故事，故事内容不少于 1 万字，确保故事长度可以分解成不少于 5 段的音频内容，每段内容不少于 5 分钟。用手机录音后，向全班展示。 3. 引导各组学生注册团队的音频 App 账号，设置好相关资料信息，明确自身 IP 定位，并逐步发布其制作好的原创儿童故事。要求最少发布 5 段音频。 4. 布置各组学生在课后邀请最少 5 个成年人和 5 个孩子在该音频 App 上收听本组发布的故事音频，并收集反馈意见。记下反馈意见并在班里分享。 5. 指导学生更新发布修订后的 5 段音频。 6. 确定收听的单价。	1. 下载一个音频 App 并完成安装，并在里面找到儿童故事，每一组体验 5 个故事音频，听完之后，记录故事音频的单价、故事内容、音频的特点。 2. 小组讨论一个儿童故事，可以根据自身经历创作一个新的故事，也可从别的故事中组合形成一个新的故事，并把故事分解成 5 部分，由组员分别录制相应部分的故事音频，并加入背景音乐。形成 5 段音频。 3. 在该 App 上注册账号，设置好相关资料信息，明确自身 IP 定位，并逐步发布其制作好的原创儿童故事。要求最少发布 5 段音频。 4. 邀请熟悉的任课教师及其孩子在该 App 上收听创作的音频故事，并反馈意见。 5. 更新发布修订后的 5 段音频。 6. 小组讨论自己的故事音频的单价，并完成单价设定。	是否能按时开发出众创空间 App？运行体验是否良好？
	1. 硬资源：一体化课室等。 2. 软资源：工作页、参考教材、授课 PPT 等。		

	教师活动	学生活动	评价
产品/服务验证（检查控制）	1. 请各组同学介绍自己创作的故事音频有哪些特色和教育意义。指导各组持续完善音频。 2. 引导学生填写工作页中的质量记录。 3. 检查各组的音频修改情况。 4. 指导各组学生完成财务分析。	1. 分析睡前故事是否满足听众要求。 2. 填写质量检测报告（工作页）。 3. 讨论第一批听众的反馈意见。 4. 根据反馈意见进行调整。 5. 确定新的成本预算。 6. 定价策略是否需要调整？请确定新的定价方案。 7. 基于成本与定价的调整，确定利润情况。 8. 基于确定的利润情况，预测未来三年的发展规划。	
	1. 硬资源：一体化课室等。 2. 软资源：工作页、参考教材、授课 PPT 等。		
产品/服务发布（评价反馈）	1. 说明项目路演评价标准。 2. 组织各组制作路演 PPT，并进行项目路演。 3. 布置完成个人总结，客观评价组员的任务表现。	1. 听老师介绍项目路演的评审标准，总结项目有哪些技术创新点，分析项目的成本与收益，注意项目亮点在 PPT 和汇报中的体现。 2. 小组制作路演 PPT，从项目背景、市场分析、产品介绍、创新做法、市场定位、营销渠道、财务预测、风险预测、三年规划、团队介绍等方面进行项目路演。 3. 在工作页中填写个人工作总结，客观评价组员的任务表现。	从项目的创新性、商业价值、财务分析、团队介绍、答辩情况等方面综合评价学生的路演。
	1. 硬资源：一体化课室等。 2. 软资源：工作页、参考教材、授课 PPT、路演 PPT 案例、路演录像、路演技巧讲解教学视频等。		

评价方式与标准

评价方式

评价方式可参照创新创业大赛的形式，或直接参加校级创新创业大赛，通过现场展示进行考核评价，各项目团队制作展示的 PPT、视频等材料，上台介绍项目的基本情况、商业价值、技术创新、商业模式、财务状况、团队分工等情况，现场评分。

评委组成

由任课教师、创新创业指导中心教师、校外创业导师组成。

评价标准

评审内容	评审细则	评分
商业价值	1. 符合国家产业政策和地方产业发展规划、现行法律法规相关要求 2. 竞品分析充分，对项目的产品或者服务、技术水平、市场需求、行业发展等方面定位准确、调研清晰、分析透彻 3. 商业模式设计可行，具备盈利能力 4. 在竞争与合作、技术基础、产品或服务方案、资金及人员需求等方面具有实践基础	
创新水平	1. 具备产教融合、工学结合、校企合作背景 2. 突出原始创意和创造力，体现工匠技艺传承创新 3. 项目设计科学，体现“四新”技术 4. 体现面向职业、岗位技术创新、工种的创意及创新特点（如加工工艺创新、实用技术创新、产品 / 技术改良、应用性优化、民生类创新和小发明小制作等），具有低碳、环保、节能等特色	
社会效益	1. 具有示范作用，可复制可推广 2. 具备可持续发展潜力，促进社会就业	
团队能力	1. 团队成员的价值观、专业背景和实践经历、能力与专长、业务分工情况 2. 指导教师、合作企业、项目顾问和其他资源的有关情况和使用计划 3. 项目或企业的组织架构、股权结构与人员配置	
回答问题	答辩过程中，回答问题准确、有条理	